中國哲學概論

曾春海◎主編

曾春海、李賢中、葉海煙、尤煌傑◎著

五南圖書出版公司 印行

序

　　「哲學」一詞係日本學者西周於 1874 年在其所紹述西方哲學的《百一新論》一書中，將「philosophy」譯為「哲學」，意指「百學之學」，後來流傳至中國。哲學是古希臘約在公元前六世紀所開始探討的學問。「philosophy」的拉丁語源是 philosophia，來自兩個希臘字：philos（愛）和 sophia（智慧）結合而成。由語源而言，哲學是愛智、努力探求智慧的涵義。愛智之「愛」蘊涵著吾人對真理嚮往的真摯和執著，係一種鍥而不捨的求真求是之精神。哲學的工作旨在挖掘整體實在界之最後原因的知識及智慧，尤其是有關人的存有與價值的課題。哲學的內容基本上是對人所面對的自然與文化之各面向及層次，進行步步深入的省思，期能獲致有深刻合理性的解釋。在中文的語詞中，雖無原生的「哲學」一詞，卻分別有「哲」與「學」兩字。《尚書》：「知人則哲。」《說文》以「知」釋「哲」。《爾雅・釋言》對「哲」字有二層涵義：一指智也，另一指賢知之人，例如：「先哲」。「學」字在古書中較常見。《說文》：「學文，覺悟也。」《廣雅・釋詁二》以「識也」、「覺悟也」釋「學」字。又《廣雅・釋詁三》以「效也」釋「學」字。因此，中文的複合詞「哲學」意謂著能有所識、有所覺悟且實踐的明智之學。哲學所探討的問題雖是經緯萬端，不一而足，然而，就其大體而言，概括了形上學、邏輯與知識論及價值哲學三大領域。

　　任何豐富而精緻的民族文化皆蘊涵著有關上述三大課題的哲學思想。中華文化歷史悠久，內容多樣而豐富，先聖先賢們也創發出涉及這三大課題的思想業績，只是心態、問題意識、價值取向、方法及表述形態與西方哲學有別。在中國先秦諸子、兩漢經學與黃老思想、魏晉玄學、南北朝隋唐的佛學、宋元明清的理學或心性之學，以及歷代的文論、詩論、樂論、畫論、書法論，甚至人物品藻等，皆蘊藏著極豐富多彩而未顯題化的哲學思想內容，等待著我們去理解、重構和詮釋。

　　至於中國哲學的課題及旨趣是什麼？這是一個仁智互見，很難有公定的答案之問題。我們可藉北宋張載〈西銘〉：「為天地立心，為生民立命，為往聖繼絕學，為萬世開太平」這四句令人心靈悸動的話來說明。「為天地立心」旨在建構一套世界觀，探索宇宙的本體及宇宙創化的原理原則以了解與我們生命息息相關的大世界。「為生民立命」旨在深層探索人之所以為人的奧祕，在達成自我理解

及安身立命後，也進而善盡我們對人類安頓生命之責任。「為往聖繼絕學」意識到人是隸屬於自己歷史文化社群的成員，我們應相應的了解其源流，體認到自我與歷史文化的內在聯繫及相互間的活動意義。「為萬世開太平」意指人不僅是歷史文化的存有，也是道德的存有，我們應回顧歷史文化的流脈，立足當下，展望前程，創發哲學與文化再生的動力，透過家庭、社群、國家、世界層層擴大的架構，將歷史文化的傳統及我們共同的未來，推導向至真、至美、至善的文明方向。如此，我們的未來才有美好的願景，我們存在的此刻才有可活出的意義，我們過去的歷史文化才可賦予活水源頭的意義。

　　中國哲學在諸多特徵中有一核心的特質，那就是推天道以明人事的天人之學。由各家各派的中國哲學論述中，也有一共同的焦點問題，那就是深層的理解自我、追尋自我生命意義的根源。如是，本體意義的天或形上的天是一切存有者本真之性及彰顯意義之根源。對生命根性探索及意義彰顯之歷程係發動於主體自覺性的返觀自照，以及也是與他者（包括他人、萬物、超越界的神靈）相互感通的脈動中所進行的實在性之體驗，這就是「修」與「悟」的功夫所在。由本體的內在證體之功夫，證成自性之真諦，進而與他者的際性脈動中，證成天人一本、天人交感、天人和諧諸義諦所圓成的天人合一是人生終極價值的圓滿實現，亦即自我的終極性幸福與他者的幸福獲致和諧的共同實現，這是人生最高理想的境界所在。茲略取儒、道、佛三大家為喻示，儒家仁智雙攝，己立立人，己達達人，以完善自我、家庭、社群、國家及天下人的幸福為念，以超凡入聖為至境；道家的形上智慧與修證功夫旨在歸真返樸，全真葆性，清靜自在地與天地並生，與萬物一體，以轉俗成真為至境；佛家則以般若智證成緣起性空、悟修雙行，期能臻於轉識成智，修持成了卻我執和法執，自渡且普渡眾生的活菩薩。因此，本書五大中國哲學的課題在天人一本、天人合一的有機天人之學為綱脈下，有高度的內在理路聯繫性、整體性，可說是理一而分殊，殊途而同歸，在「方以智」的哲學概念解說及理論論述中，亦隨機感受到中國哲學「圓而神」的真味。

　　本書乃有感於臺灣的哲學系半世紀以來有過度向西方哲學傾斜的情況。在哲學系五大必修的基本課程之教材上，如：邏輯、知識論、形上學、倫理學、哲學概論等幾乎全以西方哲學為本位，以至於同學們受過這套完整的基礎訓練後，可銜接上研習西方哲學的專題及專家。可是在中國哲學的基礎課程上，顯然分量非常不足，以至於同學們在背景知識不夠、基礎不紮實的條件下，對研習中國哲學的專題及專家方面，常感力不從心。當然，整套的西方哲學基礎教育，對我們的

歷史與文化及時代課題的省思上，確有其開拓視域、啟發新思維、激發哲學問題意識及借鏡理論架構和哲學性論述之助益。但是，中國哲學本身的基礎教育若失去其應有的重視和訓練的分量，則我們不難了解，為何臺灣各大學哲學系所的學生，長期以來，願意投入中國哲學領域者，較為少數。因此，針對這一需求，筆者邀集幾位本身是哲學系所科班出身，又長期致力於中國哲學研究與教學的學者，各就興趣之所及、積學之所長，分工合作地完成這本書，以提供哲學系的同學及大學院校願選修有關中國哲學通識課程的師生們參考。當然，在構思的整體架構上以形上學、邏輯與知識論、倫理學、美學及政治學五大主軸為課題，容有不周之處。

　　從另方面而言，參與本書撰寫的葉海煙教授、尤煌傑教授及李賢中教授，他們學養與才德兼修，長期致力於哲學的研究、教學與著述，學有專精，著述豐富，成果斐然。此書能獲得他們三位的鼎力相助，本人真誠地向他們致敬意和謝意。本書雖由四人分就中國哲學內容中的五大課題分別撰寫，卻也數次集會交流意見。更重要的是所寫出來的內容，不是見樹不見林，而是彼此聲氣相通，脈絡相連，具有機的內在聯繫性及統整性。

　　無論如何，我們尚祈讀者們及學界各方賢達不吝惠賜予建設性的寶貴意見為盼。最後萬分感謝五南圖書出版公司楊榮川先生的卓見與文教熱忱，大力鼎助本書出版，是為序。

曾春海 謹識
於國立政治大學哲學系
二〇〇五年七月

目次

序　i

第一篇　中國形上學——曾春海

第一章　中國哲學之形上學導論 ················· 3

第一節　形上學的內涵是什麼？　3

第二節　中國形上學之特質　9

第三節　中國形上學的方法　12

第四節　中國形上學之學派與主要論題　19

第五節　小結　21

▶ 自我評量　23

第二章　中國本體論 ························· 25

第一節　道家的本體論　26

第二節　儒家的本體論　32

第三節　中國佛學的本體論　38

第四節　小結　42

▶ 自我評量　44

第三章　中國宇宙論和宇宙生成論 ··············· 45

第一節　《老子》、《莊子》及《易傳》宇宙論　45

第二節　氣化的宇宙發生學　50

第三節　中國佛學的宇宙論　62

第四節　小結　67

▶ 自我評量　70

第四章　中國天人關係論 ·································· 71

第一節　儒家的天人關係論　71
第二節　道家的天人關係論　83
第三節　佛家心性論　88
第四節　小結　96
▶自我評量　98
▶第一篇參考書目　98

第二篇　中國認識論——李賢中

第五章　中國認識論 ····························· 103

第一節　「認識」在中國哲學的意涵　103
第二節　認識的來源、性質與形成　111
第三節　知識的分類　118
第四節　小結　123
▶自我評量　124

第六章　中國真知與認知模式 ·············· 125

第一節　知行關係與真知　125
第二節　認知的模式　130
第三節　不同認知模式的比較　134
第四節　小結　138
▶自我評量　139
▶第二篇參考書目　139

第三篇　中國邏輯——李賢中

第七章　中國邏輯 ·················143

第一節　中國邏輯的特性與內涵　143

第二節　正名思想與 名、辭、說、辯的邏輯結構　148

第三節　以「推類」為主的相關推理類型　152

第四節　佛家邏輯　162

第五節　小結　167

▶自我評量　168

第八章　中國邏輯的推理特性與近代發展·················169

第一節　影響推理的形上思想　169

第二節　以實踐為主的推理　171

第三節　思維情境中的推理　174

第四節　中國邏輯的價值與發展　178

第五節　小結　180

▶自我評量　181

▶第三篇參考書目　181

第四篇　中國倫理學——葉海煙

第九章　中國倫理學的主要學說·················185

前　言　「倫理」的意義探源　185

第一節　儒家倫理學　187

第二節　道家倫理學　200

第三節　墨家倫理學　212

第四節　佛教倫理學　218

第五節　小結　232

▶ 自我評量　233

第十章　中國倫理、教化與人格養成之道⋯⋯⋯⋯⋯⋯235

第一節　禮樂與教化的歷程　235

第二節　文化與倫理相互為用　239

第三節　倫理與人格養成之道　242

第四節　小結　250

▶ 自我評量　253

▶ 第四篇參考書目　254

第五篇　中國美學──尤煌傑

第十一章　中國美學思想的主要命題（上）：根源自儒道思想的美學觀念⋯⋯⋯⋯⋯⋯⋯⋯⋯259

第一節　中國美學思想的特色　262

第二節　儒家美學的基本主張與對後世的影響　269

第三節　道家美學的基本主張與對後世的影響　274

第四節　小結　279

▶ 自我評量　281

第十二章　中國美學思想的主要命題（下）：藝術精神的表現⋯⋯⋯⋯⋯⋯⋯⋯283

第一節　顧愷之與「傳神寫照」的美學命題　283

第二節　謝赫與「氣韻生動」的美學命題　289

第三節　身即山川而取之：山水畫的境界　292

第四節　小結　306

▶ 自我評量　306

第十三章　中國傳統藝術的特色（上）……………………307

第一節　建築與庭園藝術　307

第二節　造形藝術：雕刻藝術、陶瓷藝術、青銅器與玉器　311

第三節　小結　324

▶ 自我評量　326

第十四章　中國傳統藝術的特色（下）……………………327

第一節　繪畫藝術與書法藝術　327

第二節　詩歌、音樂與戲曲　337

第三節　小結　343

▶ 自我評量　345

▶ 第五篇參考書目　345

第六篇　中國政治哲學——葉海煙

第十五章　先秦的政治哲學………………………………349

第一節　孔子的政治哲學——德治理想與正名主義　351

第二節　孟子的民本主義政治觀　355

第三節　荀子的禮治主義　360

第四節　道家的政治哲學　365

第五節　墨子的政治哲學　369

第六節　法家的政治哲學　371

第七節　小結　374

▶ 自我評量　375

第十六章　漢代以迄近代的政治哲學 ⋯⋯⋯⋯⋯⋯⋯⋯⋯ 377

第一節　王安石變法的理想及其實踐　378

第二節　朱熹的政治哲學　380

第三節　功利主義的政治哲學　383

第四節　黃宗羲的批判精神　386

第五節　中國政治哲學的現代化進程　388

第六節　小結　393

▶自我評量　394

▶第六篇參考書目　394

第一篇（曾春海）

中國形上學

第一章
中國哲學之形上學導論

第一節 形上學的內涵是什麼？

形上學對西方傳統哲學而言是哲學研究的核心，有「第一哲學」的尊稱，法國哲學家笛卡兒（René Descartes, 1596-1650）在一封信中謂：「可見任何哲學就像一棵大樹，它的根就是形上學，樹幹就是物理學，而從此樹幹長出來的許多枝葉，就是其他各種科學（學術）」。[1]若追究「形上學」一詞之詞源及原詞義，則可溯至公元前六十年，安德尼可士（Andronicus of Rhodes）在整理及出版亞里斯多德（Aristotle, 384-322 B. C.）著作時，把其中有部分沒有名稱，排列在物理學之後的書稿，用希臘文稱之為 *meta ta physika*。*physika* 指吾人經驗中所面對之物理界、自然界，而予以理性探究的物理學，蓋希臘物理學係以哲學抽象思辨的方式研究自然物之本性與原理，亦即「物性學」。「物性學」探討人的感覺經驗中具物質性的對象，在運動變化中的存在性質及活動法則。*meta* 有兩種不同的意義，一為「在後」義，可英譯為 after，就學習之先後、學習之次第而言，亞里斯多德認為就形上學的學習程序而言，乃是位列於最後的，此學習的次第係依抽象的等級而定，在三級抽象中，最低的抽象等級，是物理的抽象。往上，是抽去物質性與運動而探究形式秩序和量化之數學，最抽象的學科則抽去形式秩序和量化，僅針對存有者本身及其根本屬性進行研討。*meta* 另一義是「超越」，可英譯為 trans，如是，形上學係超越物理之學，其理據源出於柏拉圖視理型（*eidos*）為真實存有（*ontos*），自然界或現象界變化不已的萬物，則視如理相之摹本。形上界的理型高貴於現象界的摹本，如是，奠定了西方二元論思想。二元論取向的思想分化了真

1　引自海德格著，熊偉譯《形上學是什麼？》，〈導言〉，新竹：仰哲出版社，1993 年。

實與虛妄、理性與感性、心靈界與物質界。這種類型的形上學的核心問題在追問真實存有為何？真實存有意指「實在」（reality），區分了本體與現象，真實與虛妄的對立。取前義的物理學之後，這一類型的形上學所理解的實在（reality）係就全體存在界來追問存有者本身及其根本屬性。

在西方「形上學」一名，源出於「物理學之後的書卷」，雖定名於亞里斯多德逝世之後，卻在旨意上頗符合亞里斯多德十四卷《形上學》所探討的內涵，亞里斯多德稱這部分為「第一哲學」或「神學」，意指對萬事萬物基本原理（principle）和「原因」（cause）之探討，在其形上學第四卷開頭就指出該書研究的主題為存有自身和因存有本性而呈現的特性。原理的原始意義為「起點」或「根源」義，萬事萬物（存有者）的生成與變化都必須預設「存有」這根源，「原因」指某事物的構成原因（cause）或元素（element），這是就存有者的內在性而言，例如：這張書桌是由木材所造，存有是構成一切存有者的內在根源，然而，任何存有者又不能限制存有，存有超越一切，此即存有的超越性。換言之，存有是無所不在的，不論物質存有者（material beings）、形式存有者（formal beings）、真實存有者（real beings）、想像中的存有者（imaginative beings）、可能存有者（possible beings）、人性存有者（human beings）、神性存有者等等，可概略分為自然存有者、人性存有者、神性存有者三大領域。

吾人在不同的存有者之間所能找到的共同通性就是存有（being），存有既然是最原始、基本的概念，吾人是無法給出一本質定義的，而只能退而求其次的給出描述定義，諸如藉具體性、抽象性、內在性、超越性、普遍性等予以描述。吾人為了以不同角度權說存有，不得不借助於類比語詞。所謂「類比」（analogy）係指一語詞在不同的語脈中指涉不同的事物，其間有部分相同之意義，亞里斯多德在《形上學》卷四中提出了歸屬類比（analogia attributions），現今的士林哲學又提出了比例類比（analogia proportionalitatis）。歸屬類比指吾人針對一些類比端共同使用一類比詞來表達某同一意義，同時，對同一相涉點又指出這些類比端的不同關係和特性，例如病人，使用「病菌」、「醫藥」、「發燒」、「治療」來指某相同的指涉點，其中「病菌」指發病的原因（cause），「發燒」指發病的訊息（sign），「病人」指發病的主體，「醫藥」和「治療」指對「病」的醫治和消解。其中，類比詞和諸類比端的關係，只有一類比端和類比詞的意義是本義的，亦即是「病」，

其他類比端的意義係在借用「病」這一本義來進行與「病」相關的不同關係和特性之表述。比例類比指各類比端雖共同使用一類比詞，其類比義不是透過其中任何一類比端表現出來，如同歸屬類比般，它是由各類比端相互間比較而得的，例如「二比一」和「八比四」這四個數字本無任何關係，唯一相同的是有兩倍的比例關係。

從西方形上學體系之研究發展史觀之，希臘哲學（特別是亞里斯多德的形上學）和中世紀士林哲學（特別是聖多瑪斯的形上學）的貢獻最為卓越，影響最為普遍而深遠。對存有者之存有（to on, esse, being）之探討，亦即對一切存有者最為原初與根本的研究是形上學最為核心的部分。至十七世紀的克勞保（Johannes Clauberg, 1622-1665）在其《形上學》一書中說：「此一學科探討存有者本身，或存有之所以存有的種種情形，即肯定了某種以不同方式在一切存有者中存在的共同稟性。此即俗稱的形上學，然而稱之為存有學（ontosophia, vel ontologia）或普遍哲學更為適當。於是，存有學或存有論開始流通，使之廣為流傳開來的是德國的沃爾夫（Christian Wolff, 1679-1754），其哲學作品直到康德時代，在德國高等學府中多用為教材，在德國影響很大，使傳統形上學受到重視。此外，全體存有者仍可再畫分成幾個主要的大領域與層階，諸如對自然的本性與原理之研究，構成宇宙論（cosmology）或自然哲學（philosophy of nature）；對人的本性與原理之研究，構成哲學人類學（philosophical anthropology），或理性心理學（rational psychology）；對神的本性與存在的研究構成本性神學（natural theology）或辯神論（theodicy）甚至為宗教哲學。此三者相對前述的一般形上學（general metaphysics），而被稱為特殊形上學（special metaphysics）。至此，我們可以對形上學做一綜攝性的定義了。我們借用沈清松教授一項既成的定義：「對於存有者的存有以及各主要存有者領域的本性與原理所做的全體性、統一性、基礎性的探討。」[2]這是形上學研究的立基點，所以不同於其他學科的特質所在。他在書中分別做了概念涵義的解釋：

> 所謂的全體性，是指形上學所探討的對象遍及全體存在界或某一存在領域的整體，其研究所得的屬性與原理適用於全體存在界或某一存在領域的整體，具有普遍的有效性，而非如科學命題般僅具局部的有效性。

2　沈清松著《物理之後——形上學的發展》，臺北：牛頓出版社，1987年，頁20。

　　所謂的統一性，是指形上學立足於吾人的經驗和全體存在的統一點來發言，並不
假定主觀與客觀、理論與實踐、經驗與存在、歷程與實在的分野，卻應該立足於
這些區別的根源，證成這些區分，並且能用統一的原理來予以統攝。
　　所謂的基礎性，是指形上學所探討的事物的結構和原理，是全體存在世界或某一
存在領域最基本的可理解之結構與原理，足以奠定其他科學和行動所發現或所依
據的結構與原理的基礎。[3]

　　筆者認為沈教授這一精確簡明的形上學定義也適足以理解中國哲學中的
《易經》、《老子》、《莊子》、《孟子》、魏晉玄學、宋明理學、大乘佛
學，當代新儒學中亦不乏這一哲學題材及向度的探討，只不過是較缺乏西方
式的學術性自覺，未能顯題化的建構出一套專業化的理論學科。中國哲學的
形上學是隱含在各時代各學派的著作中，有待我們予以自覺性的學術研究，
將之疏理、深解、重構和重新表述出來而成就一顯題化的、具學術專題化及
系統化的哲學專門學術，中國哲學雖也遍見提出對終極實在、自然宇宙、人
之所以為人的普遍原理，甚至對超越界的天、帝、鬼、神、祖靈等具形上向
度的問題和探索，可是卻有別於西方哲學形上學的特質。我們可藉著與亞里
斯多德的形上學之紹述和對照，可對比出中國哲學之形上學的特質所在。亞
里斯多德形上學的主要論題是處理「存有」是什麼？以及「變動」的所以然
之理，他在《形上學》卷四一開始就指出該書研究的主題是「存有之所以是
存有，和因存有本性而呈現的特性」；卷五認為「存有」依稱謂的多少種而
定，主要的問題為「此物是什麼」？亦即詢問該實體或本質是什麼？在他之
前的希臘哲學旨在探討經驗世界所以構成的最終物質元素為何？這一範域不
能括及一切的存有者在內，亞里斯多德將物質存有者觀念皆以「存有」這最
普遍抽象名詞來擴大涵蓋性，不但可指最抽象的內涵，亦可括及最具體的個
別物，他把「存有」大致歸納出「自立體」、「依附體」、「真理」、「潛能
與實現」這幾個大的意義。然而，他受物理學的影響甚深，以致他對「存有
者」的思路採實體為核心的導向，亦即受物理學中的形質論之思路影響。

　　他的存有學轉向成實體學，其貢獻奠立了三段論證推理的最後根據：不
矛盾律，那就是說同一屬性不可能同時在同一觀點下既屬於又不屬於同一主
詞。他的不矛盾律與三段論證確立了語法和語意的規則，予思辨理性、形式

3　沈清松著《物理之後──形上學的發展》，臺北：牛頓出版社，1987 年，頁 22。

邏輯和科學的嚴密性奠立了基礎，這是其實體學取向的形上學之特質，亞里斯多德形上學的缺點，沈清松教授指出了三點，茲轉述其中兩點：其一是深受物理學的影響，不能擺脫自然哲學的框架，其二是未注意到存有學差異，局限於存有者身上，猶未及把握存有之豐富內涵。[4]亞里斯多德的形上學取向於問存有者的本質什麼？卻採不矛盾律的邏輯思考予以概念界說，旨在區分不同實體間的本質差異為何？他的形上學立基於物理學的影響及形式邏輯的思路下，其形上學與邏輯學堪謂一體的兩面。亞里斯多德所開導出來的存有論（ontology），就語法學而言是關於「是者（onto）」的「理論（logy）」，可稱為「是者論」。反觀中國哲學並不具形式邏輯思辨取向的形上學體系之思路，張東蓀在〈從中國言語構造上看中國哲學〉[5]指出中國語文與西方語言不同的三項特點：

　　一、不具與英文之相當的正規繫詞，以致不能產生亞里斯多德形式邏輯的邏輯命題。

　　二、由此影響到主詞不夠分明，導致「主體（subject）」與「實體（substance）」的概念思考不得發展。

　　三、從而連謂詞也不甚分明，使思路不能深究存有者內在的本質或實體，因此，中國哲學未走向如亞里斯多德般探討「being as being」的形上學。張東蓀的結論是：「西方哲學之追求本體是由西方的名學使然，而西方名學之必須有主體是由西方的語言構造使然。」[6]英國漢學家 A. C.葛瑞漢也提出類似看法，謂：「動詞『to be』是印歐語系最顯著特徵之一，它發揮著與絕大多數語言截然不同的多種功能。它所引發的形上學問題在西方哲學史上，自巴門尼德到存在主義者，歷來舉足輕重。」[7]質言之，西方形上學探索存有（being）這一核心問題，與西方語法及語意中 to be 的繫詞密切關聯。be 動詞不但是亞里斯多德邏輯中主謂詞命題判斷的繫辭，以資表述主詞所代表的主體是什麼本質的實體，得出一概念界說，同時，也是表述此邏輯命題是肯

4　沈清松著《物理之後——形上學的發展》，臺北：牛頓出版社，1987 年，頁 131。

5　該文原載《東方雜誌》，第 33 卷，第 7 號，1936 年 4 月 1 日出版，收入《理性與良知——張東蓀文選》，上海：遠東出版社，1995 年。

6　該文原載《東方雜誌》，第 33 卷，第 7 號，1936 年 4 月 1 日出版，收入《理性與良知——張東蓀文選》，上海：遠東出版社，頁 339。

7　A. C.葛瑞漢〈西方哲學中的 Being 與中國哲學中的「是／非」，「有／無」之比較〉，收入《場與有》，第五輯，北京：中國社會科學出版社，1998 年，頁 107。

定判斷或為否定判斷的助詞。M. K.莫尼茲以研究亞里斯多德《形上學》著名，他指出希臘文動詞 eimi（to be）之多種多樣的名詞和分詞形式，當理解成是由動詞 to be 這更為基本的繫詞或表述性的用法所發展出來的。[8]美國賓州大學的C. H.卡恩教授透過對古希臘語動詞eimi進行過長期研究後，得一結論：希臘文中的eimi（to be）主要有繫詞、存在、斷真三種用法，其中的繫詞是最主要而基本的用法。[9]這兩位學者不約而同的認為：在 being 的多種意義中，繫詞「是」是最主要而基本的意義，為其他意義所從生處，我們就形上學的觀點而言，與 being 相關的概念叢有「存有者」、「實體」、「本質」、「本體」等，因此，to be 在西方形上學中兼具「是」與「有」不可分割的雙重涵義。然而，值得我們注意者，中文語法語意中的「是」不具有to be的雙重涵義，更不具備 being 所涵蓋之「存有」、「本質」、「實體」、「本體」等豐富的哲學概念涵義。

因此，在西方哲學中 being 兼含「是」、「有」、「在」等豐富的涵義，其相互間相互貫通而非互不相容的，美國芝加哥大學艾德勒教授從西方經典中分析及綜攝出有關 being 的八大論題：

一、being 和 non-being 的概念，is 和 is not 的意義；二、being 與一和多；三、being與善；四、being與真；五、being與生成或變化；六、存在的原因；七、being 的區分和方式；八、being 與認知。其中第七項論題涉及 being 的區分有五種：（一）本質和存在；（二）實體與屬性；（三）潛能與現實；（四）實在的和觀念的／自然的和精神的being；（五）表象與實在／現象與本體。第八項論題中又含六項子題：（一）與感覺相關的being與變化：知覺與想像；（二）與理智相關的being與變化：抽象與直觀；（三）作為定義對象的本質與實體；（四）本質在論證中的作用；（五）與科學和定義有關偶然性問題；（六）存在判斷和論證。[10]相對照於中國的語文及形上學內涵，首先，我們發現若將「to be」譯成「是」則中文的「是」並不兼具「有」的涵義，派生不出存有、存在、本質、實體、本性、本體等豐富的西方形上學概念。同時，若像臺灣學界將「being as being」通譯成「有之所以為有」，則中文的「有」又不兼具「是」的涵義，無法走向亞里斯多德邏輯理性以不矛

8　M. K. Munity, *Existence and Logic*, New York University Press 1979, p. 48.

9　C. H. Kahn, *The theory of the Uerb "To to", in Logic and Ontology.* New York University Press 1973, pp. 1-20.

10　M. J. Adler, *Great Books of the Weatern World*: The Great Ideas: I, Chirage 1952, pp.134-135.

盾律為馬首的形式邏輯之思辨，做出 being 和 non-being，is 和 is not 的二分法。

　　其次，由於中文的「有」不兼「是」的涵義，「是」不兼具「有」的涵義，以致在中文的語言概念思維路數中，不但未走向不予盾律的思路，且也未拓展出上述第八論題的六個子題。亞里斯多德認為自古以來哲學反覆探討而又一直困惑著人的核心問題就是 being 是什麼（ti to on）的問題，就上述與 being 八大論題相關的八大論題觀之，不難理解 being 不但在哲學史的史脈上貫穿了二、三千年的哲學研究，也在各時代裡與思想文化不同層面的領域有著橫向的聯繫及互動。例如：大寫且加定冠詞的「the Being」，專門指至上神，小寫的 human being 指身為萬物之靈的人，西方哲學扣緊 being 提出許多思辨理性所能詢問的問題，存有論、認識論和邏輯等核心問題，也衍生出與科學、人學、神學和美學的種種相關問題，對整個西方文化有多層面的滲透和影響。據上述有關 being 的八大論題反觀中國哲學所蘊涵的題材中，從第一項至第七項論題皆有不同形式的提問與多樣化的豐富內容。不過，由於語文結構與文化心靈的不同，中國哲學對這些問題有著與西方截然不同的精神風貌與自身的特質所在。

第二節　中國形上學之特質

　　相較於西方哲學以客觀化的知識理性為主軸，藉嚴密的邏輯思辨與精巧的論證架構，進行解析性的本體論與宇宙論之思辨和系統化的建構，成就了學術研究的風氣，形成了傳統。中國哲學形上探討則以自我生命的感受、理解和安頓為主軸，安身立命的智慧係來自形上洞悟的智慧。以儒、釋、道三大傳統而言，他們分別體證出來的宇宙與人性之真理，各有活出其生命意義與價值的形上智慧。儒家契悟天道性命相貫通之至理，在下學上達的生命境界提升過程中不斷修身養性以期超凡入聖。同樣的，道家以形上的智慧來凝成人生的智慧以轉俗成真，佛家則證悟緣起性空的無上智慧，在八正道的修持中轉識成智。對中國哲學而言，本體、工夫、境界有三合一的不可分割性，即本體即工夫，體用不二地開拓出層層自我提升的人生境界來。牟宗三先生認為中國哲學係以「生命為中心」，其立根處，起點、歷程及價值理想之目的歸趨皆以生命為核心。質言之，中國哲學的特質是處處關切人生之意義與價值之生命的學問。若純以客觀思辨的理解方式來探討形上學問題不是

當下的人生課題，此一進路對生命缺乏實在性的體驗，不會貼身的產生生命之真切感。牟宗三說：「以當下自我超拔的實踐方式，『存在的方式，活動於生命』，是真切於人生的。」[11]他認為吾人若以西方哲學為準據來選擇合乎西方哲學的題材或問題，將是會令人失望的。

　　中國哲學形上學的特質係以天人關係為著眼點，不把形上學脫離與人生的關係來獨立探討。蓋天理天道，恆為人道的依據，曾任臺灣輔仁大學校長的羅光總主教堅信生命哲學是整個中國哲學的形上基礎，他甚至創用「形上生命哲學」一詞來為其著作命書名。[12]方東美教授認為中國形上學思想之主流，自遠古至公元前十二世紀，就其全幅發展的基調而觀之，乃表現為神話、宗教、詩歌之三重大合唱。就之後發展出成熟的特質而言，宇宙與生活於其中的個人，雍容洽化，融通無間，宛若一大完整立體式之統體性結構，互相密契關聯。他將人立基於一切現實經驗界，拾級而攀，層層上躋至形上至境，再「提其神於「太虛而俯之」，遂得清晰化之理念，闡明宇宙存在的神奇奧妙與人類生活之偉大成就，乃至曲盡其妙。[13]他指點出中國哲學形上學的兩項特質：其一是對世界或宇宙時，不拘執於自然哲學的視域，僅將之作實然狀態觀，而能站在理想層面來曠觀宇宙。中國形上學的志業寄寓於通透種種事實界，從境的認識而蘊發對生命之深層理解或領悟，統攝宇宙與人生，樹立崇高的人生理想，超化實然之世界，創發深具價值意蘊之目的論系統。面對實然的一平面的世界，儒家擬超化成道德宇宙；道家思想超化成藝術天地，佛家將之超化成宗教境界。質言之，中國哲學的形上學著眼於人文的價值理想將世界融合了價值與事實，建立一形上的超化世界觀。由此衍生出第二特質就是「個人」一辭概念無比豐富，謂為「日新人」（home novus），就儒家而言，本生生不息的天道立人極，透過內聖成德和外王功業安頓眾生以止於至善。道家追求與道冥合，莊子透過「道通為一」的齊物論對物我之間同體肯定，透過精神世界的絕對自由，提升生命自我超拔飛越於寰宇，享受逍遙無礙、來去自如的至樂。佛家則覺悟空性，以修行蕩相遣執，復返自

11　牟宗三著《中國哲學的特質》，臺北：臺灣學生書局，1975 年，頁 6。
12　羅光著《形上生命哲學》，臺北：臺灣學生書局，2001 年。
13　方東美著〈中國形上學中的宇宙與個人〉，收入《生生之德》，臺北：黎明出版社，1987 年，頁 284-285。

性清淨心，臻於涅槃寂靜的成佛境界。[14]總而言之，中國哲學的形上學之最大特質係以「體用一如」、「變常不二」、「即本體即現象」、「即本體即工夫」、「即永恆即剎那」地將宇宙的天、人、萬物聯繫起來，成為人生境界不斷超化的整體為主軸，方東美教授認為哲學家進行了「境」的認識後，還須有「情」，亦即高尚的生命情操之蘊發。情的蘊發，意境深遠，言難盡意，可借用文學家觸物以起情，索物以託情，敘物以言情的性靈生活權說，所謂「在外者物色，在我者生意」，物我之情相摩相蕩，契合無間，要深得「物亦具我之情，我亦具物之情」的旨趣才能領悟價值形上學的蘊義。[15]因此，若亞里斯多德的形上學被稱為物理學之後的話，則中國哲學的形上學可稱為倫理道德之後、意境美感之後，三法印（諸行無常、諸法無我、涅槃寂靜）之後或萬法緣起之後。

　　至於中文「形上學」一名，原非中國哲學的專門術語，係出自日本人西周在明治六年時把「後物理學」（mata-physika）取《周易・繫辭上傳・十二章》：「是故形而上者謂之道，形而下者謂之器。化而裁之謂之變，推而行之謂之通；舉而錯之天下之民，謂之事業」的典據涵義而譯出，再傳入中國沿用至今。在這句形上學的精要語裡，「器」指有形質限定的具體存在物，如：自然界的草木鳥石等器物，或人造的文房四寶，在歷史的具體存在物如萬里長城等形與器的概念相連，《周易・繫辭上傳》謂：「形乃謂之器」、「以制器者尚其象」。「形」指賦予器物形象之型範或模型義，形與器結合所構成的形器世界亦即感覺認識所對的物理世界、現象世界。「道」指化生萬物的形上原理及其所以運行萬物的客觀規律，例如：《老子・四十二章》的「道生一，一生二，二生三，三生萬物」、《老子・四十章》的「反者道之動」、《周易・繫辭上傳》的「一陰一陽之謂道」，「道」兼具內在性與超越性，形而上的道是內在於形而下的器物界中，吾人透過有形的器物世界，在仰觀俯察，觸類旁通中才資以感受到生生不息的活力與脈動。換言之，形而上的道是透過有形萬物存在活動的歷程中來顯現其生生不息的動力和規律。「道」統攝自然與人文為形上的終極性原理，是整全性和普遍性的

14　方東美著〈中國形上學中的宇宙與個人〉，收入《生生之德》，臺北：黎明出版社，1987年，頁287。
15　請參閱方東美著《科學、哲學與人性》，臺北：黎明出版社，1986年，頁15-16。

共通原理。以生命意義之關懷及存有價值為取向的中國形上學特質，有其傳統性的優點，不可諱言的也有其局限處。大體而言，中國形上學重視存有學之真、人性道德之真、美感之真而不重視邏輯之真以致未發展出一套可廣泛運用的架構思考之形式邏輯。同時，中國形上學由於重視價值理想及對現實世界之超化，以致難對形器之存在有所肯認，卻不重視研究形器之真，未能為自然科學奠基。同時，對邏輯語法與自然界物性法則缺乏形上學的理論興趣。再者，中國形上學側重形上的超越體驗，以參悟和智的直覺為主軸，不重視經驗知識之建構以致西方式的知識原理與方法未能有系統地長期性的發展，在缺乏成熟的知識理論下，開顯的真理觀有餘而符應的真理觀不足。我們面對這些缺點時都應虛心檢討，真誠地向西方習人之長以補己之短。

第三節　中國形上學的方法

　　天道論或本體論、宇宙生成論或氣化論及人性論或自性論是中國形上學形成研究發展史的三大形上學核心課題。在探討中國形上學方法之前，我們得先對三種大略區分的「知」之性質做一說明，第一種：常識性的聞見之知、囿於人的耳目感官。第二種：科學的抽象之知，則囿於概念界說。第三種：形上之知或出於思辨理性之形上論述或出於形上生活的體悟內證。對中國形上學而言，具內在性與超越性的天道論和人性的終極實在說，其方法雖是多樣的，然而主流性的核心方法是超越感覺之知與概念思考之知，乃採取超言絕慮的體證之知或隱默之知。《孟子・告子上》曰：「《詩》曰：『天生烝民，有物有則，民之秉彝，好是懿德。』孔子曰：『為此詩者，其知道乎！故有物必有則，民之秉彝，故好是懿德。』」人與生俱有先驗的道德本性內蘊於其中的道德律，這就是人之所以為人的道德本體。孟子據此而說：「人人有貴於己者，弗思耳。」（《孟子・告子上》）又指出：「學問之道無他，求其放心而已。」（《孟子・告子上》）至於如何認識人內在的道本性，《孟子・盡心上》提出具體的實踐法，指示吾人「盡其心者，知其性也。知其性則知天矣。知其心，養其性，所以事天也。殀壽不貳，修身以俟之，所以立命也」。換言之，人是在日常生活中對道德本心不自覺的有所感通而流露，應有在情境中當下的自覺，體證道德本心實有諸己，這是訴諸人先驗德性心的發用，即用以證體的逆覺體證方式。這種超乎概念思考的體證

之知，是中國形上學所採取普遍的本體之知方法。《莊子》書中也指出人可以透過心齋坐忘的心靈淨化工夫來內視返聽真君、真宰、體證天府、葆光、朝徹的先驗本真之我。《老子‧十六章》亦持同樣的論調，謂：「致虛極，守靜篤，萬物並作，吾以觀復，夫物芸芸，各復歸其根，歸根曰靜，是謂復命；復命曰常，知常曰明。」意指吾人當修得虛靜無執的體道之心，靜觀萬物活動的終極趨向，悟出其歸根復命於超越的形上常道。三國時代的王弼認為形上的「道」是不可採概念表述的方式來理解的，而是用默識心通的體驗之知的進路，他認為能妙契道真的聖人，係因「神明茂，故能體沖和以通無。」[16]質言之，吾人得修成虛靜靈明的心境才能明白四達，對道體「無」的妙用才能有所契悟，進而即用以返證體性之玄妙。蓋萬物生於「道」，「道」則透過所化生的萬物之存在與活動來顯露自身無窮的體性和妙用。《老子》提示我們要玄同「有」、「無」，亦即融合現象與本體才能把握渾全的世界。

　　北宋理學家程顥曾很感人的自述其對形上天理的領悟方法，所謂：「吾學雖有授受，天理二字卻是自家體貼出來。」[17]那麼，他教我們在何處體貼「天理」呢？他要我們在生活世界中隨處體認天理，旨趣在「欲常見造物生意」。[18]例如：我們可以藉把脈感受到生命的脈動，由觀雞雛意識到生命旺盛力。當我們從內在珍惜生命、憐愛生命的仁心向外感通自然界遍布在萬物的生生之意趣而獲致和諧無隔閡的自得自足意境時，對默然的天理可貼合好生之德。質言之，天人合一是顯發在生生之理流行的當下深切實感。程顥說：「仁者，渾然與物同體。」[19]吾人對形上天理的體貼是真切感受於生活世界渾然與物同體之心境中，佛家以緣起法則來顯示宇宙萬有生、滅、變、易的關係，以及人生煩惱的來源。緣起法有內緣起與外緣起兩種，前者指有情生命的緣起，外緣起指宇宙萬有的緣起。緣起法則是原始佛教所持有的思想，係由釋迦牟尼所證悟的真理。他坐在菩提樹下七天七夜，親身體證出緣起、無常、人生之苦、空性和與解脫的宇宙與人生之哲理。佛教流傳至中國後，生根地發展成中國佛學，不論是天台宗一念三千的世界觀，一心三觀的

16　何劭著〈王弼傳〉。
17　《宋元學案》，卷十三，〈明道學案（上）〉。
18　《宋元學案》，卷十四，〈明道學案（下）〉。
19　《宋元學案》，卷十三，〈明道學案（上）〉。

自性說；或華嚴的四法界觀；或禪宗的禪悅、北禪的漸悟、南禪的頓悟、見性成佛說、默靜靈照為法門的「默照禪」皆以人當身的體證及悟修雙行為要義。這就是中國形上學在方法進路上所呈現的主觀境界之形上學。牟宗三先生對此一涵義有很睿智性的見解。

　　主觀境界的形上學係以生命主體在生命世界的歷程中，採取當下實存性的體驗和辯證性的精神超越為方法，這是一種採取生命實踐與內在省思的形上學進路。由體證所參悟出的形上真理是關切到主觀性本身的內蘊或主體心境對世界感受之觀照映發。牟宗三先生將此進路稱為「內容的體會」，至於所體會到的真理，名為「內容真理」。他用對比的方式指出中國形上學之主要特色為「境界形態」，西方形上學是實有形態。兩者之間的差異可透過中國名家傳統所開出的玄理哲學與西方形上學細緻的對舉如下：

> 一是主觀的神會、妙用，重主觀性；一是客觀的義理、實有，重客觀性。一是圓而神，一是方以智。一是清通簡要，虛明朗照，一是架構組織，骨格挺立。一是圓應無方，而歸於一體如如；灑然無所得。一是系統整然、辨解精練，顯露原則原理之「實有」。一是不著，一是著。一是混圓如如地對於客觀真實無分解撐架的肯定，一是分解撐架地對於客觀真實肯定。[20]

境界形態形上學之特質是「圓而神」，這是發自虛明朗照的心境，滿盈著圓應無方的生命活力所體證的形上學。《莊子‧大宗師》所言「萬化而未始有極」正是圓應無方的神妙本體之寫照。就莊子學派而言，這是歷經「心齋」、「坐忘」的靈修境界，從「觀化」、「參化」、「安化」而後體證有成的。心齋係淨化擾我心靈虛明朗照的貪執和智巧。「坐忘」係吾人心境中，如明鏡照物般的「能朝徹」、「能見獨」（〈大宗師〉語），亦即朗見明徹如朝陽般的獨體（無對待的本體）。《莊子‧大宗師》所謂的「真人」，〈齊物論〉中所提到的「至人」及〈逍遙遊〉所指的「神人」都是修得體證道體的體道者。〈大宗師〉點化出體證道體時層層提升主觀境界的階梯為：外天下、外物、外生、朝徹、見獨、無古今而臻不死不生。「真人」既能超脫貪生怕死的執著，則臻於與大化流行融通無間而安於所化之境。能相適於道，

20　牟宗三著《才性與玄理》，臺北：臺灣學生書局，1975 年，頁 263。

入於圓滿意足之化境的真人，超越了世俗得失、成毀、生死的計較，獲致內在精神的絕對自由而逍遙遊心於審美欣趣的美感世界了。就道家這一向度的形上學而言，可稱為後美感與藝術之學，亦即美學的形上學。

以靈修的功夫來逆覺體證本體及自我轉化，提升人生境界，如儒家《周易》般地妙契天地生生之德或如道家《莊子・大宗師》所言，透過心齋、坐忘的功夫能見獨（與物無對立的本體——道），或如禪宗慧能所寫的證悟本體之偈「本來無一物，何處惹塵埃」，這種主觀境界的形上學確實是中國形上學的主流。然而，中國形上學並非只局限於這一途徑，中國形上學也有透過對經驗世界的觀察，抽象的類比思維而推導出客觀的普遍的形上原理，建構出實有形態的形上學。《老子・十六章》說：「萬物並作，吾以觀復……知常曰明。」意謂老子係由靜觀萬物的存在與活動，從而抽繹出其所以然的常性與常道。他認為萬物皆具有歸根復命的常性常道，能抽繹出這層萬物所遵循的普遍原理，才是獲致形上的智慧之路。《老子・二十二章》指出「曲則全，枉則直，窪則盈，敝則新，少則得，多則惑」，曲與全，枉與直……等呈現在經驗世界中的種種對立元皆係「道」所分化和涵攝，處在對立元的二端在道的運行中，相反相成，彼此係一體的兩面。《周易・繫辭下傳》說：「古者包（伏）犧氏之王天下也。仰則觀象於天，俯則觀法於地，觀鳥獸之文與地之宜。近取諸身，遠取諸物，於是始畫八卦，以通神明之德，以顯萬物之情。」顯見作《周易》者的形上學進路是採取對客觀世界的觀察，統攝性的抽象概括，以類比意義來理解萬物之情。《周易・繫辭上傳》抽繹出「一陰一陽之謂道」的至上形上學原理，且以八卦用類比的方法來觸類旁通地解說不同的物類所具有的類比意義。現在再舉倡陰陽五行學說的鄒衍為例，《史記・孟子荀卿列傳》對他的載述是：「深觀陰陽消息……先列中國名山大川，通谷禽獸，水土所殖，物類所珍，因而推之，及海外人之所不能睹。稱引天地剖判以來，五德轉移，治各有宜，而符應若茲。」這種探究盈天地之陰陽二氣互為消息的法則，進而抽繹出「五德轉移」說來解釋宇宙萬物之運轉，歷史變遷的原理，有其客觀化、系統化的具體內容，我們亦可視之為實有形態的形上學。

《周易》的八卦系統及鄒衍的五行系統從形上學的視角而言，皆係對客觀世界的認知模式。其中所涉及的理解方式屬類比思維法，我們可以分別透過八卦卦象類比，及五行類比可關聯到象其物宜的不同類事物，這種類比認

識的架構是立基於形上學具傳統性的類比思維法。所謂「類比（analogy）」係指一語詞在不同的語義上指涉諸般不同的事物，其間有部分意義相同。借用亞里斯多德在形上學卷四對歸屬類比的說法，歸屬類比對不同事物相似之點指出同一性，對所涉之點的各種關係指出不同性。以《周易‧說卦傳》為例，離卦「☲」表徵自然界的「火」，就人的身體結構而言其類比義為眼睛，就人的心理機能而言其類比義為聰明，就動物界而言其類比義為雉，就空間的方位屬性而言其類比義為向陽的南方。《呂氏春秋‧應同篇》亦具此色彩。此外，中國形上學亦常用類推法，「類」指事物的特性，共性或所以然的原因，《墨子‧經說上》：「有以同，類同也。」《孟子‧告子上》：「故凡同類者，舉相似也。」《周易‧繫辭上傳》：「方以類聚，物以群分。」《荀子‧非相》：「類不悖，雖久同理。」類推法的形上原理在於凡存有者皆係族類地存有，有其所從屬族類之整體性的普遍原理。同時，不同的族類亦恆在一定的世界關係中存在且相互聯繫，秩然有序，《荀子‧儒教篇》所謂：「知通統類，如是，則可謂大儒。」統類反映了天地萬物係出於全正之道的整全性存有。

　　至於中國形上學的表述方法，亦即在形上語言的使用上是多樣而豐富的。我們可分別藉《周易》的言意之辨及王弼對《老子》形上語言的釐定，及郭象注《莊子》的表述法來紹述。《周易‧繫辭上傳‧十二章》說：「書不盡言，言不盡意，聖人畫掛立象以盡意，設卦以盡情偽，繫辭焉以盡其言。」意思是我們所體悟的形上意理是無法藉書面文字來暢所欲言的。固然，作《周易》者創製一套象徵性的卦爻畫象，活潑的、生動的來表達其所契悟的形上意理，期能曲盡事態的真偽情狀，且繫上辭句資以解說卦象所蘊之理。魏晉王弼在《周易略例‧明象》謂：「言生於象，故可尋言以觀象；象生於意，故可以尋象以觀意。意以象盡，象以言著。故言者所以明象，得象而忘言；象者所以存意，得意而忘象。」語言與卦爻象所構成的符號系統是表述形上意理的媒介或載體，卦爻象的表徵性意義有過於語言文字處。固然，不能執泥於語言文字而以辭害義，應當引申語文的固有涵義而以類比義，隱喻義來活解，這是「得象忘言」。然而卦爻象是比擬現象界事物而設的表詮性符號，雖其涵義豐富有彈性，卻仍有其形跡的局限性，不能泥象而使所表述的形上意理受圍，應以象為意義的跳板，能藉象而上通所欲傳達的形上意理，所謂「得意而忘象」。

　　在道家形上學方面，王弼在〈老子指略〉一文中對「無」（道或存有自身）及「有」（存有者）表述的語言，做了使用上的規約。他說：「名也者，定彼者也；稱也者，從謂者也。名生乎彼，稱出乎我。……名號生乎形狀，稱謂出乎涉求。」「名號」的使用係針對現象界的存有者之質料屬性，如形狀、顏色、聲音……等進行感官認識的陳述，係一指涉性的使用法，北宋的張載稱為「見聞之知」，「見聞之知」或現象之知有概念與實在是否對應符合的可檢證性和真偽值。「稱謂」乃指謂稱謂者在體認本體界的「道」之發用活動中所契悟到「道」的形上屬性，王弼認為存有者的活動之性向和規律是體認道之形上屬性的指標。他在文中對「道」的表述使用了「道」、「玄」、「深」、「大」、「微」、「遠」等六種稱謂。這些名「稱」用不同的涵義來指謂「道」無盡藏屬性中的六大端性。儘管如此，我們卻仍無法窮盡「道」無限的可能內涵特徵。稱謂只是意圖表述「道」的抽象符號，係一具形上指稱作用的「跡」。吾人可循此稱謂之跡，超越地返識形上的所以跡。但是，言有窮，意無盡，對形上意理，我們遇到言有盡，意無窮之感慨。同時，我們所契悟的形上意理亦有遠不及形上道體內涵之深邃，豐富和妙不可思議之慨。

　　西晉的郭象在注《莊子‧山木》處說：「夫莊子推乎於天下，故每寄言以出意。」形上原理無形無狀，深不可識，令人感到玄遠難懂，寄言出意乃托言以引申涵義，採寓言式的隱喻方式來詮解。郭象將《莊子‧逍遙遊》的「藐姑射之山有神人居焉，肌膚若冰雪，綽約若處子」詮解為：「今言王德之人而寄之此山，將明世所無由識，故乃託之於絕垠之外，而推之於視所之表耳。」意指有內聖外王造詣的聖人是很難為世俗之人所了解的，為了不陷入世俗之人以世俗眼光來了解神人之困境，不得不權寄姑射山，託於絕垠以導引提升讀者有拔俗之韻而得深層了悟玄理之涵義。[21]唐代的成玄英所謂：「夫至理（形上原理）雖復無言，而非言無以詮理，故試寄言，仿象其義。」[22]

　　中國形上學的思維和表述有辯證的統合與雙遣方法者，我們可舉道、佛

---

21 唐成玄英《疏》之：「藐，遠也。《山海經》云：姑射山，在寰海之外」、「故託之絕垠之外，推之視聽之表，斯蓋寓言耳，亦何必有姑射之實乎？」請參閱成玄英撰《南華真經注疏》，臺北：藝文出版社，《逍遙遊》注，頁40。
22 請參閱成玄英撰《南華真經注疏》，〈齊物論〉注，臺北：藝文出版社，頁99。

兩家為例證。郭象在注《莊子》處，致力於調和自然（個人自由）與名教（社會規範的制約），個人的個性、才性係稟受自化生萬物的「道」，亦是真實的自我，郭象將內在生命的自我，就其幽微難識而稱為「冥」。名教是社會群體生活的綱紀，係一可普遍認知的規範，就其具體可見的名分度數典制、律令而言，稱為「跡」。「跡」是涉及人外部的生活領域，具體性的名教規範可稱為「有」，潛在個人生命中的真實本性稱為「無」。郭象注《莊子》，表現出《莊子》「詭辭為用」的形上論證方式，這是一種藉層層否定以轉進的遮詮法或撥雲見月法。郭象以跡冥圓融來消解個人存有本真（冥）與有形的世俗名教規範之對立緊張，轉化成圓照有跡可循的名教及無跡可見的自然本性，在無心順有的道家修身功夫的作用下，臻於「名教即自然」的化境，茲以三命題來表示：（一）返觀內照內在自我生命深層中的冥體，亦即稟受道體而得為自己真實本性，此乃內在生命的內域；（二）道體在宇宙與人生的運化所構成跡用之散殊，亦即人性傾向於仁義的具體化表現，這是人的外部生活，亦即外域；（三）在體用不離的形上原理圓照下，冥體（道體）之普遍化與跡用之散殊（名教所標示的美德）是體用不二的圓融關係，全冥在跡，亦即「體」在「用」中，跡恃冥體以融之，亦即分殊之用係承形上的道體而來，人在無心順有的化境中全體大用，圓融合一，名教即自然。從本體、工夫、境界三者相仍相貫而不可分的立場而言，其實踐的歷程亦係一曲折的辯證歷程。我們同樣的以跡冥圓融，獨化於玄冥之境為解說之例子來解讀《莊子》。在世俗界的人在社會名教的洗禮下，不自覺地有著是非善惡的分別意識及偏執，這是《莊子・齊物論》所指的第一層「有有也者」，郭象注曰：「有有，則是非美惡具也。」當我們轉進至知「道」要去除這執著時，原所執著的「是非好惡」之念仍在去執的初階功夫中起伏不斷，《莊子・齊物論》謂：「有無也者。」郭象注曰：「有無，而未知無無也，則是非好惡猶未離懷。」這是第二層，當我們感受到在功夫歷程中所產生的緊張性時，了悟到應將第二層次中「無」的功夫相去除。如是，我們才能自然流暢地做功夫，得進階到「無無」的境界。然而，此一層已較「有無」之境為高的第三層，心中仍舊有「如此無無」的意念，還是未至忘懷渾化之境地。《莊子・齊物論》謂：「知無無矣，而猶未能無知。」郭象注曰：「知無無矣，而猶未能無知。」於是，我們仍得再提升一層，將那「知」的意識也超越之，若真能超越它，則所達的境界為純任自然，當下即是這一境界係與物

無對之境，玄冥獨化之境。至此，一切因主觀成心起執而構作所成的相對價值觀，皆俱泯於當下，豁然玄同，這是莊子神人所到達存有本真之境，是第四層亦是最高層境界，《莊子·齊物論》謂：「俄而有無矣，而未知有無之果孰有孰無也。」郭象注曰：「此都忘其知也，爾乃俄然始了無耳。了無，則天地萬物，彼我是非，豁然確斯也。」

若說辯證法係一雙重肯定之綜合式，既吸納正面命題，亦粹納反面命題，然而將正反命題予以辯證的轉化和統合，達成綜合命題，若相較於這種形式的辯證法，則佛學的形上學方法主要是雙遣法。

雙遣法對正面命題及反面命題皆不予吸納，而是予以雙重否定的兩難式，超越向上層而至非正面命題亦非反面命題的實相層。佛家的共義是「緣起性空」，就「空」義而言，即是依因待緣，確立萬法沒有獨立自存不變之自性。就「有」義而言，萬事萬物因緣而生起，從現象觀之有其現象、形相，故是存在的而非「無」。佛家本體論涵義的「空」係「非有非無」的雙遣概念，以解說萬法（現象界的萬物）沒有本體，但有形相。「空」不是常識涵義中什麼都沒有的意思，「空」是針對境來分析，以揭示萬法非有非無之存在實相。「般若」是超越分別的無分別智慧，亦即是體證、契合無分別之空如實相。雙遣法是結合客體之境與主體之智慧，以般若證空的佛學形上學方法，今取東晉僧肇的〈不真空論〉為範例，他吸取印度龍樹中觀的方法，用蕩相遣執，有無雙遣的「非有非無」說，斷言現象界中的萬物，其緣起的當體為「不真」，為「空」，因為不具恆常不變的自性，所謂「非有」就是從本質上，自性上言，所謂「非無」是從剎那生剎那滅的現象言。因此，天地間的萬象不能說不存在，只是存在的為假象，既是假象所以不真，「不真」故「空」。他還提出龍樹《大智度論》和《中論》的論旨「諸法亦非有相，亦非無相」、「諸法不有不無者，第一義諦也」，蓋不偏執於「有」也不偏執於「無」的「離二邊」，亦即不著邊見的中觀才是佛學的最高真理。

第四節　中國形上學之學派與主要論題

中國哲學與文化可溯源於齊學與魯學，前者主要的研究對象是大自然，在長期的發展與影響下衍生了道家、黃老思想、陰陽家及道教。魯學的主要研究對象是人文的價值世界，產生詩、書、禮、樂的人文傳統，形成源遠流

長的儒家及歧出的墨家。先秦文獻中，《莊子・天下》及《荀子・非十二子》雖已述及學派的分別，然而較成熟的論述及對後世有長遠影響者，當屬漢代司馬談的〈論六家要旨〉。司馬談所見到的六大家是發展流變到漢代，他有生之年所見到的學術發展大勢。司馬談生卒年不詳，曾在漢武帝時任太史令，學識淵博。他以哲學史的史評立場分述了六大家的源淵、理論特色及得失。茲載錄其中一段話如下，以明其概略：

> 陰陽之術大祥，而眾忌諱，使人拘而多所畏；然其序四時之大順，不可失也。儒者博而寡要，勞而少功，是以其事難盡從；然其序君臣父子之禮列，夫婦長幼之別，不可易也。墨者儉而難遵，是以其事不可遍循；然其彊本節用，不可廢也。法家嚴而少恩；然其正君臣上下之分，不可改矣。名家使人儉而善失真；然其正名實不可不察也。道家使人精神專一，動合無形，瞻足萬物；其為術也，因陰陽之大順，採儒墨之善，撮名法之要，與時遷移，應物變化，立俗施事，無所不宜，指約而易操，事少而功多。

　　此六大家是中國哲學源流至西漢時所展現的梗概。然而，司馬談的著眼點在治理天下的效能上，並未提點他們的形上思想或天人思想為何？儘管如此，他把西漢漢武帝之前的中國哲學之源流大勢所做的重要分派是值得我們肯定的。這六大家派在司馬談之後仍有不同程度和方式的發展，且相互間也有橫向的互動，相互吸收摻合。其中儒、道及陰陽三家在漢代學術思潮上起了主導性的作用，陰陽家常被附在漢代儒家及漢代黃老之學中，蔚為儒、道本土思想的兩大長河。東漢明帝時印度佛教東傳中土，所帶來的大乘佛學注入中土豐富了中國哲學的土壤，且本土化地建構出中國佛學，其中以天台宗、華嚴宗及禪宗最具特色。因此，中國形上學可舉其具理論特色者可分為陰陽家、道家、儒家、華嚴宗、天台宗、禪宗等六大學派，其中以道家及儒家的歷史最為悠久，累積的內容最多樣而豐富。

　　陰陽家的形上學主要是陰陽五行的宇宙生成論，匯合在戰國晚期的鄒衍、秦代的《呂氏春秋》與西漢《淮南子》和董仲舒的《春秋繁露》，其主要論題有五行相勝說、五行相生說、五德終始的自然觀與歷史哲學、天人感應說。先秦老莊道家的道德論，齊物論、無與有、有無玄同、道與器、天理、大化、自然、變與常、虛與實、動與靜、氣與精等。源出於老莊且出入其他思想所融合成的黃老之學，從戰國中期發展至西漢的《淮南子》所提出

的論題有《黃帝四經》的天論、形上道論、《管子四篇》的精氣論、天道觀、《淮南子》原道論、道氣論、天人相副說。魏晉玄學或魏晉新道家的形上論題有體與用、本與末、一與多、性與情、獨化論等。

　　儒家形上學的涵蓋範圍較大內容亦較豐富，《周易》有乾坤論、陰陽、道器、生生之謂易、顯諸仁，藏諸用、一陰一陽之謂道、精義入神、窮神知化、繼善成性等論題。《孟子》有四端之性、盡心知性則知天。《中庸》有天命之謂性、誠。《詩經》有天生烝民，有物有則，民之秉彝，好是懿德。周敦頤有〈太極圖說〉、誠性命。張載有一故神，兩故化、太虛即氣。程頤有體用一源，顯微無間。邵雍有太極即心。陸九淵有心即理。朱熹有理本氣用，理一分殊。王守仁有致良知。王畿有四無說。王夫之有兩端而一致、「道」與「言」互藏以為宅。劉宗周有氣一元論、中體與獨體的本體論。當代新儒家牟宗三有道德形上學等主要論題。至於佛學的形上學，主要有緣起性空的共法；般若學、僧肇的真空論、物不遷論、涅槃無知論；慧遠的法性論；竺道生的涅槃佛性論；天台宗的三諦圓融說、一念三千說；華嚴宗的法界觀；禪宗有見性成佛說、心即佛；淨土宗的法性論、神不滅論等。足見中國形上學學派之多及論題之多樣化，內容之豐富性。

第五節　小結

　　形上學在英文裡為 metaphysics，「meta」有兩意，其一是超越，源於希臘哲學家柏拉圖的理型，形上的理型高於現象的摹本。採取此義再配合邏輯思辨的不予循律的後果，使西方走向二元論思想，造成二元分化及對立的思維格局，例如：真實與虛妄、心與物、形上與形下、理性與感性的二分，另一意為「在後」，以抽象思維來理解實在（reality），乃就全體存在界來探索存有者本身及其根本屬性。在西方，「形上學」一名源於「物理學之後的書卷」。亞里斯多德在其十四卷《形上學》中謂形上學旨在探討萬事萬物的基本原理（principle）和原因（cause），且稱之為「第一哲學」或「神學」。其所謂原理意指根源或起點，就形上學而言，萬事萬物的生成變化都必須預設「存有」這根源。原因則指致使某事物的構成之因（cause）或所構成的元素（element），這是就存有者的內在性而言。形上學研究之對象為「存有者的存有以及各主要存有者領域的本性與原理」。形上學的研究方式為「全體

性、統一性、基礎性」，這是形上學與其他學科研究可區隔出的特質。對存有者的存有之探討是形上學最核心的部分，傳統的稱法為「本體論」，今流行用存有學（ontology）一名。然而，全體存有者尚可依其本性及所依循的原理，如自然的本性與原理，人的本性和原理，可再做區分，針對所區分出來的前者稱為宇宙論（cosmology）或自然哲學（philosophy of nature），至於後者則稱為理性心理學（rational）或哲學人類學（philosophical anthropology）。中文「形上學」一名，係出自日本學者西周在明治六年依據《周易・繫辭上傳・十二章》：「是故形而上者謂之道，形而下者謂之器」對「後物理學」（meta-physika）所做出的譯名。從《周易》這一命題可推衍出舉凡對於形上之「道」的討論，亦即「道論」，皆可視為未顯題化的隱態形上學。唐君毅《中國哲學原論》首三卷所名的〈原道〉篇乃係闡述中國形上思想之鴻文，在上述《周易》的命題中，最重要的是「器」、「形」、「道」三概念，「器」即具體的存在物，指涉在自然界，社會中，歷史上的具體存在或存有者，簡稱為具體之物。「形」是型範、模型義、賦予「理範之形式」亦即賦形於器物之「形」。形與器之結合構成形器世界，人由有限的形器感受到生生不息的活動，或在自身的道德實踐中感受到源源不絕的內在動力即指謂「道」。「道」有能生成的根源意，亦即指向形器與人所共依據的，生生不息的創造力之泉源或根據，這是「形而上者謂之道」的涵義。中國哲學的形上學或道論乃意指形器世界與人文世界之存在與活動所依據之常理常道，亦即所以生生不息的根源及生成變化所循的規律。

　　就形上學而言，與 being 相關的概念叢有「存有者」、「實體」、「本質」、「本體」等，動詞 to be 兼具「是」與「有」不可分割的雙重涵義。然而，在中文語法和語意中的「是」不具有印歐語系中 to be 的雙重涵義，更不具備與 being 相關的上述概念叢。由於文化心靈與語文結構之不同，中國形上學具有與西方截然不同的特質與精神風格，中國形上學探討的意向係以自我生命的感受、理解和安頓為主軸，其特質係以天人關係為著眼點，本體、工夫和境界有三合一的不可分割性。以儒、釋、道三大傳統而言，儒家契悟天道性命相貫通的至理，在下學上達、內聖外王的工夫實踐中，期能臻於超凡入聖的境界。道家的形上智慧與修證工夫期能臻於轉俗成真之化境。佛家則以般若智證成緣起性空後，悟修雙行期能臻於轉識成智，修持成佛的境界。因此，中國形上學方法雖亦多樣，然而在人生終極價值關懷的意向性下，主

流的方法係採取超言絕慮的體證之知或內心生活的隱默之知。牟宗三將此進路稱為「內容的體會」，至論所體念到的真理，稱為「內容真理」。他點出中國這種境界形態的形上學之特質為「圓而神」，西方形上學以思辨理性企圖建立原理原則系統整然的取向，稱其特質為「方以智」。相較於西方形上學的特質，中國形上學也有其局限性，那就是不重視邏輯。同時，中國形上學太重視本體、工夫與境界，以致難對形器世界產生學術研究的興趣，由於長期不重視形器之真的研究，以致未能為自然科學奠基。

自我評量

1. 何謂形上學？其研究的對象為何？

2. 存有（being）是否可以定義，存有與存有者有何區別和關係？

3. 何謂類比思考？試以歸屬類比說明？

4. 中國形上學的主要特質是什麼？

5. 中國形上學所研究的三大核心課題為何？

6. 試述形上學對本體論證的方法。

7. 試以道家為例，陳述中國實有形態的形上學之研究對象。

8. 試說明王弼在形上語言上有何見解？他何以認為言不盡意？

9. 試以《莊子》書為例，解說辯證統合的形上論證方法。

10. 試說明佛學形上學論證中的雙遣法。

11. 司馬談在哪篇文章中對他之前的中國哲學進行學派的分別？共分成幾派？他對陰陽家的學派特徵之描述是什麼？

12. 試述儒家形上學的主要論題有哪些？

第二章
中國本體論

本體論亦稱為「存有學」（ontology），這門學問係以整體的立基點來探索人與天地萬物渾全的存在，也就是研究一切存有者的終極實在，其本質和屬性，所謂渾全的存在乃指超越萬物一切具體性和個別性的存在特徵而追求最普遍的、抽象的特徵，這是形上學研究的首要課題。宇宙論（cosmology）亦稱宇宙發生論，旨在研究時空統合場中，天地如何架構出來，存在於天地之間的萬物所以生成的原質，及其生成變化的動態動能、發展歷程、規律、方向等問題。在西方哲學傳統裡，前者的研究課題是being（存有），後者論究的課題是 becoming（生成變化）再加上人性論，共同構成形上學的研究內容。中國哲學形上學最突出的特質係通幽明、徹上下、合內外、兼人我，融物我，將天、人、萬物相互聯繫，相涵相續，構成「體用一如」、「變常不二」、「即本體即現象」、「道器相涵」、「理氣一源」、「天人一本」的機體觀。因此，就實存性的生活世界而言，不容將道器切開，理氣分割，而區隔出本體論（存有論）及宇宙生成論（宇宙論）。牟宗三認為中國哲學中作為最高概念範疇的終極原理，都是兼同宇宙始源與價值本體的思路。因此，他以本體宇宙論來表述之，他說：「中國人從什麼地方表現存在呢？就是從『生』字表示……。這樣了解存在是動態的了解，所以儒家講『生生不息』，『生生不息』不是動態嗎？因為是動態的講，所以講本體論就涵著宇宙論，中國人本體論宇宙論是連在一起講，沒有分開來成兩種學問。但西方人講形上學分本體論（ontology）和宇宙論（cosmology）。」[1]扼要言之，中國哲人以機體的聯繫性、感通性，渾然一體來看人與天地萬物的相互關係及整全相。

1　牟宗三著《四因說演講錄》，臺北：鵝湖出版社，1997 年，頁 94-95。

因而，中國哲人的存有論、宇宙論或本體宇宙論皆是動態的，更好說是採一多相攝的生態觀。然而，為了理解和論述的方便性，我們不得不權分為本體論、宇宙生成論及天人之學三範域分述。本章先闡述本體論。

第一節　道家的本體論

　　道家所以被稱為道家，其根本的理由就在於將「道」視為人與天地萬物共同的生化根源及生化歷程（極）之復歸處。《老子・十六章》說：「夫物芸芸，各復歸其根。」道生發萬物，而萬物又復歸於道，構成雙重的辯證歷程。在老莊哲學中「道」具有天地萬物造生者的深層意涵。「道」不僅賦予萬物存在的形上屬性，且賦予其所以能活動的內在動力及其所依循的規律，《老子・二十一章》對「道」的體性性徵做了一番狀述，所謂：「道之為物，惟恍惟惚。」「恍惚」指「道」的存有樣相若有若無，其中蘊涵了「精」且「其精甚真，其中有信」，亦即其性徵極為精微，具真實不二性，一致的信實性。就「道」相自身而言是「無狀之狀，無物之物」[2]的。「道」對人而言，蘊藏著深不可測的無限形上屬性，亦即表示「道」在生化萬物萬象上有無盡藏可能性。道體無任何限定的形態，就此義而言「無」，另方面，道化生萬物的，且在萬物多樣化的存在風貌與千變萬化的活動歷程中透顯出妙不可言的神韻，隱約地展露著自己的「身影」。換言之，萬物萬象是「實」，亦即道的化跡，「道」是萬象的所以跡，亦即不具感覺性質的「虛」。道內在於所化生的萬物中，是萬物存在與活動的最高依據。道與萬物萬象的相互關係是虛實相涵，體用不二，密合無間的構成有機的整全性，《老子・一章》說：「道可道，非常道；名可名，非常名。無名，天地之始。有名，萬物之母。故常無，欲以觀其妙；常有，欲以觀其徼二者同出而異名，同謂之玄，玄之又玄，眾妙之門。」「道可道」第一個「道」字指本體，第二個「道」字指可做概念界說的表述，意指能藉概念認知來界說者不是第一序的本體，而是第二序的由本體所造生之事物。蓋經驗界中凡有事可指，有形可造者，皆可以概念界說，可以約定可資以指涉的名相。然而，萬象流變，變

2　《老子・十四章》。

易之形象無「常」。能為恆常不易者，係超越形質屬性而無形象可指可造的「常道」。王弼在〈老子微旨例略〉中區分了「名號」與「稱謂」的不同使用法。凡經驗界的客觀對象可名可道且可做名實之間對應符合之檢驗者，乃使用「名號」。形而上的「道」則只能予以超越經驗路數的體證默會，非「定名」所能言，乃使用「稱謂」，例如「道」、「玄」、「深」、「大」、「微」、「遠」皆是對形上實體或本體的稱謂詞，然而言不盡意，無法窮盡本體的內涵。《莊子·則陽》說：「道，物之極，言默不足以載。」語言的意義係由「能指」（significant）指向「所指」（sigrifie）而構成。「道」指向「所指」之本體，是否充當「能指」的作用端視人能否體證「道」的實存蘊謂。《莊子·知北遊》說：「夫體道者，天下之君子所繫焉。」又說：「道不可聞，聞而非也；道不可見，見而非也；道不可言，言而非也。知形形之不形乎！道不當名。」由「道」與「言」的對比情境得知語言不足以承載道，《莊子·齊物論》說：「言者有言，其所言者特未定也。」人對「道」的體證之知也是有限的，不可能窮盡其深深不息的內涵。儘管如此，表述「道」的語言必須對有過體道密契經驗者才有意義，而且其意義的深淺與體驗「道」的深淺密切關聯。就道化生萬物而言，所生成之萬物乃道之「小成」。若人只見萬物，而不探索其所以生，則萬物所資取的根源對此人而言，「道」是隱而不知的，這就是《莊子·齊物論》所說的「道」隱於小成，言隱於「榮華」。換言之，只執於語言名相之修辭，而未切身「體道」者，未能由「能指」體會出「所指」，則「能指」之言隱於修辭之「榮華」矣。總之，「道」超越經驗世界的形質屬性，言默皆不足以載形而上的道。「無名，天地之始」意指天地之至始乃無形無事，無情無狀的渾沌狀態，人在概念認知上所使用之名號與稱謂皆派用不上。此際，天地尚未分化出來，天覆地載之功能尚無，王弼尅就「道」這「混然不可得而知」[3]的情狀謂之「無名」。同時，他以「及其有形有名之時」詮釋「有名，萬物之母」意指萬物已生成而可以「名」定稱呼，「道」為萬物之母之功已顯。「母」除萬物之始的來源涵義外，兼涵具化育完成之功，這是「母」所以別於「始」而得兩者「異名」之因。換言之，由「道」之混沌未分至分化而成就萬物的歷程而言，在首則謂

3　王弼〈老子微旨例略〉。

之「始」，在終成萬物義上謂之「母」。王弼以「夫物之所以生，功之所以成，由生乎無形，由乎無名；無形無名者，萬物之宗也。」[4]來解釋《老子》「道可道，非常道；名可名，非常名」的形上學涵義。簡言之，「始」指根源義，「母」指產生義。「故常無，欲以觀其妙；常有，欲以觀其徼」「徼」指「道」運行萬物，使萬物向前的進程，亦即徼向性。王弼依據《老子》有生於無的宇宙生成論，更根源性的轉進成「以無為本」的本體論。他認為「以無為本」的「無」係超越現象界相對性的「有」與「無」，係統攝一切的終極性存有的「至無」，亦即本體。「至無」涵容無限的特性而無形無名；同時，其周流運轉的妙用無窮，可遍及萬事萬物，無處不在，亦無時不發用。因此，「常無」亦即觀本體無形無名的體性，也表詮著本體的無限妙用。「常有，欲以觀其徼」意指道作用於萬物而自行開顯諸般本真之性及規律。王弼基於體用不二的形上理論，認為我們不能孤懸或離開萬物而說道或「無」的存在，「無」或「道」係內在於萬物且藉萬物自生自化的作用來自我開顯。王弼認為「無」和「有」的關係，亦即本體與現象的關係，即是「有」生於「無」，以「無」全「有」，藉「有」顯「無」的體用合一關係。「二者同出異名，同謂之玄」意指「無」與「有」是「道」的雙重特性，「道」玄同「有」與「無」而成為有機的整體性。

　　「道」不但有遍在萬物的內在性，和不受任何存有者之特性所局限的超越性，且有自身自足的純粹性、單一性和恆常性，所謂「獨立不改」[5]中的「獨立」指自主不依他性，「不改」指恆然不變性。同時，「道」在生成萬物上「周行不殆」（同前），「周行」指道的運行有客觀的週期性的規律，「不殆」指道的運行及妙用永不止息，《老子・六章》說：「谷神不死，是謂玄牝。玄牝之門是謂天地根，綿綿若存，用之不勤。」意指由道體自發地顯用性質。「玄牝」將「道」喻意為萬物之母，「谷」喻意其虛而能應；「神」讚嘆其圓應無執的奧妙；「不死」表述其運轉的無窮性。「道」兼涵這般性能，生生不息，生成天地萬物，故稱之為「天地根」。依《老子・二十五章》對「道」本體性徵之表述，「道」之稱謂係因其為萬物活動所共同遵循的形上理序，就其無所不在的運行而勉強名之曰「大」；就其動態的一

4　王弼〈老子微旨例略〉。
5　《老子・二十五章》。

往前行而曰「逝」；就其流逝之所向無遠弗屆而稱謂「遠」；「道」之流逝所向雖遠，卻是無往不復，稱謂「遠曰反」。《老子‧四十章》的「反者道之動」與《老子‧十六章》的「夫物芸芸，各復歸其根。歸根曰靜，是謂復命。復命曰常」，指「道」之運行所表徵的「大」、「逝」、「遠」、「反」終究是要復命回歸至「道」的原初狀態，所謂「歸根曰靜」。《老子‧十六章》說「萬物並作，吾以觀復」，其深刻觀察追蹤萬物所復之命為「歸根曰靜」。若再追究歸根後的情狀，則《老子‧十四章》描述為「復歸於無物」。儘管如此，「返」與「復」是「道」流行具週期性律則的形上原理。據陳康研究指出，「道」在形上學的範疇中，含具六項涵義：（一）萬事萬物的終極根源；（二）一切事物的儲藏處；（三）一切事物的模式；（四）產生一切事物的動力因；（五）事物生長所以憑恃的原理；（六）道的運行係一返循歷程。6

　　《莊子‧大宗師》透過人與道的情境對此關係來精簡的表述「道」，「宗」指「道」是萬物的統宗，「師」指「道」為萬物所效法。《莊子‧大宗師》指「道」自身，為道論內容所記寄，該文從兼知「天之所為」、「人之所為」的真人切入。蓋「有真人而後有真知」體證得真知之真人才足以論「道」，但是並不能化約為真人或真知，因為人有生死，道無生死。「道」既是萬物所依靠的存有力量，亦是託付其中的場域，是萬物的根源和所以能變化的原因。《莊子‧大宗師》說：

夫道，有情有信，無為無形，可傳而不可受，可得而不可見。自本自根，未有天地，自古以固存。神鬼神帝，生天生地。在太極之上而不為高，在六極之下而不為深。先天地生而不為久；長於上古而不為老。

　　「道」屬存有本身，不以存有者或形器物的形狀出現，故是無形的。道的無為屬於存有學涵義的作為，亦即不著落於意識形態的生發萬物且在其中運行。萬物在「道」的運行中發生和活動，道在物之間流行，相傳不息，卻無一物能占有道，故曰：「可傳而不可受」。真人超越物理、人文及社會諸條件的限制而能體道、得道，卻不能因此而見得道。換言之，我們不能將

6　陳康'What does Lou-Jsu mean by the Term'Tao'?'，收入《清華學報》，新竹：清華大學，1964 年，頁 150-161。

「道」視為存有者或形器物，亦即不能把「道」看作為亞里斯多德所謂的「實體」（substance）。道的「自本自根」意謂道本身即是其所以存在的自足原因，不必訴諸己身之外的其他存有者資以為因果說明，道先天地而存在，意指道對任何存有者皆享有存在的優先性。「神鬼神帝」依章炳麟之研究，「神」與「生」同義，若然，則鬼神與上帝皆由「道」所生，同於《老子・四章》「象帝之先」的說法。「在太極之上」、「長於上方」諸語意指「道」所在之時間和空間的無限性，《莊子・秋水》所謂「若四方之無窮，其無所畛域」、「道無始終」明示其意含。《莊子・知北遊》：「東郭子問莊子曰：『所謂道，惡乎在？』莊子曰：『無所不在。』」肯切的解說「道」可以遍在於「螻蟻」、「稊稗」、「瓦甓」、「屎溺」而無分貴賤。此義同於《老子・五章》：「天地不仁，以萬物為芻狗」的一視同仁等。《莊子・齊物論》旨在闡明「道通為一」的存有本真至理。《莊子・德充符》：「自其同者視之，萬物皆一也。」《莊子・秋水》：「萬物一齊，孰短孰長。」以及《莊子・天地》：「萬物一府，死生同狀。」皆有可相互詮解的通義。《莊子》的哲學旨趣在「究天人之際，窮變化之源，闡化生之理，推道術之本。」[7]若由本體論來解讀《莊子》，該學派係從萬物的現象中尋根探源，超越地觀省出「道」乃天地之宗，萬化之源，是內在於萬物且有機地聯繫萬物的超越統宗，「道」既是萬物所以存在和依據的終極性根源。則既內在萬物亦不局限於分殊化物類或個物的「道」，不但是萬象對道的開顯有不同差異相之來源，也是諸差異相中又具同一性的統合原理。

「道」既然有無限的內涵，則道的內涵及存在方式皆非名言概念所能界限，《莊子・齊物論》所謂「夫大道不稱，大辯不言，大仁不仁，大廉不嗛，大勇不忮。」此五者渾然圓通。「道」原是超乎概念名言之界定，本是超言絕慮而無是非之別，亦即無是非相的。世俗之人為爭一「是」字，而予以名言界說而割裂了道的渾全性。若是非有待於世人偏執變化無常的特定現象來論斷，則永無了結，莊子提出「天倪」說期能平息世俗之辯。《莊子・齊物論》：「何謂和之以天倪？曰：是不是，然不然。是若果是也，則是之異乎不是也亦無辯。」無限的道涵融一切，轉化一切。因此，「是」與「不

7　燕京學社編纂《莊子引得・序》，美國：哈佛燕京學社。

是」、「然」與「不然」的對待在道的運化歷程中皆可相互流轉，皆可玄同於道的渾化中，事實上，「是」與「不是」、「然」與「不然」的對立元形式乃道在自身運轉中所開顯出來的具對待性及迭運性的「相」，從整體與部分不可分割的關係觀之，「是」與「不是」、「然」與「不然」皆係整體性的「道」在自身流轉中所呈現出來的兩個部分。因此，「是」與「不是」、「然」與「不然」與「道」的關係是一體的兩面，有著一而二，二而一的不可分裂關係。換言之，「彼」係出於與「此」對待而有的，「此」是出於與「彼」對待而有的。「彼」與「此」有結構性的兩面性，在辯證性的存在與互動關係中，互為對方存在的條件。人若在道辯證性的動態歷程中，基於特定時點而偏執於所具的此，則無視於一時之間所隱藏的彼，反之亦然。因此，「道」是涵融「彼」與「此」，「彼」與「此」在「道」的流轉中，「此」開顯則「彼」隱蔽，「彼」開顯時則「此」隱蔽。相互迭轉且統合於「道」的渾化之中。

　　若由統合性的「道」之存有與活動觀之，兩者形成動態性的對比，《莊子・齊物論》點出：「聖人和之以是非而體乎天鈞，是之謂兩行。」「兩行」是「道」在運行中所造成的物化原理，兩行原理在運作時均平「彼」與「此」，並行「是」與「非」。兩行原理的核心理論為「道樞」，《莊子・齊物論》所謂：「樞始得其環中，以應無窮。是亦一無窮，非亦一無窮。故曰莫若以明。」吾人若能體悟出「道樞」的兩行原理，才能像掌握住環子居中的關鍵處般地應付世事無窮的變化，破除因對待的偏執而起的是非相之爭端，融通「彼」與「此」的對立只是道樞的兩行相罷了，從而化解其間的矛盾與衝突，牟宗三針對《莊子・齊物論》所謂「道未始有封」及「大道不稱」二命題曾做過一段精闢的詮釋，他說：「凡事辯則必落入概念分解的領域。……『道未始有封』，就是道之在其自己，未為概念所規限；『大道不稱』則是聖人主觀修持所顯的無相境界，即不以定然的言稱謂此道，讓道保持其渾整性。」[8]莊子善於譬喻說理，他藉「天籟」比喻渾全之道猶自身無風的無限狀態，喻示最高原理係一自身不做有限展現，而有無限發展的可能性。「地籟」與「人籟」比喻紛紜擾攘的社會議論及由社會體制所建構的世

8　牟宗三講述，陶國璋整構《莊子齊物論義理演析》，香港：中華書局，1998 年，頁 162。

俗價值觀，夾雜個人的及群體共同的成見，本質上是有限定偏執相。「道」是無限的，不閉封在任何名言概念的界定中，也不封閉在任何人的主觀好惡中。

第二節　儒家的本體論

　　《論語》載孔子川上之嘆謂：「四時行焉，百物生焉，天何言哉！」《孟子》引《詩經》：「天生烝民，有物有則，民之秉彝，好是懿德。」可隱約推知，孔孟賦予「天」哲學的本體涵義。然而，孔子罕言天道，孟子「盡心知性則知天」係道德形上學進路，對一般性的本體論未予正視。若問儒家典籍中最早有本體論涵義者為何？無疑的，當首推《周易》了，從研究發展史脈而言，《周易》之研究可分為〈經〉、〈傳〉及易學三部分。〈經〉指成於西周時代的原經，由六十四卦卦畫、卦名及卦爻辭建構的文本；〈傳〉指陸續完成於戰國中、晚時期，對原經進行後設研究而建構的十翼，亦即對文本的詮釋，計有彖傳上下、象傳上下、乾坤文言傳、繫辭傳上下、說卦傳、雜卦傳及序卦傳（有學者甚至認為成於西漢）；易學，指對由〈經〉和〈傳〉所結合的《周易》由後世學者們基於不同的哲學立場，進行層層的詮釋，而能建構出一套哲學理脈前後融貫的理論系統者，例如魏晉時代王弼所建立的玄理易學，宋、元、明、清時代的儒學所建構的理學易學，像程頤的《易傳》，張載的《易說》、《正蒙》等。《周易》雖原為卜筮之書，然而，其所以為問占筮吉凶，旨在為人指點迷津，期能使人趨吉避凶以安頓生命，當然是切用於人事的。〈易傳〉及後世易學家在經解學的發展過程中所建構的《易》哲學，其核心問題在貫通天人性命的相依互動關係，滿全人們對生命終極意義及人文化成天下的價值之關懷。《易》哲學的本體論從扣緊大化流衍的生命現象來探索究極性的本體。《易》書中的每一卦皆表述著中華民族老祖先們對存在系列，不同類別領域的概念認知、價值取向及其實踐途徑的指示性原則。綜觀六十四卦表述的內容，統貫了形上原理、自然法則、德性原理、宗教信仰、人文精神、政治、經濟、社會規範等諸般豐富內涵。因此，六十四卦堪謂為中華文化的百科全書，先聖先賢們生活經驗與智慧的寶典。《易》哲學原理相較於其他典籍，最富高度的概括性。

　　《周易》的本體論揭示整體存在界中，存有者相互間含具著內在有機的聯繫性。涵攝陰陽的太極，乃是統攝人與天地萬物之終極性的本根，亦即聯

繫，統合一切的存有者之存有。太極自本自根，恆流轉運化宇宙萬物，整個世界呈現為一生生相繼、變化流行不已的恆動歷程。萬物皆在此歷程中相生相攝，和諧並育，相輔相成，共存共融。同時，每一存在者也透過這一生生的歷程，與他者互動互補而趨向於內在本真之性的開顯和自我實現。扼要言之，在易學機體的生態宇宙裡，每一存有者皆非孤立靜態的單位，而透過縱橫交織的形上理網與他者血脈相聯，休戚與共，協同共構出互為世界中的存有。

「太極」之「太」意指至高無上，「極」意指「盡頭」，就辭義而言，「太極」係統攝天地萬物與人的終極性實有，其動態本體論之性徵係展示於「一陰一陽之道」的作用方式上。因此，我們對《周易》本體論的探索，當扣緊太極所涵陰陽之內在結構、性質、功能、律動和目的性來解說。依《易》哲學史上所詮解及構作之太極圖及學說，可概括為四說：一、北宋周敦頤的〈太極圖說〉；二、南宋林至〈易裨傳〉中的「空心圓太極圖」；三、明代初年趙撝謙在《六書本義》中所出示的「陰陽魚太極圖」；四、明代中期來知德在其《周易集註》中所附的來氏圓圖。其中饒富哲理者，當係「陰陽魚太極圖」。此圖據趙氏附在圖旁的解說，得知在他之前已有一曲折的傳承過程，其原作者已難考證。今將趙氏所出示的圖式及解說性文字載錄如下：

「天地自然之圖」，伏羲時，龍馬負圖出於滎河，八卦所由以畫者也。《易》曰：「河出圖，聖人則之。」《書》曰：「河圖在東序是也。」此圖世傳蔡元定得於蜀之隱者，祕而不傳，雖朱子亦莫之見。今得之陳伯敷氏，嘗熟玩之，有太極函陰陽，陰陽函八卦之妙，實萬世文字之本原，造化之樞機也。

陰陽魚太極圖

太極圖具表徵「造化之樞機」的形上學意涵，我們在此一節先闡釋「太極函陰陽」的本體論涵義。「陰陽函八卦之妙」則有待下一章「宇宙生成論」再述。從陰陽相函構成渾全的太極整體而言，太極與陰陽在結構上係一而二，二而一的不可分裂關係。「一」指由陰陽相函所統合的整體性或綜合性的「一」。「二」指太極所兼具的二個不可分割之組成要素，亦即「陰」與「陽」。「二而一」意指陰陽是構成太極統體這二個不可或缺的要素，有

機地結合成一「太極」渾全的統體。試觀陰陽魚太極圖的構圖，由陽的部分所形構的白魚及由陰的部分所形構的黑魚，在面積的比例上均等。由構圖的空間秩序觀之，由陽的部分所形構的白魚及由陰的部分所形構之黑魚，彼此相錯成對稱性的一陰一陽。同時，黑白魚在頭尾相續相銜接中，形構成相反相成的整體圖案。因此，我們從陰陽太極圖整幅構圖形式觀之，陰陽間呈現著對稱平衡的關係，造就了太極本身均勻性、渾全性的特徵。同理而言，陰陽間係一勻稱、合理和諧的對待關係。我們再由陰陽「異質性」的作用和太極統合陰陽之「整體性」功能及內在目的性觀之。陰陽的對待呈現出動態性的對比性，陽的性行特徵為剛健、舒展、向上、前進、熱力四射，陰的性行特徵為柔順、凝聚、向下、退後、寒冷。陰與陽之間既相互吸引亦相互制約，形成一動一靜、一消一息、一翕一闢的互動推移之動態的和諧往來，促使萬物生生而不息。陰陽在動態的對比中，相互開放，互動互補，交融互攝，在「生生」的共同目的性下，化生出多樣化的絢麗世界。在陰陽的互動、同流共化中，太極的統合之理，滲透往來於陰陽之間，是制約與調和的原理和動力。太極統合性的至理使陰陽之間，陰陽與太極之間呈現出一體的不可分割性與有機的整體性。

　　太極與陰陽構成有機的整體性。所謂整體性或整全性，有兩原理，其一是整體多於部分，其二為整體先於部分。就前者而言，部分的總和尚不足以構成整體性，部分與部分之間需要彼此相互聯繫，及相互作用和轉化的秩序和完整的組織，因此部分與部分之間，諸部分與整體之間，有賴於特定的整體性因素。就後者而言，形成整體性的因素在於具備整體的秩序和統一性。部分以整體中的部分性而從屬於整體，部分因整體性而有其自身的存在位置與作用功能。有機性，就消極的涵義而言，否定單純的二分法，避免陷入二元論的困境，消解不同對象領域間，因本質界說的區別而造成孤立與隔閡，西方傳統形式邏輯中的不矛盾律之邏輯思辨法，易將精神與物質，主體與客體，形上與形下，相互對峙，以致不自覺地淪於絕對孤立與停滯不前的形上學系統。有機性就正面涵義而言係一多相攝、物物相涵、人我共融、物我交融、機體性的本體觀，旨在融貫萬有，使實有層、存在層、生命層、價值層之豐富性與充實性相互交融互攝為一廣大和諧之大生命。《易》哲學係講部分與部分間，部分與整體間相互感通或感應的機體哲學，生生之理與生生之德將存在與價值融合為一，人性與終極義的天（存在根源）不二，天地與人

和物在同根同源的一本基礎上，相互感通相互聯繫。方東美對《周易‧繫辭上傳》中「生生之謂易」的「生」字賦予五種詮解的義涵：育種成性、開物成務、創進不息、變化通機和綿延長存。在這五義的觀照下，「生」乃係因緣和會，突現新貌；「死」的意義乃係機體休止，利他不朽。

在《易》哲學中，乾坤為第一形上原理，《易》之門戶，乾卦象傳曰：「大哉乾元，萬物資始。」、「乾道變化，各正性命，保合太和，乃利貞。」這是就萬物稟性與天道之相貫通而言乾元為萬物性命所從出的本體。乾道之運行所以能「保合太和」或如《中庸》所謂「致中和，天地位，萬物育」，從乾卦〈文言傳〉觀之，係因「大哉乾元，剛健中正，純粹精也」。乾元是純粹的，剛健而中正的，萬物所以資始的本體。就《易》哲學而言，本體結構除涵乾元剛健創作的原理外，還兼具萬物得資以生成的實現原理，亦即坤元。坤卦象傳曰：「至哉坤元，萬物資生，乃順承天，坤厚載物，德合無疆」。明末王夫之指出乾坤並建為元，亦即本體的內容構造是乾坤並立為元，乃一體之兩面。就本體具無限的生生之德及生生之動能而言，乾坤翕闢往來無間，乾元剛健中正地生物不息，坤元含柔承順於乾元之創生動能，厚德載物，滋養育成，方東美指出易經哲學蘊涵四大形上原理：[9]（一）性之理（即生之理或普遍生命原理），方東美重鑄《易》書的精要語，詮解為：「生命苞容萬類，綿絡大道；變通化裁，原始要終；敦仁存愛，繼善成性；無方無體，亦剛亦柔；趣時顯用，亦動亦靜──蓋生命本身盡涵萬物一切存在，貫乎大道，一體相聯。」[10]乾坤性體係一活動創造之實體，發用顯體於空間，奮乎時間。性體本身，似靜實動，在剛健創化不已中顯現其動相，於柔繇持續的歷程中呈現其靜相。他以前述「生」之理的五涵義來稱謂「性之理」。（二）旁通之理，此理兼涵三義：就邏輯而言，指一套首尾一貫的演繹系統。其規則俱涵於六十四卦的排列組合中。就語意學而言指在一套語法系統中，一切有意義之辭句，其語法結構規則與轉換規則表示了卦與卦之間相錯對當關係與互涵的密接關係。清代學者焦循所著《易學三書》頗能發揮乾坤〈文言傳〉的旁通主旨，闡明易經旁通之理旨在化失道為當位以正其序。就形上學而言，易經哲學係一套動態萬有論，亦係一套價值總論，從萬有的整

9　方東美著《中國哲學之精神及其發展》，臺北：成均出版社，1984 年，頁 149-162。
10　方東美著《中國哲學之精神及其發展》，臺北：成均出版社，1984 年，頁 149。

體圓融性及廣大和諧性的觀點，闡明貫穿宇宙與人生之「至善」觀念的源流。就天道有好生之德而言，旁通之理亦肯定生命大化流行終臻於至善之境。（三）化育原理，亦即萬物資始和資生的乾坤健順之理，亦即生生之理。（四）創造生命即價值實現歷程之理。《周易·繫辭上傳·五章》深刻表述此蘊義，所謂：「一陰一陽之謂道。繼之者，善也；成之者，性也……。顯諸仁，藏諸用，鼓萬物而不與聖人同憂。盛德大業，至矣哉！富有之謂大業，日新之謂盛德。生生之謂易，成象之謂乾。效法之謂坤，極數知來之謂占，通變之謂事，陰陽不測之謂神。」我們就本體衍生的天地萬物來理解本體，則本體為一總賅遍攝萬物萬象的大生機，無處不在，無時不流動貫通地生生不已。綜合這四項形上原理，再返觀《易》：「天地之大德曰生」一命題之涵義乃指本體生物不已的化育乃一動態的往復歷程。清代學者戴震著〈原善〉一文疏證易經哲學，兼及發揮孟子性善論，謂「生生者，化之原；生生而條理者，化之流。」且進而更深刻的詮解說：「言乎人物之生，則其善與天地繼承而不隔者也。」就這一意義脈絡來理解，《易》書所謂：「元者善之長也」、「原始要終以為質也」。元者指本體，「善之長」指純然至善，亦即形上的善或元善，化裁萬類而統貫旁通之。「原始」指推原萬物無盡生命者所自來；「要終」指順察萬物生命之歷程與終極趨向，皆有始有終地存乎乾坤本體流行化育的作用歷程中。乾坤本體的健順性徵亦當下顯示其生生大德的神妙不測於該歷程中。

　　太極、陰陽、乾坤、動靜……等概念範疇構成《易》哲學中最根本的本體論或存有學原理。宋、元、明、清的儒學在其影響下，發展出體用、道理、理氣等非常重要的本體論概念範疇。王弼注《老子·三十八章》處說：「雖貴以無為用，不能捨無以為體也。」這是中國哲學史上首見以「體」、「用」二字分別來表述本體論者，法藏初用「體用」複合詞。[11] 華嚴繼續以「體用」為論述體用、一多的概念架構。至北宋，理學家們如張載、邵雍等亦採用之，最著名者當推程頤在所著《易傳·序》所謂「體用一源，顯微無間」一語。朱熹則是將「體用」發揮於本體論之論述的大功臣。他賦予「體用」的概念涵義多樣而豐富，其中具本體意義有二。其一為有宇宙本體論涵義者，所謂：「理者，天之體；命者，理之用。」[12] 其二為人的本體論，如

11　《金師子章·勒十玄》。
12　《朱子語類》，卷五，〈性理二〉。

云：「仁是體，愛是用……愛自仁出也。」[13]此二方面皆涵具「體」乃是「用」之源，「用」是「體」在現象界的彰顯。朱熹認為「體」與「用」相涵乃具不可分割的整全性，他說：「體與用雖是二字，本未嘗相離。用即體之所以流行。」[14]。然而，在存有的層級上，「體」屬形上層級，「用」屬形下層級，二者有形上形下之辨別，卻不相分離。他說：「至於形而上下，卻有分別。須分得此是體，彼是用，方說得一源。分得此是象，彼是理，方說得無。」[15]。這是他藉體用關係的釐清來開展了程頤「體用一源，顯微無間」的意念，「體」與「用」意謂著本體與現象，恆常與變易之間的張力。

　　「道」與「理」皆是形而上的原理。朱熹分辨其中的二種區別，他說：「道是統名，理是細目。」[16]認為「道」猶總綱，「理」則如細目，道可統攝諸理，理則不能包住道，就本體與現象的關係而言，形而上的道是萬物的生發原理，道派生萬物，且賦於萬物不同的本性而成就森然萬類。萬物稟受天道所命賦的性分是萬物所以為不同類別的本質，亦即各物之「性」。在「性即理」的形上原理下，「理」乃性理亦即物類之不同本性，由道所派生於萬物的性理構成類與群，為物與物之間所以相同或相異的形上原理。因此，「理」為結構原理，統屬於「道」的生發原理。此外，朱熹說：「道，訓路，大概說人所共由之路；理，各有條理界瓣。」[17]「理」是事物本體的所以然之理，「道」在運行時所依循和展現者即是所以然之理。道統貫旁通諸理而運行萬物，不論天道或人道皆是形而上的原理，是先天的，是恆常不變的。「道」涵具變化之「理」，「理」因此而為形而上的，至於變化的軌跡則為形而下的，「道」與「理」為存在與變化的超越所以然或所以跡之原因。

　　朱熹透過體用的範疇來解釋萬物的構成源於理氣的結合，理為氣之本，氣為理之用，所謂：「理也者，形而上之道也，生物之本也。氣也者，形而下之器也，生物之具也。」[18]朱熹把太極解釋為「只是天地萬物之理」[19]又說：「太極只是個極好至善的道理，人人有一太極，物物有一太極。周子所

13　《朱子語類》，卷二十，〈論語二〉。
14　《朱子語類》，卷四十二，〈論語二十四〉。
15　《朱子文集》，卷四十八，〈答呂子約書〉。
16　《朱子語類》，卷六，〈性理三〉。
17　《朱子語類》，卷六，〈性理三〉。
18　《朱文公文集》，卷五十八，〈答黃道夫〉。
19　《朱子語類》，卷一，〈理氣上〉。

謂太極，是天地人物萬善至好的表德。」[20]「理」不但是萬物共同的超越所以然，亦即形上的共理，亦是人文世界價值的形上原理，「氣」係構成萬物具體存在的形質因素，亦即物類萬殊及物物間所以有個別差異之故，理與氣的關係在本體與現象的體用關係架構上，朱熹認為「理」優位於「氣」，理與氣不離不雜，物物一太極，統天地萬物一太極，所謂：「統體是一太極，然又一物各具一太極。」[21]他以禪宗「月印萬川」的譬喻予以類比的解釋成「理一分殊」。他以普遍的同一性釋形上的「一」，以氣化萬殊釋萬物的「分殊」。「理一」相對於「分殊」是「該攝洞貫」現象界的「品節萬殊」，係本體論的涵義。他說：「自太極至萬物化生，只是一個道理包括，非是先有此而後有彼。但總是一個大源，由體而達用，從微而至著耳。」在他的形上學體系中，以太極生生之理為體，以陰陽五行之氣化萬物為用。

第三節　中國佛學的本體論

「緣起性空」是印度原始佛教的核心理論，佛典中常說「諸法因緣生」原始佛教《雜阿含經》名之為「因緣法」。「法」就狹義而言指軌持，法則；就廣義而言舉凡世間的一切，不論大的、小的、有形或無形的、真實或虛妄的、事物或道理皆可謂之法。「緣起」的「緣」意指依藉或由藉於他者，亦即泛指條件與原因之意；「起」指生起，或使之存在義，但是不是創生義，「創生」指被創生者之由本體所生起和支撐。「緣起」的界定義，按《雜阿含經》二九八經說：「此有則彼有，此生則彼生；此無故彼無，此滅故彼滅。」、「佛說：這裡有兩根束蘆，互相依倚才能直立」。宇宙萬有無獨立自在的存有者，當相對的關係條件具備時，乃有生起而存在，當相互關係變異時，則既有的存在趨於衰壞和消滅。「緣起」之「起」乃指橫向的前後因果關係，非縱貫的創生關係，亦即非由上而下之源生的、從屬的因果關係。因此，「諸法因緣生」者意謂宇宙萬法之生起及存在，皆係憑藉因緣而有。換言之，一切事物的生起，皆有其生起的因素和條件，佛典中常以五穀的生起為例證；以五穀的種子為因，以播種者及陽光、雨露、土壤為緣。若

20　《朱子語類》，卷九十四，〈周子之書〉。
21　《朱子語類》，卷九十四，〈周子之書〉。

有「因」而無「緣」或有「緣」而無「因」皆不足使五穀生起及存在，因此，《大乘入楞伽經》二曰：「一切法因緣生」。「三法印」也是在緣起的基礎理論上展開的，三法印的「印」意指印證、鑑定，三法印的論題是「諸行無常」、「諸法無我」、「諸受皆苦」，前兩者表述本體論。「諸行無常」的「行」指遷流變化，諸行無常意謂世間一切法，亦即由因緣和合生起的有為法，生滅遷流，剎那不住，謂為「無常」。質言之，由因緣所生法，無實體，無自性，不能常住。同理可推「諸法無我」係因為宇宙萬法均為因緣和合的產物，其間無恆常不變的絕對的存在，那就是說有情及萬法皆無自性、實體。「諸法無我」概括「人無我」和「法無我」。「因緣法」及「三法印」就本體而言可名為「空」（śūNya 或 śūNyatā），這是「空宗」所以得名的由來。《中論》云：「眾因緣生法，我說即是空」，由種種條件和原因所結合成的事物，其體性為畢竟空。扼要言之，「緣起」的當體是「空」，「空」的內容為「緣起」的假有。所謂「空」之涵義指萬法皆出於依因待緣，沒有獨立而恆不易的自性。然而就「緣起」的萬物萬象而言，有其存在、有其現象、有其形相，因此，所緣起的萬物萬象「非無」而是「有」；但是萬法之「有」無本體、無自性，故非真有而謂為「非有」。因此「緣起性空」的「空」有特定涵義，非常識中什麼都沒有的意思，而是「非有非無」的雙遣概念，以資表述萬法（萬物萬象）有形相而無本體的真相。同時，從「緣起」及「諸行」的立場觀之，「空」的狀態是剎那變的動態，因為事物之存在皆在時空的統合場中，於時間的流變歷程上，於空間的某點上，與其他存在事物發生因緣關係而生起其存在，然而卻是剎那生剎那變，無永恆相。因此，「空」既非對象語言，亦非實體字，「空」是本體論的用法，資以為解釋諸法（萬物萬象）存在的終極性實相。

基於佛學宗派的不同，在中國佛學史上緣起說至少可分化為五說。其中又可分成虛說的緣起理論一種，實說的緣起理論四種。後者留待下一章紹述，此處先陳述虛說的緣起理論「八不緣起」說。這是中觀學的核心理論，其立基點在於對自性的否定，從而延伸至對緣起的看法。此說的特色在於突出緣起的基本性格是無自性的。「八不緣起」說肯定了緣起的現象，但是強調緣起是無自性的緣起，此說既否定了自性立場下的生起，則立足於「無自性」的堅定立場，進展了八種與緣起有關意蘊。所謂「八不」就是「不生」、「不滅」、「不常」、「不斷」、「不一」、「不異」、「不來」、

「不去」。22。八不的論述方式乃鑒於一般人在常識的層面視生、滅、常、斷、一、異、來、去是現象界中共有的規律。因此,「八不」基於對自性的生滅之否定,從而對生、滅、常、斷、一、異、來、去做出八種否定。事實上,此說並不否定一般人在常識層面上對生起現象所視八種共同規律,它只是否定這八種現象是由自性所生起,因為本體是無自性的、空的。我們有鑒於此說未正面地解釋緣起,而將之謂為虛說的緣起理論。

　　印度佛教東傳中國後,經過中國本土化的改造轉化而產生一些具有中國佛教特色的本體論理論。其中較多的受到魏晉玄學所賦予的道家本體論特色,較明顯的,有如支讖譯的《道行般若經》第十四品和支謙改譯的《大明度經》第十四品的品名,均將「真如品」定名為「本無品」。蓋佛教表述本體概念範疇,通常使用「如」、「真如」。支讖、支謙等人顯然受道家本體論「無」為「有」之本的影響,以「本無」來譯「真如」。支謙還進一步提出「道亦空虛」的本體論,將佛教的菩薩與道家的「至人」相通。在支讖、支謙等人的心目中,佛教的真如本體與道家的道本體無異,皆為空虛、虛無。客觀言之,佛教的真如性空與道家至虛的「道」只是表面上的相似,佛教的真如性空論斷事物的本質是無自性的空無,道家的「道」是萬物存在和活動的究極實在,是形而上的實體,並不是像佛教所說的空無自性。唐代的牛頭法融禪師所提「虛空為道本」論,謂虛空是「道」的本體內涵,離開一切限量與分別,是自然如如的本體,稱為「道本」。法融禪師顯然深受魏晉玄學,特別是王弼貴無論的影響,「虛空為道本」論堪謂為佛教般若學與中國道家本體論不同思想的形式性調和,在思維架構上,莊子的道本體論影響了中國佛教對山川草木鳥獸的看法,形成了與印度佛教不同的佛性理論。

　　東晉的竺道生提倡「頓悟成佛」說,一方面主張人人皆有佛性,打破印度佛教對成佛對象的資歷限制。另方面,其頓悟本心固有佛性的論調打破了印度佛教對成佛所設的種種難關,鼓舞了中國的蒼生大眾成佛的希望與願意努力的動力。其眾生皆有佛性說固然受孟子人人皆生具仁義禮智之性,有為者皆可成堯舜的形式意涵之潛在影響,然而,也難排除其未受莊子的「道」無所不在的可能影響。隋代吉藏在《大乘玄論》卷三,〈佛性義〉進一步的說草木也有佛性。唐代湛然主張無情有佛性之說,將瓦石及山河大地也賦予

22　法藏《華嚴一乘教義分齊章》,卷四,《大正藏》,四十五,507c。

佛性，謂：「萬法是真如，由不變故；真如是萬法，由隨緣故。子信無情無佛性者，豈非萬法無真如耶？」[23]唐代的禪宗學者如牛頭法融、南陽慧忠等人皆闡揚無情有佛性說，他們的理據「道無所不遍」論，不難看出受到莊子道本體遍在思想之影響。由此可見，印度佛教在中國本土化的過程中透過道家「道」為宇宙萬物這一本論的中介，使佛教的本體論有了中國文化所能接受，涵融的新義。蓋中國文化心靈，大體而言，是珍惜生命，熱愛美好的生活的，特別是東晉時代，中國本土的佛教學者大多針對般若學的核心概念「性空論」進行不同方式和內涵的理解和詮釋，形成般若學多樣化的六家七宗，表徵著中國佛學本體論步入綜合創新及有獨自特色，是佛學中國化的新標幟，卻也牽帶出佛教當返本溯源的思想要求。六家七宗指本無論的道安宗本無說及竺法琛、竺法汰宗本無異；即色論的支道林宗即色說；識含論的于法開宗識含說；幻化論道壹宗幻化說；心無論的支愍度、竺法蘊、道恆等人宗心無說以及緣會論的道邃宗緣會說，六家七宗中較具影響力者是本無，即色和心無三家，其間又以本無派最具影響力，道安是本無宗的主要代表者，史載道安曾撰有《本無論》，可惜已佚，今仍可散見〈懸濟傳〉的片面論述，本無論謂「無」在「萬化之前」，相當於真如本體，「空」是「眾形之始」，如是，肯定本體在現象之前，把「本無」與「末有」對舉，構成真俗之別，道安以道家「無」的本體論來理解般若學「空」的本體論，亦即「因緣所生法，我說即是空」。如前所述，本無論與般若學本空論思維方式和內容是矛盾的。東晉僧肇在〈不空真論〉一文中對道安本無論予以批評，僧肇可以肯定本無宗以「非有」為無的說法，但以「非無」為「無」是謬論，僧肇認為「非無」是有，但無自性而為假有。否定真有及真無是對的，但是否認假有、假無則為謬論。僧肇持般若中觀的立場，指出萬物的真相是「非有非真有，非無非真無」。換言之，僧肇主張要兼顧「非有」與「非無」，不可執著於其中一邊而形成有見於此而無見於彼的「偏見」。因此，吾人當有見於兩邊；但不要著於偏見，而應持不偏不倚的中觀立場。本無宗強調「無」而忽視「有」（假有），偏執於「宅心本無」這是「好無之談」不合於「非有非無」的中道實相。僧肇在〈不真空論〉中評曰：「心無者，無心於萬物，萬物未嘗無。此得在於神靜，失在於物虛。」僧肇吸收了印度龍樹「中

23　《大正藏》，卷四十六，〈金剛錍〉。

觀」不執於二邊，而以世界無永恆不變的本體或自性界說「非有」，尅就緣起的現象是「有」而界說「非無」。要言之，他以「無常」義言「空」和「非有」，蓋萬事萬物乃是緣起的無常之相，緣散則滅，「空」係針對所緣起的現象世界「不真」而言。凡緣起者「不真」，故其本質或自性為「空」，這是〈不真空論〉的本體論要旨，總而言之，「空」是「法」之性，不可離「法」言「空」之義。吾人對空理的體證是不能離開因緣法的，任何因緣法，其當體是無自性的，也就是空理空性。一言以蔽之，諸行無常，萬法皆空。

第四節　小結

　　中國哲學形上學最突出的特質在於將天、人、萬物相互聯繫，通幽明、上下、內外、人我、物我、構成變常不二，本體現象相繼，道器相涵，天人一本的機體觀。因此，中國哲學對本體論的探索兼涵宇宙論及價值論。要言之，中國哲人採一多相攝的動態歷程、生態觀來論述本體論。道家本體論的特徵在於「道」生發萬物，而萬物又復歸於道，構成雙重的辯證歷程。就人有限的認識能力而言，「道」蘊藏著深不可測的無限形上屬性，不可執特定之屬性界定之，就此義而言「至無」或「本無」。就虛實關係而言，萬物萬象是「實」，係道的化跡，「道」是萬象的所以跡，亦即不具感覺性質的「虛」。道與萬物萬象的相互關係是虛實相涵、體用不二、密合無間的構成玄同有無的機體。「道」化生萬物且賦予其所以能活動的內在動力及規律，稱為「德」（或本性）。王弼認為人對「道」的理解只能採超越經驗路數的體證默會，用「道」、「玄」、「深」、「大」、「微」、「遠」等稱謂語表述。儘管如此，王弼仍認為人不足曲盡道的全部內涵，言也不足以盡「意」。莊子也認為人對「道」的體證之知不可能窮盡其深深不息的內涵，表述「道」的語言必須對有過體道密契經驗者才有意義。否則的話，表述者只執於語言名相之修辭，未足以由「能指」體會出「所指」，則「能指」之言隱於修辭之「榮華」矣。莊子認為「道」原不具分別相，一切萬象中所顯示具差異性、對待性的分別相乃係由「道」在自身運轉中所開顯出來的對待性及迭運性的「相」。換言之，相對待的「彼」與「此」具結構性的兩面性，在動態的對比歷程中，互為對方存在的條件。莊子在〈齊物論〉中以「道樞」的兩

行原理，破除因對恃的偏執而生的是非相，而以「道未始有封」及「大道不稱」二原理來融通「彼」與「此」的對立，視之為道樞的兩仁相。

儒家統攝天人及萬物的本體論首見於《周易》。該書的本體論針對大化流行的生命現象來溯源究極性的本體——涵攝陰陽的太極。蘊涵在太極中的陰與陽呈現著對稱平衡的關係，且呈現著一陰一陽的動態對比。陰與陽既相互吸引亦相互制約，形成一動一靜、一消一息、一翕一闢的和諧往來，促使萬物生生而不息，太極與陰陽構成機體的宇宙觀、機體性具兩特徵，整體多於部分，多出了部分之間相聯繫的秩序、組織、互動律及有機的統一性。另一特徵是整體先於部分，部分以整體中的部分性而從屬於整體，部分因整體性而有其自身的存在位置與作用功能。《周易》默證乾坤生物不已的化育係一動態的往復歷程，賦予乾坤的生生之理為一尊生彰有的價值取向本體論，所謂：「天地之大德曰生。」宋、元、明、清的理學根據太極、陰陽、乾坤、動靜……等概念範疇所構成的本體論，再進展出各家各派多樣化的本體宇宙論，例如張載一元性的氣化宇宙觀、朱熹理一分殊的形上學、王夫之道氣相涵、乾坤並建的《周易》本體論等等。

中國佛學的本體論源自印度原始佛教的核心理論「緣起性空」。其主要涵義在解說由因緣所生法（現象），無恆常不變的自性，不能常住。「三法印」基於「一切法因緣生」的要素而衍生出「諸行無常」、「諸法無我」、「諸受皆苦」等三命題，由是佛家的本體論乃空理空性論，所謂「空」之涵義指萬法皆出於依因待緣，沒有獨立而恆不易的自性。換言之，「緣起」的當體是「空」，「空」的內容為「緣起」的假有。在中國佛學史上，緣起說至少可分成五種，其中最值得注意者是作為中觀學的核心理論「八不緣起」說。此說立足於「無自性」而衍生「不生」、「不滅」、「不常」、「不斷」、「不一」、「不異」、「不來」、「不去」等「八不」說，因此說未正面地解釋緣起，故謂之為虛說的緣起論。佛家的空性不同於道家的本無論，蓋道家的「道」是萬物存在和活動的究極實在，是形上的實體，儘管如此，東晉的格義佛學，例如六家七宗仍混同了佛學的「空」與玄學的「無」。直到僧肇持般若中觀的立場予以辨正，指出萬有的真相是「非有非真有，非無非真無」。扼要言之，緣起性空乃真空而假有，「空」是「法」之性，不可離「法」而言「空」義，這是其〈不真空論〉的本體論諦義。

自我評量

1. 本體論是一門什麼樣的學問？與宇宙論如何區別？兩者在中國哲學中有何特殊關係？
2. 道體的形上特徵為何？「道」是否可以定義？
3. 試述王弼所詮解的體用不二之道家形上學。
4. 莊子「道樞」的兩行原理之要旨為何？
5. 《周易》太極涵陰陽的本體論主要涵義是什麼？
6. 簡述方東美所詮解之《周易》的四大形上原理。
7. 朱熹體用架構下的理氣論之主要涵義為何？
8. 佛學「緣起性空」的基本主張是什麼？
9. 道家的「道」與佛家的「空」是否相同？理由是什麼？

第三章
中國宇宙論和宇宙生成論

　　「宇宙」一詞，源自戰國時代，《莊子‧齊物論》云：「旁日月，挾宇宙」，〈知北遊〉曰：「若是者，外不觀乎宇宙，內不知乎太初」，〈庚桑楚〉對「宇」與「宙」分別解釋為：「有實而無乎處者宇也，有長而無本剽者宙也。」郭象注云：「宇者有四方上下而四方上下未有窮處。宙者有古今之長而古今之長無極。」戰國時代著作《尸子》曾說過：「天地四方曰宇，往古來今曰宙。」西漢的《淮南子‧齊俗訓》首先明確的賦予哲學涵義，謂：「往古來今謂之宙，四方上下謂之宇，道在其間，而莫知其所。」綜觀這些語脈可推知「宇宙」指在時空統合場中，一切具體的存在者，亦即客觀世界及其所涵天地萬物之總稱。扼要言之，宇宙論主要論述宇宙創化的原理原則而不涉及宇宙實質發生的過程，例如：《老子》、《莊子》、《易》。宇宙生成論係研究天地萬物構成之原質及其生成變化之動態勢能、發展歷程的一種學問，例如：中國陰陽五行說。本章擬由《老子》、《莊子》、《易傳》；氣化宇宙觀；中國佛學的宇宙生成論來紹述這一課題。

第一節　　《老子》、《莊子》及《易傳》宇宙論

　　《老子》與《莊子》的宇宙發生論係從「道」與天地萬物的關係來論述。《老子‧六十二章》說：「道者，萬物之奧。」意謂「道」作為混沌的存有，蘊涵生發萬物的可能性而無所不容的。《老子》書中所謂「樸」、「玄」、「恍惚」等等，皆針對這種原始混沌的形上屬性之形容。「道」是萬物所由以生成的不可窮盡的源頭，「恍惚」描述其不可被限定的特性。「德」字的概念是被用來展現「道」的生成力，亦即「道」的實現原理。《老子‧五十一章》云：「道生之，德畜之，物形之，是以萬物莫不尊道而

貴德。」「德」是「道」在生成萬物歷程中的分化，分殊結果，據魏晉時代王弼的詮解「德」與「道」相通，「德」與「道」的關係是由之與乃得之的關係。換言之，「德」者得也，指個別的具體事物由「道」所分受而稟得之，且成為自身本性之個別化的具體存在者。此個別性的存在者所稟具之本性與活動性向和規律即是「德」。「德」與「道」之區別係全體與個體之差異，在形上屬性而言乃同質而異層，因此，「德」是分殊化萬物與「道」有縱貫之內在聯繫的中介。「德」是「道」內在於萬物的方式，也是因此而與萬物有直接關係的原因。萬物因順「德」亦即內在本性，皆可相融相即於「道」的涵融中。《老子·四十二章》陳述了「道」生成萬物的程序，所謂：「道生一，一生二，二生三，三生萬物。萬物負陰而抱陽，沖氣以為和。」意謂「道」在化生萬物的程序上，首先產生混沌的「氣」，再自行分化為有性質差異的「陰」、「陽」兩種氣。陰陽二氣相激相盪相協調，於是產生和氣，再由陰陽和合狀態的和氣化生成萬物的存在與活動。因此，就宇宙發生及萬物生成而言，「德」係個物或存有者分受「道」而有的情性及內在活動力。「德」與「道」相互依存構成不可分割的體用關係。「道」之為「體」覆載萬物，「德」之為「用」充塞於天地萬物，「德」中隨著「道」之存在變化而跟著存在與變化。若缺了「道」則不會有「德」的功能。同樣的，若缺了「德」，則「道」少了展顯其力量和運行規律的憑藉，如是，則「物」無從生發。「道」是本體論的概念範疇，「德」是宇宙論的概念範疇。

「道」內在於宇宙萬物，全面的運行，且循客觀獨立的規律來運載萬物，所謂「獨立不改，周行而不殆」[1]。道在生成萬物的活動中由始成終，且活動到週期性的頂點時，返轉回向於始源處，所謂「反者，道之動」，「反」通「返」，兼指返回及發展到反面的意思。就返回向而言，《老子·十六章》說：「萬物並作，吾以觀復，夫物芸芸，各復歸其根。歸根曰靜，是謂復命，復命曰常。」「根」、「靜」指「道」，繁然萬有在道的運行下由無至有，再由有返歸無。出於「道」又再回歸於「道」的往返歷程稱為「復命」，這是道透過萬物之運行所顯示出來的恆常不變之規律。再就「反」的發展至反面意思而言，循環反復亦是萬物變化往來的常道。《老子·二章》說：

---

[1] 《老子·二十五章》。

「有無相生，難易相成，長短相形，高下相傾，音聲相和，前後相隨。」道家以「正反合」的辯證方式來理解萬物生成變化的歷程與規律，正與反兩面俱呈的論述，不只表示事物發展的接續性，亦是在辯證性的雙肯定中獲致對事物綜合性的更高的理解。莊子以「道」為著眼點而有諸多類似的妙喻，縱使採懷疑論的表述法，卻不陷入自我論斷之窠臼，或心物二分的二元論。《呂氏春秋》說：「陰陽變化，一上一下，合而成章。渾渾沌沌，離則復合，合則復離，是謂天常。天地車輪，終則復始，極則復反，莫不咸當。」[2]老子既講轉化之相反面的「反」，又講回歸至始原的「復」，「反」與「復」構成事物之間既對立亦相互往來，相互轉換的循環律。老子與前章所述的莊子一樣持對待往來的合一關係說。那就是說有與無、難與易、長與短、高與下等相對待之，皆相依而有，此依彼而立，彼待此而存。在王弼的詮解中強調了對待的兩種自然律，即相反與相成，莊子的「物化」觀念則強調對待之相齊，亦即在對待之交參與互轉中，彼轉為此，此轉為彼，在這一意義的脈絡下，彼可認為即是此，此即是彼，不必有人為的相對之「知」與「言」將之分化而對立。莊子基於此理而舉莊周夢蝶之喻示，指出不論莊周或蝶，兩者之間既有所別，也有所通。所謂「道通為一」、「通天下一氣耳」，意謂我們若能超越感官之知的分別與執著，則可在更高的形上視點下，知莊周與蝶或我與物皆同為「道」之不同賦形，皆立根於「道」的本真，故能同於大通。

　　莊子對「道」如何生發萬物，亦即西方哲學中有關宇宙生發（cosmogenesie）的問題，採用老子的論述架構而突出了「氣」的介質，老子未交代「道」是如何來的，莊子則做了「自本自根」的解釋。《莊子》多處言氣化的宇宙觀，〈至樂〉云：「雜乎芒芴之間，變而有氣，氣變而有形，形變而有生。」〈知北遊〉曰：「通天下一氣耳，故聖人貴一。」文中未明言究竟是何者變而有「氣」，萬物皆由一氣的聚散而生成變化，這是古代最早的氣一元論。〈則陽〉解釋了形、氣、道三者的意義，所謂：「天地者，形之大者也；陰陽者，氣之大者也。」陰陽是「氣」所分別出來的兩種不同屬性，「天地」是氣所生成有形物之大者，「道」條理、規範「氣」之秩序，是「氣」的上屬概念，氣充塞天地之間，是道據以生成萬物的介質。「天地」是一切現象

2　《呂氏春秋》，仲夏紀第五，〈大樂〉。

（萬物）出現，存在及活動之場域，「道」生發萬物，內在萬物之中，且係物所資以活動的無窮動力之根源。《莊子・天地》說：「夫道，覆載萬物者也，洋洋乎大哉！」道對萬物有普遍的包容力。莊子承老子道與德的宇宙生成論架構，創出「理」與「性」來闡明老子「道」在萬物層面中的內在性，亦即由「道」散殊為萬物之德的分殊化之多樣性。換言之，由「一氣」分化為陰陽，陰陽二氣交聚而生萬物，《莊子・則陽》所謂「萬物殊理」。「殊理」亦即老子所謂萬物分受於「道」而成為萬物本性之「德」。《莊子》的〈養生主〉及〈天運〉兩篇首度以天理來指謂「殊理」。〈知北遊〉還分別以「萬物有成理」及「萬物之理」來表述。《莊子》內七篇的「德」字與「性」字同義，「外」、「雜」等篇則常把「性」字與「德」字對舉。徐復觀認為：「若勉強說性與德的分別，則在人與物的身上內在化的道，稍微靠近抽象的方面來說時，便是德；貼近具體地「形」的方面來說時，便是性。」[3]「性」指形體化的個體本性，《莊子・庚桑楚》說：「性者生之質也。」《莊子・天地》說：「物成生理，謂之形，形體保神，各有儀則，謂之性。」個別化的形體是「德」具體表現的通道，「德」所藉之表現出來的精神作用，其有儀有則處就是「性」。換言之，莊子的「性」當指在宇宙生成歷程中個體所以為個體本質的個體性。「道」是一切個體性之差異的終極統合，《莊子・齊物論》所謂：「其分也，成也；其成也，毀也。凡物無成無毀，復通為一。」

　　《周易・繫辭上傳・五章》說：「生生之謂易」、《周易・繫辭下傳・一章》謂：「天地之大德曰生。」這二命題涵具豐富的形上學義蘊，啟發了後代許多易學家的哲思。東漢荀爽謂：「陰陽相易，轉相生也。」唐代孔穎達說：「易者變化之總名，改換之殊稱自天地開闢，陰陽運化，寒暑迭來，日月更出，孚萌庶類，亨毒群品，新新不停，生生相續，莫非資變化之力，換代之功。」宋代楊萬里詮解為：「易者何物也？生生無息之理也。」當代新儒家的熊十力指出，「生生」一詞係對生命本體「靜而健動」之形上德性與德用之描述語。「生生」係本體之「化」源德性，無量德性。他在《讀經示要》、《乾坤衍》、《原儒》中對生生多方闡釋，扼要言之，他以本體之

3　徐復觀著《中國人性論史》，臺北：臺灣商務印書館，1978 年，頁 373。

變動「不居」，亦即扣緊本體真幾之「不息」與「流行」狀述「生生」，且斷言生生即新新，與孔穎達之詮解可前後相互呼應。《易》書有段話被後世易學家發展成宇宙生成論的架構，那就是《周易・繫辭上傳・十一章》所謂：「是故易有太極，是生兩儀，兩儀生四象，四象生八卦。」北宋邵康節按文畫出一橫向的方圖。今依朱熹《周易本易》所附於書前的邵子九圖中的「伏羲八卦次序圖」。摘錄於下：

　　八卦表徵自然世界的構成及其相互作用的功能，提出一套自然哲學。〈說卦傳〉對八卦中兩兩對待且相互感通的互動作用，以「八卦相錯」表示，茲分別予以一一對舉圖文來詮解：

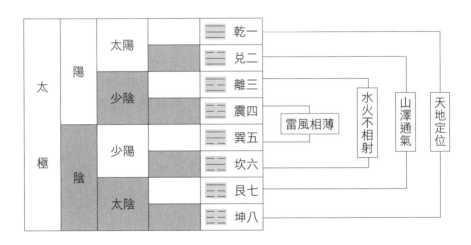

〈說卦傳・第三章〉對八卦間相錯關係之說明

　　一、乾（天）▤ 坤（地）▤ 「天地定位」：天與地非相隔絕的孤體，而是相呼應、相補充的架構出覆載萬物的場域，乾坤兩卦各對稱的爻位間，呈現一陰一陽的排列方式。

　　二、艮（山）▤ 兌（澤）▤ 「山澤通氣」：山與澤彼此對待造成陽氣與陰氣的對流往來，兩卦各對稱的爻位間呈現出一陰一陽的排列方式。

　　三、坎（水）▤ 離（火）▤ 「水火不相射」：藉水與火不相克滅的否證方式，隱指水火有相濟相成的功能，兩卦間各對稱的爻位呈現一陰一陽的排列方式。

　　四、震（雷）▤ 巽（風）▤ 「雷風相薄」：「薄」指彼此的距離極

為親近，幾乎沒有間隔，雷風之間相依互通，兩卦間各對稱的爻位呈現一陰一陽的排列方式。

再參照陰陽魚太極圖，不但表徵著陰陽共體，也意謂著一陰一陽處於相互吸引，無時或已之互動歷程，恆發用生生之德而妙運萬物生生化化於不息。若取六十四卦中的第三十一卦[4]咸卦的內外卦之結合方式即〈說卦傳〉所謂之「山澤通氣」為範例，咸卦象傳曰：「咸，感也。柔上而剛下，二氣感應以相與……。天地感而萬物化生，聖人感人心而天下和平。觀其所感，而天地萬之情可見矣。」「咸」義為交感，陰陽在互動交感中對應感通天地交感，萬物得以化生。此理也顯現在人文世界，為政者若能以真誠的心靈與百姓交流感通才有政通人和、天下和平的可能。因此，一陰一陽間的互動推移、交感應合、相輔相成是整體宇宙與人世間得以生生而不息、和諧感通、共存共榮的形上總原理。《周易‧繫辭上傳‧五章》所云，「一陰一陽之謂道，繼之者善，成之者性。」統攝著自然與人文而成為機體宇宙觀中變化通幾，旁通統貫，生生不息的根本原理。《易》書機體的宇宙觀與《老子》、《莊子》和鄒衍的陰陽五行說在中國哲學發展史中進行了多樣化的結合，構作出許多精采豐富的本體宇宙論。例如：北宋周敦頤的〈太極圖說〉即是一令人深刻的宇宙生成論，其構成要素即是儒家《周易》，道家老莊與陰陽五行學說的合流成果。

第二節　氣化的宇宙發生學

「氣」概念的由來久遠，甲骨文、金文中「氣」字雛形已出現。「氣」概念有長期的發展，累積成很豐富的概念，就宇宙生成的元素而言，可說是一種最細微而有流動力的物質，以「氣」解說宇宙之形構，即以最細微最流動的元質為生成一切存有者或器物之根本。許慎的《說文解字》云：「氣之形與雲同。但析言之，則山川出初者為氣，升於天者為雲，合觀之，則氣乃雲之散蔓，雲乃氣之濃斂。」可見氣之概念源自雲而發展於宇宙生成論的類比思想，藉以解釋構成萬物之元質及生成變化的力量，莊子以氣的聚散解釋萬物的生成，且總結具生成變化能力的「氣」乃通天下之「一氣」耳，創立

4　《易》，下篇首卦。

氣化宇宙論的雛形。被視為戰國中晚期黃老之學理論基礎的《管子》四篇[5]
中提出氣說來解說萬有生成和變化的本源，所謂「氣，物之精，此則為生，
下生五穀，上為列星，流於天地之間，謂之鬼神；藏於胸中，謂之聖人
……。」又曰：「精也者，氣之者精也。氣，道乃生。」文中的「精氣」指
極為精靈細微的氣，「鬼神」表述精氣流動的不可測知或妙不可言，精氣無
所不在地彌漫在宇宙中。文中也將老子的道詮解為精氣，觀四篇對精氣所描
述的特徵，吸收了《老子》所賦予「道」之超言絕象，無為而無所不為，物
極必反、道與德之關係等特性。此外《鶡冠子・泰錄》有云：「故天地成於
元氣，萬物乘於天地。」另外，漢初著作《淮南子・天文訓》論宇宙生成
云：「太始生虛霩，虛霩生宇宙，宇宙生元氣，元氣有涯垠。」雖然《鶡冠
子》之成書有戰國時代或西漢時代之爭議，可以肯定的是「元氣」一詞，屢
見於漢代著作中，例如：董仲舒《春秋繁露・王道》謂：「《春秋》何貴乎
元而言之？元者始也，言本正也，道王道也。王者人之始也，王正則元氣和
順，風兩時，景星見。」；漢代緯書中亦有「元氣」說；《漢書・律曆志》
云：「太極元氣，函三為一。」元氣指天地未分之前混沌未分之氣，係宇宙
萬物生成的元基或元素。

　　不論是「氣」、「精氣」、「元氣」皆將陽與陰解釋為由氣所分化成兩
種具對比性差異的氣，是氣化宇宙論的核心概念。氣化宇宙論之醞釀成有成
熟內容及可觀的理論規模者當係漢代，宋元明清的新儒學或簡稱為宋明理學
皆受其影響而有不同的發展和理論特色。氣化宇宙論是由戰國中晚期至整個
漢代所流行的黃老道家之特色。此一思潮依托黃帝之學，兼綜法家刑名及儒
家禮教，轉化《老子》思想以入於政事、社會教化與個人養生之實務，可說
是《莊子・天下》所謂「道術」，亦即將純理論發展至行為實踐與政務操作
層面的術用之學，在宇宙生成論上不論是漢代的儒家或道家皆深受黃老之學
的影響，而同具貫通天道與人道，治身與治事，政治與教化，養形與養神的
氣化宇宙論之基調。我們可分別選取代表漢代儒學的《易緯・乾鑿度》和代
表漢代道家之《老子指歸》這兩種專著來陳述其氣化的宇宙論。

5　〈心術〉上、下、〈內業〉、〈白心〉。

　　漢代緯書非一人一時之作，旨在解釋五經，屬西漢後期的作品。易緯
《乾鑿度》的內容曾被東漢《白虎通義》一書所引用，其思想與象數易密切
相關。《漢書藝文志》謂象數易包括天文、曆譜、五行、蓍龜、雜占、形法
六家。易緯《乾鑿度》迄今仍保留數十頁的文字，茲載錄論宇宙生成最精要
的一段話如下：

> 夫有形生於無形，乾坤安從生？故曰：有太易，有太初；有太始，有太素也。太
> 易者，未見氣也；太初者，氣之始也；太始者，形之始也；太素者，質之始也。
> 氣、形、質具而未離，故曰渾淪，渾淪者，言萬物相渾成而未相離，視之不見，
> 聽之不聞，尋之不得，故曰易也。易無形畔，易變而為一，一變而為七，七變而
> 為九，九者氣變之究也。乃復變而為一。一者形變之始，清輕者上為天，濁重者
> 下為地。物有始有壯有究，故三畫而成乾。乾、坤相並俱生，物有陰陽，因而重
> 之，故六畫而成卦。

這段文字亦被《列子·天瑞》引用，所不同處，《乾鑿度》歸本於《易》書
而言「三畫而成乾」、「六畫而成卦」。〈天瑞〉篇則謂「沖和氣者為人，
故天地含精，萬物化生。」吸收黃老之學而歸本於老莊道家。《乾鑿度》對
氣化的生成歷程有細緻而詳實的論述，將宇宙生化之步驟區分為未見氣的
「太易」，氣之始的「太初」，形之始的「太始」，質之始的「太素」等四
階段，皆立於乾坤之上位。「太易」未見氣，則屬純粹形而上的性質。「太」
字指形而上至高的存有，〈易傳〉有「太和」、「太極」之說，戰國中期陸
續有「太初」、「太始」、「太虛」的講法。漢代前期「太已」或「太一」
之名流行，可說是受老子「道生一」的影響，「一」非指數字，而係指形上
的究極實在，亦即至高的統攝者。至於太初、太始與太素，此三者尚未至於
「物」，亦即尚未成為形器化個體或存在者，因此，仍處於「氣、形、質具
而未離，故曰渾淪」，換言之，此三者不是能憑感官經驗認知的對象，仍是
形而上的存有層級。此三者是生成現象界「氣」、「形」、「質」之始原，
乃形上的「氣」、「形」、「質」之元。此三者由形而上的狀態順著一氣之
形變而向著現象界陸續變現。依《乾鑿度》的思路，「太素」之名尅就「質
之始」而言，「渾淪」之名是就「氣、形、質具未離」而言，亦即整全性的
「一」，一變而為七指少陽，進而變為老陽九，少陽與老陽皆屬乾的形上特
徵。「乾坤相並俱生」依易經哲學乾主坤從，一顯一隱，無乾不成坤，有坤
必有乾。「物有始有壯有究」，就乾而言，由一變而為七，再變變為九，九

是老陽之數再變則為少陰之數的八，再變則為老陰之數的六，少陰老陰俱屬坤之形上特徵。《乾鑿度》的形上思想體系，不難看出是以易經哲學為架構而吸納融合了道家思想，建構出「成一之變」與「一中之變」的宇宙生成理論。東漢的經學大師鄭玄注《周易・繫辭上傳》的「是故《易》有太極，是生兩儀」處說：「極中之道，淳和未分之氣也」意指「太極」為氣的本源，而氣初生時混合不分，不見個體化的形體。他以同理來注《易・乾鑿度》，主張氣以「和合」為貴，陰陽相合得中和之氣以養育萬物，所謂「天地氣合，而化生五物」[6]，乾陽代表天，坤陰代表地。

　　西漢的嚴遵（字君平，蜀邵人）著《老子指歸》共十三卷，其宇宙論的總綱表述於〈上德不德〉：「天地所由，物類所以，道為之元，德為之始，神明為宗、太和為祖。」他對「道」與「德」的關係，在〈德一〉說：「一者，道之子，神明之母，太和之宗，天地之祖；於神為無，於道為有，於神為大，於道為小。」「德」是由「道」化生歷程上所得而有的，位階卻高於神明，太和。依老子有生於無的理論，「德」相對於「道」之「無」而為道所生之「有」，相對於「神」而言為「無」。「一」約當《老子》書中的「德」。依《老子》：「道生一，一生二，二生三，三生萬物」的宇宙生成圖式，「二」指「神明」，「三」指「太和」。「道」、「一」、「神明」、「太和」構成衍化的第一階段，其運化具無心、無意、無為的虛無特徵，第二階段則關涉及太和生成有形的天地，天地又生成有形的萬物，天地萬物的形質來自氣的運化。嚴遵承順漢代陰陽五行的宇宙觀，謂：「夫天地之道，一陰一陽分為四時，離為五行，流為萬物。……陽氣主德，陰氣主刑。」[7]太和乃渾然一氣，氣以下的宇宙生成歷程為「有」的階段，嚴遵吸收《易》書中「太和」及「一陰一陽之謂道」的形上原理，把一陰一陽之相互轉化及推移之規律運用於詮釋萬物與「道」的相涵融關係。天地萬物由太和之氣分化成現象界的存有者後，人物各具不同之稟賦，在自發性的本性活動中，實現自身自自然然的職分。綜觀嚴遵宇宙發生論的第一和第二階段，天地萬物追溯其所由來的根源是同根同源的，《老子指歸》，卷二，〈不出戶〉說：「天地人物，皆同元始，共一宗祖。六合之內，宇宙之表，連屬一體。氣化分

6　《緯書集成》，《易・乾坤鑿度》，上海：古籍出版社，1994 年，頁 1661。

7　《老子指歸》，卷十二。

離，縱橫上下，剖而為二，判而為五。」因此，天地之間相互聯繫成一同根性的機體宇宙。同時，道、德、神明、太和之生物乃自自然然的「不生而物自生，不為也而物自成」[8]這是頗應老子無為本義下的詮解。

　　漢代儒家與道家皆以氣化宇宙觀為主流思想，其中有納戰國晚期鄒衍的陰陽五行說為成素，值得我們注意。鄒衍觀察陰陽消息而臆造五德轉移之史論，旨在警惕不能尚德的淫侈之君。其著作雖已佚失，「終始五德之運」的理論內容，可得見於後人的詮解，高誘注《淮南齊俗訓》引鄒子云：「五德之次，從所不勝：故虞土，夏木，殷金，周火。」該說原係以歷史發展的相剋循環論來解釋朝代興替有一宿命性的輪替法則。其中卻隱含了宇宙論的根芽資助後來學者與其他學說相結合而得以發展。五行說的宇宙論向度有四：其一為金、木、水、火、土為構成形質世界的五種元質。其二，宇宙運行的規律為火克金，金克木，木克土，土克水，水克火。其三，五行為人類提供了對宇宙元素與運行規律的認知模式。其四，五行的互動輪轉秩序，相連相續地構成一形式化的系統相。徐復觀指出：「鄒衍生前死後，其說係不斷地在發展傳播。《呂氏春秋・十二紀》，正是直承其發展而加以組織化，具體化的。」[9]《呂氏春秋》是成書於秦代的集體創作，對應一年有十二個月的〈十二紀〉為該書的骨幹。〈十二紀〉細膩地觀察天地間生命的各種現象，及其與人生世道間的榮衰關係，總結出時政與時令的互動律則，每一紀的第一篇，上涉及天文，中涉及人事，下涉及物侯，各紀皆講求適應四季變化的生產、政治、祭祀之內容，其理論結構係立基於陰陽家之理論架構而擴展深化出來的。陰陽家的宇宙觀是以「陰陽」、「四時」、「五行」為基本理論架構。以《呂氏春秋》為例，漢代的宇宙觀可說是繼承秦代的《呂氏春秋》將先秦的陰陽五行說吸納重鑄為一有機的大整體，其核心是以天人關係為基礎。

　　漢代氣化宇宙論有一突出的特色就是感應說。其中又可分為機體的自然感應說及神祕的天人感應說，西漢董仲舒的感應說兼具此兩層涵義，其《春秋繁露》的〈天地陰陽〉篇云：「天地，萬物之祖，萬物非天不生，獨陰不生，獨陽不生，陰陽與天地參然後生。」〈五行相生〉篇提出總綱式的氣化宇宙觀，謂：「天地之氣，合而為一，分為陰陽，判為四時，列為五行。」

8　《老子指歸》，卷七。
9　徐復觀著《增訂兩漢思想史》，卷二，頁8。

人與天地萬物皆由元氣及其所分化的陰陽，五行所生就，人的生命結構與機能和天的結構與機能相符應，〈陰陽義〉言之甚詳，謂天的形體與性情，「與人相副，以類合之，天人一也。」此說近承《呂氏春秋》、《淮南子》氣貫通天人的基本論調，遠紹《周易》的機體感通論，〈乾文言〉：「同聲相應，同氣相求」。此外，《莊子・漁父》亦有言：「同類相從，同聲相應，固天之理也。」機體感通論的旨要在於視人為小宇宙對應天地萬物之大宇宙，彼此血脈相聯，休戚與共，從而推導出天地萬物之理，皆以在構成元質、結構形式、功能與目的相類似者相互翕動。此外，董仲舒天人感應的神祕災異思想也是由易經轉化而成。《周易・繫辭上傳・一章》云：「方以類聚，物以群分，吉凶生矣。」坤卦〈文言傳〉說：「積善之家，必有餘慶；積不善之家，必有餘殃。」董仲舒既言「天地一也，天與人同類」，天透過陽氣表現生生之仁德，透過陰氣表現冷靜的義理之裁斷。則稟陰陽氣性的人也有仁義之性。基於同類相感的作用原理，人應淨化心靈，積善累德多行仁義之事，冀求感應天道以趨吉避凶。《易傳》有言：「吉凶者，貞勝者也。」天道的法則是「正」必勝「邪」，且福善罰惡，這也是《周易・繫辭下傳・一章》所謂「吉凶悔吝者，生乎動者也」的旨義，在天人感應原理下，出乎人幾微的一舉一動，皆受到天人之間與人與人之間，同類相感應作用的影響，而獲致吉凶悔吝的果報結果，董仲舒的災異說得見於二則論述。其一，《春秋繁露・必仁且智》云：「天地之物，有不常之變者，謂之異，小者謂之災，災常先至，而異乃隨之。災者，天之譴也，異者，天之威也。……凡災異之本，盡生於國家之失。」這是其藉災異以見天意說，他的災異說主要的對象是針對繫天下百姓苦樂於一身的當權之君主，目的在促使為政者應自省，自問是否為政失仁失義（智）。災異之中介角色為宇宙的感應理論，見於《春秋繁露・同類相動》所言：「天有陰陽，人亦有陰陽，天地之陰氣起，而人之陰氣應之而起，人之陰氣起，天地之陰氣亦宜應之而起，其道一也。」質言之，天人感應的中介是氣，人的善德所累積的質量將影響「氣」而感應天地，天也透過「氣」的變化而將其所感應的喜怒傳達於人而有所謂吉凶的報應。

　　宋明理學的氣化宇宙論大略可分為三種理論類型；一為北宋張載、明清之際王夫之的氣本一元論為代表。二為北宋程頤、南宋朱熹的理氣論（已在前章述及）。三則為明代王廷相與清代戴震自然主義氣本論為代表。張戴的

氣化宇宙論之核心命題為「太虛即氣」及「一故神，兩故化」。張載在《正蒙‧太和篇》說：「太虛無形，氣之本體，其聚其散，變化之客形爾。」「氣之聚散於太虛，猶冰凝釋於水，知太虛即氣，則無無。」他的氣化論係以生生不息的實有取向對治道家的貴無論及佛家的本空論，太虛是「氣」的本體。氣的凝聚促使萬物生成，氣的散離則萬物消解而歸於太虛。就宇宙生成變化而言，係基於氣之聚散的運行原理。氣化運行的歷程及規律稱為「道」，太和所以能有對萬物生成變化之道，係涵具氣分化了一陰一陽兩種具動態對比的「氣」，在絪縕交合的動態作用中生成萬物的存在與變化。《正蒙‧太和篇》所謂：「太和所謂道，中涵浮沉升降，動靜相感之性」、「太虛者，氣之體。氣有陰陽屈伸相感無窮」。「太和」是太虛的本然狀態，太和涵陰陽之氣以屈伸、浮沉、升降、動靜的相感是一無窮的活動，也是萬物得以生成變化不息的形上原理。至於太虛與所涵陰陽二種具差異且互補性的氣之關係，《正蒙‧參兩篇》說：「一物兩體，氣也。一故神，兩故化，此天之所以參也。」

　　「天」指生化萬物的本體，與「太虛」、「太和」異名同實。太和與所涵陰陽兩氣間的關係，《正蒙‧太和篇》進一步的解釋為「感而後有通，不有兩則無一」、「兩不立則一不可見，一不可見則兩之用息。」「一物兩體」指陰陽為構成太和的兩個成素，太和調劑陰陽有不可測知的玄妙，故讚頌為「神」，陰陽是相涵相界定的對立元，彼此在「太和」的主持分劑下和諧感通，一往一來、一升一降、一動一靜、一屈一伸的相感無窮，以此互動互補的方式共同推動萬物的生生不息。太和或太虛與陰陽皆為萬物不可或缺的實現原理，故《正蒙‧參兩篇》說：「一物兩體，氣也。一故神，兩故化，此天之所以參也。」「兩」指陰陽兩氣，陰陽以相感通為用，其往來所呈現的虛實、動靜、聚散或清濁等皆相互涵攝為一整體性的連續存在和活動，所謂：「其究一而已。」《正蒙‧神化篇》總括的解釋為「神，天德；化，天道。德，其體；道，其用。一於氣而已。」似乎意謂著「神」是氣的形上本性，亦即形上體性，「化」指氣化的運行歷程，因而是發用。如是，「神」與「化」乃氣化的本體宇宙論之「體」和「用」兩面向，就神或太虛與氣的關係而言，究竟是融貫形上形下為一元或形上形下可辨而不可離呢？這已至概念解析的限度了，屬存有其奧祕處。

　　對這一問題，當代學者牟宗三與唐君毅各持不同的理由和看法，牟宗三

扣緊張載「太虛即氣」或「虛空即氣」的關鍵字「即」據以析辨其精微的蘊義，他說：「此『即』字是圓融之『即』，『通一無二』之『即』，非等同之即，亦非謂詞之即，顯然神體不等同於氣。」[10]他把涉及「太虛」與「氣」之關係字「即」解釋為「不離」。氣之性當指氣之體性，亦即普遍的、超越的體性，氣實然的質性之凝聚或結聚是現象的性，屬形而下的質料。氣之性是本體義的性，形而上的性，張載以「虛而神」規定此清通而不可象者乃超越地固有，不是現象的固有，牟宗三斷言張載的「神」不是氣之質性，所謂：「說『氣化』乃只就化之實，化之事而言耳。」[11]至於形而上的本體義，他認為「言天地之性只能植根於道，不能植根於氣也。」[12]在存有的層級上，氣化的質性是形而下的，規定氣化的超越所以然之「虛而神」為形而上的。因此，他判讀「太虛即氣」為：「此『即』字是圓融之『即』，『通一無二』之『即』；非等同之即，亦非謂詞之即。顯然神體不等同於氣。」[13]我們若檢視文本，《正蒙・太和篇》謂：「太虛為清，清則無礙，無礙故神；反清為濁，濁則礙，礙則形。凡氣清則通，昏則雍，清極則神。」可推知，氣含清濁二種，氣非純粹的、單一的。據此，牟宗三視「氣」為形而下屬性，清氣只是對太虛神體之清通一引路的中介，經驗徵驗者，而經驗所徵驗的主體究竟不是太虛神體自身。因此，牟宗三視「神」於存有論之位階優先於「氣」，只有「虛而神」的虛體或神體才是「實現原理」，亦即使存有者得以有存有之理的詮解，仍有其根據處。

唐君毅不同牟宗三般地將「氣」只判為形下義，他對張載的氣論賦予更高的意義，謂：「吾人應高看此氣，而視之如孟子之浩然之氣之類，以更視其義同於一形上之真實存在。」[14]。他把「太虛即氣」的「即」字，詮解為等同義，乃是謂詞意義的即，指出張載「天之神德之見于其虛明，其所依之『實』即此氣也。」[15]換言之，他將張載的「氣」賦予形上之真實存在（metaphysical reality）的涵義。其與眾不同處，在於他將《正蒙・大心篇》視

10　牟宗三著《心體與性體（一）》，臺北：正中書局，1969 年，頁 459。
11　牟宗三著《心體與性體（一）》，臺北：正中書局，1969 年，頁 474。
12　牟宗三著《心體與性體（一）》，臺北：正中書局，1969 年，頁 491。
13　牟宗三著《心體與性體（一）》，臺北：正中書局，1969 年，頁 459。
14　唐君毅著《中國哲學原論・原教篇》，臺北：臺灣學生書局，1984 年，頁 97。
15　唐君毅著《中國哲學原論・原教篇》，臺北：臺灣學生書局，1984 年，頁 97。

為張載《正蒙》一書之樞紐地位。有鑒於〈大心篇〉所言：「大其心，則能體天下之物，物有未體，則心為有處。世人之心，止於聞見狹。聖人盡性，不以聞見梏其心；其視天下，無一物非我。孟子謂盡心則知性知天，以此。天心無外，故有外之心，不足以合天心。」唐君毅針對與物無對立分化的超越之本心，將張載之「神化」、「乾知」、「性命」、「性」、「心」、「明」等用語皆畫歸「今所謂精神意義之名言概念」。[16]他所謂之「精神」意指〈大心篇〉之能體天下之物的形上本心，亦即絕對精神，同時，他認為《正蒙》書中的〈動物篇〉及〈參兩篇〉最足表現出張戴的宇宙論涵義，他深刻地詮解說：「物之時與秩序，依於物象而有；而物象又依氣之息散，即氣之流行而有。則物乃第二義以下之存在概念。唯此氣之流行為第一義之存在概念。」[17]天地間依時間的歷程而呈現其形象與秩序之事物，根底上係虛而神的氣在流行，可說是「流行的存在」，亦即一氣之伸與屈或聚與散。他扣緊〈太和篇〉所云：「太虛不能無氣，氣不能不聚為萬物，萬物不能不散為太虛，循是出入，是皆不得已而然也。」推證出「自是謂一切天地萬物，皆氣之所成，凡充實於太虛者，亦只是氣。」他特別重視張載可資佐證太虛是氣的另一表述法，〈太和篇〉所謂「兩不立則一不可見，一不可見則兩之用息。兩體者，虛實也，動靜也，聚散也，清濁也，其究一而已。感而後有通，不有兩則一。」這是對「一故神，兩故化」的形上原理中，以一陰一陽之往來所從生之虛實、動靜、聚散、清濁的對立之現象乃統攝一陰一陽的太虛之氣的屈伸往來作用之闡釋。若是，則神為體、化為用乃太虛整全之氣的體用，與前章《易》哲學中的太極涵陰陽之義相契合。「兩」指太極所涵陰陽及其相互作用中所呈顯之一體而兩面的動相，「一」指統攝其中，主持分劑其中的統合者，亦即虛而神的太虛或太和，「一」與「二」及機體性的氣化宇宙觀之全體與其所涵之不可分割的二成素。唐君毅對比周濂溪與張載的宇宙論模式，分辨出周濂溪採取「由上而下」，亦即由一本散為萬殊的縱貫向度，張載所採取的切入方式是在「萬殊間，亦彼此能依其氣之清通而互體，以使萬物相保合，為一大和」之「橫攝的向度」[18]由這一分辨亦可理解牟宗三係以

---

16 唐君毅著《中國哲學原論‧原教篇》，臺北：臺灣學生書局，1984年，頁90。

17 唐君毅著《中國哲學原論‧原教篇》，臺北：臺灣學生書局，1984年，頁87-88。

18 唐君毅著《中國哲學原論‧原教篇》，臺北：臺灣學生書局，1984年，頁328。

周敦頤式的縱貫向度來解讀張載，若依〈太和篇〉：「太虛無形，氣之本體；其聚其散，變化之客形爾。」的語脈觀之，「氣之本體」非縱貫向度的表述，而是橫攝向度的解說，所謂「本體」在此句的意義結構和脈絡下解讀，當指氣的本真狀態，太虛就是「氣」之理解亦當可成立。大陸學者陳俊民、張岱年等人乃採此義。例如張岱年說：「宋明哲學中所謂本體，常以指一物之本然，少有指宇宙之本根者。如張橫渠云：『太虛無形，氣之本體。』……所謂本體亦即本然，原來之意。」[19]。若唐君毅、張岱年、陳俊民等人的講法可證立的話，張載的氣化宇宙論當為十足的氣本論了。

　　宋明理學家在宇宙生成的論述架構上主要宗周敦頤的〈太極圖說〉：「無極而太極，太極動而生陽，動極而靜，靜而生陰。靜極復動，一動一靜，互為其根，分陰分陽，二儀立焉。陽變陰合，而生水、火、木、金、土。五氣順布，四時行焉。五行，一陰陽也。陰陽，一太極也；五行之生也，各一其性，無極之真，二五之精，妙合而凝，乾道成男，坤道成女，二氣交感，化生萬物，萬物生生，而變化無窮焉，惟人也，得其秀而最靈。」明清初的王夫之亦以之為推衍其宇宙論的藍本之一。他學宗張載將陰陽解釋為「氣」的二種屬性，太極是陰陽之渾合者，所謂：「無極而太極，陰陽之本體，絪縕相得和同而化，充塞於兩間，此所謂太極也。張子謂之太和，中也，和也，誠也，則就人之德以言之，其實一也。圓不失方，交相成以任其摩盪，靜以攝動，無不浹焉。故曰：易有太極。言易之為書備有此理也。兩儀，太極中所具足陰陽也，儀者，自有其恆度，自戒其規範，秩然表見之謂。」[20]太極是具足陰陽的渾然一氣，充盈於天地之間，所涵具的陰陽有相互盈虛往來之隱現，有幽明而無生滅。乾坤並建為元體，一卦有顯現之爻位六及一陰一陽相錯下的隱晦之六爻位，共十二爻位。蓋孤陰不生，獨陽不長，陰陽雖各有不同的氣屬性，卻有分劑之理甚密，主持之理甚定，合同之理甚和，因而並育而不相悖害，此之謂「太和」，亦即太極理氣之妙用。換言之，身為陰陽渾合者的太極是理氣一源的，氣之條緒節文乃理之可見者。理氣渾全為一整體，道器相須不相離，體用圓融合一，他詮解張載的「太和」概念時認為太和是本然之體，所涵之性，有乾陽之健與坤陰之順，陰陽與太極兩端而一

19　張岱年著《中國哲學大綱》，北京：中國社會科學出版社，1982年，頁7。
20　王夫之著《周易內傳》，卷五，頁31-33。

致，是成素與整體之二而一及一而二的有機關係。

　　王夫之兩端而一致的宇宙論可由陰陽及對比的兩端，因動態的辯證而轉化成渾融的一體（太極或太和）來理解。這是兩端而一致的動態辯證關係，源於張載《正蒙・乾稱篇》：「天性，乾坤陰陽也。二端故有感，本一故能合。天地生萬物，所受雖不同，皆無須臾之不感，所謂性即天道也。」王夫之針對陰陽這兩端之氣的辯證性互動，剋就生化是氣的本質，由「虛」而「實」，再由「實」返「虛」的過程，來解釋「氣」生化萬物的過程，提出二端氣的宇宙生成觀，謂：「宇宙者，積而成乎久大者也。二氣絪縕，知能不舍，故成乎久大，二氣絪縕而健順章，誠也。」[21]「二氣絪縕」指陰陽二端氣涵一健一順之德能，在相互制約，推動的相反相成之互動互補活動中，化生出繁賾皆備之繁富世界，營造出萬物和諧共流之機體世界，其中內蘊一兩端而一致的宇宙生成變化原理。這一原理可說是陰陽二端之氣在動態的對比中，辯證地轉化成太和之氣。實則陰陽兩端之氣與太和之氣相涵相攝於宇宙的對待調和律中，因王夫之由「反者有不反者存」；「萬物暌而其事類也」；「以和順斥截然分析而必相對待」；「對待往來而和順於一」四方面來詮解。[22]涵理氣的太極與一陰一陽的關係是一體化為二用，二用之間互為體用的兩端一致論，王夫之謂：「乾以陰為體而起用，坤以陽為用而成體。」[23]陰陽是氣所呈顯的二種端性，雖有虛實、動靜、聚散、清濁之別，其究竟乃同一實在，彼此非窒礙難通。陰陽在相需為用的互動中，聚於此者則有散於彼者，有散於此者則有聚於彼者。陰陽與太極是合兩端而以一為樞紐。用王夫之自己的話來說：「天下之萬變，而要歸於兩端，兩端生於一致。」[24]就言詮的立場而言，兩端一致是一言說架構的方便法門，二端點是不同詮釋角度。此兩端可透過動態的辯證過程來互動或對話，藉以關聯起來而最後結合為一體，謂之「一致」。經辯證的轉化所成之統體是兩端經過相互滲融、涵攝、相即為同屬於機體中的更高層級系統的一體。就言詮而言，兩端而一致是「辯證的綜合」（dialectical synthesis）、就宇宙論而言，是張載

21　《思問錄・內篇》。
22　見曾春海著〈闡船山易學之宇宙論〉，收入其所著《儒家哲學論集》一書。
23　《周易內傳》，卷五。
24　《周易內傳》，卷五。

「一故神，兩故化」的形上原理之再確認。「一故神」的太極乃居關鍵性的統合原理，亦即張載、王夫之所謂「太和」之至高形上原理。王夫之的氣本論，借用唐君毅所使用的名詞，不但有縱貫的向度，也兼涵橫攝的向度。大陸學者郭齊勇曾將王夫之兩端一致的宇宙論原理分類整理，言主客關係者有：己—物、能—所、心—事、心—理、天—人。言認識活動者有：名—實、分—合、別—統、同—異、一—多。涉史論者：必—偶、理—勢、因—革、逆—順。涉政論者：治—亂、經—權、禮—刑、法—教、義—利等範疇。[25]

　　王夫之的氣本論處處依於理來論述，劉宗周、黃宗羲這對師生的氣本論則貼著道德本心來表述。明清時代的羅欽順、王廷相、吳廷翰、顧炎武、戴震、焦循等人則趨於自然氣本論的基調。明代朱學學者羅欽順主張說：「天之道莫非自然，人之道皆是當然。凡其所當然者，皆其自然之不可違者也。……順之則吉，違之則凶。」[26]所謂「自然」指因果法則本身的必然性、客觀性，清代的戴震也指出：「實體實事，罔非自然，而歸於必然，天地、人物、事為之理得矣。」[27]意指在形器世界的個體或經驗的存在，其存在與活動皆有其所發生的實然性法則。換言之，宇宙間一切現象界的實體，包括人性實體的血氣、心氣之作用原因，運行規律，皆自自然然地渾然流行。在大自然混沌生機中有自行興發開展的自然元氣，在其自然流行的軌跡中蘊涵著必然的自然法則，有待人透過知識理性去發現、探索、理解和遵循。羅欽順依朱熹之意將太極解釋為「理」，「理」由實然之氣的轉折往來之主使。扼要言之，「氣」為終極實體，主要特徵為「自然之機」和「不宰之宰」。顧炎武的氣本論較粗略單薄而不受學者們注意，顧炎武宗張載「太極不能無氣」的論旨而宣稱「盈天地間者氣也」、「非器則道無所寓」[28]，可惜未展開其所可能的宇宙論蘊義，戴震繼承中、晚明的羅欽順、王廷相、吳廷翰及明清之除顧炎武的路數。他說：「天地之氣化，流行不已，生生不息，然而生於陸者，入水而死；生於水者，離水而死；生於南者，習於溫而不耐寒；生於北者，習於寒而不耐溫；此資之以為養者，彼受之以害生。『天地之大德

25　見郭齊勇著〈尚書引義中關於認識主體和辯證邏輯的思想〉，收入蕭萐父編《王夫之辯證法思想引論》。

26　《困知記》，卷上，頁75。

27　《戴震集・孟子字義疏正》，卷十三。

28　《原抄本顧亭林日知錄》，卷一，〈遊魂為變〉、〈形而下者謂之器〉。

曰生」，物之不以生而以殺者，豈天地之失德哉！」[29]《易》書的生生之德為一至上的形上原理，體現在經驗世界中，則一切生命的發生有其原因，其維繫與發展有其必要的自然條件，此皆有待人在參贊天地化育時發揮知識理性來探索、尊重和配合客觀化的自然法則，亦即事實科學所研究的實然性之真或事實真理。在製作以人文化成天下的禮文時，當理解和配合客觀的自然法則，他說：「禮者，天地之條理也。言乎條理之極，非知天不足以盡天下之理，或裁其過，或勉其不及，俾知天地之中而已矣。」[30]人所要契合的自然法則，亦即氣化流行的天時與地利所以然之理，戴震順《易》與《荀子》天生人成，以生生之德的價值取向來融貫自然與人文，強調人的道德實踐及禮義規範的建制是要將道德原則與自然法則兼顧並籌，予以辯證的統合。他說：「自人道溯之天道，自人之德性溯之天德，則氣化流行，生生不息，仁也。由其生生，有自然之條理，觀於條理之秩然有序，可以知禮矣；觀於條理之截然不可亂，可以知義矣。在天為氣化之生生動能，在人為其生生之心，是乃仁之為德也；在天為氣化推行之條理，在人為其心知之通乎條理而不紊，是乃智之為德也。」[31]生生之德既有人先驗的道值意向依據，也有天地化育的實然事實之根據。基於氣性存在的事實，戴震對人自然情欲生命層之需求應予以正視而提供合於消費理性的滿足，使人生而有世俗幸福之追求的合理性及正當性。綜觀持氣本論者多確信真、善、美的人文價值，蘊藏在具生機的混沌元氣中。方東美對中國哲學氣本論下的自然主義基調點出其與西方自然主義對比下的特徵。他說：「中西自然主義彼此之間顯有一差異；後者恆標榜價值中立；而中國哲人則於宇宙觀及人性觀上無不繫以價值以為樞紐。」[32]

第三節　中國佛學的宇宙論

　　印度佛教典籍中的「世界」一辭，在概念涵義上和中國古典文獻中的

29　《孟子字義疏正》，卷中，〈性〉。
30　《孟子字義疏正》，卷下，〈仁義禮智〉。
31　《孟子字義疏正》，卷下，〈仁義禮智〉。
32　方東美著《中國哲學之精神及其發展》，上，臺北：成均出版社，1984 年，頁 18。

「宇宙」大致是同義，皆指時空統合場中所含的一切。據《大佛頂如來密因修證了義諸菩薩萬行首楞嚴經》卷四云：「世為遷流，界為方位，動今當知東、南、西、北、東南、西南、東北、西北、上、下為界，過去、未來、現在為世。」所謂「世」指不斷遷流的時間，「界」指各種方位的空間。此外，印度佛教典籍中與「世界」同義的字尚有「世間」，通常分為「有情世間」意指人類社會等，以及意指山河大地等「器世間」兩領域。然而，「世界」一辭在佛教裡隨著信念觀念的發展，其內涵亦有所演變和擴展。小乘佛教將有情眾生的天、人、阿修羅、畜生、餓鬼和地獄「六道」所居的世間稱為世界。大乘佛教則進一步地把阿羅漢、菩薩和佛所居的國土，也稱為世界，如西方極樂世界、眾生所居世界之外的諸佛之淨土世界，有別於此岸世界的彼岸世界，超越相對世界之絕對世界。「世界」的概念特質在於指謂空間的無限廣大及時間的無始無終。前章所提及的緣起論是佛教資以解釋宇宙萬事萬物得以生成的基本原理，其要旨在說明宇宙間的紛紜萬象皆由各種原因或條件的聚合而生成且形成因緣之網，無任何一個孤立獨存之現象。

　　中國佛學繼承印度佛的緣起論，用來解釋宇宙與人生，其中曾注入中國本土哲學肯認現實世界中「道」與「人性」的真實。例如《大乘起信論》持真如緣起論，謂超越的真常心與經驗界的生滅心相和合，強調世界萬物是真心亦即能現起一切法的宇宙心之顯現。華嚴宗、天台宗、禪宗等皆提出具中國本土哲學理論特色的緣起論，對印度佛教緣起論的再發展。本節稍後將取華嚴宗的法界緣起觀為解說的範例。據大陸學者方立天說法：「中國佛教學者在宇宙生成論方面的理論創造較少，他們比較重視對宇宙結構和現象的說明，更重視對宇宙本體的尋求，並把佛教的一些認識論問題轉換為本體論問題。」[33] 在中國佛教的文獻中，《經律異相》、《法苑珠林》和《法界安立國》採取中國傳統的天地觀為架構，吸納渾天說、蓋天說的成素，建立了有關宇宙空間圖式論及時間觀為主要課題的宇宙結構論。我們先介紹宇宙空間圖式論。《經律異相》由莊嚴寺沙門寶唱等奉梁武帝之命而編集，全書以天、地、佛、菩薩、僧等為序，共分為三十九部，共五十卷。其中，天部及地部輯錄了佛教對空間形式、時間歷程、地理區域、自然現象的論述，富有

33　方立天著《中國佛教哲學要義》，下卷，北京：中國人民大學出版社，2002 年，頁 615。

宇宙結構論的內涵。該書在《天部》裡論及「三界諸天」及其中的欲界、色界、無色界的具體情形。所謂欲界六天中的「欲界」指居此界的眾生有食欲、淫欲、睡眠欲等，因此得名。六天及其天眾各有其特點和分工上的不同功能，大體上，自四天王天起依次向上升高，且愈升愈高，形成立體的層次結構，藉此顯示它們比人類世界的優勝。色界二十三天位於欲界之上，係由清淨的物質所構成之世界。無色界四天是超越物質的精神世界，亦即死後的天界。由三界諸天的結構觀之，佛教是以眾生的欲望和修持的級別來區分三界的高下，肯定一至上精神世界。這種以信仰和修持來論人生境界之取向，是佛教宇宙圖式論的一大特色。

　　道世《法苑珠林》的宇宙觀集中表述在〈三界篇〉，其中的〈述意部〉提示了〈三界篇〉的義旨，其要旨有三：（一）三界六道雖不同，其究竟根源同為色心，即物質與精神二範疇，同趨於生滅；（二）承印度佛的說法，認為世界由地、水、火、風四大所組構，表現為萬物之生滅變化，終歸於滅亡；（三）世界無窮，大千世界與小千世界各有統領，眾生賴以為居宅。虛空、風、水、大地組成四層結構，最底層為無所依的虛空，其上為依空轉動的風輪，風輪之上是水輪，水輪之上是大地，風和水對物質世界的形成有著重大的作用，尤其是水乃形成日月星辰、山河大地及天界宮殿的重要根源，風不斷推動著物質世界的形成，因此，物質世界是一在轉動中轉化的過程，循由上向下，由高至低的秩序。在道世對物質世界的神祕臆測中，強調其物質性、秩序性和運動性。他在該書的〈日月〉篇既反映了印度古代的宇宙觀、天文、地理等自然知識，在結尾處還輯錄了中國的《列子》、《春秋繁露》、《白虎通》、桓譚《新論》、王充《論衡》、《周易》、《左傳》、《爾雅》及《河圖》等著作有關「元氣」、「太易」、「太初」、「太始」、「太素」的論述，表述中國傳統宇宙觀「天地初分，陰陽變形」之思想，顯示他對這方面的重視和繼承。《法界安立圖》係仁潮採印度佛的宇宙觀，融合天台、華嚴和法相唯識等宗派相關思想所編成。他認為法界是聖凡所居之處所或空間。法界即空間或世界，《法界安立圖》旨在論說宇宙空間結構，體現了由小到大，由有限至無限，由凡至聖的思維路向。其中值得一提者為大千世界與佛剎。「一世界」單位是由一日月、須彌山、四天下、四洲、四大海等構成。一千單位的世界構成小千世界，一千單位的小千世界為中千世界，一千單位的中千世界為大千世界，大千世界通稱佛剎，亦即佛土。在空

間方位上東、西、南、北、東北、東南、西南、西北、上、下，十方皆各有佛剎而稱為十方佛剎，亦即十方佛的國土，意指整個宇宙。佛的國土遍布各方向是至廣至大的，因此，大千世界是無邊無量的。仁潮繪了「大方佛剎圖」，「剎，指國土、世界」又繪有「十方剎海圖」，其中「海」是廣大之意。剎海指廣大無邊的世界，藉此以表達諸佛境界廣大無邊、無窮無盡之意。綜觀上述三書所表述的宇宙，是從橫向和縱向兩方向來論述宇宙空間的結構。從橫向而言，以須彌山為中心向四方發展，藉以說明小千世界乃至大千世界。從縱向而言，從大地往下的結構層依序為水輪、風輪、空輪，由大地往上的結構層依次為欲界、色界、無色界。這種宇宙結構所依據的佛教信仰為果報論，古代神話，直觀性的推論和佛的無限威力。

　　在宇宙時間觀方面，印度佛認為世界係一不斷運動變化且循環的過程，從一世界至次一世界，中間要經過成、住、壞、空四階段，稱為「四劫」。「劫」出於梵語kalpa音譯，是印度表示很長久的時間單位。成劫是世界的成立潮，山河大地、草木鳥獸的器世間與眾生世間在此時期成立；住劫是世界處於安住穩安之存續期；壞劫是世界的破壞期；空劫是世界破壞淨盡之空漠期。世界在歷空劫後，又再依成、住、壞、滅的過程循環不已。《經律異相》的三界成壞說以「三界成壞」和「劫之修短」兩節論述了宇宙變遷觀和時間觀。梁代的寶唱把災與劫視為相通概念，旨在表述世界是一不斷產生新事物及又趨於消亡的變遷過程。道世《法苑珠林》的宇宙時間觀，主要集中在〈劫量篇〉的劫量說。該篇界定「劫」：「夫劫者，蓋是紀時之名，猶年號耳。」時間沒有獨立的自性，只是人用來記數量單位之名稱。此文在論述「時量」時，採宏觀視域，以極長的時間單位「劫」來表現世界的變遷和時間之含量。在論述「時節」時，探微觀的方式，以極短的計時單位「剎那」（梵語 ksana 音譯）來解說世界的生滅無常和時節之構成。值得注意者：不同的佛典對計時單位的概念解說並不完全一致。道世引《長阿含經》的說法，世間的成、住、壞、空所歷時間不能以歲月稱計，仁潮在《法界安立圖‧四大千劫量》中論述了大千世界四劫，所謂：「劫者是大時之總名也。……此大時甚為久遠，不可以當月而計。」世界之所以由壞滅而又得以重新生成，是由眾生業力復起，又有了風雨所使然，蓋風吹起雨水，水變成土地、山川、大海，形成世界。綜合此三書對時間和世界的說法，可得知時間是不離開事物的變遷及眾生的壽量來表述的。由於在生、住、異、滅的過程中循

環不停，因此，世界和時間都是永恆的。「大劫」和「剎那」分別表示時間有無限長遠和短暫的概念，因此，時間有無限的概念涵義。最後，世界在時間中的成、住、壞、空之劫量是固定的，世界的變遷是循環式的，眾生的命運有相對的命定義。

　　華嚴宗的「法界緣起」說係一價值為中心的宇宙論，其教主比盧遮那大佛在深沉的禪定中，修證得「海印三昧」。「三昧」是音譯，意指修行者將圓滿的修證工夫中所體證現象世界的真相返照到現象世界中，臻於「法界緣起」的境界。其所觀照的現象世界充滿華彩與光輝，萬象皆映照在圓融無礙的關係網中，洋溢出整體和諧的氛圍，這是一種主觀境界形態的宇宙觀。所謂「法界」（dharmadhâtu）是從真理的角度所觀得之世界。在此種世界中，事物雖由不同因素聚合而生起，但是所緣起的關係充滿著和諧的氣氛。換言之，法界緣起的事物關係是相互圓融無礙的，具純粹的價值理想意義。華嚴宗所謂的「圓融無礙」立基於「相即相入」的關係。「相即」指不相離，「相入」指相攝互融，法界緣起的境界是由萬物相即相入相攝之圓融無礙關係所構成，其所觀照的世界中，事物不論長短、美醜、輕重皆有其自身獨一無二的價值，物物自足且處於相互圓融的無礙關係中，依華嚴宗的教義，「相即」之「即」係就「空」與「有」這兩個概念所代表的兩種狀態而言的。「空」意指處於隱位狀態，「有」意指處於顯位狀態。處於顯位者能起主導帶領的影響作用，這是「有」；處於隱位者居隨順的輔助狀態，謂之「空」。在一組緣起因素中，有些因素處於主導作用的「有」狀態，其餘因素處於隨順的、輔助之隱位，亦即「空」狀態。處於不同狀態的眾因素依「空即有」的主從關係交互作用，於是在圓融無礙中又生起另一事物。華嚴宗對「相即」論述說：「由他無性，以自作故。……以二有、二空各不俱故，無彼不相即。有無、無有無二故，是故常相即。」[34]。

　　當「自」處「有」的狀態時，其「他」之因素係處於被動之狀態，所謂「空」、「無」的狀態。換言之，處於隱位的「他」不離處於顯位的「自」，成立「他即自」之命題，蓋由「『他』無性，以『自』作故」。「無性」是就常體言之，處於虛位、隱位便是「無性」。所謂「由『他』無性」乃由於

---

[34] 法藏《華嚴一乘教義分齊章》，卷四；《大正藏》，四十五‧503b。

「他」處於隨順的隱位故。因此，在「他」與「自」的交互作用中，只能由處於顯位的「自」出主意，引導處於隱位的「他」。總而言之，「空」、「有」兩種狀態必須俱在。若兩成素同處於「有」或「空」的狀態，則不能發生「緣起」。此二者不相即的情況是沒有的，「有無、無有無二故，是故常相即」意指「有」和「無」是沒有衝突的，可以因一隱一顯，一主一從而相即不離而生「緣起」。「相入」意指「有力」和「無力」兩概念所表述的兩種態勢。「有力」概念只能主導整件緣起事物的方向。相對的，若只能提供輔助力量者則為「無力」。在緣起的成素中具主導力的「有力」與居輔助力的「無力」若從相互交攝作用，則整件緣起事物才能成立。因此，「相入」具「相攝」概念。「有力」與「無力」是相對的依情勢而定。同一成素在不同的處境及組合關係中可有不同的角色。例如在甲情境的組合關係中居有力狀態而能攝眾因素者，亦即居「有力」者，在乙情境中可能只居輔助性的「無力」角色。扼要言之，「力」是從能緣起的事素所形成的勢態和關係來說，非物理的或精神的解說法。從法界緣起而言，一切事物皆處於相即相入之關係網，華嚴宗尅就此義言圓融無礙。再者，在相即相入的關係中，因緣感合的結構本身也是緣起的，恆常不變的自性沒有存在的可能，每一構成緣起的事素也是無自性的，皆與別物發生作用而變化且生起他物。蓋有自性者自足其性，不需其他成素來成就出另一事物。華嚴宗的圓融無礙關係說採不同的表詮方式，著名的四法界說係針對現象（事）與實相（理）間，具相即不離的關係而言，「四法界」中的「事法界」係就流變無常的現象世界來說；「理法界」係就現象界中每一分子共同表現出來無自性的空性而言；「理事無礙法界」係就現象事物與空（真理）間處於相即不離，圓融無礙之關係；「事事無礙法界」乃純就現象界中事物與事物之間可看到圓融無礙的關係來說。此外，華嚴宗也採「六相圓融」的表述法，這是應用「總」、「別」、「同」、「異」、「成」、「壞」六範疇，亦即「六相」來正面描述事象間的緣起關係。

第四節　小結

西漢《淮南子‧齊俗訓》對「宇宙」一詞做了明確的界定，「宇」指空間，「宙」指時間。《老子》曰：「道生一，一生二，二生三，三生萬物。

萬物負陰抱陽，沖氣以為和……」對道資藉氣化生萬物的歷程做了宇宙生成圖式的表述。《老子》書中的「道」與「德」係相互依存，不可分割的體用關係。「德」是「道」化生萬物後，內在萬物的方式亦構成了分殊化萬物不同的本性。「道」透過「德」而展示其力量和運行的規律「德」是萬物與「道」雙向聯繫的中介。萬物在道的運化下，由「無」至「有」再由「有」返歸於「無」，此一既出於道，亦返於道的往返歷程稱為「復命」。莊子對「道」如何生發萬物，採用了老子的論述架構，突出了「氣」的介質。老子未交代「道」的來歷，莊子則作了道是自本自根的解說。莊子謂萬物皆由氣的聚散而生成變化，這是古代原創性的氣化一元論。「道」條理、規範「氣」之秩序，氣充塞天地是「道」據以生成萬物的介質。天地是氣所生成有形物之大者，然而，老莊皆未清楚說明氣的來源。

　　《周易》的八卦表徵自然世界由八大自然現象所構成，其間具有兩兩對待且相互感通的互動作用，所謂「八卦相錯」表徵著卦與卦相輔相成的自然哲學。《周易・繫辭上傳・十一章》所云之「《易》有太極，是生兩儀，兩儀生四象，四象生八卦」為易學家們提供了宇宙生成論的歷程圖式。《周易・繫辭上傳・五章》所云之「一陰一陽之謂道，繼之者善，成之者性」指點宇宙生成論的形上律動原理及內在目的性。同章的「生生之謂易」為《周易》統攝著自然與人文而成為機體宇宙觀中變化通幾，旁通統貫，生生不息的根本原理。《周易》機體的宇宙觀與《老子》、《莊子》和鄒衍的陰陽五行說在中國哲學發展史中有著多樣化的結合，構作出許多不同理論特色的本體宇宙論。其中氣化宇宙觀為主流性的思潮。

　　「氣」、「精氣」、「元氣」構成氣化宇宙論的核心概念，其解釋方向在於將陰與陽理解成由「氣」所分化出之兩種具對比差異的氣。氣化宇宙論不僅是由戰國中晚期至整個漢代所流行的黃老學之特色，也主導著宋明理學的宇宙生成論。兩漢的易緯《乾鑿度》對氣化生成歷程有詳實的論述，將宇宙生化的程序區分成未見氣的「太易」，氣之始的「太初」，形之始的「太始」，質之始的「太素」等四階段。嚴遵的《老子指歸》把一陰一陽之相互轉化及推移之規律運用於詮釋萬物與「道」的相涵融關係，且認為道、太和之生物出於自然，調和了《周易》與《老子》。《呂氏春秋》將先秦的陰陽五行說重鑄為一有機的大整體，以天人關係立基點。《淮南子》及董仲舒皆繼承之。漢代氣化宇宙論予人最深刻的印象是感應說，其中又分為機體的自

然感應說及神祕的天人感應說。宋明理學的氣化宇宙論大略可分為三種理論類型：一為北宋張載、明清之際王夫之的氣本一元論；二為北宋程頤、南宋朱熹的理氣論；三為明代羅欽順、王廷相、清代顧炎武、戴震等人「氣」的自然主義本論。大致上，此派多確信人間真、善、美的人文價值，蘊藏在具生機的混沌元氣中。綜觀道家、黃老之學及宋明理學中的氣化宇宙論，「氣」範疇不僅止於宇宙元素及萬物生成的類比描述，同時也具有一種認識論之方法意識的提點。他們藉「氣」之類比式的隱喻來認知和表述萬物的流轉。道家、黃老之學藉此一孔道玄同有無，導出玄同有無的奧妙場域，貼近道體。儒家資取「氣」以狀述道德本心與氣屬的生理、心理活動不離不雜，相互聯繫，且藉以與氣所化生的萬物感通無間。中國宇宙生成論中的氣化論與希臘哲學的構成論有著顯著的不同，氣化論是機體論導向下，以氣（vital force）來解釋萬物產生、轉化及消逝的歷程及內在有機狀態的改變。構成論指希臘宇宙論時期謂宇宙元素如水、原子……等不變的質素之間因結合及分離而生發萬物的變化，此種機械宇宙觀的導向影響了西方近代科學的思維。中國的哲學與文化則以氣化的有機論、生成論為主流影響中國人的思維方式，宇宙觀、生命觀、道德哲學及美學。

　　中國佛學較重視宇宙結構和現象之說明，在宇宙生成論的創造較少，中國佛學的文獻中，《經律異相》、《法苑珠林》和《法界安立圖》採取中國傳統的天地觀為架構，吸收渾天說、蓋天說的成素，構成有關宇宙空間圖式及時間觀為主要課題的宇宙結構論。以《經律異相》為例，該書係奉梁武帝之命而編成，其中的天部及地部輯錄了佛教對空間形式、時間歷程、地理區域、自然現象的論述、極富宇宙結構論色彩。此三書對宇宙空間的論述上，就橫向而言，以須彌山為中心而向四方發展，藉以解說小千世界與大千世界。就縱向而言，從大地往下的結構層依序為水輪、風輪、空輪。由大地往上的結構層依次為欲界、色界、無色界。在宇宙時間觀方面，世界恆在成、住、壞、空四階段歷程的四劫循環。「劫」是印度表示很長的時間單位，「剎那」為極短的計時單位，資以解說世界的生滅無常和時間之構成。世界在時間歷程中的成、住、壞、空之劫量是固定的，世界的變遷是循環式的，眾生的命運有相對的命定義。

自我評量

1. 宇宙論是一門怎麼樣的學問？
2. 《老子》、《莊子》及《易傳》的宇宙生成論有何不同？
3. 八卦的哲學象徵意義為何？
4. 「氣」是怎麼樣的概念？
5. 漢代氣化宇宙論有何特色？與宋明理學氣化宇宙論有何不同？
6. 印度佛教認為的宇宙時間是怎麼樣的概念？
7. 簡述華嚴宗的「法界緣起」觀。
8. 陰陽家的宇宙觀與漢代氣化論有何特殊關係？

第四章
中國天人關係論

　　「天」在中國哲學裡是一涵具多面向、多層次的豐富概念。就形上涵義而言，天是人與萬物所從出的究極實在，亦即統攝人與萬物、自然之絕對根由。人與人之間的普遍本性皆由天所命賦，人與人殊別的個性也稟賦於天的生成活動。天人有縱貫的性命關係，基於此關係，人與人在橫向上有同一性而互感互通。人與萬物也基於同源出於天而具橫向的有機之相互聯屬關係，中國哲學由天人關係的架構下有不同的立基點和理解脈絡而產生派別紛繁，內容多樣化的人性論，就學派的畫分而言，可約略分為儒、道、佛三大派，其中，又可分化為不同的次級流派，本章分別以三小節來概述此三大派的天人關係論。

第一節　儒家的天人關係論

　　先秦儒家人性論可分為孔孟、荀子、《易經》和《中庸》等三系。《論語・憲問》載孔子說：「不怨天，不尤人，下學而上達，知我者其天乎。」《論語・為政》記孔子言「五十而知天命」，孔子在心靈深處對天道體證默識天所命賦之以「仁」為內容的人性。人由天賦予「仁」的生命本質而成為能實踐道德價值的存有。「仁」是天道、天命在人性深層的本真之性，具先天性和無限地超越性，使孔子感到性與天道是上下通貫的。孔子說：「天生德於予」[1]及君子有三畏之一的「畏天命」，顯露出他雖因「天何言哉！」[2]

1　《論語・述而》。
2　《論語・陽貨》。

而「罕言天命」，卻「與命與仁」[3]亦即參與天命與仁的修證，且冥冥中遙契這一替天行道的使命以自許。徐復觀對此涵義有深解，他說：「孔子在自己生命根源之地——性，證驗到性即是仁；而仁之先天性或無限地超越性，即是天道；因而使他感到性與天道，是上下通貫的。性與天道上下相貫通，這是天進入於他的生命之中，從他生命之中，給予他的生命以道德的要求、規定，這便使他對於天，發生一種使命感、責任感、敬畏感。」[4]天道是超越的存有，仁（性）是內在於人生命中的存有。孔子由自身內在的「仁」之意向性中意識到天道的親切召喚，自覺地轉為主體內在道德本性之要求，所謂：「仁遠乎哉？我欲仁，斯仁至矣。」[5]人性與天道的縱貫相通係出於自身「仁」的自覺，亦即在隱默之知中出於自我要求和努力實踐中所體證出來的天人契合境界。因此「我欲仁，斯仁至矣」的「仁」乃出於人性的自覺，非出於天的意志，蓋孔子貫穿在《論語》中口口聲聲所關照的「仁」是實存於每一位有位格的人之生命中。仁的自覺是出於內在生命之實感及真摯的自我呼喚，是非常真切和親切的，孔子說：「君子去仁，惡乎成名。君子無終食之間違仁；造次必於是，顛沛必於是。」[6]

對孔子而言，人生的意義繫於人能否懇切地實踐天所賦予的仁德，顯發出人性的光輝及尊嚴。人生的意義在於自我的抉擇，人性生活的價值端賴於自我在努力的實踐中來創造。人的自然生命雖有限，孔子所謂「朝聞道，夕死可矣！」其旨趣是說踐仁之意義在於以有限的一生來儘可能創造無可限制的美德。孔子的弟子曾子頗能體悟其中深意而闡釋說：「士不可以不弘毅，任重而道遠。仁以為己任，不亦重乎！死而後已，不亦遠乎！」「仁」是人在道德意識中所處的自覺精神狀態。由此，我們可體會到孔子之畏天命是出於他在自己的精神世界中有無限的自我道德要求和隨之而來的責任感。我們若透過孔子生命中自發的敬畏感和使命意識，不難理解到孔子在遭遇艱難的處境時，語重心長地說：「文王既沒，文不在茲乎！天之將喪斯文也，後死者不得與於斯文也；天之未喪斯文也，匡人其如予何？」[7]他在極限境遇中逼

3　《論語・子罕》。

4　徐復觀著《中國人性論史》，〈先秦篇〉，臺北：臺灣商務印書館，1978 年。頁 99。

5　《論語・述而》。

6　《論語・里仁》。

7　《論語・子罕》。

顯出他原來是與天相默契，相感通的。孔子基於仁的根性以遙契天道，默證天命天道的召喚，落實在自己的使命召喚感中而以文統自任。徐復觀指出：「由於孔子對仁的開闢，不僅奠定了爾後正統的人性論的方向，並且也由此而奠定了中國正統文化的基本性格。這是了解中國文化的大綱維之所在。」[8]

　　孟子將孔子的「仁」落在人心上來詮解，所謂「仁，人心也」[9]以人心向善來論證性善而發展了孔子的人性論。《孟子·盡心下》將「性」、「命」對比而予以嚴格的概念涵義界定。他指出耳、目、鼻、口、四肢等感官皆有其接受感覺的作用，亦各有其欲望之所好，例如：目好美色，耳好美聲，口好美味……等。這些官能與欲望是人天生的自然本性，其實然的欲望之滿足有待於外在的美味、美聲、美色，不能全操之在己而得到滿足的。因此，這些有求於外物的欲望對人而言是可求而未必可得的，求之有道，得之有命，孟子論斷為「性也，有命焉，君子不謂性也。」這是與其他動物如禽獸等一樣的小體之官，不能顯揚人性的尊貴價值。人性活動另有一精神層次的需求，例如：父子間的仁愛，君臣間所應盡的道義，賓主間相待以禮，賢者的才智，聖人對天道之契合等是超越感性欲求的道德生活之價值要求。孟子針對人性在道德生活中的高層價值要求，亦即生而為人所應是且應有的道德要求，論斷為「命也，有性焉。君子不謂命也。」質言之，仁、義、禮、智的道德價值之趨尚不是求之在外的，而是可反求諸己，端賴於人的內心之自覺與自主自發的營求，可操之在我的意志和努力實踐的，孟子稱為具道德反思性及自主自發性的大體之官。孟子依據潛在於每個人生命中的道德本性來區分人禽之別和界定人性之價值與尊嚴所在處。《孟子·離婁下》針對此精義而說：「人之異於禽獸者幾希；庶民去之，君子存之，舜明於庶物，察於倫，由仁義行，非行仁義也。」

　　孟子所說的「由仁義行」係發自內心崇尚仁義的本性和主動實踐的天賦能力，這是人與生俱有的「天爵、良貴」[10]潛存於人性中的仁義本性是人實踐道德生活的先驗基礎，是人之所以異於禽獸的「幾希」本質。孟子即心言仁義內在之性，他有段以「善」解說性善的精闢論述，《孟子·公孫丑上》載：

8　徐復觀著《中國人性論史》，〈先秦篇〉，頁100。
9　《孟子·告子上》。
10　《孟子·告子上》。

孟子曰：「人皆有不忍人之心。先王有不忍人之心，斯有不忍人之政矣。以不忍人之心行不忍人之政，治天下可運之掌上。所以謂人皆有不忍人之心者：今人乍見孺子將入於井，皆有怵惕惻隱之心，非所以內交於孺子之父母也，非所以要譽於鄉黨朋友也，非惡其聲而然也。」

「乍見」指人在生活世界的具體情境中，面對一臨在眼前的小孩將掉入井中，悸動出有所不安不忍的怵惕惻隱之心。惻隱之心在無利害算計、非利益條件交換的情況下當下湧現呈露，這是道德本心的自然流露。孟子戥就此心，真切的感應，實存性的體驗，即心的靈覺感應發用，逆覺體證了其所以然的本性。扼要言之，孟子是就仁心之當機作用體證仁性之實存於人生命中。「惻隱之心，仁之端也；善惡之心，義之端也；辭讓之心，禮之端也；是非之心，智之端也。」[11]人若無惻隱之心可說是沒有活出真實人性的人形動物而已。對孟子而言，四端之心與所以然的仁義禮智之道德本性不僅為人性天賦所內具，而且人有感應發露成道德言行的實踐能力。更值得一提者，人有先驗的善的意向性，崇尚仁義的價值取向。《孟子‧告子上》引《詩經‧大雅‧烝民》：「天生烝民，有物有則，民之秉彝，好是懿德」意謂人稟賦崇尚美德的常性，推導出人基於此常性而有先驗的愛慕理義之心，所謂：「理義之悅我心，猶芻豢之悅我口。」崇尚仁義尚德的本性是人之所以為人的實存性原理，亦是道德屬性的存有，心是實現道德本性的道德本心。人的先驗道德本性涵具於先驗的德性心中，心與性乃同一道德存有的本真，仁義內在，性由心顯。

我們檢視孟子由人心向善來返證人性本善的設喻：「今人乍見孺子將入於井」，是一項在情境中啟示性的例示。其旨意在引導我們透過設身處地的情境參與，藉以引發我們潛在不忍人之心的間接感通，透過感通中的自覺自悟，意識到在我們生命中仁心仁性的實存性。他所舉出的仁、義、禮、智都是我們本心真性的先驗形式原理，不但是具普遍性及規範性的先驗道德原理，且在生活世界被召喚出來時，具有意向性的活動。由仁心自發性的意向性活動朝向情境中的召喚者，開顯成一具道德意義的結構，亦即具道德的先

11　《孟子‧告子上》。

驗意向。四端心是先驗的德性心，亦是人人普遍同具的「好是懿德」之常性或本心，在向客觀世界的感通中當下自我呈顯。道德本心是靈覺感通的主體，道德本性是心靈主體行感通作用時超越而內在的理據。孟子採性由心顯的體證路數以心善來見證性善。質言之，四端之心乃四端之性的發用和呈顯，四端之性是四端之心所內具的體性。

孟子由四端之心開顯四端之性而溯源於天，進而言心性主體與天的互動關係。他說：「盡其心者，知其性也；知其性，則知天矣。存其心，養其性，所以事天也。殀壽不貳，修身以俟之，所以立命也。」[12]人的道德本性源出於天，人若將天所命於人的道德本性，透過道德心靈擴充至極則可體認流行不已的天命之深邃玄奧。盡心是道德實踐的不懈努力歷程，是內證本性之所以然及逆覺體證深奧天道的通路。對天賦的良心善性，亦即人之尊爵，不容捨棄戕害。對孟子而言，仁義禮智根於心，人若能自貴自愛，盡心盡力地存養推擴是所以善待天道的實踐方式。人若能不辜負天賦的仁心仁性便是得其「正命」，以其心志來尊德樂道於一生就是「立命」。孟子說：「夫君子所過者化，所存者神，上下與天地同流。」[13]意指人的德化生命與天地生生不息的運化契應並行，相即相融為一體。至此，人之本心本性與深不可測的天道密契合一，臻於道德的形上境界。此外，從孟子云：「故天將降大任於斯人也，必先苦其心志，勞其筋骨，餓其體膚，空乏其身，行拂亂其所為，所以動心忍性，增益其所不能」[14]觀之，孟子的天亦有位格靈性的涵義，人對天亦有難以言喻的神祕體驗，而在自己的深層心靈中有參與天道的使命召喚感。

《論語‧衛靈公》載孔子所言「人能弘道，非道弘人」表述了既超越亦內在的「道」兼具客觀性和主觀性。「道」的客觀性意指道所處的自存狀態，不繫賴於人的意志。扼要言之，天命，天道自身亦即天道之在其自己，有其客觀自在性。孔子的仁，孟子的四端之性代表天道的主觀性，蓋仁與四端之性表徵著天道透過人居仁由義的生命主體來彰顯。孔子下學上達的踐仁，一方面可體現天道之內容意義，另方面也意謂著主體性與客體性在踐仁

12　《孟子‧盡心上》。
13　《孟子‧盡心上》。
14　《孟子‧告子下》。

歷程及境界中的契應統合。天道的主觀性實際上指的是能踐仁弘道的人這一
德性主體，亦即能踐仁弘道的道德主體性。儒家哲學兼具主觀性（主體性）
原則與客觀性（超越性）原則兩路數。牟宗三認為客觀性原則的進路「源於《中
庸》首句『天命之謂性』與《易傳》的全部思想，下至宋儒程朱一派」[15]，
主觀性進路源於孔孟，下至宋明儒的陸王心學。《中庸》首句「天命之謂
性」代表中國上古從天命、天道下貫而為人之本性這一傳統，孟子心學中謂
仁義禮智根於心，源出自天，據此論斷「萬物皆備於我矣。反身而誠，樂莫
大焉」其盡心知性則知天的四端之心，是人的道德本心也是據此折射出來的
宇宙心。

　　《中庸》、《周易》對人性的源由，從天命、天道下貫於人，亦即生物
不測的天在流行化育中將人之所以為人的本性命賦予人而成為人。這是從超
越的客觀的天道天命貫注於人的宇宙論進路，人性特質由天所命，在天曰
「命」，在人曰「性」，天人之間性與命相接續相貫通。每位人的人性皆同
源於天，因此，人性中的天性，對一切人而言具有普遍性。人之所以為人的
先驗本性，構成了人與人之間同根同構的普遍性。更擴大觀之，萬物也是由
天的生化原理所造，與人有某種同源共根性。牟宗三闡釋說：「中國儒家從
天命天道說性，即首先看到宇宙背後是一『天命流行』之體，是一創造之大
生命，故即以創造之真幾為性，而謂：『天命之謂性也』。」[16]人與萬物的
不同，可由人性的雙重意義分辨。人性二重性中的上層人性指人具文化創造
的靈性生命，對儒家而言特別是側重道德價值的創發能力。此外，下層人性
指生物學上「類不同」的質性，例如：從生物中的動物類而言，人與其他動
物皆具生理、心理本能，人的生理本能較遜於其他動物，人的心理本能則較
複雜細緻而勝於其他動物。至於無機物則在物理學中係一墮性（lnertia）概
念。生物學上有機的本能與物理學上的墮性共同代表物質意義的結構之性。
人性的下層屬結構之性，人若失去上層靈性生命的創作能力，例如仁與四端
之性的高層次生活，則人之所以為人的意義與價值不顯而淪為人形的動物，
亦即只局限於結構之性的低層次生命現象了。結構之性為知識概念下的定義
之性，不是形上學、價值哲學上的價值概念。人性的尊嚴及超越性價值在於

---

15 牟宗三著《中國哲學的特質》，臺北：臺灣學生書局，1975 年，頁 49。
16 牟宗三著《中國哲學的特質》，臺北：臺灣學生書局，1975 年，頁 54。

人生而為人的靈性本質，亦即人之意義與價值上的本質，不是知識上予物的邏輯分類的「性」質。

《中庸》的「天命之謂性」與《周易・乾彖》的「乾道變化，各正性命」，皆係由形上學向度天命流行之道的本真之性命賦於人，獨厚於人而使人分享天賦予人的靈性，是人與其他存有者有別的上層人性，有別於《莊子・知北遊》所謂「天地之委形，天地之委和，天地之委順」的結構之性，類別之性，亦即下層人性。儒家所言的人之道德本性，是具超越意義的靈性，亦是富人文價值的本性。《周易・繫辭下傳・五章》所謂：「一陰一陽之謂道，繼之者善也，成之者性也。仁者見之謂之仁，知者見之謂之知。百姓日用而不知，故君子之道鮮矣。」中的善性或君子之道《周易・說卦傳・一章》所說的「和順於道德而理於義，窮理盡性以至於命」及《周易・繫辭上傳・七章》所云：「成性存存，道義之門。」所指謂的都是人性二重性中的上層人性，亦即具形上學涵義下的天人相貫之超越的本性。

荀子的心性論立基於天人之分與性偽之辨。《荀子・禮論》說：「天能生物，不能辨物也；地能載人，不能治人也；宇中萬物，生人之屬，待聖人然後分也。」其天人之分的積極意義在釐清天人關係，界定人之所能知能為者以及據此所展現的人之本質，他認為人對天的考察不能超乎人的知識理性及感性經驗所及的範圍，人所能知者在大前提上確信天有客觀依循的運行常道，地有常數，人可建立社群生活所必須賴以運作的規範（常規）。人所能測知的天是實然的現象界，可藉因果法則追求的經驗知識，在天人有思辨理性互動的分工合作中，人所能為者在於「制天命而用之」、「應時而使之」、「騁能而化之」及「理物而勿失之」。換言之，在天人互動中，人所能參與天的生物成物之運化，其所憑藉者係人對自然界在認知活動中所攝取的自然法則，吸納為荀子豐富的「禮」涵義之一。荀子的天人之分係在天生人治人成的架構下提出的，天人之分一方面旨在破除禁不起檢驗的迷信，釐清天人的實然特質；另方面則旨在有機的重新整合天人關係，在「天有其時，地有其財，人有其治，夫是之謂能參」的天人相涵互攝的架構下履行天人相參的任務。其目的係在「彊本而節用」、「養備而動時」及「循道而不貳」的實踐原則下「財非其顯，以養其類」滿足人類社會「養欲給求」的生活需求。天人相參係立基於天、地、人是宇宙有機整體性中的三個有機的組成部分，

荀子說：「明於天人之分，則可謂至人矣。」[17]人在天人相參中扮演積極的主動角色，在與天互動互補的參贊化育工夫中，交融互通成一廣大和諧的有機系統。人在天人相參的有機論及人文目的論下，自我展現出人係一能辨物且予以定義和分類的認知主體。《荀子‧非相》所謂：「人之所以為人者，何已也？且以其有辨。」這是在天人對比中凸顯出人的特質在虛靜能知的統類心，亦即心能兼攝不同類事物的所以然之理且統合成統類之道或全正之道。《荀子‧解蔽》指出「心生而有知」、「心知道，然後可道，可道，然後能守道以禁非道」。

　　荀子的心性論係基於實然人性現象之經驗觀察和概念化的認知所形成。他所謂的「性」之涵義，具有天所生就的本然義、質樸義和原始的本能義。「偽」有別於「性」，藉後天外在教育之學習與實習而獲致的知識、經驗與行為反應能力。荀子對人性的涵義界定採取人性下層的結構義，其天生的機能處在條件的制約反應中，缺乏理性的反省及意志的抉擇能力。他對人性善惡的認知係針對人在群己互動行為中所造成的後果來評判。人的行為所造成的社會後果者為正、理、平、治的社會狀態則判定為善，若呈現偏、險、悖、亂的不合理、不和諧狀態則判定為「惡」。因此，他的性惡論是立基於社會惡，社會的善有賴於政治、社會的教化功能，亦即化性起偽的社會化之實施。人之所以能被化性起偽的先天根據在於「心」。心稟賦能知覺、思慮、判斷和抉擇的作用。心透過「虛壹而靜」[18]的澄清工夫，可藉清明的理性認識事物所以然之理，從而肯認禮義法度的規範且抉擇此社會規範為自己的言行依據。人的特質就在於「心，生而有知」[19]的天官。荀子的心性論，建立了一套以心治性，化性起偽以積習成善的觀點。這是荀子天生人成學說延伸出來的社會人性論。

　　荀子之後，漢代的董仲舒、王充、劉劭等人順承依據自然生命言人的氣稟之性。兩漢的董仲舒認為陰陽之氣是構成天地與人的材質和性情，天人之間乃一氣貫通。他從生理的形體構造，心理的情意及精神上的道德結構來分述天與人是類比對應的，人在精神上與天有結構上的對應關係，人具有性之

17　《荀子‧天論》。
18　《荀子‧解蔽》。
19　《荀子‧解蔽》。

仁與情之貪二者，乃係對應於天的陽氣與陰氣。他在樹立陽善陰惡的宇宙範型下，將人之「性」置於待教化而可實現善之域地，「情」置於生發惡的人之原因。天人同氣則可以氣為中介而相互感應，依據陽德陰刑的天道觀，人的德化人格端賴於仁性等待外鑠式的教化而能產生對貪婪的情欲之禁制。總之，董仲舒在天人一氣的架構下謂人之稟氣兼具善質的仁氣與惡質的貪氣，心則具有規限貪氣的作用。王充《論衡・四諱》謂：「元氣，天地之精微也。」人不但稟受元氣，且係元氣中較渥厚的部分，亦即精氣。元氣是富有宇宙生命力的精微質素，精氣中尚有稟質更高者，亦即陰陽處在調和狀態中的「和氣」或中和之氣。人由天所稟賦的元氣決定了人的形體骨相、善惡之性及禍福吉凶，壽夭之命；簡言之，天之氣決定了人的「形」、「性」與「命」。王充綜合前人之見，謂孟子言人性善屬中人以上之性分，荀子言性惡屬中人以下的性分，揚雄言人性善惡混者係針對普羅大眾的中人性分而言，王充概括諸說謂人性有善有惡，人才有高有下，人命有貴有賤。他提出人性有上、中、下三分說，影響其後的王符所提出的三品說。此外，王充就人的先天與後天性分而言，又可分成人所稟得的仁、義、禮、智、信五種常德之性為正性，人所稟得父母基因的遺傳性為隨性，人所遭遇的偶然際會而形成的後天運命為遭性，這是他採以解釋人與人之間「性」與「命」不一致的三性說和三命說。

　　宋明理學又稱為心性哲學，層層探究人的本質，心與性的涵義及相互關係，進而追求人的生命價值。北宋的張載首先把人性分成氣質之性與天地之性的二重性。他在《正蒙・太和篇》中指出太虛之氣為萬物本然的天性，謂：「合虛與氣，有性之名，合性與知覺，有心之名。」在《正蒙・誠明篇》中認為人的稟性是由湛一之性與攻取之性所構成。湛一的太虛本性是天人不二的性，就內容的分殊化而言可謂為仁、義、禮、智攻取之性，指飲食男女等人之自然性欲的屬性。他藉構成人性命的氣質之性來解釋人與人之間有種種個別性上的差異，《正蒙・誠明篇》所謂：「人之剛柔，緩急，有才與不才，氣之偏也。」人所稟得氣質之性雖構成人的分殊性與情欲生命，卻無礙於人所稟賦的超越層的天之性或本然之性。他說：「形而後有氣質之性，善反之則天地之性存焉。故氣質之性，君子有弗性者也。」[20]個別化的

20　《正蒙・解蔽篇》。

氣質之性為人性下層結構的實然之性，天地之性為人性上層結構的價值之性。「心」兼具攝取實然的見聞之知與窮理盡性以通達德性本體的德性之知。他在《正蒙・大心篇》中精闢地說：「大其心則能體天下之物，物有未體，則心為有外。世人之心，止於聞見之狹，聖人盡性，不以見聞梏其心。……見聞之知，乃物交而知，非德性所知。德性所知，不萌於見聞。」德性之知即能貫通天地之性的了悟，見聞之知是對感覺世界的橫攝的經驗知識。教育的目的即在以德性之知與修養變化氣質之性，引導人返復於純粹天地之性，他在《正蒙・乾稱篇》以感者與感之體來分辨心與性，所謂「感者心之神，性者感之體」，又說：「心統性情者也。」[21]心是人能否感悟天地之性所蘊涵的天理以變化氣質，安身立命的關鍵。張載的氣化宇宙觀影響了明末清初的王夫之而提出天命日降，人的本性日生的動態性命觀。

　　一般而言，宋明的心性論可分為兩大路向，其一是北宋的程頤、南宋的朱熹由客觀的存有論、宇宙發生論的脈絡論述人之心、性。這一派可簡稱為「性即理」派，主張內在於人心中的「性」與超越在天的「理」是同一的存有。另一派是南宋的陸九淵、明代的王守仁等人可簡稱為「心即理」派，他們以人這一主體的內在道德自覺心來涵攝萬有，和發動自主自擇的道德生活，例如：王守仁說「心無體，以天地萬物之感應為體。」超越的良知本心，既是能照物的明覺，也是具有好善惡惡的先驗意向性。我們先取朱熹為心即理派為範例，他以張載的「心統性情」為論述人心性、情的架構。《朱子語類》卷九十八載朱熹語：「性者，理也。性是體，情是用。性情皆出於心，故心能統之。統，如統兵之統，言有以主之也。」他以性為體，心為用，心與性對應其「氣」與「理」的宇宙結構之概念範疇，他謂「太極」為理，「陰陽」為性。因此，《朱子語類》卷五載朱熹言謂：「性猶太極也，心猶陰陽也」、「心者，氣之精爽」、「所覺者者，心之理也。能覺者，氣之靈也」。理與氣不離不雜，同理，性與心亦不離不雜，且互相彰顯。他說：「捨心則無以見性，捨性則無以見心」、「仁是性，惻隱是情，須從心上發出來，『心統性情者也』」[22]。就天人性命關係的立論方面，朱熹從本體論立場言天地之性，從宇宙發生論立場言氣質之性。他說：「論天地之性

21　《宋元學案》，卷十八，〈橫渠學案（下）〉。
22　《朱子語類》，〈性理二〉。

則是專指理言，論氣質之性則以理與氣雜而言之」[23]他與張載的不同在於先驗之理落於氣質之中方稱氣質之性，這是貫徹其理在氣中，不離亦不雜的理氣論主張。因此，每個人的氣質雖不同，但是每個人的天命之性是相同的。儘管如此，由於理在氣中的宇宙發生論之路數，因此，人與人之間的氣質之性仍是有差異的。

　　陸九淵就先驗道德本心在生活世界真切的感通經驗，逆覺體證心性的形上根源，體證出心性本體與深遠的天道或天理的縱貫相攝關係。《象山全集》卷三十四載云：「宇宙不曾限隔人，人自限隔宇宙。」人與宇宙萬物在道德心靈的感通中融合為不可分割的整全狀態，陸九淵說：「元來無窮，人與天地萬物，皆在無窮之中者也。宇宙內事，乃己分內事，己分內事，乃宇宙內事。」[24]陸九淵不僅透過孟子所言惻隱、是非、辭讓、善惡等四端緒的感通實情指證本心的內涵，且藉以彰顯天理在吾心中之實存性和永恆性。四端之心所開顯的四種天理，不但為道德本心發用為道德活動的所以然形式，也是超乎時空條件制約的形上依據。從道德本心的感通而言，「心」雖是良知的本質、情感的源泉、精神意識、斡旋情欲作用的統合體，就其作為人文道德生命之存在和活動之根據而言，「心」也當體本具普遍化的規範形式，亦即所謂「理」。再就實存之「理」的形上特徵而言，兼具超乎時間的恆存性、不變性、一致性和超乎空間的普遍性。道德本心與所蘊涵的形上原理為存有論的一體。因此，人與人之間，儘管有時空上的不同阻隔及個別差異性，可是心同理亦同。陸九淵有段令人心悸動的精闢之論，所謂：「東海有聖人出焉，此心同也，此理同也。西海有聖人出焉，此心同也，此理同也。……千百世之上，至千百世之下，有聖人出焉，此心此理，亦莫不同也。」[25]

　　就道德形上學而言，宋明理學家多持人人所具超驗的道德本性為至善的看法。明代的王守仁說：「至善者性也。性元無一毫之惡，故曰至善」、「這個便是性，便是天理」[26]，至善是本體的絕對善，超越倫理學上善惡相對性的善。他不像朱熹般的做天地之性與氣質之性的區分，他由朱熹的性即理，轉向理、性、心貫通為一，統攝成心即理這一心學的共同命題。道德上的良

23　《晦庵先生朱文公文集》，卷五十八。
24　《晦庵先生朱文公文集》，卷三十六。
25　《晦庵先生朱文公文集》，卷三十六。
26　《傳習錄》，卷上。

知是稟承天命之性而來，他說：「天命之性，粹然至善，其靈昭不昧者，此其至善之發現，是乃明德之本體，而即所謂良知者也。」[27]道德上的良知是天理的靈明感通作用。就其所稟賦的天命而言謂為性。就其自覺自主義而言謂為道德本心，它與萬物俱源生自天，王守仁說：「蓋天地萬物，與人原是一體，其發竅之最精處，是人心一點靈明。」[28]良知是人的本體之知，亦即道德本心的自悟自知。換言之，良知主體本具著察明通的心靈，當良知主體感物萌念時，能隨所發而當下察知「意」是否為善。所謂致良知係指人自覺的善盡良知之道德責任。就道德存有而言，道德本心的感通作用乃是道德本性的開顯。心所意識到的「性」之規範內涵就是天理的召喚。換言之，天理有賴於人之道德本心的發用，本心經由人自覺性的感發亦可上契天理。此際，天理與良知密契為一體，人在致良知的不斷伸展中可統攝萬物而不遺，人道與天道在人的形上境域生活中合而為一。

　　明末清初的劉宗周[29]澄清了陽明學說中良知與意念在生發關係中的曖昧，他將致良知時良知的意向性亦即先驗的「意」視為絕對的本然之體。以別於在經驗層實然之心所萌發的「意念」。他把先驗的「意」視同獨體、中體，亦即王守仁所謂的良知本體，他回到孟子以心善言性善的心學路數，且進而將朱熹的理氣貫通為一，把張載的天地之性與理氣之性貫通為一。他說：「理即氣之理，盈天地間一氣而已矣。」[30]他認為理或性乃「氣」正常流轉的常性或狀態。他持氣化一元論的立場，主張：「氣質之性即義理之性，義理之性即天命之性，善則俱善」[31]，所謂：「一性也，自理而言則曰：仁、義、禮、智；自氣而言，則曰：喜、怒、哀、樂。」[32]他倡言心性為一，即情即性，性是心客觀的存有原則，心是性透過主體際性所表現出來的感應狀態，在其圓融統貫的氣一元論中，心、性、理、情皆在人生至高的化境中通貫為一。然而，此乃針對孟子四端之心而言，儒家心性論源遠流長，在其內在發展歷程而言，孟子具原創性，發展至劉宗周可說是臻於精熟圓通了。

27　《大學問》，卷二十六。
28　《傳習錄》，卷下。
29　出生於1578年，卒於1645年，浙江紹興人，曾講學於「蕺山書院」，又稱為劉蕺山。
30　《蕺山學案·語錄》。
31　《蕺山學案·答門人》。
32　《蕺山學案·天命章說》。

第二節　道家的天人關係論

　　《老子》全書八十一章中論及「人」者有五十一章，「人」一詞在全書中用了八十四次，可見老子對人的理解及生命意義之探索問題極為關切。《老子》書中雖未使用「性」字，卻以存有學及宇宙發生論的切入點來論述人性。唐君毅說：「《老子》書中雖有關聯於人性之思想，而未嘗環繞於性之一名而論之。蓋老子之論道，重在視道為客觀普遍者……老子與墨子皆客觀意識強而主觀意識弱的人。人之惰性則屬人生之主體，故二人初不直接論性。」[33] 觀《老子》書中對人性的論述主要使用「德」字。「道」以分殊化和神妙莫測的歷程化生人與萬物。「德」字意指人與萬物皆秉承自「道」而獲得的個體化情性及潛在的具自發性的活動能力。就「道」與「德」的同質異層關係而言，道在化生萬物時係以原始的渾全內在於其化生萬物的活動中所分殊出來的存有物中。就形上學涵義而言，人與萬物各具其德，皆平等本具於「道」。老子並不獨特地突出人為一創造活動的代理者，猶如儒家天生人成，以人文化成天下般的說法。人透過自身之「德」能上與「道」密契為一，老子不採儒家人性具符合社會規範秩序的先驗能力，如《老子・五十一章》所謂：「道生之，德畜之；物形之，勢成之。是以萬物莫不尊道而貴德。道之尊，德之貴，夫莫之命而常自然。」

　　「德」係萬物和人得自「道」的內在能力和性向，同時也是向著道復歸於「道」的內在動力。《老子》說：「反（返）者道之動」、「夫物芸芸，各復歸其根」。人生以統攝人與天地萬物的本根「道」為本，發展人稟受於道而獲致的「德」或本真之性，趨向於與「道」相契的合一化生活。《老子・二十一章》說：「孔（大）德之容，唯道是從。」又〈二十八章〉說：「常德不離，復歸於嬰兒……常德乃足，復歸於樸。」這是人理解自我和實現自我的形上原理。老子也提示我們面對他者時當學習「道」的「玄德」，容物順物而不宰割，〈五十一章〉說：「生而不有，為而不恃，長而不宰，是謂玄德。」顯而易見的，老子存有學與宇宙生成論的哲理，指引人立足自己的

---

[33] 唐君毅著《中國哲學原論・原性篇》，臺北：臺灣學生書局，1991 年 6 月校訂本。

本真之性，這是每個人自我實現的方向。每個人順從自己由「道」得來的本真之「德」或本真之性，消解主觀意志的妄執，處在「道」的涵融中，步步實現自己的本真之性。此際，人與道相互隸屬，人的生命歷程沖虛為用地成為道的過站。因此，對比於儒家的聖賢，老子的人不是以人文的創造力化成天下的德性主體，而是能順應於道的超德性主體，與道相冥的宇宙人，〈二十五章〉所謂：「道大、天大、地大、人亦大。域中有四大，而人居其一焉。人法地，地法天，天法道，道法自然。」扼要言之，聖人有廣大悉備的宇宙情愫，深刻的妙契「道」真，依順分享「道」而有的「德」，以嬰兒般的純真和柔弱無執來展現內在的整全之德。〈十章〉所謂：「專氣致柔，能嬰兒乎？」老子以隱喻的方式，藉「嬰兒」的類比義，喻示人復返本真之性後，生命處於柔弱，人之原初，德全狀態地與「道」冥合狀態，能與道冥合的人，亦越能體認「道」的玄德而達致順己性，物性之自然，天人合德於和諧大順的圓融境界中，在老子的形上學裡「德」是人的本性，與「道」同質，介於人與道之間，為聯繫天人，使天人交融的中介。

莊子以「氣」之聚散變化來解釋人之生與死的生命變化歷程和情狀。《莊子‧知北遊》說：「人之生，氣之聚也；聚則為生，散則為死。……故萬物一也，是其所美者為神奇……臭腐復化為神奇」、「通天下一氣耳」。莊子將「道」作為化生萬物的本根，藉具象化之「氣」來表述萬物乃有機的一氣之出神入化的展現。人與天地萬物同為一氣所生成變化而有同聲相應、同氣相求的渾然一體性，或變化通幾、旁通統貫的整全性，〈大宗師〉謂人能高遠其心境而與「道」同遊於方外之地。所謂：「彼方且與造物者為人，而遊乎天地之一氣。」可見其達觀之至。然而，人逍遙悠遊是精神性的自由自在之極致，人的形軀仍是有其形質之限度和時空條件的制約，作為篇名的〈大宗師〉之「宗」意指「道」為萬物之統宗，「師」指「道」及萬物所依從的無形老師。〈大宗師〉認為能貫通天人，兼知天人的真人對「道」有真切的體證之知，故能論「道」，所謂：「有真人而後有真知。」〈知北遊〉藉老聃之名謂：「精神生於道」意指人生命中至上的精神作用生發自「道」，「道」係人與萬物汲取內在生命力的無限泉源。人是宇宙短暫的過客，人生命的終極歸向是復返於「道」，人對「道」不是進行概念思考的認知，而是在生活世界中的情境中進行實存性的體驗。所謂：「夫體道者，天下之君子所繫焉。」人對「道」雖有存有學進路的體證路數，然而仍不足以窮神知化

地窮盡「道」深不可測的內涵，更遑論再透過有限的語言來表述了。〈知北遊〉說：「視之無形，聽之無聲，於人之論者，謂之冥冥，所以論道，而非道也。」莊子一方面不得不有一道論，另方面又不執於所持的道論，藉以避免論說之極限，希望引領人體驗「道」的無限可能性。〈齊物論〉說：「道隱於小成，言隱於榮華。」萬物生於「道」，乃道之小成，若我們只見有形跡的萬物，不見其根源，則「道隱」。我們若只顧修辭而未能切身體道則「言隱於榮華」。

　　錢穆指出：「『理』字觀念之重要提出，其事始於道家。」[34]陳鼓應進一步地說：「《莊子》書中，「理」字出現多達三十五次，其意涵涉及宇宙論層面，天地萬物存在及活動的整體規律以及個別原理，萬物活動的動靜原理，以及理與性的關係等。」[35]莊子承隨老子的思路認為「道」化生萬物後隨之而內在於萬物內，成為萬物本真之性或德，莊子稱謂為「理」或「性」。人亦然，〈天地〉謂：「形體保神，各有儀則，謂之性。」道內在於人的性命中，是人對「道」的分受，道內在於人形體之內，形體保有人分受於道的精神成為人生命活動的儀則而稱為「性」。歸真返樸的養性方法在於明智之知與恬淡自處，〈繕性〉所謂：「知與恬交相養，而和理出其性。」在客觀之知與自身涵養淳和之本性交互運用下才能保育成全人的本真之性，而由本真之性產生自發的、樸實的內在生命動力，與萬物和諧共存。莊子很重視人以心齋坐忘的生命修養，消解人主觀偏見的認知和愛惡的意欲。人應修證「道通為一」的形上心境，以開放的心靈尊重差異，理解、尊重和涵融萬物。蓋萬物本同源共生於「道」，則人應與道相涵融，以曠達的精神與天地精神相往來，渾然與萬物為一體。方立天在〈道與禪〉一文中說：「道家『自然』概念有兩層基本涵義：一、是在本性。這是『自然』的最基本重要的涵義。……二、是精神狀態。」[36]《莊子》內七篇以「虛」的概念來解釋心的自然本真狀態。人所以能與萬物為一體，在於其心靈虛靜無執地與物融洽的精神狀態。〈逍遙遊〉所謂：「至人無己，神人無功，聖人無名」。唐代成玄英注解說：「至言其體，神言其用，聖言其名，其實一也。」至人從

34　錢穆著《莊老通辨》，北京：三聯書店，2002 年，頁 342。
35　陳鼓應著〈理範疇理論模式的道家詮釋〉，收入《臺大文史哲學報》。
36　方立天著《道家文化研究》，第六輯，頁 249。

本體處貫通萬物的根源，無所偏執，故稱「無己」。神人應道萬物，卻不以功業自炫，故稱「無功」。聖人雖有盛名，深諳「道」的無名而能不以聖名自居，此三者乃對虛靜無執心境的不同言詮。蒙培元說：「心能虛靜而不為外物所蔽，就能做到『唯道集虛』[37]；這不是說心外有一個道來集於心中，而是說，虛靜之心自能集道，同『坐忘』。『虛室生白』[38]是同樣的意思，即在主體精神專一的狀況下，內在的自然之性自然會實現或呈現出來。」「虛」意指純真本心的自然狀態，《莊子‧應帝王》說：「順物自然而無容私焉」。西晉的郭象在「順物自然」處詮解為「任其性」。人若能任其本真之性則可臻適性逍遙的人生至樂境界了。郭象注〈逍遙遊〉的名言：「夫大小雖殊，而放於自得之場，則物任其性，事稱其能，各當其分，逍遙一也。豈容勝負於其間哉！」適性逍遙是人的生命和精神處於最自然自適的狀態了，《莊子》書中使用非常豐富的語彙來詮釋這種最自然的心境，如靈臺、朝徹、見獨、天府、天鈞、天倪、天理、天機、天放、天德、天樂、天倫、天性、天和、天成等。

　　當今學界認為《管子》四篇，亦即〈內業〉、〈心術〉上下及〈白心〉四篇是戰國時代稷下道家的代表作。此四篇論及精氣說及心與道的關係。〈內業〉從宇宙發生論表述了人生命的生成來自天地之精氣與形氣之和合，所謂：「凡人之生也，天出其精，地出其形，合此以為人。」該篇還認為天、地、人的正常之道在於「天主正，地主平，人主安靜」。其中「人主安靜」指人當以處靜專一的心境修養來超越地靜觀「道」體的本真實相。其間又涉及此四篇所含宇宙精氣與人之復性的理論。〈內業〉說：「精也者，氣之精也。氣，道乃生，生乃思，思乃知。」又說：「靈氣在心，一來一逝。其細無內，其大無外，……心能執靜，道將自定。」氣由「道」所派生，氣之精純靈秀者能思能知，亦即對「道」能起體證之知的作用。精氣「其細無內，其大無外」地彌漫在宇宙中，「一來一往」指精氣具運行流動的動態作用。道、精氣與人的靈氣三者間有同質性，可相互往來及貫通。〈內業〉說「蔽除其舍（精氣駐留所），精將自來，精想思之，寧念治之。嚴容最敬，精將至定，精存自生，其外安榮，內藏以為泉源，浩然和平以為氣淵。」人

37　《莊子‧人間世》。
38　《莊子‧人間世》。

在治心時若能純淨化心舍，則純淨的精氣自生，如活水源頭般地深深不息，莊子及其所影響的黃老道家，「氣」概念有豐富的多重涵義，在以「氣」的釋心的虛靈感通上，我們不必把「氣」執定為一實體化的元素，而是取「氣」的類比義，資取「氣」的虛靈不限定之性質來狀述人的精神境界無比的虛靈和自由。

西漢淮南王劉安規劃及總其成的《淮南子》是一部綜合百學的集體性著作，也被視為自稷下道家發展黃老之學以來的集大成。在這部可視為黃老道家最具代表性的著作中也論述了天人關係。人的生成與其他萬物一樣的由「氣」所化生。人生命結構中的質性因稟氣的剛柔、清濁之不同而有個別差異。《管子‧內業》說：「凡人之生也，天出其精，地出其形，合此以為人。」《淮南子‧精神訓》說：「精神者，天之有也；而骨骸者，地之有也。……精神者；所受於天也；而骨骸者，所受於地也。」人的生命係由具魂覺作用的精神及具魄覺作用的骨骸所組合構成。人的精神生於清陽的天氣，形骸凝於陰濁的地氣。《淮南子》繼承《管子‧內業》精氣為人說，且提出了「元氣」概念，人與萬物同生成於元氣，可是人所稟受的精氣是富有生命力的元氣。人的身心活動皆係由精氣貫注而具能量。人的形神皆透過精氣之調養來綜合。人在生命的養護上應安形於其所，行神於其宜，充氣於所當用。《淮南子‧原道訓》說：「形者生之舍也，氣者生之元也，神者生之制也；一失位，則三者傷矣。形者非其所安也而處之，則廢；氣不當其所充而用之，則泄；神非其所宜而行之，則昧。此三者不可不慎守也。」人的形神活動皆須使用精神氣力，人心若不能自制身體感官被誘發的七情六欲之濫，則人的精神耗弱，血氣疲累而損害精力。人人若向外逐欲不返，激情於無常的喜怒哀樂中，則人的志氣耗損。因此，人的形神之保健法在清心寡欲，以虛靜無執的寧靜心境蓄養精神，珍惜血氣。扼要言之，人應平心靜氣地消解使人激情氣越的生理嗜欲及強烈的心理欲望。從天人關係的積極面觀之，《淮南子‧覽冥訓》說：「夫全性保真，不虧其身，遭急迫難，精通於天。」人的生命力源生自人之精氣，人透過這一天人縱貫的聯繫管道也可在全性保真的修為努力上，以精氣感通上天。這是自稷下《管子》四篇至《韓非子》且延伸到西漢一貫的涵養精氣以通天人的形上信念。這一形上信念之要旨在深信人的精神狀態能因心靈修養至虛寧純淨的境界時，將能導致人的生命氣機高度流通。產生感通形上天的無比力量。天人之所以能感通，另一

可解釋的原理，《淮南子‧本經訓》所謂：「天地宇宙，一人之身也；六合之內，一人之形也。」人由身、心、靈所構成的生命體與天是對應感通的，《淮南子‧精神訓》說：「（人）頭之圓也象天，足之方也象地。天有四時、五行、九解、三百六十六日，人亦有四肢、五臟、九竅、三百六十六節。天有風雨寒暑，人亦有取予喜怒。」像這種人副天數，天人應感的說法也展現在與《淮南子》同時代的董仲舒《春秋繁露》中，當屬漢人過度臆測的流行思想，是中國古代頗具特色的天人關係說。

第三節　佛家心性論

「佛性」在梵文中主要的表述詞有 Buddhatā 直譯為佛陀性，泛指佛陀的本性、成佛的狀態，可譯為佛性；Buddhatva 意指佛陀諸特質中有覺悟的智慧，故以覺性作為表述佛性的一種方式；Buddhādhatu 係由成佛的因果來表述佛性，就成佛之因地言眾生天生具有的本性，就成佛之果地描述佛性全然展現之界域，可簡譯為佛界；Buddha-gotra 從眾生成佛的素質若植物種子般來表示成佛的種性，可簡譯為佛種性；Buddha-garbha 就成佛之因地言成佛能力的潛藏、胎藏狀態，可譯為佛藏；Tathâgata-garbha 譯為如來藏，表示天生而有的因地之佛性，將先驗的「如來」義與隱態之「藏」義結合成「如來藏」觀念。[39] 如前所述「緣起性空」是佛學最核心的理論，從而衍生出「般若空智」及化遣執著的雙遣工夫，歸結出佛家本體的空無義，陳沛然在《佛家哲理通析》一書中做了簡明扼要的綜述，他說：「從因地之未顯義而有『如來藏』或『佛藏』之名，從本元義而有『佛界』之稱，從種子義而有『佛種性』之項；從果地之界域義而有『佛界』之詞。至於『佛陀性』之語，則是統稱；而『覺性』則是從智慧義描述佛之某一獨特性質。」[40]

佛教傳入中國約二千年，大約可分為三個發展時期。第一期係譯介期，從東漢至南北朝蕭齊時代，約是公元一世紀至五世紀末，主要工作以翻譯和解說佛經為主。所譯的經典以小乘禪學和大乘《般若經》為主。晉時般若學隨著玄、佛交流而大盛，著名的佛學學者有安世高、支讖、支謙、竺法護、

39　參閱霍韜晦著《佛家的現代智慧》，〈佛性與如來藏〉之紹述。臺北：文津出版社，1995 年。
40　陳沛然著《佛家哲理通析》，臺北，東大出版社，1993 年，頁 199。

鳩摩羅什、道安、慧遠、僧肇、支道林、竺道生等。第二期是佛學中國化的發展創造期，由南北朝蕭梁經隋唐以至五代，約是公元五世紀末至七世紀中葉，翻譯的工作減少，對佛教微言大義的發展和創造工作積極。佛學學派原初只有「師」，如：法華師、涅槃師、攝論師……等，後有「宗」的產生，例如兩晉的「六家七宗」。宗派的發展至初唐、中唐之際繁盛，已有天台宗、法相宗、華嚴宗、禪宗、三論宗、淨土宗、律宗、密宗等；每一宗皆有一定的理論和修持體系，著名的佛學學者有菩提達摩、真諦、玄奘、吉藏、智顗、杜順、法藏、慧能、神秀、宗密、湛然、知禮、道宣、金剛智、不空等。他們大多承順中國古代著述方式，以述為作，藉經抒己見。第三個階段，是佛學與儒道互動相融的時期，從北宋至當代一千多年。由印度而來的佛學已被中國傳統文化的吸收轉化而成為中國化的佛學，與儒家、道家共構成中國哲學的三大支柱。

　　佛家的本體論是空性論，然而就人心性生活的指導而言，是以「空」為實踐的理論基礎和實踐起點，引人回落於佛性常有的「有」其終極目的在指引眾生能修證至成佛的佛果。因此，就整個佛學的形上學而言，中國佛學的發展路向是由「般若之空」進展至「佛性之有」。蓋般若學的價值理想在提醒人們勿執著於名言概念，亦即封閉在「對象語言」中，而應超越經驗系列的相對相，徹悟諸法實相，其究竟為一相，亦即無相這一實相。般若學引領眾生透入實相世界，明白世事之變幻無常。然而，般若學未處理妥人可以成佛的內在根據是什麼？成佛的歷程及境界如何？因此，中國大乘佛學有鑒於此，乃跨出般若學而依據成佛的理論需要來發展「涅槃學」，探索有關佛性的種種問題。本節因篇幅之限，乃採取佛性論有理論特殊性，具代表性者予以扼要紹述。在論述前，我們必須對佛學中的「心」與「性」之相互關係問題做一說明。「心」與「性」是同一實有或為二種不同本質的存有，這是中國佛學內部長期爭論不休的問題之一。大致而言有兩種理論，其一認為心與性是既有區別亦相互聯繫的兩種概念，其間「心」是性的載體，性是心的本原。另一理論為，心與性通而為一，亦即渾然一體的實有，心指本心，性指本性，本心本性乃佛心佛性，二而一，一而二，係眾生本有的真實心性。因此，「明心」與「見性」是一事的兩面說法，明心時亦即見性，見性時亦即明心。此兩種理論的共同點在心性連說。此外，我們也要對佛學中「心」、「性」的基本概念做初步的交代。在佛學中常將心分為真心與妄心，或稱為

淨心與染心、清淨心與煩惱心。真心意指恆常不變的自性清淨心，妄心意指生滅變化、虛妄不實的心。對心之真妄的說法，不同的派別也有不同的觀點。例如：地論師以八識中第八的阿賴耶識為真識或真心。攝論師以前八識為妄心，另創第九識的阿摩羅識為真心，楞伽師又會通此派的對立。真心與妄心涉及能否成佛和如何成佛的問題。因不同的佛教學者都論及此問題，如《大乘起信論》提出一心而有淨染之二分。心之真妄有不同的意態，真心意謂無煩惱、不貪執、不謀取、妄心意謂煩惱、貪執、有謀取欲。中國佛學中的「性」多意指本具的本質或體性。例如：「法性」是事物的本質、體性，「心性」是心的本質體性，「性」與「相」或形相常對舉，也有可互用者。還有值得我們注意處是心性與法性之辨。對佛學而言，「性」一般意指萬物的自體本性，因此「法性」指事物恆常不變的本質。「心性」指眾生之心的本性，就廣義而言，亦為法性的一種，其中的分別在於法性是萬物的本性或本原，心性是眾生的本性或本體，也就是眾生成佛的根據——佛性。因此，佛性論者較注重對心性的論述。

在中國的佛性論史上，東晉的慧遠與竺道生可代表先驅人物。慧遠提出法性論和神不滅說。他在《大智度論抄序》說：「無性之性，謂之法性。諸法無性，因緣以之生。生緣無自相，雖有而常無，常無非絕有。」自身非生非滅的法性，其本身永恆不變，卻派生一切由因緣而生起的萬事萬物。他把「涅槃不變」與「三界流動」做一對比，謂「是故經稱泥洹（涅槃）不變，以化盡為宅，三界流動，以罪苦為場，化盡則因緣永息，流動則受苦無窮。」[41]他以一因緣永息不變的、泥洹常住的理想世界為彼岸世界之標幟，「流動」為此岸世界之標準。他舉「猶火傳而不息」之範例，企圖說明「法性」是「常無」，亦是「非絕有」。配合他所提的神不滅論，對眾生而言，作為精神實體之「法性」堪謂為「神」、「靈魂」的同義語。他藉「神」解釋人的精神，人的生命乃形神結合而成，然而，形滅而神不滅，其神不滅的論點是「神也者圓應無生，妙盡無名，感物而動，假數而行。感物而非物，故物化而不滅；假數而非數，故數盡而不窮。」他的形滅而神不滅論主要是為佛教三世業報的輪迴說提供理論的依據。我們可由他所寫的〈三報論〉、〈明報

---

41 《沙門不敬王者論》，三。

應論〉看出其意向所在。倡導涅槃佛性說以代替般若性空學的道生[42]提出了頗有見地的「一闡提」人皆得成佛說和「頓悟成佛」說。彼時法顯[43]已於公元417年譯出《大般泥洹經》謂惡性重大的「一闡提」斷盡善根、失去佛性，不能成佛。竺道生孤明先發提出「一闡提」人也本具佛性，亦有成佛的根據和可能性，他依據般若實相學和涅槃佛性學研究出「佛性我」的概念，謂：「一切眾生，莫不是佛，亦皆泥洹。」[44]他強調一切眾生都有佛性，一闡提者也有其深層的佛性為修持成佛的根據，他的說法與孟子人人皆可成堯舜的說法很類似，使印度佛學經這一轉折後符合中國傳統文化的生態，而促成佛學在中國採取心性論的新方向。

　　《大乘起信論》所提出的真心本覺說，代表中國佛學具有創造性及成熟性的意義。蓋印度原始佛學多持心性本淨說，性淨有性寂義，《大乘起信論》以真心本覺的概念詮譯心性本淨，可說是「性覺」說。性寂說採傾向對煩惱的消解，性覺說傾向智慧的開發、發揮真心覺知的作用。性寂說採長期積累式的修持法，為眾生成佛提供了理論上的可能性。性覺說強調人應自覺地返歸心性本原，為眾生成佛的價值理想提出了當下的實踐性。《大乘起信論》契應孟子返求諸己的主體性，對隋唐佛教的主流宗派有深遠廣泛的影響。此書對後來的天台宗、華嚴宗、禪宗提供了理論的新資源，其真心本覺說在後世發展出圓覺說、無情有性說、即心即佛說等重要理論。除了提供眾生成佛根源之理論基礎的真心本覺說外，《大乘起信論》也提出一心開萬法的「一心二門」說。該書的真心本覺說係從「佛者其義為覺」的「覺」字切入，謂阿梨（賴）耶識有「心生滅」之不覺面，以及「心性不生不滅」的「覺」之一面，「覺」是一切眾生的自性清淨心體，「覺」是智慧直覺，意指「離念」亦即「無念」義，「念」指心動，離念指心不起動。「本覺」指眾生原就離念的覺悟本性，是阿賴耶識中如來藏心或真如心的體性，真心的自性。佛法是真如的理，「法身」以佛法為體，本覺指真心本覺之能覺悟佛理，這些是《大乘起信論》的核心思想之一。

42　東晉末劉宋初僧人，本姓魏，因依竺法汰棄俗出家，隨師姓竺，又稱竺道生。佛教涅槃學者。鉅鹿人（今河北省平鄉縣），倡涅槃佛性學說。

43　法顯於東晉義熙十三年（417）所譯的六卷《泥洹經》相傳是釋迦牟尼死前說法所講的經，已有人人皆具佛性的提法，但仍把「一闡提人」列為例外。

44　《妙法蓮華經疏》、《續藏經》，第一輯二編乙，第二十三套，第四冊，頁408。

　　天台宗創始人智顗持天台圓教立場，認為佛與眾生相即，佛與眾生的本性同其惡，這是就具有惡之法門說。蓋依法執行死刑犯之處決，軍人保家衛國不得不在戰場上奮勇殺敵，行為本身就一般意義或許是惡的，卻出於為大局著想的善念。對天台圓教而言，佛法「除無明有差別」，佛是即於三千法、九法界而成佛。法的差別是可接受的。《觀音玄義》認為闡提雖斷修善盡，因不達性善而修善得起。佛即世間法，斷修惡盡，期能不斷惡性而化轉惡，因不為惡所染，故不起惡，其宗旨在能用惡法門以化度眾生。天台宗有鑒於竺道生論斷一闡提雖對善全然無自覺和修持，但所隱具的佛性猶常在，仍有為善成佛的可能性。佛則雖不斷絕性惡者以權用惡法門勸善，因此，佛境界可即於九法界而呈現，由於解心無染而不會有為惡的危險。換言之，闡提或一般人若陷於迷染，則雖表面有善行實亦迷妄，他們的行善法亦即為惡。成佛者解心無染，於善惡皆不迷而自在，雖表面有行惡法之形跡，卻也是為善。進一步言，一切惡法皆可視為實現佛之功德的門徑機會，可任運自然地表現，藉此方便法門來普渡眾生。因此，天台宗認為成佛固然必須斷無明，但不斷惡法稱為「不斷斷」。佛與人具有性惡（惡行）說是天台圓教的理論特徵，這是在實踐面務實的處理一切眾生皆可成佛的如何可能？這一問題，也是針對圓佛如何可能而發的理論。其關鍵處在其所謂佛性有惡，意指佛具有惡法門，非謂佛有惡性。此外，天台宗的湛然依佛性與世間法相即之理，為了泯除佛性與法性隔閡，乃首先闡發了「無情有性」說。所謂「無情」指動物以外無情識的存有物，如山河大地、草木石等。「性」指佛性，湛然倡言無情識的存有物，皆具佛性，也都有成佛的可能。湛然持此說針對華嚴宗的無情無性說，亦即無情識的存物則無佛性的理論，來予以修正的。湛然吸取《大乘起信論》的真如緣起說和還心不二說而在其所著《金剛錍》中論證無情有性說。他從本體論切入將宇宙萬物的本性即法性與眾生的心性聯繫起來，以色心不二說來論證。方立天認為其主要論證要點有二：「一是宇宙萬法分為色法與心法二類，但色法攝入一心之中，二是任何色法，即使是一微塵也同一心一樣，圓滿具足宇宙萬法，再是提出眾生成佛時，依正二報同時成佛的理論。」[45]然而無情識之存有物所具足的真如之理，雖具有「正

45　方立天著《中國佛教哲學要義》，北京：中國人民大學出版社，2002 年，頁 322-3。

因佛性」，但是這種佛性仍係法性，不是智慧性，在本質上仍不是我們所能理解的成佛可能性的佛性。儘管如此，湛然的無情有性說拓展了眾生才有佛性的傳統說法，大幅度地擴大了佛性的遍存義及成佛的界域。

佛教中國化以來，中國所創設的宗派中，以天台宗和華嚴宗的教義最為豐富。華嚴宗以《大方廣佛華嚴經》為根本經典而得名，其始祖相傳為杜順，二祖智儼，大成於三祖法藏，後繼者為澄觀，教義完備於法藏，武則天賦他「賢首」的稱號，故此宗又名「賢首宗」。法藏針對佛教各派的教義內容，在所著《華嚴一乘教義分齊章》進行判教。法藏的判教有所謂五教十宗，「五教」指小乘教、始教、終教、頓教和圓教。「十宗」指教理上可分列的宗派，計有我法具有宗、法有我無宗、法無去來宗、現通假實宗、俗妄真實宗、諸法但名宗、一切皆宇宗、真德不空宗、相想俱絕宗、圓明具德宗。華嚴宗追求體證宇宙萬法圓融無礙的最高理想境界，基於此一理念所呈現的判教乃由執有至空，再由空趨於真德不空，終極性的歸依於圓融無礙的法界緣起。華嚴宗的核心理論是「性起說」，所謂「性」指佛性、法性、如來性。「性起」指「體性現起」，真如實性一旦啟動當即顯現作用，呈現為迷妄與覺悟、有情與無情、淨土與穢土等一切諸法，而無須等待其他因緣條件。性起說是從佛果的境界解釋諸存有物的現起，概括了宇宙論、心性論、證悟說和境界論。華嚴由「性起」說所開展出的重要心性論，有法藏的明佛種性說、智儼和法藏的自性清淨說、澄觀和宗密的心性即靈知說與真心即性說。今紹述法藏的明佛種性及自性清淨圓明說。

對佛教而言，佛性是成佛的根據，大菩提性是佛的智慧。小乘教認為只有釋迦牟尼佛一人獨具佛性。大乘佛教認為佛性就是大菩提性，亦即具佛的智慧，一切眾生皆具佛性，法藏在其最重要的著作《華嚴一乘教義分齊章》[46]卷二說：「約終教，即就真如性中立種性故，則遍一切眾生皆悉有性。……一切眾生有涅槃性。」「終教」指《楞伽》、《勝鬘》等經和《起信》、《寶性》等論。法藏謂這此佛典主張「真如」為佛種性，恆常不變的真如，遍存一切眾生中。一切有情眾生皆具佛性，皆有成佛的可能性，也應該有成佛的終極目的和努力實踐，這是大乘至極之論，蓋法藏指出一切眾生悉有清淨佛

---

46 《五教章》。

性，最終皆將能成佛。

法藏將佛說詮解為能徹悟空理空性的無上智慧，他說：「《涅槃經》云：『佛性者，名第一義空，第一義空，名為智慧。』此等並就本覺性智說為性種。」[47]佛性所以能是本覺性智，乃因佛性有自性清淨圓明的體性。法藏說：「顯一體者，謂自性清淨圓明體，然此即是如來藏中法性之體，從本以來，性自滿足。」[48]對法藏而言，佛性、佛心、本覺、性智、自性清淨圓明體、如來藏、佛智心都是相通的概念。眾生的佛心隨緣而表現為淨或染，可是其中的淨性是恆常不失的，染與淨是不即不離，圓融無礙的，淨性的可貴在其出汙泥而不染，法藏強調性淨是處於動態中，亦即在染淨中成就自性清淨。至此，我們必須對自性清淨圓明當作概念的分析。「自性」指佛性係眾生本來具有的自我本性，「清淨」指佛性縱使處於染境而不染不垢，始終是清淨的、善的。「圓明」指佛性的體性遍照一切。自性清淨圓明是佛心佛性的體性。對法藏而言，佛心佛性是人深奧的內在本性，具有先驗性，清淨性、覺悟和光明性、遍在性諸形上屬性的規定。「佛」就果地而言是眾生證悟心的真如而成的佛果。

「禪」原本是禪那（dhyana）的簡稱，意指在精神的定靜中觀察思慮之意，其重點在定靜中有觀、有慧，所以又稱為禪觀。禪宗的初祖是在南北朝來華的菩提達摩二祖慧可，三祖僧璨都崇奉四卷本《楞伽經》。在心性論方面重視如來說，如來藏意指在眾生的煩惱終身中皆藏有自性清靜，亦即本來清靜的如來法身，這是眾生的自性，也是禪宗心性論的核心思想。自菩提達摩以來，中國禪師走出純坐禪和冥想的領域，聚焦於本體性的心之探討，心性本源的體悟。菩提達摩認為一切眾生皆有「同一真性」亦即同一佛性或簡稱佛性，只因被妄念覆蓋而未能彰顯。他的佛性論係由四卷本《楞伽經》的眾生皆具「如來藏」及結合《涅盤經》的「一切眾生皆有佛性」的說法。人人本具自性清淨心，真性或佛性就是人心。《楞伽經》視佛性和人心為同一實有，將兩者合稱為「如來藏藏識」[49]菩提流支譯的十卷本《入楞伽經》則謂如來藏識（佛心）是淨心，阿賴耶識即藏識（人心）是染心。菩提達摩不

---

47 《華嚴一乘教義分齊章》，卷二，《大正藏》，第四十五卷，頁487下。
48 《修華嚴奧旨妄盡還源觀》，《大正藏》，第四十五卷，頁637中。
49 《楞伽經》，卷四，《大正藏》，第十六卷，頁510下。

接受此說，二祖慧可從眾生自性覺悟推導出眾生的心即是佛。《景德傳燈錄》卷三載慧可所言:「是心是佛，是心是法，法佛無二，僧寶亦然。」意指佛、法、僧「三寶」皆以心為成佛的根本，心的自性具覺悟作用，心佛觀念對後世禪宗，甚至整個佛教思想之後續發展有深遠的影響。

　　神秀繼承《楞伽經》及《大乘起信論》，與弘忍門下的慧能、神會觀點相左，遂形成「南能北秀」之分，宗密稱神秀的思想為「息妄修心宗」，要旨是眾生本有佛性，由於被無明煩惱覆蓋而不能顯，唯有離念靜心的觀心禪法才能斷煩惱顯真性。其修持工夫主張息妄修心，時時拂拭。然而其師弘忍在所著《最上乘論》[50]中以清淨心為根本義，認為眾生的清淨心是眾生覺悟及成佛的超越根據。弘忍繼承其師四祖道信所主張的返識自身本來清淨心，即證悟佛性的禪宗要旨，其工夫在「守本真心」，非時時拂拭息妄，因此否認神秀已見「自性」，慧能對弘忍所評未見自性的神秀偈:「身是菩提樹，心如明鏡臺，時時勤拂拭，莫使惹塵埃。」作出獲弘忍認可的偈:「菩提本無樹，明鏡亦非臺，本來無一物，何處惹塵埃。」相傳慧能不識字，自然較不重視佛教經典教義之研究，主張「道在心悟」。慧能的《六祖壇經》是禪宗後來最重視的經典，他強調即本體即工夫，當下頓悟，體證空性。《六祖壇經‧行由品第一》說:「菩提自性，本來清靜，但用此心，直了成佛。」《六祖壇經‧般若品第二》說:「不悟，即佛是眾生，一念悟時，眾生是佛。故知萬法盡在自心。何不從自心中頓見真如本性?」這是源自慧能在弘忍教他《金剛經》至「應無所住而生其心」處能頓悟一切萬法而不離自性，因此慧能提出頓悟成佛的心性形上原理，《六祖壇經‧行由品第一》精闢的說:「何期自性本自清淨!何期自性本不生滅!何期自性本自具足!何期自性本無動搖!何期自性能生萬法!」這並非謂自性可創生一切法的意思，而是說基於萬法之法，性皆空的真諦下，「心」若能體證空性，乃可即於一切而不執，能超越一切而成就一切，所謂「一真一切真，萬境自如如。如如之心，即是真實」[51]雖然《六祖壇經》係經過後人不斷改訂而成，不完全代表慧能的思想，卻大體上表達出慧能捨離文字義解，徑直徹悟心源，斷滅迷妄。慧能明心見性、頓悟成佛的本心是佛教解脫智慧或覺悟的本體。

50　又名《修心要論》。
51　《修心要論‧記弘忍語》。

　　《六祖壇經》以體用關係來闡釋其心有二層，本心與善心一致，可是惡心卻與本心相違。換言之，心之體與心之用，有呈現一致性及非一致性兩種情況。但是惡心及惡行不是眾生本心，雖然如此，清淨心就在迷妄心之中，所謂：「愚痴迷妄，自有本覺性。」依慧能之見，真心與妄心或本心與現實心，在層次和性質上雖有所不同，二者卻是體用一如的關係。因此，眾生不是離妄而去另求真，眾生應即妄求真或即妄顯真。「佛性」一詞亦常為《六祖壇經》所使用，意指「佛種性」，亦即眾生成佛的可能性或種子。佛性不但恆清淨，且普遍存在。此外《六祖壇經》也闡釋了弘忍所說的「自性」概念，其涵義非常豐富，如「自性本淨」言自性的清淨性，「即自是真如性」言自性是真如性；「本性自有般若之智」言自性具智慧性；「本源空寂，離卻邪見」言眾生的自性是空寂的；「自性含萬法，名為含藏識」，言自性是能包容萬事萬物的心識主體。就整部《六祖壇經》的要義而言，自性既是宇宙的本體，也是眾生的本體，是眾生成佛的根據，覺悟自性與否關係著眾生是凡夫或走向成佛之路。《六祖壇經》的自性說對人之本性賦予了某種高度的形上原理。

第四節　　小結

　　就形上學而言，究極實在的天與有靈性的人具縱貫的性命關係。因此，人與人在橫向關係上因縱貫的同根源性而有相互感通性。人與萬物也基於同源出於天而具橫向的有機之互聯性。這是中國哲學所以言人與天地萬物為一體或天人合一的緣由。先秦儒家的天人關係論可分為孔孟、荀子、《周易》和《中庸》三系，孔孟從自己內在生命根源處體證到深層的道德本性即是仁。孔孟再追溯仁之先天性或無限的超越性，即是天道所在。他們契悟了天道與性命上下相貫通後，油然而對天生出敬畏感與使命意識。人生的莊嚴意義在於人能否自覺到天所賦予的仁德，且努力顯發出人性的光輝及尊嚴。牟宗三認為儒家除了源於孔孟及下至宋明儒的陸王心學這一主觀進路外，尚有源於《中庸》與《易傳》的客觀性原則進路。這是從超越的客觀的天道天命貫注於人的宇宙論進路，《中庸》的「天命之謂性」與《周易‧乾象》的「乾道變化，各正性命」係就天命流行之道的本真之性獨厚於人，使人享有與其他存有者有別的上層人性。所謂上層人性是具有超越意義的靈性，係人

文生命得以化成天下的價值本性，有別於作為下層人性的結構之性或類別之性。荀子的心性論先立基於天人之分與性偽之辨，再以天生人成，人以思辨理性之能參，參與天能生物及人能辨物治物的共贊萬物生成化育之生生大業。漢儒多言天人相副及天人感應說。王充提出人性有上、中、下三分說，影響了王符的性三品說，他也提出正性、隨性和遭性說。宋明理學家中，張載首先把人性分成氣質之性與天地之性，前者為實然之性，後者為超越的道德本性，對以後理學家的天人性命觀有很深的影響，程頤、朱熹由客觀的存有論、宇宙發生論的路數言人之心、性，可簡稱為「性即理」派，謂內在於人心中的性與超越在天的「理」是同一的存有。陸九淵、王守仁等人簡稱為「心即理」派，他們就先驗的道德本心在生活世界的真切感通經驗，體證出心性本體與形上的天理於人生至高的化境中通貫為一。

　　在老莊道家哲學中，人與萬物各具其德（本性），皆平等地源自「道」。人與道相互隸屬，人的生命歷程亦係道的過站，應沖虛為用地順應於道的運化，期能成為與道相冥的宇宙人。莊子在〈知北遊〉中藉老聃之名謂：「精神生於道」意指人的精神生命力源發於道。換言之，「道」係人與萬物汲取內在生命力的無限泉源。莊子認為人的形體內具有分受於道的精神，是人生命活動的儀則，歸真返樸的養性之途在於形上之智與恬淡自處。對莊子而言，適性逍遙是人的生命和精神處於最自然自適的狀態了。集黃老之學大成的《淮南子》承繼稷下之學發展元氣概念，謂人的形神皆透過人與萬物同源之精氣來調養，深信人涵養精氣可以上達天道，與形上的天對應感通。

　　就整個佛學的形上學而言，中國佛學的發展路向是由「般若之空」進展至「佛性之有」。在中國佛性論史上，東晉的慧遠提出法性論和神不滅說、竺道生提出「一闡提亦有佛性及頓悟成佛說」，這二人的學說使中國佛學具有創造性及成熟性的意義。真心本覺說或性覺說傾向智慧的開發，為眾生成佛的價值理想提出當下的實踐性。佛教中國化以來，諸宗派中以天台宗和華嚴宗的教義最豐富，天台宗主張佛即世間法，佛不為惡所染，故不起惡，其宗旨在能藉惡法門以化渡眾生。扼要言之，佛是即（不離）於三千法，九法界而成佛。華嚴宗持「性起之說」，「性」指佛性、法性、如來性。「性起」指「體性現起」，真如實性一旦啟動當下顯現作用，無須等待其他因緣條件。華嚴由「性起」說開展出法藏的明佛種性說，智儼和法藏的自性清淨說、澄觀和宗密的心性即靈知說與真心即性說。禪宗的「禪」指人的精神在

定靜中能觀而生智慧，故又稱為禪觀。菩提達摩認為一切眾生皆有佛性，人人本具的佛性或自性清淨心，就是人的本心。心的自性具覺悟作用，以心為成佛的根本，這一理論對後世禪宗，甚至對整個佛教思想之後續發展有著深遠的影響。表述慧能思想的《六祖壇經》是禪後來最重視的經典，他提出頓悟成佛的心性形上原理。慧能認為若「心」能體證空性，乃可即於一切而不執，他所主張的明心見性、頓悟成佛的本心乃是佛學中解脫的智慧或覺悟的本體，也是眾生成佛的根據。總之，《六祖壇經》的自性說對人之佛性（本性）賦予了高度的形上原理。

自我評量

1. 「天」與「人性」在孔孟、荀子、《周易》和《中庸》有何異同？
2. 簡述孟子對孔子「仁」思想之繼承與發展。
3. 試論孟子學說心性論與荀子心性論之差異。
4. 宋明的心性論可分為哪兩大路向？試析之。
5. 請說明老子的「道」與「德」。
6. 莊子如何以「氣」之聚散變化來解釋人之生與死的生命變化歷程和情狀？
7. 試簡要說明儒、道、釋三家的人性論。
8. 佛家的本體論為何？
9. 簡述佛教思想家慧遠、竺道生與神秀的扼要思想內容及其影響。
10. 「禪」的概念及主要意涵為何？

第一篇參考書目

《清華學報》，新竹：清華大學，1964 年。

方立天著《中國佛教哲學要義》，上、下卷，北京：中國人民大學出版社，2002 年。

方立天著《道家文化研究》，第六輯。

方東美著《中國哲學之精神及其發展》，臺北：成均出版社，1984 年。

方東美著《生生之德》，臺北：黎明出版社，1987 年。

方東美著《科學、哲學與人性》，臺北：黎明出版社，1986 年。

牟宗三著《才性與玄理》，臺北：臺灣學生書局，1975 年。

牟宗三著《中國哲學十九講》，臺北：臺灣學生書局，1983 年。

牟宗三著《中國哲學的特質》，臺北：臺灣學生書局，1975 年。

牟宗三著《心體與性體》，臺北：正中書局，1969 年。

牟宗三著《四因說演講錄》，臺北：鵝湖出版社，1997 年。

牟宗三講述，陶國璋整構《莊子齊物論義理演析》，香港：中華書局，1998 年。

吳汝鈞著《中國佛學的現代詮釋》，臺北：文津出版社，1995 年。

呂澂著《中國佛學思想概論》，臺北：天華出版社，1982 年。

李振英著《中外形上學比較研究》，臺北：中央文物供應社，1993 年。

沈清松著《物理之後──形上學的發展》，臺北：牛頓出版社，1987 年。

唐君毅著《中國哲學原論‧原教篇》，臺北：臺灣學生書局，1984 年。

唐君毅著《中國哲學原論‧原性篇》，臺北：臺灣學生書局，1991 年。

徐復觀著《中國人性論史》，臺北：臺灣商務印書館，1978 年。

海德格著，熊偉譯《形上學是什麼？》，新竹：仰哲出版社，1993 年。

張岱年著《中國古典哲學概念範疇要論》，北京：中國社會科學出版社，1989 年。

張岱年著《中國哲學大綱》，北京：中國社會科學出版社，1982 年。

曹溪原本《六祖大師法寶壇經》，重刊金陵刻經處，1939 年。

陳沛然著《佛家哲理通析》，臺北：東大出版社，1993 年。

陳來著《宋明理學》，臺北：洪葉出版社，1994 年。

陳鼓應著《老莊新論》，臺北：五南圖書出版股份有限公司，1993 年。

陳鼓應主編《道家文化研究》，臺北：文史哲出版社，2000 年。

陳鼓應著《老莊哲學新論》，臺北：五南圖書出版股份有限公司，1994 年。

陳麗桂著《秦漢時期的黃老思想》，臺北：文津出版社，1997 年。

傅佩榮著《儒道天論發微》，臺北：臺灣學生書局，1985 年。

曾春海著《朱熹哲學論叢》，臺北：文津出版社，2001 年。

曾春海著《兩漢魏晉哲學史》，臺北：五南圖書出版股份有限公司，2005 年。

曾春海著《易經的哲學原理》，臺北：文津出版社，2003 年。

曾春海著《陸九淵》，臺北：東大出版社，1988 年。

曾春海著《儒家哲學論集》，臺北：文津出版社，1989 年。

黃宗羲著《宋元學案》。

鄔昆如著《形上學》，臺北：五南圖書出版股份有限公司，2004 年。

蔡仁厚著《孔孟荀哲學》，臺北：臺灣學生書局，1984 年。

賴永海著《中國佛性論》，臺北：佛光出版社，1990 年。

錢穆著《莊老通辨》，北京：三聯書店，2002 年。

羅光著《形上生命哲學》，臺北：臺灣學生書局，2001 年。

C. H. Kahn, *The Theory of the Uerb "To to", in Logic and Ontology*. New York University Press 1973.

M. J. Adler, *Great Books of the Weatern World*. The Great Ideas: I, Chirage 1952.

M. K. Munity, *Existence and Logic*, New York University Press 1979.

第二篇（李賢中）

中國認識論

第五章
中國認識論

第一節 「認識」在中國哲學的意涵

　　中國傳統思想雖然有許多學派，處理的問題與解決的方法也不相同，但它們從現代的眼光來看，都還是未分化為專門學科的整體樸素的思想，因此所謂認識論思想也不能取得明顯獨立的地位，而是消融在各種未經分化的整體思想之中。

　　因此我們要探討中國的認識論思想，必須從較寬泛的觀點加以把握；中國哲學中所謂的「認識」，是一種達成某種目的的工具或手段，因此「認識」常帶有實用性，依目的不同，而有不同性質的知識。中國哲學中各學派的目標或理想不同，有的為彰顯人的德性，有的為提升人的精神境界，有的為政治目的，有的為道德理想，也有為工藝技術上的目標，而形成各種實用性或可實踐性的知識。從春秋戰國時代開始，諸如天人關係、形神關係、學思關係、名實關係、言意關係、主客關係、知行關係等等，都與認識論的問題有關。這些問題的探討，涉及認識的本質、認識的條件、認識的來源、認識的過程、認識的方法及認識的目的等思想，已經形成了各種不同的認識論觀點；而這些觀點又與政治、社會、倫理、宗教、人生等思想結合在一起探討。

　　以下，本節先說明天人關係、形神關係、學思關係、名實關係及言意關係；第二節專論認識的來源、性質、認知的可能性、認知的過程與方式等相關問題；第三節探討知識的分類及分類標準的問題。

一、天人關係

　　在中國哲學中，人與宇宙天地的關係，有「天人合一」的說法。所謂「天人合一」有兩個意義，一個是指「天人相通」，另一是指「天人相類」。所謂「天人相通」認為天之根本性質德能，就含於人的心性之中；天道與人

道實乃一以貫之。宇宙天地的本根，就是人倫道德之根源；而人倫道德，則是宇宙本根的流行與發顯。特別從儒家來看，天地萬物的本根有道德性的意義，而人所實踐的道德也有宇宙天地的意義。如《孟子・盡心上》說：「盡其心者，知其性也。知其性，則知天矣。」人之所以異於禽獸，就在於人的心性與天相通。又如《中庸》所謂：「天命之謂性，率性之謂道，修道之謂教」，人的本性稟自於天，這是人與天在心性義理上的相通，人必須順從天所賦予的本性行事為人，方為正道。

至於所謂「天人相類」，如董仲舒的「人副天數」，指人與天在形體上的相類，是一種附會之談：「人有三百六十節，偶天之數也；形體骨肉，偶地之厚也；上有耳目聰明，日月之象也；體有空竅理脈，川谷之象也；心有哀樂喜怒，神氣之類也。觀人之體，一何高物之甚而類於天也。」（《春秋繁露・人副天數》）「天人相類」思想認為天、人在形體性質上皆相似。

人與宇宙天地的關係在中國哲學中，簡單的說就是「天人合一」，一方面是較為附會之談的「天人相類」。另一方面則是在義理上、性質上的「天人相通」，這種看法認為天人本來就合一，但是在現實的具體生活中，人會受到外在各種欲望的誘惑，而不能將稟自於天的道德心性，完全的實現出來。因此，就「天人相通」來說，這思想又包含著中國哲學的一種理想，人在世界上就是要不斷的努力歸向於天道，這樣才能提升人在宇宙中的地位，成為卓越。如此，知識的重心很自然偏向於認識人的心性內涵之心性論、如何顯發本心善性的修養論或體認天道內涵的天道觀等類型的知識。

由於人對宇宙的看法會影響相關的認知思想，因此對於天人關係或對天地萬物的看法也影響著人的認知方式。以莊子為例，他將整個宇宙視之為「一」，肯定某種可貫穿所有事物的「道」或「理」存在其中，如《莊子》有「道」遍在萬物之說。在〈知北遊〉中，東郭子問於莊子曰：「所謂道，惡乎在？」莊子曰：「無所不在。」東郭子曰：「期而後可。」莊子曰：「在螻蟻。」曰：「何其下邪？」曰：「在稊稗。」曰：「何其愈下邪？」曰：「在瓦甓。」曰：「何其愈甚邪？」曰：「在屎溺。」東郭子不應。

由此可見「道」是無所不在的。道是一，道所在的萬物也因著道而為一。並且，莊子也指出人在面對此「一」的態度與實情，〈大宗師〉說：「其好之也一，其弗好之也一，其一也一，其不一也一。其一與天為徒，其不一與人為徒。天與人不相勝也，是之謂真人。」

此外，《周易・繫辭上傳》也說：「是故《易》有太極，是生兩儀，兩儀生四象，四象生八卦，八卦定吉凶，吉凶生大業。」八卦之後又衍生成六十四掛，而每一掛都是古人對大自然與人類社會的了解，其中的理則、寓意可應用於各種的生活情境；[1]亦即「太極」與人生萬物有關，且太極是萬物的根源，變化的法則。這像莊子的「道」一般，是統括萬物的根本。

再者，周敦頤的〈太極圖說〉、張載的「氣化宇宙論」、朱熹的「理一分殊」、陸九淵的「宇宙便是吾心，吾心即是宇宙」（《象山年譜》）等，都蘊涵著「宇宙為一」的思想，只不過統合萬物為一的根本各有不同的看法，或為太極、或為氣、或為理、或為心。程顥也說：「天人本無二，不必言合。」（《二程遺書》）張岱年先生說：「天人既無二，於是亦不必分別我與非我。我與非我原是一體，不必且不應將我與非我分開。於是內外之對立消弭，而人與自然融為一片。」[2]就此宇宙觀，人也是宇宙中之一物，要認識宇宙中的其他事物，除了用對象化的主體、客體之間的認識作用外，還可以透過感通的方式了解同在「道」、「理」、「氣」、「心」的「一」之中的其他事物，像是同一主體的一端感應認知到另一端。在中國哲學的認知方式中，有不少是藉著「體證」而非「論證」，建立起所謂的知識或經驗傳承。「體證」重在身體力行的實踐，是在活動、變化中感應著周遭的人、事、物，而「體證」的進行預設著同一性、共通性。

二、形神關係

就形神關係而言，此乃涉及認知者的認知結構與能力的問題。這可以范縝的《神滅論》為例來說明。在東晉南北朝時期，佛教迅速的發展；佛教思想主張生死輪迴、因果報應，這種思想的根據就是所謂的「神不滅論」，他們認為人的精神不滅、靈魂不死。范縝則提出《神滅論》來反對這種觀點，他主張：「神即形也，形即神也。是以形存則神存，形謝則神滅也。」神形之間相互依存，有著不可分離的關係。范縝進一步指出，形與神的關係就像

1　黃壽祺、張善文合著《周易譯著》，上海：上海古籍出版社，1990 年，頁 38。
2　余雄著《中國哲學概論》，高雄：復文出版社，1991 年，頁 10。

刃與利的關係，他說：「形者神之質，神者形之用。是則形稱其質，神言其用，形之與神不得相異。……神之於質，猶利之於刃；形之於用，猶刃之於利。利之名非刃也，刃之名非利也。然而捨利無刃，捨刃無利。未聞刃沒而利存，豈容形亡而神在？」如此，精神活動與物質形體是無法分開的。范縝還認為人的形體有知覺的作用，所以他說：「人之質，質有知也。」形與神的關係就如同刃與利的關係一樣。刃是利的承載體，利是刃的功能與作用，如果沒有利就不能成其為刃；同樣，如果沒有刃也就無所謂利了。他用這個比喻說明，如果形體消亡了，精神也不可能存在。

　　范縝認為人是統一的有機體，因而人的精神活動，也是人的形體的統一功能，他說：「人體惟一，神何得二？」不過，人的形體是由不同的器官組成，因而人的精神活動也有不同的形式，范縝將它們區分為兩類，一是「知」，也就是痛、癢、視、聽等感覺的知覺活動，屬於感性的「知」。另一類是「慮」，就是能夠判斷是非的思維活動，即所謂「是非之慮」，是屬於理性的思維。范縝認為「知」與「慮」都是人的精神活動，都是人的意識，它們只不過有程度上深淺的不同罷了。他說：「知即是慮，淺則為知，深則為慮。」亦即感覺、知覺等感性的知也是精神活動，不過感覺、知覺等感性的知是膚淺的，而理性的思慮、思維則是深刻的。

　　某些佛教論者主張「慮體無本」，把思慮、思維看做是一種獨立存在的精神實體，認為它可以不必依賴一定的生理器官，因而可以到處「假寄」。這使思慮、思維成了一種無主體的狀態，或者說它們自己就是一種獨立的主體。這種看法成為「神不滅論」的理論根據。范縝的反駁是：「眼何故有本而慮無本？苟無本於我形，而可遍寄於異地，亦可張甲之情，寄王乙之軀，李丙之性，托趙丁之體。然乎哉？不然也。」視覺的作用有它的基礎，為什麼思慮、思維沒有它的基礎呢？如果思慮、思維不以我的形體器官為基礎，而可以隨便寄託在任何地方，這就好像張甲的情感依附在王乙的軀體；李丙的性格寄託在趙丁的軀體之中，這當然是荒謬的。

　　范縝有關形神關係的看法，其知識論的意義在於他從人生理、心理的不同功能，初步說明了感性與理性的認識作用，一方面指出了兩者的差異，另一方面則強調了它們的統一性、整體性，並論述了意識、思維的主體性基礎。

三、學思關係

在殷商甲骨文和稍後的青銅器銘文中，還沒有出現表示思慮、思維意義的「思」字，而在《論語》一書中，則出現了二十四次，這表示孔子已十分重視「思」的功能與作用。《論語‧為政》說：「學而不思則罔，思而不學則殆。」這是指如果光讀書，得到許多材料，卻不加以思索，不能分辨是非曲直，那麼就容易受到欺騙。這和《孟子‧盡心下》所說的：「盡信書則不如無書」，是同一個道理。不過孔子也強調思慮也不能離開學習。因為光是思索而不學習，也會疑惑不定；所以孔子說：「吾嘗終日不食，終夜不寢，以思，無益，不如學也。」《論語‧衛靈公》亦即若缺乏材料，只是冥思苦索，也沒有什麼益處。學與思是互相聯繫、互相依賴的。不過兩者比較起來，學還是知識的泉源，因而也是思的基礎。

學與思都與認識有密切的關係，就掌握知識者而言，孔子認為掌握知識的人有不同的層次之分。他說：「生而知之者，上也；學而知之者，次也；困而學之，又其次也。困而不學，民斯為下矣。」《論語‧季氏》其中「生而知之」、「學而知之」、「困而學之」三者說明了知識的來源或獲得知識的途徑不同，至於認識的主體則是那些「知之者」，也就是所謂的聖人、賢人、君子等。至於「困而不學」的民，其層次最低。此外，「生而知之」的說法似乎對於知識的來源，肯定某些人有一種先驗的方式來擁有知識，至於「學而知之」、「困而學之」則肯定了知識來源於後天的學習。

學與思的認知對象就孔子而言，包含著必須要知仁義、禮樂、天命等，而這些知識的把握，其目的在於使人成為有德的君子。對於知識的性質，孔子所肯定的是德行之知，因此相對而言，他較輕視生產技能的知識，例如《論語‧子路》中記載：樊遲請學稼。子曰：「吾不如老農。」請學為圃。曰：「吾不如老圃。」樊遲出。子曰：「小人哉，樊須也！上好禮，則民莫敢不敬；上好義，則民莫敢不服；上好信，則民莫敢不用情。夫如是，則四方之民襁負其子而至矣，焉用稼？」在孔子看來，農業生產只是小人之事，乃君子所不屑為的，有德的君子應該掌握禮、義、信等政治道德原則。由此看來，孔子的認識思想與其政治、倫理思想是緊密結合在一起的。

之後，又有張載認為「學」的目的在於：「學者當須立人之性，仁者人也，當辨其人之所謂人，學者學所以為人。」又說：「為學大益，在自求變

化氣質。」（《張子語錄》）因此，知識的目的在於「立人之性」以及「學所以為人」。所謂「人之性」依張載的觀點，是指人生來具有的天賦本性，它是與天道相通的「天地之性」，無有不善，這種「天地之性」並不是透過思慮求得的，而是必須透過德行的修養，所謂「易謂窮神知化，乃德勝仁熟之致，非智力能強也。」（《正蒙‧神化》）中國哲學中許多儒家學者也將知識定位於倫理道德的意涵，因而求善的目標更高於求真。

四、名實關係

相對而言，在中國哲學中比較具有西方認識論思想形態的思想，是先秦名家、墨家的哲學。這部分的思想可以從他們有關名實關係的主張得見。首先，「名」有謂「實」的功能，《墨子‧小取》云：「以名舉實。」〈經上〉又說：「舉，擬實也。」〈經說上〉：「告以文名，舉彼實也。」「以名舉實」就是以文飾的圖像、符號以擬表所謂之物，〈經說上〉有云：「所以謂，名也；所謂，實也。」亦即所謂者稱為「實」，此「實」一方面為事物客觀之性質，另一方面亦為認識主體所把握。因此，依其所謂「實」可以指個體事物，也可概括事物之類，或其他抽象之事理。

名不僅限於指涉事物的專名，也能從「言」的意義組合而有指涉整體事態的作用。如《墨子‧經上》云：「信，言合於意也。」〈經說上〉又說：「信，不以其言之當也，使人視城得金。」其中，人、城、金等名各有所指，而「使人視城得金」之言，則為描述一檢證「是否言而有信」的事態，進而知「信」的意義。因此，從名以謂實的作用可確立「名」的本質為指涉性，「名」為代表「實」的符號或圖像，它蘊涵著「實」的意義，但並不等同於「實」。就其為代表符號而言，「名」也含有一約定性。「名」雖可幫助我們對於「實」的認識，但「實」的內涵並非由名來決定。亦即名是實的認識條件，而實則是名成立的根據。故《墨子‧大取》云：「名，實名。實，不必名。」名以舉實，故為實名，但實不必待名而立，倒是「立名」有待於「實」。

「名」是代表「實」的一種符號，此符號所承載的意義即在於「實」的內涵；因此，「名」一方面直接指代表事物之符號，另一方面則間接指事物之概念。當認知活動進行告一段落時，主體一方面把握住物之「實」，另一方面即產生或尋找代表此「實」之符號。因此，「名」的形成就在於「實」

的確立，鄧析的「按實定名」，尹文的「形以定名」及公孫龍〈名實論〉中「名隨實轉」的原則，都明白指出「名」來自「實」，且隨「實」而變。

「名」雖然依「實」而有，但並不等同於「實」，《尹文子‧大道上》就說：「形之與名居然別矣，不可相亂，亦不可相無」其「不可相亂」的意思是說：「名」不同於「實」，其「不可相無」，則顯示「無實，名不可立；無名，實不可知」，名、實兩者相互依存的密切關係。

從認識論的觀點來看，「實」是認知的對象，或對象的本質；「名」則是認識的結果，或認識結果的表達；兩者的關係密切，有許多值得探討的問題。

五、言意關係

由「名」可以組成「辭」或「言」，《墨子‧小取》有云：「以辭抒意」，因此言辭乃在於表達心思意念。有關言、意的關係，可以王弼與歐陽建的思想為代表。王弼據其「本無之道」是不可言說的觀點，結合對《周易》中卦意、卦象、卦辭的分析，提出了「言不盡意」、「得意忘象」的認識理論：「夫象者，出意者也；言者，名象者也。盡意莫若象，盡象莫若言。言生於象，故可尋言以觀象；象生於意，故可尋象以觀意。意以象盡，象以言著。故言者所以明象，得象而忘言；象者所以存意，得意而忘象。猶蹄者所以在兔，得兔而忘蹄；筌者所以在魚，得魚而忘筌也。然則，言者象之蹄也，象者意之筌也。是故存言者，非得象者也；存象者，非得意者也。象生於意，而存象焉，則所存者乃非其象也；言生於象，而存言焉，則所存者乃非其言也。然則，忘象者乃得意者也，忘言者乃得象者也。得意在忘象，得象在忘言。」（《周易略例‧明象》）

這是講卦意、卦象和卦辭之間的關係。王弼肯定卦辭、卦象對於掌握卦意的作用，並強調運用卦辭、卦象的目的在於了解和掌握卦意，因為卦意才是認識的對象，而卦辭、卦象則是認識的手段或工具，是作為主體認識卦意的中介作用。《周易》的每一卦，都有其本意，本意（卦意）透過圖像（卦象）來表現，圖像透過語言（卦辭）來解釋。所以讀解釋的語言（卦辭），在於理解圖像（卦象）；理解圖像（卦象），在於體會卦的本意（卦意）。如果只是停留於語言（卦辭）、圖像（卦象），而不能領會卦的本意（卦意），也就是沒有達到認識的目的，就像蹄是補兔的器具，筌是捕魚的器具，人們雖然存蹄存筌，但得不到兔和魚，就失去了它們存在的意義。

　　王弼的這些看法，有其合理的意義，也符合認識的某些實際情況。所謂「存言者，非得象者也；存象者，非得意者也」，在日常的認識活動中，這種情況是常見的。人們有時只記住了一大堆語言、符號，但並不了解其中所包含的意義，因為這樣，就只能得到中介物，而失去了目的物。

　　關於言、意的問題，實際上包括意義、符號和指稱之間的關係。意義是對認識客體的反映（表現為主體從客體獲得信息，經過加工處理而構成思想、觀念的內容），因而意義同客體之間的關係不是任意的。符號是意義的感性存在形式（符號是人們所掌握的信息的載體，因而是觀念、思想的直接現實）。透過意義，符號同客體聯繫起來，成為客體的指稱、標誌。[3]不過王弼的說法似乎把「象」視為了解「意」的阻礙，將「言」視為了解「象」的阻礙，他說：「得意在忘象，得象在忘言」，似乎他傾向於否定語言符號是使意義得以存在，且具有傳播意義的工具作用。其實，他所強調的重點在於「象生於意，而存象焉，則所存者乃非其象也」中的「存」，如果「存」是有主、從之分，先、後之別，那麼只注意到「言」，就有可能忽略了「象」，只注意到「象」，就有可能忽略了「意」。

　　與王弼相反，後來的歐陽建提出了「言盡意論」。他說：「形不待名而方圓已著，色不俟稱而黑白以彰。然則名之於物，無施者也；言之於理，無為者也。而古今務於正名，聖賢不能去言，其故何也？誠以理得於心，非言不暢；物定於彼，非名不辨。言不暢志，則無以相接；名不辨物，則鑑識不顯。鑑識顯而名品殊，言稱接而情志暢。原其所以，本其所由，非物有自然之名，理有必定之稱也。欲辯其識，則殊其名；欲宣其志，則立其稱。名逐物而遷，言因理而變，此猶聲發響應，形存影附，不得相與為二矣。苟其不二，則言無不盡矣。吾故以為盡矣。」（《言盡意論》）。在歐陽建看來，事物及其屬性是不依賴於名言而客觀存在的，名言對於事物、事理是「無施」、「無為」的，只是純然的一種代表。但古今的人們強調正名的重要，聖賢也都不能「去言」，這是為什麼呢？這是因為人們認識了事物，掌握了事理，如果沒有名言就不能表達和顯現，也就不可能相互溝通，交流思想。這就肯定了名言是指稱事物、表達思想的工具，並且具有調整、變化的可能

3　夏甄陶著《中國認識論思想史稿》，上卷，北京：中國人民大學出版社，1992 年，頁 333。

性。歐陽建還認為，並不是事物，事理有某種自然的和必然的名稱，名稱是人們為了區分事物，表達對事物、事理的認識而制定的，並且指出「名逐物而遷，言因理而變」，強調名言隨物理的變遷而變遷。

歐陽建關於名言與物理之間的關係的看法，比較接近一般的常識，而王弼關於言意關係的看法，則必須對應於其所著重的形上對象，才能了解。言意的關係涉及認知的對象、認識過程中的中介物以及認知結果的表達是否可能等問題。

以上，天人關係是談人對宇宙的看法，以及人與宇宙的關係；形神關係是談人此一認識主體自身的認識能力，以及不同認識能力之間的關係；學思關係則涉及認識的對象，以及建立知識的方法；名實關係談的是所得認識結果正確與否的問題，以及知識的表達問題；而言意關係，除了也涉及知識的表達問題之外，更探究了認識過程中，對象事物在認識主體之內的轉化問題；這些問題使我們了解中國認識論的大致內涵。

第二節　認識的來源、性質與形成

在中國哲學中雖然對認知的問題探討不是很多，但是為了要了解宇宙、人生，也有一些涉及「知」的論述。有關「認知」的問題作為專門探討的對象，以先秦時代的名家與墨家最具代表性。就公孫龍的思想來看，《公孫龍子・指物論》說：「物莫非指，而指非指。」這說明了認知的作用，有認知的主體與客體，凡是認識的對象物，必須透過認識主體的指涉作用而呈現，但這被指出而呈現之物，卻又不同於客體的對象物。如此，我們到底是能知還是不能知？

認識論中最基本的問題就是「認識」的性質與來源的問題。認識的性質問題，就是要了解「能知」對於「所知」的認識，究竟是怎麼一回事。是「所知」依附在「能知」上而存在？還是「所知」先於「能知」而存在？中國哲學家大多數都主張「所知」就是客體，先於「能知」的主體而存在。直到佛教傳入中國一段時間之後，才有思想家認為是「所知」依附於「能知」。4

4　余雄著《中國哲學概論》，高雄：復文出版社，1991 年，頁 477。

一、認識的來源與性質

　　有關「認識」的來源問題，也就是「認識」是否從感官開始，還是有其他因素？中國哲學對於這些問題的解答可以分為三類：一種是認為「認識」是由感官而來。一種是認為「認識」是由內心自發的。一種則認為感官是知的一種來源，不過還有其他來源。三種說法不同，但都認為「知」與「行」有密切關係，這也是中國哲學的一種基本傾向。

　　對於知，《墨子》中探討不少，〈經上〉所謂「知，材也。」〈經說上〉：「知材：知也者，所以知也，而必知，若明。」人類認識外物，必須依賴身體的各種感覺器官，所謂「材」就是眼、耳、鼻、舌、身等。以眼為例，就像眼睛必見光明一般。〈經上〉：「知，接也。」〈經說上〉：「知也者，以其知，過物而能貌之，若見。」感官的作用必須與外物接觸，才能發揮其功效，人們利用天生的感官，分別接觸外物，而能描繪外物的形貌、性質，形成感官的知覺，就像眼睛看見外物，對外物的形狀留下印象一般。

　　除此之外，《墨子》中也提到「慮，求也」及「智，明也」，也就是知識不僅是來自於感官，還必須有心的主動慮求，以及理智的思考，才能獲得知識。在《荀子・正名》篇中，也有類似的看法：「心有徵知。徵知則緣耳而知聲可也，緣目而知形可也。然而徵知必將待天官之當簿其類，然後可也。五官簿之而不知，心徵之而無說，則人莫不然謂之不知。」感官的知必須與心的知相合作，然後才能得到更深入的知識。

　　程頤將知識分為「聞見之知」與「德性之知」，他提到：「聞見之知非德性之知，物交物則知之，非內也，今之所謂『博物多能』者是也。德性之知，不假見聞。」（《二程遺書》）又說：「知者吾之所固有，然不致則不能得之，而致知必有道，故曰致知在格物。」（《二程遺書》）程頤認為有一種「知」是人所固有的，另一種「知」則必須透過經驗的累積而來。所謂「然不致則不能得之」，那種固有的「知」，必須透過「致」的努力才能獲得。致知雖在於格物，但所致之知原是本有的，非由外鑠，因為德性之知並不藉由經驗上的見聞而獲得。

　　朱熹發揮這種思想，在《大學章句補格物章》中說：「所謂致知在格物者，言欲致吾之知，在即物而窮其理也。蓋人心之靈莫不有知；而天下之物，莫不有理。惟于理有未窮，故其知有不盡也。是以大學始教，必使學者

即凡天下之物，莫不因其已知之理而益窮之，以求至乎其極。至於用力之久，而一旦豁然貫通焉，則眾物之表裡精粗無不到，而吾心之全體大用無不明矣。此謂物格，此謂知之至也。」如此可見，朱熹認為人心本有知，這種知的能力必須與物相接才能求物之理，而所得到的知識也有程度上的差別，必須到達窮盡萬物之理以後，心中所具之全體大用才能全然顯出。

至陸九淵論「知」，則專重內心，以為真知的來源在內不在外，欲明理只須盡心，心中就已經有宇宙之理，發明此心則一切之理皆得了然，陸九淵說：「此理至明，人皆有是心，心皆具是理。」（〈雜說〉）心中之理就是宇宙之理，不必求之於外，只要求諸於心，宇宙之理就無所遺了。

王夫之反對這種心學，認為物的存在不是依於心，外界是獨立的，外在之境為「所」，內在之作用為「能」，「所」必實有其體，「能」必實有其用。所以他說：「境之俟用者曰『所』，用之加乎境而有功者曰『能』。能所之分，夫固有之……乃釋氏以有為幻，以無為實，惟心惟識之說，亦矛盾自攻，而不足以立。於是詭其詞曰空我執，而無能，空法執，而無所。然而以心合道其有能有所也，則又固然而不容昧，是故其說又不足以立，則抑能其所，所其能，消所以入能，而謂能為所，以立其說。」（《尚書引義》）外在環境為所，內在之作用為能。外在的環境是實在的，能力也必然能發揮其功用。

此外，王夫之也論知覺之來源，他說：「形也，神也，物也，三相遇而知覺乃發。故由性生知，以知知性。」（《正蒙注》）這裡他指出感官、心神、外物三者相接而知覺起，三者之中心神是最重要的。王夫之也主張道德知識不從感官經驗得來，他說：「吾心之知，有不從格物而得者。……是故孝者不學而知，不慮而能；慈者不學養子而後嫁。意不因知，而知不因物，固矣。……則格物致知，亦自為二，而不可偏發矣。」（《讀四書大全說大學》）對於外物的認識，有賴於感官經驗；但是有關倫理道德的知識，則是生而即有的，為心所固有，而無待於格物。所以，當分致知與格物為二事。致知是致心中固有的道德意識；格物則是為了得到關於事物的知識。王夫之的這種說法，實際上是折衷朱熹與陸九淵的思想。朱熹認為一切知識皆必待格物方能致之，陸九淵主張一切知識吾心自有之，王夫之則認為大部分知識有待於格物，而也有不從格物而得者。因為有關於道德應然的知識是生而已有的，所以是吾心所固有而無待於格物。

綜上所述，有關於認識的性質與來源，有重於外的，如荀子；有重於內的，如陸九淵；至於王夫之則兼重內外，《墨經》的認識論也同樣是是兼重內外的。

二、「知」的可能性與限度

有關「知」的可能性，在中國哲學中有人持懷疑的立場，也有人持肯定的態度，認為人當然可以認知這個世界，人也有能力了解宇宙人生。

最初懷疑知識的是莊子，《莊子・大宗師》：「夫知有所待而後當，其所待者特未定也。」《莊子・則陽》：「人皆尊其知之所知，而莫知恃其知之所不知而後知，可不謂大疑乎！」人的知識必有其基礎，而此基礎如何卻是未知的，如科學研究，它必然會根據若干基本的假設，但是這種假設只是假設而已，並不能證明它是確實的，然而一切的科學知識，都是根據這些不能確定的假設而建立的，因此知識就沒有穩固的基礎了。而且，認知活動的發生必有種種條件，這種種條件也是人未能詳知的；如此，知識的基礎是不確定的，知之所知有待於知之所不知。

墨家則認為知識不可能自相矛盾的，《墨子・經下》：「以言為盡誖，誖。說在其言。」就是說如果認為一切所說言論都是悖謬的，則你自己本身所說的這句話就是自相矛盾的，因為至少有你所說的這句話不是悖謬的，或者就算連你所說的這句話都是悖謬的。這兩種情況都顯示，由知識而來的論斷不可能都是悖謬的，因此認識仍然是可能的。

荀子也肯定「知」的可能性，《荀子・解蔽》說：「凡以知，人之性也；可以知，物之理也。」由這裡可以看出，荀子認為「能知」是人性自然，「可以知」是物理自然，物在本質上是可知的，人又有能知的才能，所以「知」是可能的。

關於「知」如何可能？戴震有一個解釋在《孟子字義疏證》中他說：「人物受形於天地，故恆與之相通，盈天地之間，有聲也，有色也，有臭也，有味也，舉聲色臭味，則盈天地間者，無或遺失，外內相通，其開竅也，是為耳目鼻口。」由上述可知，因為內外相通，人與環境相適應，感官所呈現的正是外界情況，並非欺騙人的，所以「知」是可能的。

有關認識的限度問題，我們可以參考王夫之的思想，他說：「目所不見，非無色也；耳所不聞，非無聲也；言所不通，非無義也。故曰：知之為知

之，不知為不知，知有其不知者存，則既知有之矣，是知也。因此而求之者，盡其所見，則不見之色章；盡其所聞，則不聞之聲著；盡其所言，則不言之義立。」（《思問錄・內篇》）人的視覺、聽覺及思維言論雖然都有它們的限度，但這並不是知識的限度，當人知道其限度之所在時，也就是他得以突破其限度的契機，促使他進一步求取更深入的知識，所以王夫之又說：「目所不見之有色，耳所不聞之有聲，言所不及之有義，小體之小也。至於心則無不得矣，思之所不至而有理，未思焉耳。故曰盡其心者，知其性。心者，天之具體也。」如此，心之所知是無限的，並不受到小體耳目之官的限制，只要盡其心思之官的功能，就能知一切事物之理。是故，感官能力是有限的，而知識是無限的，人在面對此無限的知識之所以仍有可能得以認知，在於心、性、天的相貫通，藉由「心」可知萬物之理。

　　整體而言，中國哲學中，關於知識的可能性與限度的的理論不多，因為大多數思想家都認為認知是可能的，所以不必多加討論。關於知識的限度問題，大多數哲學家主張知識是沒有絕對的界線，宇宙的奧祕是可知的，「眾物之表裡精粗無不到」的境界，也是有可能達到的。[5]如果「知」是可能的，那麼有關「知」的過程與方式又是如何呢？

三、認知的過程與方式

　　有關認知的過程與方式的問題，我們可以舉名家公孫龍與惠施的思想來做說明。公孫龍認為我們的認識必須有一定的條件、經歷一段過程，才能得到正確的認識結果。

　　首先就認識的條件言有三：（一）為「能指」，即認識主體的認識能力。如《公孫龍子・指物論》：「物莫非指」中的「指」，徐復觀說：「指，係認識能力即由認識能力指向於物時所得之映像。」[6]（二）為「所指」，即指涉之對象物。如《公孫龍子・指物論》：「而指非指」中的第二「指」，像馬、白馬、堅、白、石等都是認知的對象。（三）為「物指」，即能指與所指相關的指涉作用。如《公孫龍子・指物論》：「使天下無物指，誰徑謂非

5　余雄著《中國哲學概論》，高雄：復文出版社，1991 年，頁 497。
6　徐復觀著《公孫龍子講疏》，臺中：東海大學，1966 年，頁 13。

指？」以及「天下有指無物指，誰徑謂非指？」中的「物指」，也就是主客相關的認知作用，是認識的必要條件，一方面為認識主體具備的指涉能力指涉到對象物，另一方面為對象物所呈現之貌相、聲色或其他性質為認識主體所把握。

至於認知的活動過程，分析公孫龍的思想，可分為橫向與縱向兩種方式。就橫向而言，對同一對象物可以由許多不同觀察角度，或從不同觀點的比較來對它加以描述，如在《公孫龍子‧通變論》中對「牛」的描述是：牛是有角、無毛尾（此與馬比較）、無上齒（此與羊比較）、有毛、無羽、四足之材類（此與雞比較），經過如此描述，我們對於「牛」這一對象就有某種程度的認識；但這種認識並不是完全的，仍舊有許多可觀察、比較的角度，對此一對象物而言是未被觀察到的；如今日動物學家對「牛」還可以有：哺乳類、反芻、偶蹄、胃分四囊、適於負重或耕田的動物……等描述，其認知過程隨著觀點的不斷增加而有更廣泛的認識。

就縱向而言，則是對某物之概念，再用其他的觀念加以說明，如「牛」為材類，「材類」乃「可供人役用」。又如在《公孫龍子‧名實論》說：「天地與其所產焉，物也。物以物其所物而不過焉，實也。實以實其所實不曠焉，位也。出其所位，非位；位其所位焉，正也。」其中，公孫龍以「位」來說明「正」，以「實」來說明「位」，以「物」來說明「實」，以「天地與其所產」來說明「物」等，就是一種縱向的認識活動過程。

我們再來看看惠施這方面的思想。惠施的認識思想則著重於「同異比較」，也就是橫向的認知方式。他從萬物的關係中找出了共通的性質，發現「同」「異」兩大共通性，亦即就萬物的關係言，皆有同、異兩項共同的比較特徵，依此，可將「萬物」納入認識主體的「歷覽」之中加以分辨，同時也確立了宇宙萬物彼此的聯繫性，將他們納入思想的序列中。在他的「歷物十事」中的第五事說：「大同而與小同異，此之謂小同異，萬物畢同畢異，此之謂大同異。」

惠施為何選擇這樣的認知方式？因為他發現，我們對世界上任一個別物 X 的認識必須在它與非 X 的比較下方能得知。孤立地由 X 本身探討，絕不可能真正認知 X。若從「關係」入手，就可以隨著對象物的變化與複雜性的增加而必須層層擴大此一認知、研究網的探究，以至於無限的知識。

　　汪奠基對第五事的說明：「這是歷物的中心邏輯問題，理論上包括惠施對於概念種類的一種看法。」[7]惠施認為：概念的種類就在於同異的比較而有離、合的判分，形成因同異而區別的一一概念，以納入人們知識的整個系統。

　　「大同而與小同異，此之謂小同異，萬物畢同畢異，此之謂大同異。」其方法推演的步驟如下：

　　（一）「大同」是第一次的比較，比較兩物有所同，如：牛、羊皆為動物、同屬獸類，此兩物之所同，設立於「甲」觀念而得。

　　（二）「小同」是第二次的比較，比較兩物亦有所同，如：牛、羊皆有角，同屬有角獸，此兩物之所同，設立於「乙」觀念而得。

　　（三）第三次的比較，比較獸類與有角獸兩概念，此兩概念皆是牛、羊兩物之所「同」，但由於「有角獸」之內涵較「獸類」多了「有角」此一元素，故「有角獸」的外延必小於「獸類」；因此，就牛、羊兩物而言，「獸類」為「大同」，「有角獸」則為「小同」。

　　（四）大同而與小同「異」，此「異」乃就是「甲」、「乙」兩觀念之不同的比較。將這種差異賦予一名，稱之為「小同異」，當其用「小」則表示又相對於另一種更大的比較而來。

　　（五）另一種大的比較為何？乃是萬物間的比較，如：A與B，C與D，E與F……等兩物間的比較，也包括了比較之後結果的比較，這種比較相當繁複，甚至可延伸至無限，因為A、B、C、D、E、F……可能是彼此不同之物，如牛、羊、雞、鶴、松、柏等物，也可以是彼此相關之物，如：C為A、B等合成之類概念，如由牛、羊等歸納、抽象而成之獸類，再與雞、鶴等歸納、抽象而成之禽類相比較；或以獸類、禽類等合成之「動物」，再與松、柏合成之「植物」相比……這種比較是無法窮盡列舉的。如此，萬物相比，在比較的觀點上會朝「同」與「異」兩個方向開展，《莊子・德充符》有云：「自其異者視之，肝膽楚越也；自其同者視之，萬物皆一也。」

　　（六）「畢」是兩方向所有觀點的整合，將所有「同」者匯聚成一「觀」而見萬物皆有所同，如皆為「物」；故云「萬物畢同」。「畢」又將所有「異」者匯集成一「觀」，而見萬物皆相異，如：一一個別之物，故云「萬

7　汪奠基著《中國邏輯思想史料分析》，新竹：仰哲出版社，1985年，頁164。

物畢異」。再將「萬物畢同畢異」的觀點，賦予一名，此即「大同異」，取其「大」即在與（四）觀點之「小」相對比而得。

畢同、畢異即認知者思想界的兩極，「大同異」構成了認知者「歷」物之整體邊際。大同、小同則是大類、小類，依其概念同、異之離合而排比入兩極中之序列上；故「小同異」則構成了「歷」之整體內容。[8]

思想界的「畢同」「畢異」即相應於「歷物十事」中的第一事：「至大無外，謂之大一。至小無內，謂之小一。」其中所謂的「大一」「小一」兩個概念；並且「大同」「小同」則說明了宇宙中，天、地、山、澤，鳥、獸、蟲、魚等萬物的關係。如此，世界上的萬物，可依其在認知者思想中同、異的分類，進而形成一定的知識。

所以惠施「歷物」的認知方法即在於設法建構人們思想世界與外在世界對應的關係，他肯定萬物相互間同中有異、異中有同，再由認知主體觀點的轉換，以取同去異、擇異捨同的方式來「歷」覽辨識萬物。同、異的判定，相對於認知主體的觀點取擇，認知主體的觀點若有其自身的理則與一致性，則即使外在世界中的萬物變動不居，且思想世界中的概念又常常是間斷性的片段掌握；認知主體仍然可以用其「歷物」自身的邏輯一致性，來確保認知結果的相對正確性、相對的可運作性和可表達性。

此外，在機體宇宙觀下，《周易》的八卦以及陰陽五行形式結構的認知方式，而將自然、社會、倫理、醫學、天文、地理各方面事物納入同一整體，相互關聯、彼此感通的認知方式，也是中國哲學認識論的一大特色。

第三節　知識的分類

本節談墨家對於知識的分類，以及其分類的標準。一般而言，我們不會認為自己是毫無知識的人，因為如果我們不具有任何知識，則我們根本無法探討有關「知識」的問題。甚至連書本上的字、別人說的話，我們也看不懂、聽不懂。因此，事實上，我們已經具備了一些知識。另一方面，我們仍然在不斷學習的過程中，我們有時會修正以前所學習到的知識，有些再過去認為是正確的，後來又有新的證據顯示那是錯誤的；因此，我們可以肯定，

8　李賢中著《先秦名家「名實」思想探析》，臺北：文史哲出版社，1992 年，頁 90。

我們所擁有的，並不一定是全然無誤的知識，知識除了前述「德性之知」與「見聞之知」的分別之外，還有哪些不同的分類呢？

中國古代的《墨子》按知識的來源和內容，將知識分為以下七種：

「知：聞、說、親；名、實、合、為。」（〈經上〉）

「傳受之，聞也。方不瘴，說也。身觀焉，親也。所以謂，名也。所謂，實也。名實耦，合也。志行，為也。」（〈經說上〉）

一、按知識來源的分類

（一）親知

親知就是用我們的感官知覺的作用，親身體驗、觀察外界事物而得到的知識。例如：一個人聽見了上課鐘聲、看見同學們走進教室，他知道上課了。又如某人親身經歷了牙疼的經驗，使他知道什麼是「疼痛」。《墨子‧經下》說：「物之所以然，與所以知之，與所以使人知之，不必同，說在病。」《墨子‧經說下》：「或傷之，然也。見之，知也。告之，使知也。」意思是：某人因受傷而生病，這「生病」就是所謂的「物」，而「受傷」就是「物之所以然」。親眼看到「某人因受傷而生病」，這是「所以知之」，這就是「身觀焉」的「親知」。而告訴別人「某人因受傷而生病」，這是「所以使人知之」，這在別人，就成為「或告之」的「聞之」。

我們對於事物的親知，常是各種感官互相合作地觀察對象，例如：我們看一塊石題，看到了白色及其形狀，同時，我們也用手去觸摸而感受到這塊石頭質地堅硬，於是我們就認知到這是一塊「堅白石」。幾乎每一個人從小就一直反覆不斷地以「親知」來認識這世界上的各種事物：並且，由「親知」所得到的知識，常常是我們認為最有把握、最不會發生錯誤的知識。因為這是我們與認識對象最直接的接觸、親身體驗的結果。

（二）聞知

聞知是從傳聞或傳授得來的知識，可分為傳聞與親聞，這是以他人為媒介的間接知識。例如：人把有關釣魚的知識告訴我，老師把有關哲學的知識告訴我；自己讀了一本很有內容的書，如果在聽聞、閱讀之後，經過思考而能理解別人、老師、作者所說的是什麼，那麼我所得到的這種知識，就是聞

知中的「親聞」，也就是親自聽到、看到的知識，這與「親知」不同，因為「親知」是由自己的實際經驗去感受得到的知識，而「親聞」則只是聽到、讀到別人傳達來自別人經驗的知識。當我再把此知識轉達給你，對你而言就是「傳聞」了。

從「聞知」所得到的知識可能未必如「親知」那麼直接而明確，但是，如果聞知的來源是有權威的老師，或經過驗證的科學，那麼聞知的知識可以讓我們改變親知的知識。例如：大多數的人都曾親眼見到太陽從東方升起，由西方落下。因此我們很自然會想到是太陽繞著地球旋轉，才會使我們觀察到這樣的結果。可是，當科學家或老師告訴我們一些有關天文學的知識，使我們知道實際狀況是地球繞著太陽旋轉，且地球有自轉、公轉的運動才正確時，我們就會修正我們從「親知」所得到的認知結果。因我們了解這種經由學習而來的「聞知」，是經過別人更精確的觀察與證明。我們有很多的知識，都是透過「聞知」而獲得的，人類的大部分知識，也是經由聞知而傳播開，經由聞知而代代相傳的。

（三）說知

說知是以親知和聞知為基礎，藉著推理而得到的間接知識，推理就是從已知的一些知識，依照一定的方法推得新知的思維過程，像演繹法、歸納法或類比法等等。例如：《墨子》中舉了一個例子，假設室外的東西是已知（親知），室內的東西是未知（待推知）。由於別人告訴我們室內的東西和室外的東西一樣（聞知），於是就以這親知和聞知為出發點，經過推理而得知室內的東西是怎樣的。這就是「說知」（推知），如此，空間的隔離也無所障礙了。如《墨子・經說上》所謂的「方不障，說也」。又如你在荒山野外中，看到一根菸蒂，你就會推論：一定有人來過此地。而且，如果這菸蒂還有一些微溫，你甚至可以判斷不久之前有人路過此地。這種知識也是「說知」，也就是推論之知。

清朝末年的嚴復，把人的知識區分為「元知」和「推知」兩種，他在《穆勒名學》引論中說：「人之得是知也，有二道焉：有徑而知者，有紆而知者；徑而知者，謂之元知，謂之覺性；紆而知者，謂之推知，謂之證悟。故元知為智慧之本始，一切知識皆由此推。聞一言而斷其為誠妄，考一事而分其虛實，能此者，正賴有元知為其首基，有覺性為其根據。設其無此，則

事理無從以推，而無人知識之事廢矣。」「元知」是對事物的直接透過人的感官覺知，所以是「徑而知者」，這相當於《墨子》中的「親知」。嚴復所謂的「推知」是在「元知」的基礎上，進行推論，經過一定的推理步驟才能得知，所以是「紆而知者」。這相當於《墨子》中的「說知」。嚴復雖然沒有對「聞知」下定義，但他提到對於判定所聽聞之事的真偽誠妄，在於「元知」。在他的論述中，「推知」的基礎在於「元知」這種感性的經驗，倘若沒有「元知」，就不可能有關於事理的「推知」，也就不可能有知識的建立。

就「推知」而言，在推論的過程中，必須先以我們所經驗到的事物為根據，我們常會根據所觀察到的個別事例，比較出它們的類似性，再就它們的類似性而歸納成一些普遍的原則，例如：我們會發現新開的餐館往往比較便宜又好吃，一家、二家、三家都是如此，我們很可能就會歸納出一個通則：凡是新開張的餐館都是經濟又實惠的。這種推論所根據的就是歸納法。有一天，我們使用這個通則作為大前提，看到又有一家新開的餐館，我們進去之後，原本期待便宜又大碗的一餐，可是沒想到，因為店家經驗不足，以致麵沒煮熟，服務也差。於是，我們開始修正之前的那個通則，它不具有這麼寬廣的普遍性，頂多只能說大部分新開張的餐館會是經濟實惠的。

在以上以經驗為前提的描述中，我們也可根據演繹法進行推論，所得到的結論與我們的實際經驗並不相符，因此原先的通則不足以作為演繹法推論的大前提，於是修正了前面所獲得的知識；有了這些類似的情況，累積相關的經驗之後，我們可能會更謹慎地進行歸納，避免以偏概全的草草建立普遍原則，把還未經充分求證、檢驗的歸納結果視為「假設」，而非通則。由於假設往往超過我們所觀察到事物的範圍，所以必須經過進一步的驗證才能確定其合理性。

由此可知，知識的建立包括著：「親知」或「元知」，由我們的感官經驗，親自的與外在事物接觸。也包括著：「聞知」，來自他人的經驗與知識的傳達。還有就是：「說知」或「推知」，來自於從已知到未知的推論。而在推論的過程中運用類比、歸納、演繹等方法，並建立通則的假設，經審慎的求證以確立普遍原則，進而形成信念。累積、重複這些過程與新的經驗不斷對照、修正、調整，就構成了我們的知識。

在這一系列的過程中，我們的認知結果常有階段性的不同，或認知結果在性質上的不同，因此《墨子》從知識的內容進行了分類。

二、按知識內容的分類

（一）名知

　　所謂名知就是知道名稱，而不知該名稱所指為何。例如：有時我們見到新認識的朋友，從未見過，但我們卻說：「久仰大名」，這就是一種「名知」，因為在見他之前，曾經聽過這個人的名字，但卻不知這名字所指是誰。又如：某位業務員介紹他們公司的新產品，他先說出的新產品的名稱，卻不能如實地展示出來，如此，我們也只能是「名知」，而不了解此新產品究竟為何。

（二）實知

　　知道實際事物，而不知其名稱的情況，就是「實知」。當老師的人可能多數會有這樣的經驗，因為學生很多，上課時對學生們有些許印象，走在校園中，你知道這是修你課的學生，可是你卻無法叫出他的名字。這就是一種「實知」。又如科學家在研究的過程中，發現了一種新的生物，雖然了解這生物的一些習性、特質，但畢竟這種生物尚未被命名，不知如何稱呼。這也是一種「實知」。

（三）合知

　　能夠知其名，也能知其實，使名與實能夠相互配合的知，就是合知。例如：某些書本上的知識與經驗知識的結合，一個汽車修護科的學生，在課堂中、書本裡學到許多汽車零件、汽車功能、汽車材料等相關的專有名詞，這時他只是「名知」。等到他進入實習工廠，或者到汽車保養廠實際地觀察、操作時，就會有了名副其實的「合知」了。

（四）為知

　　所謂「為知」，是指有目的、有計畫地自覺行動的知識。《墨子‧經說上》：「志行，為也。」「志」是意志、志向，泛指人有目的的思想意識，「行」即實際的行為。「為知」就是知和行、思想和行動的一致。這是最高類型的知識，有了它，就有了一種在理論指導下的自覺實踐能力。西方大哲

柏拉圖對於知識也有相似的看法，他認為：真實的信念可以作為正確行為的良好指南，並且，真實的信念必須以理智加以約束才會成為知識。[9]在中國哲學中，知與行的關係更是一個重要的主題，我們將於下一節詳論。

此外，還值得一提的是，從中國哲學史的發展來看，在知識內容的性質方面，宋明時期較著重在心性修養之學，到了清代則轉向經世致用之學。例如清初的李塨就主張學以致用，提倡實際有用的知識，他曾對於宋明以來的儒者進行強烈的批判。他說：「宋儒內外精粗，皆與聖道相反。養心必養為無用之心，至虛守寂；修身必修為無用之身，徐言緩步；為學必為無用之學，閉門誦讀。不去其痼盡，不能入道也。」（《恕谷先生年譜》卷四）因此，知識的目的，還是在於得以實踐的事功，全面發揮人身心的作用與功能。

第四節　小結

總之，天人關係是談人對宇宙的看法，以及人與宇宙的關係；形神關係是談人此一認識主體自身的認識能力，以及不同認識能力之間的關係；學思關係則涉及認識的對象，以及建立知識的方法；名實關係談的是所得認識結果正確與否的問題，以及知識的表達問題；而言意關係，除了也涉及知識的表達問題之外，更探究了認識過程中，對象事物在認識主體之內的轉化問題。

有關於認識的性質與來源，有重於外的，如荀子；有重於內的，如陸九淵；至於王夫之則兼重內外，《墨子》的認識論也同樣是兼重內外的。中國哲學中，有關「知」的可能性，在中國哲學中莊子持懷疑的立場，墨子持肯定的態度，認為人當然可以認知這個世界，其他大多數思想家也都認為認知是可能的，因此人有能力了解宇宙人生。

就認識的條件言，有包括：（一）為「能指」，即認識主體的認識能力；（二）為「所指」，即指涉之對象物；（三）為「物指」，即能指與所指相關的指涉作用。至於惠施「歷物」的認知方法，在於設法建構人們思想世界與外在世界對應的關係，再由認知主體觀點的轉換，以取擇同異的方式來「歷」覽辨識萬物。而《周易》的八卦及陰陽五行形式結構的認知方式，萬

9　李匡郎等合著《哲學概論》，臺北：空中大學，2001 年，頁 135-137。

物相互關聯、彼此感通,也是中國哲學認識論的一大特色。

　　最後,中國古代的《墨子》按知識的來源和內容,將知識分為七種:在知識的來源方面有聞知、說知和親知;就知識的內容分,有名知、實知、合知和為知。

自我評量

1. 何謂形神關係?其在知識論的意義為何?
2. 名家、墨家對於名實關係有何看法?
3. 認知的過程中,橫向與縱向的方式有何不同?
4. 朱熹與陸九淵對於「致知」的看法有何不同?
5. 從知識的來源看,《墨子》如何分類?
6. 嚴復的「元知」與「推知」又有何關係?

第六章
中國真知與認知模式

第一節　知行關係與真知

　　本節探討中國認識論知行關係及真知問題，將這兩者放在同一節探討，是因為有些哲學家認為真知必能行，這也涉及中國哲學認識的目的問題。

一、知行關係

　　在中國哲學中，知與行的關係非常密切，荀子曾論述了知行關係的問題，指出了「行」在認識中的重要性。荀子把學習看作是知識的一個重要來源，十分重視在學習中積累知識。同時，他又重視實行，把「行」看作是學習的目的，強調要學以致用。他反對那種「入乎耳，出乎口」，不能身體力行的學習，主張學習要「入乎耳，箸乎心，布乎四體，形乎動靜」。也就是要把學到的知識，潛移默化於內心，實際運用於待人處世。

　　荀子把「行」看作是學習的目的和認識的歸宿。他說：「不聞不若聞之，聞之不若見之，見之不若知之，知之不若行之；學至於行之而止矣。行之，明也。明之為聖人。聖人也者，本仁義，當是非，齊言行，不失毫釐，無它故焉，已乎行之矣。故聞之而不見，雖博必謬，見之而不知，雖識必妄；知之而不行，雖敦必困」（《荀子‧儒效》）。這一段話可以說是概括了一個具體的認識過程，即由聞見到知再到行的過程，同時又說明了「知」高於聞、見，而「行」又高於「知」。

　　由於荀子把「行」與「知」聯繫起來，人之「行」乃行其所「知」，所以他所謂的「行」不是盲目的，而是自覺的。「行」不能脫離「知」，而是受「知」的指導。他所謂「行之，明也」就是說「行」是體現思想認識上真正的「明」了。所謂「明」，不只是有明確的目的和方向，而且還包括明白事理。正因為如此，他又說，「知明而行無過」（《荀子‧勸學》）。荀子

把「知」和「行」看作是認識事物規律和道理的兩個主要環節。他指出：「知道：察，知道；行，體道者也。」（《荀子·解蔽》）認識事物的規律和道理，既要有思想認識上的透徹明察，又要有實際行動上的履行和體驗。荀子的這種見解，有其知識論上意義。不過荀子所講的「行」，主要仍著重於個人在道德方面的身體力行。

程頤也曾論知行關係，他說：「知至則當至之，知終則當終之。須以知為本。知之深則行之必至，無有知而不能行者。知而不能行，只是知得淺。飢而不食鳥喙，人不蹈水火，只是知；人為不善，只為不知。」（《二程遺書》）有真知則必能實行，知乃行之基礎。程頤的知為人所固有而必格物以致之的學說，朱熹更發揮之。朱熹說：「所謂致知在格物者，言欲致吾之知，在即物而窮其理也。蓋人心之靈，莫不有知；而天下之物，莫不有理。惟於理有未窮，故其知有不盡也。是以大學始教，必始學者即凡天下之物，莫不因其已知之理而益窮之，以求至乎其極。……此謂物格，此謂知之至也。」（《大學章句補格物章》）心本有知，而欲致心之知，必即物而求物之理。如不即物而求物之理，則心雖具眾理而不能自明；必至窮盡萬物之理以後，心中所具之理方能顯出。物心同理，而欲此理明顯，不能靠反省，而必以格物為方法。此外，朱熹也說：「知行常相須，如目無足不行，足無目不見。」又說：「知與行工夫，須著並到。知之愈明，則行之愈篤。行之愈篤，則知之益明。」（《朱子語類》）

自宋代以來，知行問題更成為哲學家們所討論的重要課題之一，在這個問題上，特別值得一提的是王守仁「知行合一」的觀點。王守仁論「知行合一」說：「真知即是行。」又說：「知之真切篤實處即是行。行之明覺精察處即是知，知行工夫不可離。」（《傳習錄》，卷中）王守仁所謂「行」，除了指外在道德行為的實踐外，也包括內在道德心靈的轉化工夫，這與西方的知識理論不同，而是一種關於道德修養的心性之學。為了說明知行合一、知行是一件事，王守仁還特別強調「知」即是「行」，「行」即是「知」。《傳習錄》中記載了一段徐愛與王守仁的問答：愛曰：「如今人盡有知得父當孝，兄當弟者，卻不能孝、不能弟，便是知與行分明是兩件。」先生曰：「此已被私欲隔斷，不是知行的本體了。未有知而不行者，知而不行，只是未知。」王守仁認為孝、悌是人心之本體固有的良知、天理，只要不被「私欲隔斷」，知孝、知悌便必是行孝、行悌。所以從心之本體來說，知即是

行，知行是合一的。如果不曾行孝、行悌，便不能稱為知孝、知悌，只有行了，才能稱作知，所以行即是知。這裡他把行也納入知的範疇中了。

本來，知和行是相互依賴、相互滲透的。學問思辨要依賴於行，可以說在學問思辨的過程中確實包含著行。行是一種實際的物質性的活動，它受知的指導，因而在行的過程中也包含著知，但知和行又各自具有獨立性。[1]

他說：「今人學問，只因知行分做兩件，故有一念發動，雖是不善，然卻未曾行，便不去禁止。我今說個知行合一，正要人曉得一念發動處便即是行了，發動處有不善，就將這不善的念克倒了，需要徹根澈底不使那一念不善潛伏在胸中，此是我立言宗旨。」（《傳習錄》，卷下）王守仁強調「一念發動處便即是行」，不僅是在理論上合知為行、銷行入知，而且還有其政治上、道德上的目的。

王夫之反對王守仁所講的知行合一說，而建立其新的知行關係論。王夫之認為知行有密切關係，行是知的基礎；然而知行終有分別，不可渾淪不辨析。王夫之批評王守仁的知行合一說云：「其所謂知者非知，而行者非行也。知者非知，然而猶有其知也，以惝然若有所見也；行者非行，則確乎其非行，而以其所知為行也。」（《尚書引義》）這個批評亦頗中肯。王守仁所謂知行，確非一般所謂知行，其所謂知是一念之知，其所謂行是一念之行；此所謂知還在一般所謂知的範圍內，其所謂行則不同一般所謂行，而可以說是以知為行。王夫之論知行關係道：「知行相資以互用，惟其各有致功，而亦各有其效，故相資以互用。則於其相互，益知其必分矣。」

知行相資以互用，然於其有相互關係，更可知其是兩個而非同一。王守仁只有見於知行之統一而無見於其對立，其實知行兩者乃是對立而統一的。知與行雖然是相資互用，但兩者中行實為根本。王夫之說：「知也者，固以行為功者也；行也者，不以知為功者也。行焉可以得知之效也，知焉未可以得行之效也。將為格物窮理之學，亦必勉勉孜孜而後擇之精語之詳，是知必以行為功也。行於君民親友喜怒哀樂之間，得而信失而疑，道乃益明，是行可知之效也。」（《尚書引義》）他認為知識以實踐為工夫，而實踐不以知識為工夫。由行可獲知，而有知則未必能行。所以行才是基礎，不可離行以為知。

1　夏甄陶著《中國認識論思想史稿》，下卷，北京：中國人民大學出版社，1996 年，頁 251。

　　再者，顏元論知，注重知之物的基礎，以為不但物不倚靠知，而是知有賴於物，離物則無知。顏元說：「知無體，以物為體；猶之目無體，以形色為體也。故人目雖明，非視黑視白，明無由用也；人心雖靈，非玩東玩西，靈無由施也。」（《四書正誤》）有所知的對象，然後認知主體才能形成知識；如果沒有對象物，則也不能有所謂知。顏元反對程朱只以讀書、講問為致知的觀點，他主張只有「手格一物」、「親下手一番」，也就是身體力行，才能真正達到致知的目的。他說：「譬之學琴然，詩書猶琴譜也，爛熟琴譜，講解分明，可謂學琴乎？故曰以講讀為求到之功，相隔千里也。……今手不彈，心不會，但以講讀琴譜為學琴，是渡河而望江也，故曰千里也。」（《四書正誤》）他之所以強調要「實做其事」，重視實踐，是因為他認為「理在事中」，只有親身實踐，才能窮理、求道。

　　總之，在知行關係的問題上，大致有三種不同的看法：（一）認為行是知的基礎，離行則無知，有行則有知，此為王夫之及顏元的看法；（二）認為知是行的基礎，有知則能行，無知則不能行，此乃程朱的主張；（三）認為知行無別，此為王守仁之說。此說所謂知行，並非一般意義，乃是特殊意義。其所謂知，專指道德之知；其所謂行，則範圍甚廣泛，凡一念發動，有所好惡，皆是。前兩說認為知行有別而不相離，後一說則以為知行無分。

二、真知

　　如果認識的目的在於求真知，那麼什麼才是真知呢？

　　莊子在《莊子・大宗師》說：「且有真人而後有真知。」這指出有些知識的獲得必須是求知者的心靈達到某種境界，才有可能了解，就像有些人經歷了許多的苦難，在他的人生中累積了許多的經驗，因此，對於人生的哲理他也就特別容易體會、了悟。《荀子・正名》：「知有所合謂之智。」這裡的「合」也就是《墨子》中所謂的「合知」，也就是名實相符的認知，所認識到的結果與所認知的對象相符合。莊子所謂真知與荀子所謂的智，都是認識所追求的目標。

　　最初談知識標準的是墨子，在《墨子・非命上》：「子墨子言曰：必立儀，言而毋儀，譬猶運鈞之上而立朝夕者也，是非利害之辨，不可得而明知也。故言必有三表。何謂三表？子墨子言曰：有本之者，有原之者，有用之者。於何本之？上本之於古者聖王之事。於何原之？下原察百姓耳目之實。於何用之？廢（發）以為刑政，觀其中國家百姓人民之利。此所謂言有三表

也。」這裡所提到的是古代聖王的一種生活經驗，可以作為表率的，是第一個本之者的標準；其次是以眾人耳目之實，用大家所可以看到、經驗到的，也可以作為一個標準；另外是從實用的觀點看，言論轉變成某種政策，實施於國家時，要看看是否能夠造福百姓。

除此之外，在宋代的張載，提到所謂真知應該是要以共知共聞的感官經驗為標準，在《正蒙·動物》中提到：「獨見獨聞，雖小異，怪也，出於疾與妄也。共見共聞，雖大異，誠也，出陰陽之正也。」因此，人人都有的見聞才是正確的知識；這相似於墨子三表法中的第二表「原之者」，指出了「真知」必具有客觀性。

至於人常不能夠得到真知因而陷於謬誤，這又是什麼原因呢？莊子是以「小成」與「榮華」來解釋這種謬誤，《莊子·齊物論》說：「道惡乎隱而有真偽？言惡乎隱而有是非？道惡乎往而不存？言惡乎存而不可？道隱於小成，言隱於榮華。」其中，「小成」是說有一點收穫，便固執了，以為事情的真相不過如此，不再進一步的探求，也就是自囿於所見；而「榮華」就是務為華言美辭，被美麗的詞藻所遮蔽。當人固執己見，惑於言辭，止於名而不務實，就不可能有「真知」了。

荀子認為人不能得到真知是因為人都有所蔽，《荀子·解蔽》說：「凡人之患，蔽於一曲，而闇於大理。」要怎樣才能夠有真正的知覺呢？荀子說要心定方能有正確的知覺，如果心不定則會發生謬誤，《荀子·解蔽》又說：「凡觀物有疑，中心不定，則外物不清。吾慮不清，未可定然否也。冥冥而行者，見寢石以為伏虎也，見植林以為後人也，冥冥蔽其明也。醉者越百步之溝，以為蹞步之澮也；俯而出城門，以為小之閨也：酒亂其神也。厭目而視者，視一以為兩；掩耳而聽者，聽漠漠而以為恂恂：勢亂其官也。故從山上望牛者若羊，而求羊者不下牽也，遠蔽其大也。從山下望木者，十仞之木若箸，而求箸者不上折也，高蔽其長也。水動而景搖，人不以定美惡，水勢玄也。瞽者仰視而不見星，人不以定有無，用精惑也。有人焉以此時定物，則世之愚者也。彼愚者之定物，以疑決疑，決必不當。夫苟不當，安能無過乎？」其中討論到知覺錯誤的原因可以分為四點：一種是神慮不清。一種是感官受到障蔽，或有病。第三是與對象距離不適宜。第四與對象所處的環境是在一種不正常的狀態。[2] 凡此種種，都能夠造成認知上的錯誤。

2　余雄著《中國哲學概論》，高雄：復文出版社，1991年，頁503。

第二節　認知的模式

　　本節探討認知主體與客體關係的相關問題，說明主客二元模式與主客合一的認知模式。

一、主客二元的認知模式

　　所謂主客二元的認知模式，是著眼於認知主體與認知客體的差異性，認知作用發生在主客體之間，認知的結果來自認知的對象而呈現於認知的主體。在中國哲學中，可以先秦名家的思想為代表，如公孫龍，在其《公孫龍子・指物論》有說：「物莫非指，而指非指。」意即：凡是對象物必須透過指涉作用而呈現，不過被指出而呈現者，已不同於對象物。其中所謂的「物」即為客體，而「指」則包含著認識主體的「能指」、指涉對象的「所指」及指涉作用的「物指」。[3]認識的作用是「能指」指向「所指」，進而構成「物指」，以獲得認識的結果。所謂正確的認識結果就是掌握對象物的「實」，為「名」所表達者。如《公孫龍子・名實論》所謂：「天地與其所產焉，物也。物以物其所物而不過焉，實也。實以實其所實不曠焉，位也。」天地和天地所產生的萬物就是我們認識的對象，而認識的主體能夠指涉、描述、界定這些對象；並且對象物因著人的認識作用，也呈現出它的種種性質，「不過」就是不增減構成某物之所以成為某物的自性，這就是「實」。當「實」以「名」的方式代表時，其概念的內涵並不減損「實」的內容，這也就是名實相符的「位」。如蕭登福所舉的例子：「就有形之物而言，具有馬之性、相者為馬，若在馬的性相外再加狗之性相則為過，既過馬之實則不得再謂之馬。就無形之事而言，以『忠』為盡責於某人某事為忠，此為忠之『實』，若在忠的特質上再加上孝的特質，則此時已逾越了忠之『實』，不能再以『忠』一詞來涵括它，而必須忠孝並稱。」[4]

3　李賢中著《先秦名家「名實」思想探析》，臺北：文史哲出版社，1992 年，頁 65。
4　蕭登福著《公孫龍子與名家》，臺北：文津出版社，1984 年，頁 156。

　　此外，在《漢書‧藝文志》中所列的名家第一人鄧析，在《鄧析子‧無厚》中也說：「有物者，意也。」其中，所謂的「物」來自於「意」的認知，其中「物」為客體，「意」為主體的認知思維作用。由於主客二元的認知模式，有待於主客雙方構成認知作用，對於鄧析「意」的認知過程，《鄧析子‧無厚》說：「見其象，致其形，循其理，正其名，得其端，知其情。」其中所謂的「象」包含著自然界的種種現象、萬物各自之形象及人行為舉措之貌相等義。「致其形」的「致」，乃是由物象而得意象之努力，若取形的「象形」義，[5] 乃使所生之意象與物象儘可能肖似如一。若取形之「模型」義，[6] 則物象雖眾，然各有其類，各類之事物形似，同類者同形。就認識而言，象有形之意，而在形之先；象乃隱約之形，形乃清楚之象。至於「循其理」則是指依循現象間彼此關係之理，進而端正該物之名，使名實相符以獲得正確的認知，及表達溝通的正確起點。

　　此外，依馮友蘭先生對《莊子‧天下》的畫分，以公孫龍為首之「離堅白」的其他辯者思想，在認知問題方面，也在一定的程度上採取了主體與客體相對立的二元認知模式，因而在與當時辯者相應的論題中有《莊子‧天下》所謂：「指不至、至不絕」的論題，這就像《公孫龍子‧指物論》中的：「物莫非指，而指非指。」「指不至」，即認知的指涉作用，以抽象概念表達事物，總有達不到的地方，總有所遺漏。王先謙《莊子集解》說：「有所指則有所遺，故曰指不至。」也表達了這個意思。為什麼總有達不到的地方？因為認知主體的認識作用是有限的，當他專注於此對象時就無法專注於彼對象；當他專注於某一對象時，與此一對象相關的其他事物他也無法一一顧及。並且，認知結果的概念表達，也無法窮盡所認知的對象，這都是「指不至」。也正因為「指不至」，所以對於對象的認知一直都有繼續下去的可能，可以深入再深入的去認知某一對象，這也就是所謂的「至不絕」。

　　從以上所述，鄧析、公孫龍等名家思想家及辯者，基本上都是在主客二元的認知模式下，來建構、發展他們的思想。

5　高樹藩主編《正中形音義綜合大字典》，臺北：正中書局，1984 年，頁 434。
6　羅光著《中國哲學思想史‧先秦篇》，臺北：臺灣學生書局，1987 年，頁 78。

二、主客合一的感通模式

　　從主客二元的認知模式來看，「認識是作為主體的人觀念的掌握客體的一種對象性活動。因此，研究認識的認識論是把主體和客體的區分，作為認識的首要前提的，而關於主體和客體的區分及它們的確定的規定性，又取決於一定的本體論前提。」[7]在中國哲學中，老莊的本體論是以「道」為主，而莊子學派更取消了認識論中的主客體之分，是以主客合一的感通模式而對「道」的一種自我體認。

　　莊子認為「道」是自滿自足、沒有分界的全體之「一」，世間的萬物雖然有成有毀，好像各有其分界，但這並非真相，因為具體的事物只是「道」之分，道之分使我們得見一事物之成，但此事物之成，則使彼一事物有所虧損或銷毀，如他在《莊子・齊物論》中所說：「道行之而成，物謂之而然。惡乎然？然於然。惡乎不然？不然於不然。物固有所然，物固有所可。無物不然，無物不可。故為是舉莛與楹，厲與西施，恢詭憰怪，道通為一。其分也，成也；其成也，毀也。凡物無成與毀，復通為一。」因此，莊子從「道通為一」的觀點來看，萬物是有共通的根源，也彼此相關聯，就現象而言，因人的觀點、所謂之不同，而有然與不然，可與不可之差別，但是就其成毀變化的根本而言，則是無所差別的。

　　莊子學派並認為，相悖於自然無為的活動都是有害的，一切有心的人為都與「道」相悖離，並且會破壞「道」的全體，如《莊子・應帝王》所說：「南海之帝為儵，北海之帝為忽，中央之帝為渾沌。儵與忽時相與遇於渾沌之地，渾沌待之甚善。儵與忽謀報渾沌之德，曰：『人皆有七竅以視聽食息，此獨無有，嘗試鑿之。』日鑿一竅，七日而渾沌死。」以上這段寓言顯示，莊子學派是把渾沌作為一種理想的境界，人的有心有為，就像儵與忽一般，自以為有了分別性的各種官能比較好，於是畫蛇添足地為渾沌鑿竅，如此反而害死了渾沌。因此，各種官能所導致的分別心，其實是一種限制，為了超越這種束縛，以求得精神的解脫，則必須與道合一。在與「道」合一的方法上，莊子主張「坐忘」。如《莊子・大宗師》所說：「顏回曰：『回益

7　夏甄陶著《中國認識論思想史稿》，上卷，北京：中國人民大學出版社，1992 年，頁 103。

矣。』仲尼曰：『何謂也？』曰：『回忘仁義矣。』曰：『可矣，猶未也。』他日，復見，曰：『回益矣。』曰：『何謂也？』曰：『回忘禮樂矣。』曰：『可矣，猶未也。』他日，復見，曰：『回益矣。』曰：『何謂也？』曰：『回坐忘矣。』仲尼蹴然曰：『何謂坐忘？』顏回曰：『墮肢體，黜聰明，離形去知，同於大通，此謂坐忘。』」所謂的「坐忘」，就是使自己保持一種無形、無知、無為的渾沌狀態，以抵達「登假於道」的真知，這也就是《莊子・大宗師》所謂的「有真人而後有真知」。

在主客合一的認知模式中，認知者與所認知的對象，有一體性的聯繫，因此其感通式的了悟，並不同於可分析性的認知過程，為求通達於「道」，認知者必須調整其內在的精神狀態，使自己與「道」相合，又由於「道通為一」，並且萬物皆源自於「道」，亦即萬物之所以然皆可透過「道」而呈現，進而被了悟。因此，在這種認知模式下，真知的獲得，並不在於細密的分析、還原認知的過程，使人在認知過程的每一個步驟毫無差錯，或者藉著認知過程每一細節的還原，努力找出發生錯誤的地方，進而對認知的結果加以檢證。所謂的「真知」之所以可能，其重點在於「真人」境界的達成。這種求知的方式，正相反於主客二元認知模式下的耳聰目明、主控形體，專注於所認知的對象節節進逼，透徹理解。反而是「墮肢體，黜聰明，離形去知，同於大通」的忘我、無我的境界，如此才有真知的可能。

然而莊子學派為何會有這樣的主張呢？而所謂抵達「真人」境界的人又有怎樣的形象及表現呢？且看《莊子・大宗師》：「夫知有所待而後當，其所待者特未定也。庸詎知吾所謂天之非人乎？所謂人之非天乎？且有真人而後有真知。何謂真人？古之真人，不逆寡，不雄成，不謨士。若然者，過而弗悔，當而不自得也。若然者，登高不慄，入水不濡，入火不熱。是知之能登假於道者也若此。」知識必有所待的對象，依賴相關的條件，而後才能判斷它是否正確，但是所待的對象、所依賴的條件卻是無法確定的，為何無法確定呢？因為萬物皆在變化中，所有的事物也都依賴著無數的相關條件，若不能有整體之知、究極之知，任何局部的判定，都是可存疑的，也因此唯有體道的真人，才能有登假於道的真知。而這種「真人」他能超越人事上的成敗，不在意個人的得失，感官經驗的刺激也不會對他造成任何的影響，因他不以心損道，不以人助天。不過對一般人而言，這真人的境界卻是神祕的。

第三節　不同認知模式的比較

　　不同的認知模式，將導致不同的認知結果，莊子與惠施在《莊子‧秋水》中「魚樂之辯」的一段對話，就分別代表主客二元的認知模式，以及主客合一的感通模式，對於同一認知對象的不同認知觀感。在年代上介於鄧析與公孫龍之間的名家學者惠施，在其「歷物十事」中，特別呈現出事物的對立面，如至大與至小、高與卑、中與睨、生與死、同與異、無窮與有窮、今與昔、可解與不可解、中央與周圍等等。當然，在惠施的思想中，他不僅看到了事物的對立面，也看到了對立面的同一性，不但看到了事物都是處於變化中，也看到了對立面的相互轉化。[8]所以惠施一方面在歷物十事的最後提出：「氾愛萬物，天地一體」的「一體」說法，另一方面於「魚樂之辯」中又明顯呈現主客二元的認知模式。

　　其實，莊子與惠施所代表的兩種不同的認知進路，都有他們各自的價值。主客對立的進路重分析，可見認識過程中的細微之處；主客融合的進路重綜合，可見認識結果的統合性、整體性。從中國哲學整體的發展來看，後來的學術發展也有相當多的哲學家偏重主客合一的感知了悟。如《周易‧繫辭上傳》所謂：「易無思也，無為也，寂然不動，感而遂通天下之故。」在天人相通、天人合一思想的籠罩下，在認知上既是以感知了悟為主，對於分析論證的推理方式也就相對欠缺。張岱年先生說：「天人既無二，於是亦不必分別我與非我。我與非我原是一體，不必且不應將我與非我分開。於是內外之對立消弭，而人與自然，融為一片。」[9]而莊子的思維方式正是以「感通」為主；至於如何感通而知、而思，這又與個人的精神修養有關。

　　主客二元的認知模式，由於主客的差異性是此一模式的先決條件，因此由客體而來，所呈現於主體的認知結果，很難衝破主客體之間的差異性，因而造成認知結果是否等同於認知對象的疑問始終存在。就名家的公孫龍而言，就走向了懷疑論，而惠施則傾向認知結果的相對論。

　　《公孫龍子‧指物論》所云：「物莫非指，而指非指。」一方面肯定了

8　許抗生著《先秦名家研究》，長沙：湖南人民出版社，1986 年，頁 31-32。
9　余雄著《中國哲學概論》，高雄：復文出版社，1991 年，頁 10。

認知過程，無法不透過指涉作用，另一方面也看到了認知的結果並不同於原先的認知對象。因為真正的認知對象是無法確定的，而這種不確定性，就在於主客二元認知模式本身的結構特性，也就是在這種主客斷離的結構中，主體永遠無法理解真正的客體。正如公孫龍在《公孫龍子·指物論》的結尾所說：「且夫指固自為非指，奚待於物而乃與為指。」意即指涉作用在二元結構下，本來就無法指出真正的對象物為何，如何有待於一種所謂的對象物，來構成這種指涉作用。也就是說，在二元認知結構下，指涉作用本身就阻礙了真正認識的可能。如果我們不能確知「物」又如何能有所「指」？因而展現出一種對於最終認知結果的懷疑論立場。

至於惠施，雖然在歷物十事中有「大一」、「小一」及「一體」的說法，但在二元認知結構下，認知主體在其思想內的比較作用，分別出對象物的「同」、「異」關係，再依靠主體「歷」的邏輯一致性，將比較出的結果置於認知主體思想界中的合宜位置，由於比較的標準有它一定的穩定性，藉此來保障認知結果的相對正確性。正如惠施歷物之意所說的：「大同」與「小同」是指概念中的「大類」與「小類」，雖然它們有所不同，但萬物在認知主體腦海中的分類標準卻是他所能調整的，既可將萬物歸為一類，也可比較出每一個別物的差異。又如：「我知天下之中央，燕之北、越之南是也。」相對於認知者的立場、觀點，而分別同異、定出所謂的中央何在；在無限的天地之間，天下的中央既可以在北方的北方，也可以在南方的南方，此端視說此話的人所在的區域範圍而定。認知結果的正確與否也是相對於人的認知能力、認知方式、所在時空、內在判準等相關因素，來論是非。簡單的說，認知的結果是相對正確，而非絕對正確。

主客合一的感通模式，基本上對於認知結果的要求比較絕對，也就是希望能夠獲得真知，而這種真知預設著在整體觀照之下才有可能呈現。就好像一整幅拼圖，任何一塊的顏色、形狀、大小、位置等性質都必須在整幅圖象的對比之下，才能顯示出它的意義；單獨的一塊拼圖雖然我們可以認識到它的各項特徵與性質，但是對於這些性質的作用、功能、來源、價值等問題是無法準確回答的，就算有人能從周遭的相關拼圖做出猜測性的解釋，或者相對於解釋者自己假想的整體做出合理化的解釋，往往會有錯誤或產生某些偏差。拼圖說法，還不是十分恰當的比喻；試想一個正在轉動中的立體拼圖，且每一片拼圖又是能動的個體，如此加入變動因素的認知對象，若不能有整

體的觀照，如何能認知其中的某些部分，或某一部分？而且，認知者自己本身也不過是那整體中，極其渺小的一部分，如何能抽離出自己所在的有限視域，而能有寬廣以致整全的觀點，那當然是必須設法改變此一認知者的存在狀態。這也就是莊子學派所重視的修道功夫、境界等相關的論述。

在莊子學派中所謂的「心齋」（〈人間世〉）、「坐忘」（〈大宗師〉）等功夫，或〈逍遙遊〉中的「聖人」、「神人」及「至人」等境界，大都是以描述、形容和比喻的方式表達，對於沒有類似經驗的讀者而言，只能歸諸於神祕。因此在連如何達成真人的方法、步驟都無法領略、學習、實踐下，主客合一的感通認知模式，只能是一種高玄的理想，或最高認知境界的想像。然而，這種理想或想像卻呈現出特殊的價值與意義。

首先，它在人們追求真理的的認知過程中，有了方向感。主客二元的認知模式如果偏向懷疑論或相對論，這種類型理論的極致發展，將會失去了認知的方向感，失去了認知的意義感，使認知活動本身呈現荒謬性。

其次，它在認知方法上提供了階段性的「整體回顧」，也就是當片段性的認知結果，累積到相當的程度，必須就目前已知之大略整體反省其意義，並經常做出修正與調整。

第三，它使人意識到認知主體的存在狀態、活動狀態及與周遭環境因素的互動狀態，將會影響到人的認知活動，與認知結果。

名家一些片段的思想對於認知的全面性觀照，也有一定的啟發性，如鄧析在《鄧析子・轉辭》中所云：「視於無有，則得其所見；聽於無聲，則得其所聞。故無形者，有形之本，無聲者，有聲之母。」由此，從認知的相對性可感通於全面性。對於認知結果的呈現方式，語言、文字只是階段性工具，必須「得意忘言」。全面觀照的認知結果，並非奠基於概念意涵的明確性，而在於思維情境與感受的連貫性；認知結果與認知對象的符應關係，是整體符應，而非單位對象（一名一實）的符應，故常是不同程度（膚淺或深刻）的整體符應，此與認知主體的修養境界或存在狀態相關。這就如同由內涵十分明確的概念所構成的一套有關「愛」的理論，和父慈子孝數十年的親情體會這兩者的關係；理論的東西當然要比體會更清楚，但是體會到的東西則要比理論來得更全面。

如果認識作用與認知主體的精神境界有關，如此是否認知對象就會因著主體的狀態而呈現不同的面貌，甚至原先的主客對立模式也轉變為融合為一

的模式？對於此一問題，可以從人們認知活動發展的不同階段來看，認知過程的初階是在主客對立的二元認知模式下進行，但隨著認知主體的內在精神狀態提升，主體的變化會影響客體所呈現的豐富性，或者至少主體在了解客體的過程中，為求充分、澈底掌握客體，會趨向主客融合為一的方向發展，亦即原先的主客對立模式有可能轉變為融合為一的感通模式。

此可由《莊子》一書的思想來看，其中泯是非、薄辯議[10]等思想，雖然對於認知、辯論等活動採取否定的態度，但是莊子卻是在十分了解二元認知模式及非常熟悉辯論技巧的情況下，進行他獨特方式的表達。《莊子・齊物論》中對於公孫龍「物莫非指，而指非指」的批評就是：「以指喻指之非指，不若以非指喻指之非指也；以馬喻馬之非馬，不若以非馬喻馬之非馬；天地一指也，萬物一馬也。」意即：

（一）你在指涉作用所預設的二元認知模式的框架下，來說明所認識的結果不同於所認識的對象，不如以非指涉作用（也就是主客合一的感通模式）來說明指涉作用所受到的限制（無法了解那個東西究竟是什麼）。

（二）在二元認知模式的框架下所認知的馬，用這種馬來說明「馬」（在整體或道的觀照下的那個東西）並不是你所了解的馬；不如用（脫離二元模式所掌握的）「非馬」來說明馬（二元模式）不是你所以為的馬（主客合一觀點下的那個東西）。

（三）任何指涉都會觸及整體性（指一），萬物就如馬一樣，是同一整體觀點下的東西。

顯然，莊子知道這種二元認知方式，卻不採取這種認知方式，就是他發現這種二元認知方式的限度，而較佳的認知方式則往往是在較後的階段被發現。

此外，在主客二元的認知模式下，客體的性質與變化情況，也會影響認知主體進入某種認知模式中進行認知活動。例如：自然科學的研究對象，大多數可做客觀觀察者，此在主客二元認知模式下探究是較適宜的；而人文藝術的研究對象，涉及人的自由意志、主觀感受等因素，則以主客合一的感通模式探索較為恰當。例如：採取主客二元認知模式的惠施，就曾探討許多有關自然科學的問題。《莊子・天下》有云：「南方有倚人焉曰黃繚，問天地

---

10 勞思光《中國哲學史》，第一卷，香港：中文大學崇基學院，1980年，頁208。

所以不墜不陷，風雨雷霆之故。惠施不辭而應，不慮而對，遍為萬物說，說而不休。」

　　以上，本節主要在比較以名家、辯者為代表的主客二元認知模式，以及以莊子為代表的主客合一的感通模式。指出主客合一的感通認知模式，不僅是一種高玄的理想，也有其特殊的價值與意義，讓我們對中國哲學中認識論的思想形態，有更深入的體會。首先，它使人類追求真理的認知過程，有一定的方向感；而主客二元的認知模式則易傾向懷疑論或相對論。其次，主客合一模式在認知方法上提供了階段性的「整體回顧」，以修正與調整其認知結果。第三，主客合一模式使人意識到認知主體的存在狀態、活動狀態及與周遭環境因素的互動狀態，對人的認知活動與認知結果有必然的影響。最後，認知目標的不同，也會影響其認知模式，而主客二元的認知模式發展到一定的階段，似乎會朝主客合一的感通模式發展。

第四節　小結

　　在知行關係的問題上，大致有三種不同的看法：（一）王夫之及顏元認為行是知的基礎，離行則無知，有行則有知；（二）程朱則主張知是行的基礎，有知則能行，無知則不能行；（三）認為知行無別，此為王守仁之說。

　　墨子認為知識的標準在於他的三表法，莊子指出有些知識的獲得必須是求知者的心靈達到某種境界，才有可能了解；荀子說要心定方能有正確的知覺，如果心不定則會發生謬誤；張載提到所謂真知應該是要以共知共聞的感官經驗為標準。

　　整體說來在中國哲學中，認識論並不是很發達，但也不是全然沒有，只不過不像宇宙論與人生論那樣的豐富罷了。雖然，中國的德性之知與西方認識論，在中國「主客合一」、「天人合一」和西方主體與客體相對待的格局有所不同；主客合一的感通認知模式，不僅是一種高懸的理想，也有其特殊的價值與意義，使我們對中國哲學中認識論的思想形態，有更深入的體會。

　　儒家的「格物」與道家的「齊物」、名家的「歷物」、「指物」，在認知的對象及處理的方式和由之而得的「物論」也都不一樣，但從中國哲學來看，不論見聞之知、德性之知，所構成的「知識」也都有它們的價值，值得我們做進一步的探索，透過不同的知識理論會展現不同的世界面貌。

自我評量

1. 對於「知行關係」，有哪些不同的主張？

2. 何謂真知？

3. 你認為知識的目的為何？

4. 試比較主客合一的感通模式與主客二元的認知模式。

5. 認知主體所處的狀態，是否會影響到認知的結果？請舉例說明。

6. 「以指喻指之非指，不若以非指喻指之非指也」的意義為何？

第二篇參考書目

余雄著《中國哲學概論》，高雄：復文出版社，1991 年。

李匡郎等合著《哲學概論》，臺北：空中大學，2001 年。

李賢中著〈中國哲學中「推理」思維的特性〉，收入《哲學與文化》，355 期，
　2003 年。

李賢中著《先秦名家「名實」思想探析》，臺北：文史哲出版社，1992 年。

汪奠基著《中國邏輯思想史料分析》，新竹：仰哲出版社，1985 年。

夏甄陶著《中國認識論思想史稿》，上卷，北京：中國人民大學出版社，1992 年。

夏甄陶著《中國認識論思想史稿》，下卷，北京：中國人民大學出版社，1996 年。

徐復觀著《公孫龍子講疏》，臺中：東海大學，1966 年。

高樹藩主編《正中形音義綜合大字典》，臺北：正中書局，1984 年。

許抗生著《先秦名家研究》，長沙：湖南人民出版社，1986 年。

勞思光著《中國哲學史》，第一卷，香港：中文大學崇基學院，1980 年。

黃壽祺、張善文合著《周易譯著》，上海：古籍出版社，1990 年 2 月。

蕭登福著《公孫龍子與名家》，臺北：文津出版社，1984 年。

羅光著《中國哲學思想史》，臺北：臺灣學生書局，1987 年。

第三篇（李賢中）

中國邏輯

第七章
中國邏輯

第一節　中國邏輯的特性與內涵

一、中國邏輯的特性

　　所謂「邏輯」，雖然是由西方學者建立與發展的一門有關「正確推理的學問」，其中涉及推理的方法、推理的方式與規則等問題。在中國哲學思想中，是否有推理的成分？答案當然是肯定的。然而有推理的成分是否就有所謂的中國邏輯呢？這就要考察這種推理的性質，以及面對此方法的態度如何？如果，中國的哲學家不只是無意識的運用了一些方法，進行論辯、推理，並且還曾經將這些論辯的方法、推論的形式作為一種探討研究的對象；那麼，我們就可以肯定中國也有邏輯這門學問。

　　推理是如何進行的呢？當某人看到天空烏雲密布，儘管，當時並沒有下雨，他還是會帶雨具出門。在他心中是如何做出一項與現在情況不同的決定呢？他是如何從現在已知的現象推論出將來可能發生的情況呢？如果我們反省分析這一情況，就會發現任何推理都是由對於現象描述、界定的語句或命題組成，而命題則是由一個一個語詞或詞項所構成，中國古代邏輯思想中對名、辭、說、辯曾有充分的討論。像在《荀子・正名》、《墨子・小取》的內容就曾探討組成語詞、語句、推理、辯論的要素，其推論也是由前提經一定的過程得出結論的方式，以及許多的推理方法與推論規則，也可以從相關的原典文獻中看出端倪。

　　所謂的推理，就是由前提推導出結論的過程，例如：《墨子・小取》中的「以說出故」就是指某些命題（辭）透過一定的理由（故），而確立另一辭的推論（說）的過程。《墨辯》中的「效」式、「故」式推論，注意到推論中的必然性與正確性。此外，在傳統邏輯中具有重要地位的：同一律、矛

盾律、排中律等，在中國邏輯的相關文獻中，也有所探討。

　　邏輯思想有它的普遍性，也有它在各文化中思考推理上的特殊性。中國古代邏輯思想它的特殊性在於著重實用與實踐的層面，常用類比、推類的推理方法，目的在於說服別人以發揚自己學派的主張，實現自家的理想。例如墨家的「辯」就含有：「審治亂之紀」、「處利害」的實用目的，使正名論辯之學作為實現該學派某些政治、社會理想的「求當取勝」的工具。因而對於論證本身的「有效性」要求，有時反而不如「實用的目的」來得更受重視。因為，具有說服力的說法，未必是推理嚴格的論證。並且，為求實踐上的易於落實，中國邏輯也不像西方的邏輯，很早就朝形式化、系統化的方向發展。當然，很多事是利弊互見的，也正因為中國邏輯具有實用性、實踐性的特色，它可以與人們的生活緊密的結合，是一套可以用、且是很好用的邏輯。此外，中國邏輯的研究，也有助於了解中國哲學的思維方式。

　　由於人類的理性運作有其共同性，因此「邏輯」不僅存在於西方，中國與印度的文化傳統中，也有各具特色的邏輯思想。在印度稱為「因明」，在中國則曾被稱作名學、辯學或名辯學。從中國邏輯與西方邏輯相通的一面看，固然有一些相同的要素，不過，由於自然、人文環境的不同，中西邏輯也有其特殊性的一面，像：推理的目的不同、推理表現的方式不同、以「推類」為主的主要推理類型也不同於西方。[1]在西方所發展的邏輯系統，重視推論的必然性、正確性，而中國的邏輯思維相對來說則較著重實用性、實踐性，像論辯治國之道、說服或改變執政者的想法等。在表現方式方面，有時相同類型的推理，在不同文化背景下的具體特徵也不會完全相同。古希臘最早的邏輯研究受到幾何學與數學的影響，因此亞里斯多德的三段論式，既有明確的論式，也有系統的推演規則。中國古代不同於希臘的這種純演繹的推理方式，而是以類比推論為主。這些差異源於不同的文化背景和社會條件，因而整個中國邏輯的發展歷程也不同於西方。

　　從中國邏輯史來看，先秦時期「名辯學」的理論，可作為中國古代邏輯的代表。魏晉南北朝時期的邏輯思想則包括：名實之辯、名理之辯、連珠法的創新及先秦名辯學的總結。唐代的邏輯思想則以玄奘及其弟子對因明的發

1　溫公頤、崔清田主編《中國邏輯史教程》，濟南：南開大學出版社，2001 年，頁 5-6。

展為代表。至於宋代理學盛行時期的邏輯思想，主要的內容集中在「正名」與「推類」方面。至明、清時期的邏輯思想則涉及西方傳統邏輯的傳入、名辯學的復甦及中西邏輯的比較研究。

二、名辯學與連珠體

整體而言，中國邏輯的特性是源於先秦的「名辯學」，它形構了中國邏輯學的基本性格。周云之教授的《名辯學論》[2]，經由古代三篇重要文獻：《荀子‧正名》、《墨子‧小取》及《公孫龍子‧名實論》建構出「名辯學」的理論結構，透過對三篇代表作的詮釋，指出名辯學包含兩個重要的部分：「正名學」與「論辯學」。所謂「正名學」包括正名哲學、正名原則（制名之樞要）和制止亂名（破三惑）三個基本內容。其中所探討的問題有：為什麼要正名？正名的目的和意義為何？（所為有名）正名的對象是什麼？名是如何產生的？正名的認識論基礎為何？（所緣以同異）正名的客觀標準為何？正名有哪些原則？以及正名學與論辯學的關係為何？等相關問題。

整個正名學說的根本和重點在於「正名原則」，包括：「名實一致」的哲學正名原則，「唯乎其彼此」的邏輯正名原則和「約定俗成」的語詞（語言）正名原則三個方面，清楚地反映了古代正名理論的精髓。所謂「名實一致」的哲學正名原則是指，正確的「名」必須是與「實」相符合、相一致的「名」，而「實」是第一性的、客觀的。因此「名實一致」的方法在於「以實正名」。例如：有一名「犬」，這個名所指涉的實，是這個名是否正確的根據。如果實際的對象是隻「虎」，而用名者卻稱之為「犬」，這就違反了哲學正名原則。

至於「唯乎其彼此」的邏輯正名原則，乃是要求「名」必須具有自身的確定性，即「彼」之名必須專指「彼」之實，「此」之名必須專指「此」之實，而這樣的「名」必須限於概念之名，因為語詞之名並不要求具有這樣的性質。例如：「機車」這個概念之名，是指一種兩輪的交通工具，在一個人的腦海裡這個概念的內涵，就必須限定在這個交通工具的意義上。概念之名與其所指涉的意義，必須是唯一的相對應，這就是「唯呼其彼此」的邏輯正名原則。

2　周云之著《名辯學論》，瀋陽：遼寧教育出版社，1996 年。

　　再者,「約定俗成」的語詞正名原則即強調作為一個語詞之名,必須遵守約定俗成的正名原則。所謂約定俗成,就是社會大眾對於某一「名」共同約定的意義,用名者都必須遵守。例如:「機車」之名可以指一種交通工具,也可以指一種罵人的話。如此,雖然「同名異謂」,但並沒有違反大眾共同的約定,這樣的使用就仍然符合約定俗成的正名原則。只是,於邏輯正名原則中,在用名者的腦海裡,必須區分「機車一」與「機車二」分別代表交通工具與罵人的話,如此才能符合邏輯正名原則。在約定俗成的正名原則中,它著眼於一個「名」指稱什麼實才適合,並沒有不變的規定,而是根據社會成員在長期的共同生活、相互交往中形成的經驗習俗與歷史傳統,因而有時會出現「一名二實」或「一實二名」的情況。這些有關正名的思想與原則,可以在古代儒家、名家、墨家的文獻中找到。此外,就概念之名與語詞之名的關係而言,中國古代的「名」不僅可以指概念,更普遍的是指語詞,由於任何概念都必須透過語詞來表達,所以凡概念之名,必然同時是語詞之名,而語詞之名則未必都是概念之名。

　　在論辯學的理論體系中,中國古代的邏輯思想包含:「以辭抒意」的命題學說、「以說出故」的推理學說、「以辯爭彼」的論證學說及論辯中的基本規律和規則等各方面。在相關的文獻中,探討了論辯學的對象、性質、目的、意義、作用等課題,並延伸至論辯的認識論基礎和客觀標準,以及論辯的道德原則和基本要求。更重要的是也涉及了論辯與正名、達辭的邏輯關係。至於命題學說、推理學說、論證學說,也都可以從原典文獻中找出相關的根據,做出系統而詳盡的論述。

　　中國古代邏輯就曾被稱為「辯學」,明末的傳教士利瑪竇最早出版了介紹亞里斯多德邏輯的譯作就稱為《辯學遺跡》,可見西方的邏輯和中國的「辯學」是有某些相應之處,而可在翻譯時取用的。那麼,中國傳統思想中,「辯學」的內涵為何呢?西晉時魯勝最先稱《墨子》書中的〈經上〉、〈經下〉、〈經說上〉、〈經說下〉四篇為《墨辯》,又稱作《辯經》。胡適在《先秦名學史》中也稱〈經〉、〈經說〉加〈大取〉、〈小取〉共六篇為《墨辯》,這些就是「辯學」之名產生的根據。而《墨辯》探討的內容不僅包括:名、辭、說、辯,還包括了對於知識獲得的條件、過程、和名實關係等等問題的探討。

此外，中國古代邏輯的「名辯學」除《公孫龍子‧名實論》、《墨子‧小取》和《荀子‧正名》所提出的基本理論及其體系大綱外，還包括孔子、孟子、惠施、《呂氏春秋》、韓非、王充等提出的許多有關推理、論證的思想。舉例而言，像韓非所創立的連珠體推論形式，就很有特色。《韓非子‧備內》：「徭役多則民苦，民苦則權勢起，權勢起則復除重（指優免徭役的人多了），復除重則貴人富。苦民以富貴人，起勢以借人臣，非天下長利也。」（結論）

從以上簡單的例子中，可以看出韓非的連珠體，是一種「詞句連續，互相發明，若珠之結緋也」，前後句或段之間具有推論關係的文體。然而，韓非的連珠體並沒有固定的格式。除了以上列舉的簡單連珠外，還有複雜的連珠，把若干個連珠組合在一起，錯綜地進行推演。例如：《韓非子‧解老》中，在論證「禍兮福之所倚」時，就運用了一個複雜的連珠：「人有禍則心畏恐，心畏恐則行端直，行端直則思慮熟，思慮熟則得事理（第一珠）。行端直則無禍害，無禍害則盡天年（第二珠）；得事理則必成功，盡天年則全而壽（第三珠）；必成功則富與貴，全壽富貴之謂福，而福本於有禍（引申），故曰：禍兮福之所倚，以成其功也（結論，第四珠）。」

可以清楚看出，第二連珠是以第一連珠的第二句後項出發，第三連珠卻又從第一連珠的第四句後項（結論）出發，而從第二連珠的結論推尋出第三連珠的結論「全而壽」，第四連珠又是從第三連珠出發，然後歸結為「全壽富貴之謂福」的結論。最後推尋出「禍兮福之所倚」的整個連珠的總結論。整段連珠主體清楚，層次分明，環環相扣，推尋嚴謹，並呈現錯綜穿插的推論。這種複雜的連珠體在〈解老〉等篇中被廣泛運用著。

總之，中國邏輯有其實質的內容，以及方法的自覺。在本章中，除了上述中國邏輯的特性與內含的介紹之外，本章的內容還包括：第二節，介紹儒家、名家、墨家的正名思想，以及名、辭、說、辯的邏輯結構。第三節，以「推類」為主的相關推理類型，介紹《周易》的類比思維、《墨辯》的辟、侔、援、推的論辯方法，及宋明理學的推理思想及反駁推理。第四節，佛家邏輯，介紹因明五支、三支等論式。

第二節　正名思想與名、辭、說、辯的邏輯結構

一、正名思想

　　在第一節我們介紹了一些不同的正名原則，其實，在中國古代最早提出正名思想的是孔老夫子。孔子生處春秋末年，正是西周封建制度遭受破壞，諸侯間互相侵略攻伐，禮樂制度崩壞的混亂時代。孔子認為會造成這樣的社會亂象的原因之一，是由於「名實相違」所造成。因此他提出正名的思想，認為只有透過正名以正實的方式，才能恢復周文的禮制名分、階級制度，如此也才能使使社會轉亂為治、轉危為安。他在《論語・子路》中說：

> 子路曰：「衛君待子而為政，子將奚先？」子曰：「必也正名乎！」子路曰：「有是哉，子之迂也！奚其正？」子曰：「野哉，由也！君子於其所不知，蓋闕如也。名不正，則言不順；言不順，則事不成；事不成，則禮樂不興；禮樂不興，則刑罰不中；刑罰不中，則民無所措手足。故君子名之必可言也，言之必可行也。君子於其言，無所苟而已矣！」

　　此段文字不但說明了其正名的目的是要「為政」，同時也闡述了名與言間的關係，以及對社會、政治上的作用。「名不正，則言不順」說明了孔子思想中的邏輯推論，名若不正則言詞就無法通順、達義，言詞若無法清楚，推論就無法進行。正名為立言的前提。名正、言順就能使在位者推行政令、施行禮樂教化、刑罰允當，使政治社會能夠安定。

　　孔子的正名思想是以正名達到正實，更準確的說，他是以周代早期的器物、禮制之「實」所產生的「名」，來正周代晚期器物、禮制之「實」，進而改變後實不符先名的亂象。簡單地說，孔子的正名，就是用符合周禮的「名」去糾正已經變化的現實，例如：孔子之前有一種上圓下方、腹面和四足均有四條稜角的酒具——觚，可是到了孔子時代，當時流行的「觚」的形狀已經改變，但名卻未變，所以孔子不以為然地說：「觚不觚，觚哉？觚哉？」（《論語・雍也》）此外，《論語・顏淵》中。齊景公問政於孔子，孔子對曰：「君君、臣臣、父父、子子。」君臣父子的前一字為名，後一字為實，亦即享君名者應有為君之實，持臣名者亦應有為臣之實，父、子亦

然。孔子認為每個人守好自己名所指之分，使名實相符，如此就可以使社會建立統一的秩序。

先秦時代的的名家也很重視「正名」的思想，《公孫龍子‧名實論》中就說道：「至矣哉，古之明王，審其名實，慎其所謂。」公孫龍的正名思想著重在認知與表達的層面，他說：「其正者，正其所實也，正其所實者，正其名也。」因為正確的表達必須先有正確的認識，確立了對象物的本質為何，才可以該「實」作為表達是否正確的準據。如此，從正確的名才能發展出正確的「言」或「辭」，基本的要素正確了，也才能進一步發展出正確的推理與論辯。

此外，荀子的正名思想也有相當系統的論述，《荀子‧正名》說：

> 實不喻然後命，命不喻然後期，期不喻然後說，說不喻然後辨。故期、命、辨、說也者，用之大文也，而王業之始也。名聞而實喻，名之用也。累而成文，名之麗也。用、麗俱得，謂之知名。名也者，所以期累實也。辭也者，兼異實之名以論一意也。辨說也者，不異實名以喻動靜之道也。期命也者，辨說之用也。辨說也者，心之象道也。心也者，道之工宰也。道也者，治之經理也。心合於道，說合於心，辭合於說，正名而期，質請而喻。辨異而不過，推類而不悖，聽則合文，辨則盡故。以正道而辨姦，猶引繩以持曲直，是故邪說不能亂，百家無所竄。

其中，命就是名，期就是辭，名、辭的作用在於表達，名常是同一類事物的代表，辭由不同的名累積所構成，辯說則是不改變名的意義，將這些名所構成的辭推論出變化的道理，辯說以名、辭為用，心反映道，是認識客觀之道的主宰。而道則是治理國家的方法原則。名要正確，才能有正確的辭，結論之辭要根據正確的推論，推論的進行要符合於心，而心要符合於道；如此，才能有真確表達溝通的效果。至於推理要由同類的事物相推而沒有錯謬，辯論的理由也要充分，那麼邪說就不會擾亂或流行了。所以荀子的正名思想，也未能脫離治亂的實用目的；不過他系統地說明了名、辭、說、辯的基本性質和作用，以及它們之間的關係，揭示了說辯的原則與要求。

二、名、辭、說、辯

中國古代邏輯思想為何以名、辭、說、辯及相關的認識理論為其內涵呢？因為，思想和語言的關係密切，要探討思想的推理形式、規則，可以透過對語言的分析而獲得。

　　（一）我們考察語言的組成元素，正是由「名」（概念）所構成，而「名」的作用是模擬實際的事物，如：《公孫龍子·名實論》說：「夫名，實謂也。」《墨子·小取》說：「以名舉實。」〈經上〉說：「舉，擬實也。」「實」的把握涉及到人的認識能力及認知過程的相關理論，而「名」的作用在於指「實」，因此中國古代的名學、辯學也探討到相關的認識理論，說明思想內容的存在方式。

　　（二）我們再進一步考察會發現「名」與「名」的連結可以形成「辭」，「辭」也就是一句話，一個命題或判斷。《呂氏春秋·離謂》說：「辭者，意之表也。」〈小取〉也說：「以辭抒意。」其中「意」就是意念、斷定。是一句話的意義。譬如「張三是老師」，連結「張三」與「老師」這兩個名，就成為「辭」。又如：或然之辭與實然之辭，〈小取〉說：「且入井，非入井也。」意即：某人將要入井（或然判然），並不等於他已經入井（實然判斷）。用「非」將「且入井」和「入井」兩語詞連結成一個新「辭」，來說明「可能的情況」與「實然情況」的不同。

　　（三）一個「辭」之所以成立，有它成立的理由，而「說」就是揭示一個「辭」（結論或論題）之所以成立的理由，〈小取〉：「以說出故」。「故」就是原因、理由。〈經上〉：「說，所以明也。」為了說明，解說某一辭之所以成立的理由和根據，則需要運用許多其他的「辭」與「辭」的連結，這些「辭」的連結有一定的原則和規則。譬如〈小取〉說：「以類取，以類予。」也就是在推論時不論是肯定的論證，或否定的反駁，在「辭」與「辭」之間，必須要有某種「類同」的關聯性，依類而行才可以。就像《墨子·兼愛上》說：「聖人以治天下為事者也，必知亂之所自起，焉能治之。不知亂之所自起，則不能治。譬之如醫之攻人之疾者然。必知疾之所自起，焉能攻之。不知疾之所自起，則弗能攻。」這裡用的是「譬」或推理，由於「醫病」和「治理天下」有某種類同性；因此，可以從：醫病要知病因才能治癒其病，推出：治理天下要知亂的原因為何，才能將天下治理得好。此外，在中國古代的邏輯思想中，還有侔、援、推、擢、諾、止及演繹、歸謬法等，[3]許多「說」（推理）的方式。

3　孫中原著《中國邏輯學》，臺北：水牛出版社，1993 年 4 月，頁 268-273。

（四）許多的思想、學說是藉著各種的「說」（推理）所建構凝聚而成的，但是各家、各派，乃至於兩位不同的哲學家，常有不同的見解和推理。因此，就必須靠著「辯」來檢驗是非，來溝通意見。《荀子‧正名》說：「實不喻然後命；命不喻然後期；期不喻然後說；說不喻然後辯。」為使人明白、了解（喻），在方法上有它的先後層級性，從實物（實）、到命名（命）、到語辭（期）、到推理（說），若還不能使人了解，則需要反覆地申辯、辯論、辯駁了。《墨子‧小取》指出「辯」的目的是：「夫辯者，將以明是非之分，審治亂之紀，明同異之處，察名實之理，處利害，決嫌疑。焉摹略萬物之然，論求群言之比。」「辯」，首先是為了從思想上弄清是非的界限，治亂的規律，同異的所在，名實的道理，利害的分別，以及疑難的問題。然後，在實踐上才能有合宜的舉措。並且，「辯」也是為了認識萬事萬物，以及分析各種言論。

那麼，如何「辯」呢？它的基本原則，就是〈小取〉所說的：「有諸己不非諸人，無諸己不求諸人。」意即：自己贊成某種論點，當別人也贊成同樣的論點時，我不能反對他。倘若，自己不贊成某種論點，別人也不能贊同時，我則不能要求別人贊同。這是辯論的雙方都必須遵守的「一致性」要求，不然，就自相矛盾了。譬如：有一次，孔子弟子巫馬期的後人巫馬子問墨子：「你兼愛天下，對整個天下而言，也算不上有什麼好處，我雖不愛天下人，整個天下人也不曾蒙受我的害處；同樣都沒有功效，你何必一定要以為自己才是對的，而說我是不對的呢？」墨子說：「現在假使此地發生火災，有一個人急忙捧著水想去澆熄它，還有一個人在一旁煽火來助長加旺它；這兩個人的作為都不會影響到原本的火勢，對於這場火災也發生不了任何作用，你覺得這兩個人當中，誰做的才是對的呢？」巫馬子說：「當然是那個捧水救火的人是對的，而那在一旁搧火的人是不對的。」墨子說：「所以，我也覺得我努力兼愛天下人是對的，而你是不對的。」

在以上巫馬子和墨子的辯論中，墨子所用的推理方式是「推」，〈小取〉說：「推也者，以其所不取之，同於其所取者，予之也。」這就是以對方所不贊同的，和對方所贊同的屬於同類這一點為根據，來反駁對方的論點。在他們相互的對話中，巫馬子不贊成墨子兼愛天下人，卻贊同那個捧水救火者，而墨子的回答，正是把巫馬子所不贊成的與其所贊成的兩件事歸在同一類，依此而反駁巫馬子的論點。同時，這也是立基於「有諸己不非諸人，無諸己不求諸人」此一「辯」的原則下，所進行的辯論。

　　從「名」、「辭」、「說」、「辯」的架構來看，正名學、論辯學正好一頭一尾地說明中國古代邏輯思想的內涵，因此當代的學者逐漸以「名辯學」來指中國的古代邏輯思想。在1987年出版的《中國大百科全書・哲學卷》列有「名辯」一條，認為「名辯」是「名學」和「辯學」的合稱。另在同書的「中國邏輯史」一條中，也明確地把中國古代邏輯定義為：「以正名和論辯術為主要對象的名辯之學或名辯邏輯。」[4]

第三節　以「推類」為主的相關推理類型

一、《周易》的推類思想

　　《周易》是中國古代的經典，其中所蘊涵的哲學思想，對中國傳統哲學的發展有很深的影響，其文化價值也是多方面的，包含政治、軍事、經濟、文學等。作為群經之首的《周易》，其主體是六十四卦，這六十四卦代表著古人生活的六十四種類型的生活情境；構成六十四卦的初始符號，是陽爻—與陰爻——，而卦中六爻之間陰陽交互變化，又顯示出各種事理的發展規律。《周易》中所包含的一套符號推演系統，是中國古代邏輯思想的重要代表。

　　古代先人在長期的占卜活動中，首先是以不同數字的排列，之後又不斷按照奇數、偶數的分類原則，由繁到簡地改變著數字卦的結構成分，當數字卦演進為奇、偶的兩類數字時，其實已經不是反映數量的數字，而是代表兩種類的符號。這兩類符號發展為陰、陽，它們所象徵的事物就更加廣泛。兩者可以分別喻示自然界或人類社會中一切對立的物像，如：天地、晝夜、炎涼、男女、夫妻、君臣、上下等等。由陰、陽爻畫為初始符號所構成的卦體，就具備了形象與意象的特性。形象是指人的感官所能把握的外在相貌，例如：山的高聳挺拔、水波的碧綠流蕩；意象則是人內心對於外在事物的一種反應所生的感受或心意狀態，例如：天體運行不止的「天行健」這是形象，「君子以自強不息」這就是意象了。再者，以三爻為一組的八種形式稱

4　周云之著《名辯學論》，瀋陽：遼寧教育出版社，1996年，頁39。

為八卦，分別象徵天、地、雷、風、水、火、山、澤；以及六爻為一組的六十四卦，分別喻示六十四種事物或現象的特定情態，反映了作者對自然界、人類社會的種種認識。並且可以根據各卦所擬象的事物情況，進行適當的編排，形成一個有序完整的符號系統。

八卦與六十四卦具有模擬某一類事物情況的作用，古人先把自然界的現象分為八大類，再把世間紛繁複雜的事物情況分為六十四小類，由此有系統的推類方法也由此拉開序幕。

在形象類比方面，同一類的具體物像，可以用某一卦來代表。例如《周易・說卦》指出：「乾為馬、坤為牛、震為龍、巽為雞、坎為豕、離為雉、艮為狗、兌為羊。」這是八卦在動物方面的代表情況；此外，在人體各部位的情況也有：「乾為首、坤為腹、震為足、巽為股、坎為耳、離為目、艮為手、兌為口。」由於人體各部位有一定的關係，因此八卦之間也有一定的關係。此外，古代先人賦予三爻一組得八卦種種涵義，與中國文字的發展也有一定的類似關係，例如象形文字一般都是獨體字，反映的對象都是確定的事物實體。像：「人」、「刀」、「羊」、「鹿」、「鳥」、「山」、「水」等。有些象形文字與八卦的卦形十分相似。像：代表「水」的坎卦，與水的古文字相似、代表「天」的乾卦，與天的古文字相似。

在意象類比方面，重疊兩經卦而成的重卦所反映的對象，不再是某一特定的事物，而是事物間的聯繫與關係，如「需」卦，由代表天的「乾」在下，與代表水的「坎」所構成，合成的意象就是天上有水，也就是天上有雲氣，人們見此現象而期待能降下甘霖，這是農耕時代人們生活上迫切的需要，因此這個卦的卦名為「需」；其中包含著天與水的關係，以及人心對此現象的期待，一種意象的類比，藉此卦之符號呈現出來。

在《周易》推類的基本方法上，周山教授指出可分為：據象推類、據辭推類及象辭結合推類三種形態。[5] 所謂據象推類乃是透過占筮取象來決定事情的吉凶，因此推論者必須掌握卦象的象徵事物，與所詢問內容兩者之間的類同關係；以及上卦與下卦所象徵之物彼此間恰當的關係，如此才能進行較有說服力的推論。其次，據辭推理就是根據爻辭或卦辭的內容來進行類比推

5　溫公頤、崔清田主編《中國邏輯史教程》，濟南：南開大學出版社，2001 年，頁 21-28。

論，至於象辭結合推類則是據象與據辭推類結合在一起的推類。《國語・晉語》中有一則發生在公元前637年的象辭結合推類紀錄：秦穆公以武力幫助晉公子重耳奪取晉國，董因替重耳占了一卦，得到「泰」卦，董因先分析「泰」卦卦象是上坤下乾，坤為地，乾為天；地氣上升、天氣下降，為天地交通之象：「是謂天地配」。接著董因又引「泰」卦卦辭：「亨，小往大來。」指出重耳將走亨通之運，卑微的狀態已經結束，偉大的時代將要來臨。這就是《周易》推類的基本形態，雖然這種推論沒有必然的正確性，但是從中可以看出古代中國人為了了解未知的事物，已經懂得運用類比的方法，這要比純粹猜測要好得多，因為在大量且長時間的據象、據辭及象辭結合推類中，會累積出一些經驗性的法則，對於未發生之事的預判，也可以提高其準確性的機率。並且，推類的目的從《周易》開始，就在於引導人的行為，因此，所謂的推理方法也以實踐或實用性為終極目標。

二、推類的方式

此外，先秦諸子許多哲學家也大量的運用推類的方式進行思考。例如：孟子勉滕文公行堯舜之道，改革國政，即引《尚書・說命》的「若藥不瞑眩，厥疾不瘳」這一日常生活經驗為喻（《孟子・滕文公上》）。墨子也用「醫之攻人之疾者，必知疾之所自起，焉能攻之」來比喻「聖人之治天下為事者，必知亂之所自起，焉能治之」（《墨子・兼愛上》）。又如荀子所謂：「不積跬步，無以至千里。不積小流，無以成江海，騏驥一躍，不能十步。駑馬十駕，功在不舍。鍥而舍之，朽木不折。鍥而不舍，金石可鏤。」（《荀子・勸學》）荀子在此運用日常生活中盡人皆知的淺顯事例，比喻說明求學處世的基本道理。

到底什麼是所謂「推類」呢？基本上它是根據兩個或兩類事物，在某些屬性上或關係上的相同或相似之處，從而推論出它們在另一屬性方面或關係方面，也可能相同或相似的推理思維。《墨子・小取》說：「辟也者，舉他物而以明之也。」這也就是惠施所謂：「以其所知，諭其所不知，而使人知之。」（《說苑・善說》）用對方所已經知道的事物，去比喻它所不知道的事物，透過兩者的類似性，而使對方了解他原本所不知道的事物。「推類」包括「類」與「推」兩部分，何謂「類」？「類」即「同」或「相似」，也就是從某一觀點來看兩者有相同或相似的地方。《墨子・經說上》：「有以

同，類同也。」又曰：「不有同，不類也。」《孟子‧告子上》也說：「故凡同類者，舉相似也。」此外，《墨子‧經說上》將「同」分為四種：重同、體同、合同、類同。所謂「二名一實，重同也。不外於兼，體同也。俱處於室，合同也。有以同，類同也。」兩個名稱卻指同一個東西，譬如：狗和犬都是指同一種動物，這就是「重同」。手與腳在同一個身體上的這種同稱為「體同」。至於「合同」則如一些同學同在一間教室，一群人在同一個空間的這種「同」。而所謂類同，則是有可以根據的觀點來說明兩種事物的相同就是「類同」。

　　事物之所以「同」，有其「同」的理由，此理由即「故」。周云之說：「『類』這個詞和概念是很早就提出了，但作為一個明確的、嚴格意義下的哲學概念，只有把『類』建立在『故』的基礎上才能確立。這裡的『故』就是言事物的所然與所以然，也即是指事物的特性、共性、本質或事物之所以如此的根由、依據」。[6]沈有鼎認為：墨家的推類包含著類比推論，同時善於推類的墨家還能夠從表面上不相似的東西之間，發現本質上的「類同性」。此外，《周易‧繫辭上傳》說：「方以類聚，物以群分。」《周易‧文言傳》也說：「物各從其類」。這也指出了事物分類的某些客觀性根據。

　　至於「推」，則是由已知朝未知發展的思維與表達作用，以「類」為基礎的推理活動。如荀子所謂：「推類則不悖，聽則合文。」《荀子‧正名》這種類推思維方式，在中國古代文獻中常見的有：（一）形態類比，如以山岳比肢體，以日月比雙眼；（二）屬性類比，如《周易‧文言傳》根據「同聲相應，同氣相求」的原理，以雲比龍，以風比虎；（三）「以類度類」的同構對應類比，如天人同構、心物同構、人神同構等等；（四）「以己度物」的類比。[7]其中形態類比和屬性類比，以「兩物」為比較對象，一有形、一無形，一可視見、一可想見；以類度類則是以「兩類」事物為比較對象，至於以己度物的類比，則是以本質相同的主體和客體為比較對象；其類比之基礎皆奠基於「兩物」、「兩類」、「主、客」兩者之相似性上。黃俊傑指出：《孟子》書中所見的推類思維，最常運用的是後面三種類比方式。例如：孟子以「白羽之白」推類「白雪之白」，以「犬之性」推類「牛之性」，

6　周云之著《名辯學論》，瀋陽：遼寧教育出版社，1996年，頁325。
7　鄧啟耀著〈中國神話的邏輯結構〉，收入《民間文學論壇》，1989年，頁42-48。

以「白馬之白」推類「白人之白」，均於具體中見普遍，是「屬性類比」的思考方式。再如孟子所強調的「盡心」→「知性」→「知天」的超越歷程《孟子・盡心上》，即屬天人同構的推類思維方式。又如孟子說：「萬物皆備於我矣，反身而誠，樂莫大焉。」《孟子・盡心上》這種思考方式，實即中國思想史上的「以己度物」的思考方式。[8]根據統計，《孟子》全書三萬四千多字，而運用譬式推理之較重要者，竟達六十餘次之多。東漢趙岐《孟子題辭》也說：「孟子長於譬喻。辭不迫切，而意已獨至。」所言甚是。還有大家所熟知的《論語・雍也》所謂：「夫仁者，己欲立而立人，己欲達而達人，能近取譬，可謂仁之方也已。」以及《論語・顏淵》：「己所不欲，勿施於人。」孔子「能近取譬」的這種推類方法也是「以己度物」的例證。

　　此外，在《墨子・小取》中的辟、侔、援、推，基本上也是推類思維的運用。《墨子・小取》：「辟也者，舉他物以明之也。侔也者，比辭而俱行也。援也者，曰子然，我奚獨不可以然也？推也者，以其所不取之，同於其所取者，予之也。」辟是比喻、比方。辟有兩種功能，一是形象描繪，這相當於修辭學上的比喻；另一是抽象思維，這相當於邏輯上的類比式論證。[9]就其為類比推理而言，如《墨子・耕柱》所載：「治徒娛，縣子碩問於子墨子曰：『為義孰為大務？』子墨子曰：『譬若築牆然，能築者築，能實壤者實壤，能欣者欣，然後牆成也。為義猶是也，能談辯者談辯，能說書者說書，能從事者從事，然後義事成也。』」這是將「為義」以「築牆」為譬。陳榮灼指出：「『辟』式推理屬於一種『屬性類比推理方式』，即其推論根據是在於『屬性間的相似性』。」[10]

　　「侔」是不同語言表達的類比推論，其推理方式是在原判斷主詞、謂詞前附加意義相同的成分，以構成新的表達形式。如《墨子・小取》：「白馬，馬也。乘白馬，乘馬也。」此顯示兩個辭義相當的命題，其真假也相當。所謂「辭義相當」是指主、謂詞的類屬關係相當。換言之，白馬與馬的關係，好比乘白馬與乘馬的關係。因此，「侔」是一種「關係類比推理方式」，其

8　黃俊傑著〈孟子思維方式的特徵〉，收入臺大哲學系，中國哲學之方法研討會論文，1990年，頁4。
9　孫中原主編《墨學與現代文化》，北京：中國廣播電視出版社，1998年，頁167。
10　陳榮灼著〈作為類比推理的「墨辯」〉，收入楊儒賓、黃俊傑編《中國古代思維方式探索》，臺北：正中書局，1996年，頁209。

推論根據是在於「關係間的相似性」。

　　「援」是援引對方所說的話來作類比推論的方法，亦即援引對方所贊同的，來論證對方所不贊同的，以證成自己的論點，所謂：「曰子然，我奚獨不可以然也？」其推類的原則即《墨子‧小取》：「有諸己不非諸人。」如《莊子‧秋水》中莊子與惠施於濠上論「魚之樂」即是。莊子與惠子遊於濠梁之上。莊子曰：「儵魚出遊從容，是魚之樂也。」惠子曰：「子非魚，安知魚之樂？」莊子曰：「子非我，安知我不知魚之樂？」惠子曰：「我非子，固不知子矣；子固非魚也，子之不知魚之樂，全矣。」其中惠施與莊子都用了「援」的推論方式。又如：。《公孫龍子‧跡府》中，孔子的後代孔穿想要拜公孫龍為師，但是對於公孫龍「白馬非馬」的論題，不以為然。於是希望公孫龍不要再談論這方面的種種是非，才願意拜他為師。公孫龍則批評孔穿說：「夫是仲尼異楚人於所謂人，而非龍異白馬於所謂馬，悖。」因為有一次楚王在打獵時，遺失了他的弓，尋找不到，就說：「楚人遺弓，楚人拾之。」楚王想反正遺失在楚國境內，一定是由楚人撿到，於是就不再尋找了。孔子聽到這件事之後，說：「何必曰楚，人遺之，人拾之。」孔子主張楚王的心胸應該更擴大些，不要把範圍只限定在楚人，而應該從「人」的觀點來看這件事。於是公孫龍抓住這段話，而指出孔子也是主張「楚人非人」的，來反駁孔穿。這種推論方式是雙重關係的「關係類比」，前面的「侔」是命題與命題間的相似關係，「援」則加入了思想的主客雙方，在第一層主客關係上，雙方都不能自相矛盾，主方所說相類於客方所說。在第二層的命題關係上，『是』「楚人非人」，就必須『是』「白馬非馬」。（其「侔」式為：楚人非人，白馬非馬也。是楚人非人，是白馬非馬也。）

　　至於「推」，也是雙重關係的「關係類比」，亦稱歸謬式的類比推理。所謂：「推也者，以其所不取之，同於其所取者，予之也。」其方法是用對方所不贊同的，來論證對方所贊同的，以推翻對方的論點。推類的原則是《墨子‧小取》：「無諸己不求諸人。」如：《墨子‧公輸》記載墨子對公輸般說：「北方有侮臣，願藉子殺之。」（墨子說：北方有人侮辱我，希望你能幫我把他給殺掉。）公輸般說：「吾義固不殺人。」（公輸般回答：我這個人是講正義的，豈可隨便殺人？）墨子順勢指出公輸般造雲梯幫楚國攻打宋國，必將殺害許多無辜的宋國百姓，這是「義不殺少而殺眾，不可為知類。」也就是說公輸般所講的「正義」很奇怪，他的正義竟然是不可以殺少

數的人，卻可以殺多數的人；因為戰爭必然會死傷許多無辜的人民，殺一人與殺多人是同類的事，所以墨子說他不知類。公輸般自知理屈，終為墨子所折服。此處墨子就是用了「推」的方法。「援」、「推」的推類思維重點，都放在使對方贊同與不贊同的論點歸為一類；就「援」而言，對方所不贊同的，卻是我方所主張的，由於兩者同類，對方就必須同意我方論點。就「推」而言，對方所贊同的，卻是我方所反對的，先構作一與其所贊同之論點同類之主張，但此一主張必須為對方所反對，如此構成矛盾以歸謬，反顯我方所反對的論點無誤。由此可見「推」要比「援」更增加了推類的複雜性。

　　辟、侔、援、推的推類思維，在方法上從單一主體的單一推類，擴展到多重推類；又從單一主體的情境推類構作，拓展到主客對辯式的情境推類；由單向而雙向、由簡單而複雜；以符應現實的變化，以遂行個人在變化中的企圖。

　　綜上所述，不論形態、屬性、同構、己物之類比，及辟、侔、援、推的各種推類，都涉及到兩個對象或思想對象間的比較，也涉及認知主體可以靈活、多樣地去設定其比較的兩端；不過，其兩端的相似性、類同性並非是任意的，其確切的比較標準雖然隨著觀點轉換而不定，但就整體而言仍然有它的一致性，乃有理可循。這也就是《墨子‧大取》所謂：「三物必具，然後足以生。……以故生，以理長，以類行也者。」其中的「故」就是原因或理由，「理」即推理的法則、法儀，而「類」就是推類的根據，是事物共同的性質或相似的特徵。

三、歸納與演繹

　　不僅先秦時代有推類的思想，中國歷代以來許多思想家都曾意識到推類的推理作用，並有大量的運用。以宋代的二程及朱熹的思想來看，二程認為「能推」是人與其他動物的差別所在，他們說：「只是物不能推，人則能推之。」（《二程遺書》，卷二上）又說：「禽獸與人絕相似，只是不能推。」（《二程遺書》，卷二下）這裡所說的「能推」，主要是指「以類而推」的「類推」或「推類」。程顥說：「格物窮理，非是要盡窮天下之物，但於一事上窮盡，其他可以類推。」不同的事物之所以能夠相推的理由，就在於它們在性質上的同類，所謂「事物莫不各以類聚」（《二程遺書》，卷十五），以及「事則有類，形則有群，善惡分而吉凶生」，因此人們就可以「以類而

推」，只不過這種「推」的目的仍是分善惡、知吉凶，偏向倫理性與實用性的推理。此外，事物之所以能夠相推的理由是「理的相通」，他們說：「一物之理即萬物之理。」（《二程遺書》，卷一）又說：「萬物皆是一理。」（《二程遺書》，卷十五）因此若能「達理了，雖億萬亦可通」（《二程遺書》，卷一）。如此，人只要明理就可以相推了。

朱熹也說：「大凡為學有兩樣，一者是自下面做上去，一者是自上面做下來。」（《朱子語類》，卷一一四）。朱熹在這裡講的是「為學」方法，這種為學方法與他的「格物致知」說法是一致的，其中含有歸納法和演繹法的思想。

什麼是「自下面做上去」？他解釋說：「便是就事上旋尋個道理湊合將去，得到上面極處亦只一理。」（《朱子語類》，卷一一四）說得更具體一點，就是「零零碎碎湊合將來，不知不覺自然醒悟」（《朱子語類》，卷十八）。這與他的「格物」說是一致的，他說：「格物是逐物格將去」、「格物是零細說」、「格物是物物上窮理至理」（《朱子語類》，卷十七）。顯然，所謂的「自下面做上去」的方法相當於西方傳統邏輯的歸納法。也就是從個別特殊的事物，歸結出普遍的通則。

所謂「自上面做下來」，朱熹解釋說：「自上面做下來者，先見得個大體，卻自此而觀事物，見其莫不有個當然之理，此所謂自大本而推之達道也。」（《朱子語類》，卷一一四）。這裡，「大體」指事物的共性或「類」，「大本」指事物的本質或規律。[11]這類似於西方傳統邏輯的演繹法，也就是從普遍的通則推出個別特殊的事例。朱熹關於「自上面做下來」的演繹法的思想有以下幾個要點：

（一）它是由已知的「大體」推知個別事物。即以已知的共性、一般性知識為依據，「推得漸廣」，推知個別事物。這樣，「自上面做下來」的過程，也就是從一般性知識推出個別性知識的過程。

（二）它推出來的個別事物的知識，「見其莫不有個當然之理」。也就是說，它推出來的結論是「當然之理」、是必然的，而「從下面做上去」的歸納法推出來的只能是「大概是如此」的結論。

11　溫公頤、崔清田主編《中國邏輯史教程》，濟南：南開大學出版社，2001 年，頁 260-261。

（三）「自上面做下來」的演繹法必須「以類而推」。要「致知」推得漸廣就需要以「類」作為依據。他說：「只要以類而推，理固是一理，然其間曲折甚多，需是把這個做樣子，卻以這理推去始得。」又說：「問以類而推之說，曰：『是從以理會得處推將去，如此便不隔越，若遠去尋討，則不切於己』。」（《朱子語類》，卷十八）這是說，「自上面」就必須把握「類」，並把「類」作為標準，然後從這裡推將去。

其實不論演繹法、歸納法都與推類法有密切的關係，演繹法從「類」到「部分或個體」，而歸納法從「個體或部分」所歸結出的，也可能為某一「類」事物的通則或性質。經由上述的說明，我們可以看出，中國邏輯是以「推類」為其主要的推理類型。

四、墨家的反駁推理

證立己論與反駁對方錯誤理論，都有助於呈現自家的思想。證立己論是主動提出自己的主張，反駁對方則是被動地從對方的錯謬中，相對地間接呈現己方主張的正確性。在墨家反駁理論中有：止式、推式與歸謬式等。[12]

（一）止

〈經上〉：「因以別道。」

〈經說上〉：「彼舉然者，以為此其然也；則舉不然者而問之。」

「止」的作用就在「因以別道」，「止」是用來把一個不正確的道理，加以分別、區分；具體的運作是：當對方認為某個道理是正確的而提出該主張，那麼我們就可以舉出例外的事例來加以反駁，例如：若有人主張所有的人是黑人，則可以舉「以人之有黑者，有不黑者也，止黑人。」（〈經說上〉）

此外，〈經下〉：「止，類以行之，說在同。」〈經說下〉：「彼以此其然也，說是其然也；我以此其不然也，疑是其然也。」這說明了「止」的步驟，如果對方的大前提「此其然也」是錯誤的，則推出的結論「是其然也」也是可疑的。因此就有必要用正確的前提「此其不然也」，來懷疑對方的結論「是其然也」。[13]這裡墨家對於「類」的認識，掌握了其分子屬性皆「同」

---

12 李賢中著《墨學——理論與方法》，臺北：揚智文化公司，2003 年，頁 59。

13 孫中原著《中國邏輯學》，臺北：水牛出版社，1993 年，頁 276。

的特徵；因此，不但能透過考察個別物的性質，比較出它們的共同性而概括出該類事物的一般屬性；同時也能夠從某類事物所具有的一般性質，推論出該類事物分子也具有這種特質。而「止」的反駁就是運用「類」與該「分子」的這種關係，來進行推論。

（二）推式

「推」在前面已說明過，但從反駁理論的觀點看，〈小取〉：「推也者，以其所不取之同於其所取者，予之也。」其中，由於「其所不取」與「其所取」的兩者同類，「予之也」則是為顯出對方的矛盾，如果對方承認自己的錯誤，而放棄原本的觀點，也就達到反駁的效果；並且，如果對方不但放棄對方原本的觀點，反而贊成我方的觀點，則在推論進行中又間接地達到證明我方觀點的正確性。因此，從「推」式運作的過程中可見其「反駁」的作用。

在〈公孟〉中，公孟子曰：「無鬼神。」又曰：「君子必學祭祀。」子墨子曰：「執無鬼而學祭禮，是猶無客而學客禮也，是猶無魚而為魚罟也。」這就是以「推」式來反駁之例。其中，公孟子所取的是「無鬼神而學祭禮」，其所不取的是「無客而學客禮」，以及不取「無魚而為魚罟」，但這後兩者與前者「無鬼神而學祭禮」是具有同樣的性質──都是自相矛盾的，墨子把這些自相矛盾的事例同時呈現在公孟子面前，這就是「予之也」，使他不得不放棄「無鬼神而學祭禮」的觀點。至此，則墨子已達到反駁的效果。至於公孟子是否為堅持學祭祀的觀點而必須承認有鬼神的存在，進而贊成墨子的主張，就公孟子而言或許還有可辯論的空間，但就墨子而言，則此「推」式就有一定證立鬼神存在的效果了。因為學習待客的禮節必定是因有賓客的存在；既然做了魚網必然就有魚的存在，而學習祭禮也就必然有祭祀的對象，所以可以肯定鬼神是存在的了。

（三）歸謬式

歸謬式反駁也是屬於被動的立場，待對方提出論點後，從其論點引申出明顯的矛盾，從而反駁對方的言論。其引申的方法有二，一是拉大所論事態的時空情境，另一是呈現事態發展各階段或程度的類同性與差異性。

〈非儒〉：「儒者曰：君子必古服古言然後仁。應之曰：所謂古之言服者，皆常新矣。而古人言之服之，則非君子也。然則必服非君子之服，言非

君子之言，而後仁乎？」這種歸謬式反駁，就是拉大了儒者所謂君子所處事態的時空情境，將視域焦點挪向君子所效法的古人，從此事態起點的古人言、服皆常新著眼，而以「止」式歸謬：「凡君子必古服古言」與「有些君子未古服古言」不能同時成立。或故式歸謬：因為古人未古言古服，所以古人非君子；如果君子必須仿效非君子，方為仁，則為荒謬。

其次，在呈現事態發展各階段或程度之類同性方面，如：〈非攻上〉：「殺一人，謂之不義，必有一死罪矣。若以此說往：殺十人，十重不義，必有十死罪矣。殺百人，百重不義，必有百死罪矣。當此天下之君子，皆知而非之，謂之不義，今至大為不義攻國，則弗知非，從而譽之，謂之義，情不知其義不義也。」這是從「攻國而譽之」的事態轉換至「殺人」的情境，殺人就其同而言不論多少皆是不義的行為。就其相異處，則殺愈多則愈不義、罪愈重。由於攻國必殺多人，所以攻國為不義，且為重罪之行為。其中也運用了「推」，殺人愈多罪愈重是其所取，攻國有罪不可譽是其所不取，然而其所取與其所不取乃是同一事態發展的不同程度但性質相類同，從而歸謬反駁了對方的論點。

孫中原先生認為這一類的錯誤可概括為「明於小而不明於大」（「知小物而不知大物」），這是恰當妥切的。[14]此外，在〈非攻上〉、〈天志下〉、〈魯問〉等篇中，墨子也用類似的比喻像：「小視白謂之白，大視白則謂之黑」、「少見黑曰黑，多見黑曰白」，及「少嘗苦曰苦，多嘗苦曰甘」等來進行歸謬式反駁。

總之，「推類」是中國邏輯中主要的推理方式，不論類比、歸納、演繹、反駁，都可以看到這種基本的形式，及其各種變化的形態。

第四節　佛家邏輯

一、因明論式

「因明」是印度的古老學術，它在中國也流傳了一千多年。流傳期間，逐漸形成漢傳因明和藏傳因明兩個系統。漢傳因明以《因明正理門論》和

---

14 孫中原著《中國邏輯學》，臺北：水牛出版社，1993年，頁59。

《因明入正理論》為主要內容，特重因明論式，在唐代發展極盛。本節介紹其中的五支式與三支式的推論形式，希望有助於學習者對於佛家邏輯的初步了解。

什麼是「因」？「因」梵語稱為「hetu」，含有理由、原因、知識的意思。又何謂「明」？「明」梵語稱為「vidya」，其意為「學」。所以，「因明」就是有關於原因的學問。[15]因明的主要目的在於悟他，也就是在於使對方懂得立論者所講的道理，其中必然涉及許多推理的步驟。

所謂的五支論式早在公元前六世紀由梅達底提・喬達摩（Medhatithi Gautamao）所創，直到公元二世紀才被確立。這五支式的五個部分分別是：宗（命題）、因（理由）、喻（例子）、合（運用）、結（結論）。例如：

宗：這山有火。

因：因為有煙。

喻：凡有煙者有火，如灶。

合：這山有煙。

結：因此，這山有火。

這個論式如果以對話的方式呈現，更可以看出它在思維過程中的次序。

甲：這山有火。

乙：為什麼？

甲：因為有煙。

乙：有煙會怎樣呢？

甲：凡有煙的地方一定有火，如灶。而這山正是如此（有煙），所以，這山有火。

五支論式的特點是：既包含著演繹因素，又包含歸納的類比成分。就演繹來看，其中包含這樣的推理：

凡有煙的地方一定有火。

這山有煙。

所以，這山有火。

這是由一般到個別的推理過程。就類比推理來看：

15　虞愚著〈因明在中國的傳播和發展〉，收入《因明新探》，蘭州：甘肅人民出版社，1989年，頁16。

灶：有煙、有火。

灶與山同類。

這山：有煙，所以有火。

因明在古代印度的發展曾有兩個階段——古因明與新因明。古因明論辯方式的特點是：論式分宗、因、喻、合、結五部分。「宗」就是提出來加以論證的命題亦即所立，「因」就是基於與譬喻具有共同的性質來論證所立的理由，既使從異喻上來看也是同樣的。「喻」是根據與所立相同的同喻，是具有賓詞的實例，或者是根據其相反的一面而具有相反的事例。「合」就是根據譬喻說他是這樣的或者不是這樣的，再次成立宗。「結」就是根據所敘述的理由將宗重述一遍，這就是古因明的五支論式。新因明改五支式為宗、因、喻三支式，並不僅僅是使論式簡化而已，更重要的是使論式中增強了演繹推理，使整個論式變成了演繹、歸納與類比的結合體。

印度邏輯論式至陳那創立新因明，將五支改為三支。陳那出生於印度南部建志城附近，他對因明不但有深刻研究，而且有重大貢獻。史學家稱他為「中古邏輯之父」。[16]他繼承前人思想，認為「合」、「結」二支只是重述，而無其必要，於是刪除「合」、「結」，只保留宗、因、喻三支，並對「喻」做了更明確的區分；其形式如下：

宗：聲是非永恆的（聲是無常）。

因：因為聲是造作出來的（所作性故）。

喻
{
同喻 { 喻體：凡造作出來的，是非永恆的（諸所作者，皆是無常）。
喻依：譬如瓶（如瓶等）。
異喻 { 喻體：凡永恆的東西是非造作出來的（諸常者，皆非所作）。
喻依：像虛空（如虛空等）。
}

此例的五支作法：

宗：聲是非永恆的（聲是無常）。

因：因為聲是造作出來的（所作性故）。

同喻：譬如瓶子，是被造作出來乃非永恆的（猶如瓶等，於瓶見是所作與無常）。

16　虞愚著〈因明在中國的傳播和發展〉，收入《因明新探》，蘭州：甘肅人民出版社，1989 年，頁 23。

合：聲音也是一樣，是被造作出來的（聲亦如是，是所作性）。

結：所以聲音是非永恆的（故聲無常）。

異喻：譬如空，不是被造作出來乃是永恆的（猶如空等，於空見是常住與非所作）。

合：聲音並不是這樣，而是被造作出來的（聲不如是，是所作性）。

結：所以聲音是非永恆的（故聲無常）。

古因明的五支論式沒有喻體、喻依之分，普遍的命題並沒有明顯畫分出來。陳那將喻支明確地區分為喻體、喻依，將喻體作為一個全稱命題列舉出來，且有同、異之分。

其中，同喻依和同喻體之間，構成一個濃縮了的典型歸納證明，即由一個典型事例證明一個普遍原則。如同喻體為：「凡造作出來的，是非永恆的。」其同喻依為：「譬如瓶」。瓶之類的事物是很典型地體現了同喻體所表示的「有生有滅」的大道理。這種推論方式顯示：在辯論中，列舉一個普遍原則緊跟著一個典型事例，比之單純列舉普遍原則，更能加強論證的力量和說服的作用。[17]

至於異喻體則可以直接演繹地從同喻體中推導出來。其推理的方法，簡單的說，就是把「造作出來的」和「非永恆的」兩個語詞互相對調位置，並同樣加以否定，如此就從同喻體變為異喻體；但是，其實它們的意義仍然是相同的。這從以下的轉換步驟可以看出：

（一）同喻體：凡造作出來的是非永恆的。

（二）等於說：凡造作出來的不是永恆的。

（三）等於說：凡永恆的不是造作出來的。

（四）等於說：凡永恆的是非造作出來的（異喻體）。

異喻體和異喻依之間，也構成一個典型式的歸納證明，這和同喻體與同喻依之間的關係是相類似的。

以上，因明的論式，不像形式邏輯那樣使用變項，它不用數學的材料、手段和符號，而是以自然語言為工具，但它卻也創造了嚴密的形式體系。三支式中，「喻」支說明了「宗」與「因」的關係。「宗」是推論的結論，

---

17 孫中原著《因明研究》，長春：吉林教育出版社，1994 年，頁 56。

「因」是支持這個結論的原因或理由。而「喻」則是從正面、反面，普遍原則、個別例證等方面說明「因」之所以能夠支持「宗」的理由。這顯示論證的因果關係間有一定的立因原則。因明學中有所謂的「因三相」就是要說明「因」在三支式中與其他部分的關係，有三種狀況必須注意。這也可以說是三支式推論的基本根據。

「因」第一相稱為：遍是宗法性。是說給出的因必須遍及宗的主詞。也就是說：凡造作出來的事物，必須包含「聲」這一種東西，這個推論的因才能成立。

因第二相稱為：同品定有性。是說給出的因必須是與「宗」的賓詞有共性。也就是說，凡造作出來的事物，又必須與非永恆的事物有共同的性質。

因第三相稱為：異品遍無性。是說排除在「宗」賓詞以外的事物，不具備有與該賓詞同樣的性質。也就是說，非永恆的事物以外者，不會具備有被造作出來這樣的性質。如此，所立之因才能有效地支持宗的證成。

二、破與立

簡單的說，因明的宗旨在於「破邪立正」，要達到此一目標，就要使自己了解所要確立的主張，如《因明入正理論》首先指出的：「能立與能破，及似唯悟他；現量與比量，及似唯自悟。」其中的「自悟」就是使自己了解，而所謂的「悟他」則是使別人了解此一主張，「自悟」與「悟他」合稱為「兩益」。如何才能「自悟」？此涉及認知的相關因素、知識的來源、認識的主客關係、知識的性質、認知的過程等相關的問題；這些總稱為「量」。「量」可分為「現量」與「比量」，「現量」相當於感覺知識，「比量」相當於推理知識。而「現量」與「比量」又都有真、似之分。凡符合相應之限定與要求者為「真現量」和「真比量」，反之，則稱為「似現量」與「似比量」。

「破邪立正」中的「立」即「證明」，「破」即「反駁」。這「立」與「破」也有真、似之別。這就是「真能立」與「似能立」，以及「真能破」與「似能破」。所謂「真能立」是指，如果一個論式的各個部分，均能符合相應的規定，使立論者的主張得以確立，並且使敵論者與裁判者都受到啟發，這就是「真能立」。如《大疏》卷上所謂：「因喻具正，宗義圓成，顯以悟他，故名能立。」所以，能立者必須做到宗、因、喻都正確才行。可

是，如果一個論式不完整，論式的各部分不符合相應的規定，而有所過失，致使論證陷於困境，這就是「似能立」。如《大疏》卷上所謂：「三支互闕，多言有過，虛功自陷，故名似立。」

至於「真能破」與「似能破」則是指，如果能正確指出「似能立」所包含的過失，就是「真能破」。反之，如果不能確實指出「能立」的過失，而是把無過說成有過，這就是「似能破」。

以上，「兩益」包含著「悟他」與「自悟」兩個部分。「悟他」包含著「真能立」與「似能立」，以及「真能破」與「似能破」四個部分。而「自悟」則包含著「真現量」和「似現量」，「真比量」與「似比量」四個部分。而上述八項合稱「八門」，其中「自悟」偏重於認識論，「悟他」講的是立、破的規則，側重於邏輯，《因明正理門論》和《因明入正理論》均以「悟他」為中心；這「兩益」、「八門」簡明的總括了因明的綱紀，說明了因明的要義。

因明是以事物間的因果關係建立起來的推理，它的論式不是純演繹或純歸納，而是二者的結合。印度因明與中國古代邏輯名辯學和古希臘的亞里斯多德邏輯，並稱世界三大邏輯源流。漢傳因明以《因明正理門論》和《因明入正理論》為主要內容，特重因明論式，在唐代發展極盛，而使得因明也成為中國邏輯的一部分了。

第五節　小結

總之，中國邏輯有其實質的內容，以及方法的自覺。中國邏輯的特性較著重實用與實踐的層面，常用類比、推類的推理方法，目的在於說服別人以發揚自己學派的主張，實現自家的理想。其內容包括：先秦時期的「名辯學」、連珠體、《周易》的推類思想、魏晉南北朝的名實之辯、名理之辯、言意之辯、連珠法的創新及先秦名辯學的反思。唐代的邏輯思想則以玄奘及其弟子對因明的三支式發展為代表。至於宋代理學盛行時期的邏輯思想，主要的內容集中在「正名」與「推類」方面。至明、清時期的邏輯思想則涉及西方傳統邏輯的傳入、名辯學的復甦及中西邏輯的比較研究。

中國古代邏輯思想以名、辭、說、辯為其思想的基本結構，其中包含著正名學與論辯學；正名學是由正名分、正名物、逐漸發展至具有認識論意義

的正名實，這正是邏輯推理之論辯學的基礎。此外，演繹、歸納、類比及反駁推理也都可見於中國邏輯的材料之中。在因明中，除了對宗、因、喻，正確與否的分析，破、立的探討之外，對於推論中謬誤的產生及類型也有論及。因此，佛家邏輯也是中國邏輯不可或缺的重要部分。

自我評量

1. 我們如何確認中國邏輯這門學問？中國邏輯的特殊性為何？
2. 何謂「正名學」？「正名學」探討哪些問題？
3. 請舉例說明邏輯正名原則與語詞正名原則為何？
4. 名、辭、說、辯的關係為何？「辯」的基本原則為何？
5. 何謂「推類」？在中國古代有哪些常見的「推類」方式？
6. 請舉例說明「援」與「推」的推論方式。
7. 何謂因明？五支式與三支式的論式有何不同？

第八章
中國邏輯的推理特性
與近代發展

第一節　影響推理的形上思想

　　邏輯與認知有關，認知又與形上學的問題相關，在中國哲學中有一種影響認知與推理的看法，就是將整個宇宙視之為「一」，肯定某種可貫穿所有事物的「道」或「理」存在其中。如《莊子》有「道」遍在萬物之說，如〈知北遊〉：東郭子問於莊子曰：「所謂道，惡乎在？」莊子曰：「無所不在。」並且，莊子也指出人在面對此「一」的態度與實情，〈大宗師〉：「其好之也一，其弗好之也一，其一也一，其不一也一。其一與天為徒，其不一與人為徒。天與人不相勝也，是之謂真人。」此外，《易傳》所說的：兩儀、四象、八卦、六十四卦都源自太極，可見「太極」與天地萬物有關。再者，像：張載的「氣化宇宙論」、朱熹的「理一分殊」、陸九淵的「吾心即是宇宙」等也都蘊涵著「宇宙為一」的思想。程顥說：「天人本無二，不必言合。」（《二程遺書》，卷六），張岱年說：「天人既無二，於是亦不必分別我與非我。我與非我原是一體，不必且不應將我與非我分開。於是內外之對立消弭，而人與自然融為一片。」[1]前面第二章本體論也曾指出，中國哲學形上學最突出的特質，是通幽明、徹上下、合內外、兼人我、融物我，將天、人、萬物相互聯繫，相涵相續，構成「體用一如」、「變常不二」、「即本體即現象」、「道器相涵」、「理氣一源」、「天人一本」的機體觀。簡言之，中國哲人以機體的聯繫性、感通性、渾然一體，來看人與天地萬物的相互關係。

1　余雄著《中國哲學概論》，高雄：復文出版社，1991 年，頁 10。

　　就此形上思想，人也是宇宙中之一物，人與其他萬物可以藉著「道」或「一」而有所相通。因此，在中國哲學的推理思維方式中，有相當多的部分是藉著「體證」而非「論證」。「論證」重在分析思辨，以及藉由推理形式規則保證推論的正確性。而「體證」重在身體力行的實踐，是在活動、變化中感應著同一主體中的彼端。「體證」的進行預設著同一性、共通性，基於「同」在於一主體，因此可以「感」、能夠「通」，能感通而實際上未感通，或有感而不通，或感通的結果錯誤，此乃修養功夫不夠，尚未達到夠高的境界。如《莊子・大宗師》所謂：「有真人而後有真知。……不以心損道，不以人助天，是之謂真人。」當然，這種修養功夫並不排除心中推理的作用，其推理方式也就以「推類」為主；「類」就是「同」，亦即由「彼」「此」之「有以同」相互推類。而不是以主客對立的方式認知，這可以《莊子・秋水》篇中莊子與惠施濠梁之辯，論魚樂之事為例：

　　莊子與惠子遊於濠梁之上。莊子曰：「儵魚出遊從容，是魚之樂也。」惠子曰：「子非魚，安知魚之樂？」莊子曰：「子非我，安知我不知魚之樂？」惠子曰：「我非子，固不知子矣；子固非魚也，子之不知魚之樂，全矣。」莊子曰：「請循其本。子曰『汝安知魚樂』云者，既已知吾知之而問我，我知之濠上也。」莊子之所以能知魚之樂，即由在「一」中的「此端」與「彼端」感通推類而知；惠施提問則是以主客對立為二的認知模式立論。莊子之回答採《墨子・小取》中的「援」式推類，所謂：「援也者，曰『子然，我奚獨不可以然也？』」乃是以其人之道還治其人之身。故莊子同樣以主客對立為二的觀點指出，惠施不是莊子，因此也不能知莊子之所「知」為何。然惠施再轉進一層，先同意莊子論點，但其論點若能成立，那麼莊子非魚就不能知魚是否為樂。至此，莊子抽離此一思路而回到對話起點，說：「請循其本。」既然莊子一說魚樂之事，惠施能夠有所回應，這就表示惠施能夠了解莊子語言的意義，並非全然不知莊子的感受，如果惠施能懂莊子，那麼莊子也就有可能懂魚。但莊子把惠施所問的「安知」（如何得知）？似乎轉換為「在何處得知？」而回答：「我知之濠上也。」令人有答非所問之感；但若從感通而知的觀點來看，也可以理解莊子所做的回應是指：「我就在濠梁之上感受到游魚從容之態的快樂。」這就像是某人知道他的腰痠、背痛一般，你不能將頭與腰、背一分為二，而問他：「頭又不是腰，怎知腰在

瘓？頭又不是背，怎知背在痛？」因頭、背、腰正如《墨子‧經說上》所云：「不外於兼，體同也。」是在同一主體之中。如此解釋的根據，就在於莊子視「萬物為一」的觀點，且萬物彼此間可相互流轉的思想，從《莊子‧齊物論》中的「夢蝶之喻」可見，「昔者莊周夢為胡蝶，栩栩然胡蝶也，自喻適志與！不知周也。俄然覺，則蘧蘧然周也。不知周之夢為胡蝶與，胡蝶之夢為周與？周與胡蝶，則必有分矣。此之謂物化。」人通常意識中所呈現的「我」乃一形軀之感受主體，與「他人」同屬萬物之範圍，因此「我」與「他人」或「外物」並非絕對分立。

其實，莊子與惠施代表著兩種不同的認知進路，都有他們各自的價值。從中國哲學整體的發展來看，後來的學術發展，除了有惠施的主客對立之路，也有不少偏重感知了悟而不重論證。如《周易‧繫辭上傳》所謂：「易無思也，無為也，寂然不動，感而遂通天下之故。」張岱年先生說：「中國哲學不注重形式上的細密論證，亦無形式上的條理系統。中國思想家認為經驗上的貫通與實踐上的契合，就是真的證明。」[2]而莊子的思維方式則以「感通」為主；至於如何感通而知、而思，這是中國邏輯所可探研深究的部分。

第二節　以實踐爲主的推理

思想是一種精神的活動，它包含著在意識中連續出現的一切內容。推理只是思想內涵中的一種形態。它是從已知的知識為前提，推出新的知識的思維過程。依此，將推理視為一種方法，越能幫助人達成目的的推理，就是好的方法；正確的推理有助於人對未來事態的正確性預測，進而有助於人類的生存發展。然而，環境中的對象，有物、有人，適合物的推理未必適用於人，理解物、影響物的推理在於思維、語言形式化的掌握，此在西方已有長足的發展；而理解人、影響人的推理在東方則有其不同於西方的傳統。這種推理，它能有效轉變人的思想，使環境中的人，經過某種推論之後，改變了他原先的思想、行為，且有利於推論主體的主張、理想實現。簡單的說，推理是以說服別人、改變不良的現狀為目的。

2　余雄著《中國哲學概論》，高雄：復文出版社，1991 年，頁 11。

　　若將目光離開「物」而以「人」為中心，我們所關切的焦點就必須從所謂的「客觀世界」，轉移到人的「內心世界」。因為就客觀的「物理世界」而言，其中事物的變化依循著因果原理，其變化的方向、狀態，根據一定的律則，對於物理事態的預測，可以有相當的準確性；然而「人」卻是具有自由意志的存在者，每一個人所認知的世界，都同樣來自這一個所謂「客觀的世界」，但每一個人對這個世界的理解卻不盡相同。對每一個人而言，對他有意義的世界，乃是他透過他個人的生活體驗、思想傾向、實踐經驗所賦予意義、價值的那個世界。因此，即使每一個人在相同的環境中生活，但他們所看到的世界也不盡相同；又由於人有自由意志，當人與人、人與物、人與事，在不同時空所構成環環相扣的複雜事態下，我們對於個人的行為，乃至於群體的行為的預測，就必須考慮其中的主觀性因素。

　　我們要了解人，可以透過他所表達出來的語言文字，但是不能只注意到語言、文字本身所代表的外在事物或內在事物，我們還必須注意到這些事物之間的關係，以及表達者的思維情境，因為思想中的事物必須對應於他的思維情境，才能呈現出意義。就思想活動中的推理而言，也必須相應於表達者的思維情境，才能曉得其理路是如何進行？其合理性的標準為何？再者，語言本身雖有其轉化實然事態的作用，但所反應的事物往往不完全，甚至不真實。也必須相應於表達者的思維情境，才能了解其所表達的東西是什麼。

　　再從人的目的性來看，人是活在對過去賦予意義，而對未來有所期待的當下，他要對過去多久遠之前的事物賦予意義，他在邁向未來的時候，又對多遠的未來有所期待，都與他思維情境的大小有關，而思維情境與目的性會相互影響，某種目的會使思維情境變大，某種目的也會使思維情境變小。例如：有人為了眼前的利益，而欺騙顧客，他的思維情境只是短期內可以多賺些錢；另有些人想到長遠的利益，所以寧願現在少賺一點，甚至吃虧也不要使顧客群流失，因而他們的思維情境範圍是比較大的。相對地，一個人思維情境的改變也有可能會影響到其目的隨之而轉變。

　　在中國哲學的內容中，有一個主要的目的性趨勢，就是注重實用、或有效的實踐。各種蘊涵理論性的原典文獻，大部分都帶有實踐的意涵，也就是從「知」必須發展到「行」，才算完成立言的目的。張岱年先生說：「中國哲人，因思想理論以生活實踐為依歸，所以特別注重人生實相之探求，生活

準則之論究。」[3]如孔子講學分為四科：德行、政事、語言、文學，其中語言、文學的表現並不能作為為學成果的評價，而是以德行、政事的實踐才是孔子所看重的；在孔門中，顏淵之所以被稱為好學，就在於他能修身行己、實踐道德。如不能實踐，則雖多讀書、長口辯，如子游、子夏、宰我、子貢等，也不能算作好學。甚至雖然實踐，但其程度比顏淵差些，如閔子騫、冉伯牛、仲弓等也還是不能算做好學。就實踐而言，孔子也有他的步驟：要先修身行己，而後為人為政。《論語‧為政》：「學而不思則罔，思而不學則殆。」可見孔子也相當重視與學相關的「思」，王引之《經義述聞》指出：「思而不學，則思無證驗，疑而不能定也。」可見「學」涉及實際經驗上的驗證。王夫之也說：「行可兼知，而知不可兼行。……君子之學，未嘗離行以為知。」《尚書引義》如此，更強調出實踐的重要性。張尚思先生說：「我以為，學問好像萌芽開花，實踐好像結果。如有學問而不實踐，便好像『苗而不秀，秀而不實』。質言之，學問是實踐的手段或工具；實踐是學問的目的或歸宿。」[4]

再以其他學派為例，即使是以名辯思想見長的名家、墨家也以實踐、達用為其思辯的目的。《公孫龍子‧名實論》：「至矣哉，古之明王。審其名實，慎其所謂。至矣哉，古之明王。」審名實，慎所謂的功能還是在於君主的為政治國。再看《墨子‧經上》：「辯，爭彼也。辯勝，當也。」《墨子‧經說下》：「辯也者，或謂之是，或謂之非，當者勝也。」《墨子‧小取》：「夫辯者，將以明是非之分，審治亂之紀，明同異之處，察名實之理，處利害，決嫌疑。」從「辯」的目的在於「求當取勝」、「明是非」及政治、倫理方面的作用來看，其目的仍然關注現實生活上的實用目的。墨家「三表法」中的第三表：「用之者，發以為行政，觀其中國家百姓人民之利」，也呈現了推理不離實踐的特色。

中國邏輯與西方邏輯的內容、目的是不大相同的。西方邏輯面向實在界，語言反映思想界中之概念，而概念源自實在界中的種種事態，從語言結構、語法層面抽離形式、建立規則。中國邏輯也涉及名、辭、說、辯及推理辯論的相關探討，但其更重視「實踐」的作用，如何有效改變人的思想、行

3　余雄著《中國哲學概論》，高雄：復文出版社，1991年，頁11。
4　張尚思著《中國思想研究法》，上海：復旦大學出版社，2001年，頁162。

為？如何進入對象的心靈世界，而非僅以客觀性理則的把握為主；因為實在界是受人的主觀性影響才呈現其樣貌。人所表達的語言文字，也是透過表達者內心世界的思維情境脈絡，才能呈現其意義；唯有掌握表達者所使用語文的意義，才能了解其推理的過程與法則。因此，中國邏輯必須關切思維情境此一層面。

第三節　思維情境中的推理

思想的進行就像一種無聲的語言，思想和語言的關係十分密切，我們可以透過對語言的分析，來了解思想的內容。語言是由一些語詞、概念的連結所構成，當然，概念與概念的連結有一定的文法與規則。思想既然是概念與概念間有規則的連結，那麼，是否所有的思想都是推理而來的？其實，並非如此。雖然，所有的推理都以思想的形態呈現，但並不是所有的思想都是推理的。譬如：背誦、記憶、自由聯想、創造性思想、跳躍性思想或靈感、幻想、感想等等也都是一種思想，但這些思想未必是推理的。並且，思想的進行往往伴隨著思維情境，思維情境的發展有其連續性，而其連續性未必依某種普遍、固定的理則方式進行。

有些思想相對於表達者的思維情境而言是合理的，但若抽離了承載語言的思維情境則變為不合理。如《大學》中的三綱領、八條目的推演關係，《大學》：「古之欲明明德於天下者，先治其國；欲治其國者，先齊其家；欲齊其家者，先修其身；欲修其身者，先正其心；欲正其心者，先誠其意；欲誠其意者，先致其知，致知在格物。物格而后知至，知至而后意誠，意誠而后心正，心正而后身修，身修而后家齊，家齊而后國治，國治而后天下平。」此段文字若以純粹假言連鎖式論證，將之轉化為P→Q，Q→R，R→S，S→T，T→U，U→V，V→W，亦即「格物則致知，致知則誠意，誠意則正心，正心則修身，修身則齊家，齊家則治國，治國則平天下。」如此的轉化是否恰當？許多人會質疑：身修之後未必可以家齊；家齊之後未必可以國治；國治之後也未必可以天下平；這樣的推理是否錯誤？首先，其中的每一前項，對後項的影響力是持續而非斷離的，亦即齊家者仍必須做修身的功夫，治國者也仍然必須做修身的功夫、齊家的功夫，而格、致、誠、正也一直都是修身的內涵。因此，八條目雖然使用了不同的概念，在語言表達上也有先後的

次序性，但實際上為一整體，是朝向「止於至善」的主體變化。所以將其抽離出各單位概念，再論究其推論關係的處理方式，則與原作者的心靈不相對應。

其次，《大學》的內容是針對王公貴族而論，並非「初學入德」之門，亦非人人所必讀之書，而是以太學之學生為對象。「太學」是朱熹所謂：「天子之元子、眾子，以至公、卿、大夫、元士之適子，與凡民之俊秀」者，受教育之處所，講授治國安民之道。書中所言，都是以天子為中心，所謂「在明明德」者，乃明天子之德。所謂「在親民」者，乃天子之親民。所謂「在止於至善」者，乃天子行仁政之止於至善。格、致、誠、正、修、齊、治、平的主體也都是指天子。其他如《大學》所云：「一家仁，一國興仁。一家讓，一國興讓。一人貪戾，一國作亂。」也都是指天子之家能齊，而後始能國治。[5]因此透過相關情境的考量，我們才能了解原典之意涵。八條目之各概念，就其思想階段而言有先後，但就其為天子「正己以安百姓」之整體修養功夫中之部分而言，是互依交變而無先後。格、致、誠、正、修、齊、治、平，對一般人而言無其在發展上的應然性，但對封建體制下的天子而言，則有其應然的發展順序。因此，並不能簡單從語法的形式斷言其推論之必然形式與正誤。

從語法的觀點來看，概念與概念連結的規則是屬於語法學的範圍，透過合乎語法的語句，使我們得以把握語句的意義。而有意義的語句可以使我們把握它所描述的事態，進而使思想界與實在界產生某種對應的關係。但是，單有語法的後設語言分析仍然不足以還原事態的真相，還需要了解語意及語用層面的內涵，這就必須透過表達者的思維情境的分析，才能比較確切的掌握事態及語言的意義。

我們再以《墨子‧小取》中「或一周而一不周」的例子來看。其中「周」有普遍、全面之意。《說文解字》：「周，密也。」如：周密、周詳。邏輯學上指命題中之名詞所表一類事物全體皆論及者，謂之「周延」，如全稱命題之主詞皆周延，否定命題之謂詞皆周延。《墨子‧小取》卻說：「愛人，待周愛人，而後為愛人。不愛人，不待周不愛人；不周愛，因為不愛人矣。乘馬，不待周乘馬，然後為乘馬也；有乘於馬，因為乘馬矣。逮至不乘馬，

待周不乘馬，而後為不乘馬。此一周而一不周者也。」其中，就肯定的一面來說，「愛人」為何需要愛普遍的人、所有的人才算是「愛人」；但是乘馬為何不必乘遍所有的馬，只要有乘過馬就算「乘馬」？再從否定的一面來說，不愛人只要不愛一個人，就算「不愛人」；但「不乘馬」卻必須從未騎過任何一匹馬，才算「不乘馬」。如此，「周」與「不周」的標準豈不是不一致嗎？要解決此一問題，就必須對應於墨家「兼愛」思想的倫理思維情境才能提供恰當的解釋。[6]因為，「兼愛」是超越時空的整體人類之愛、平等之愛，而「周愛人」的「愛」就必須是「兼愛」的「愛」了。而「乘馬」的對象不是「人」，在語意上就不受到思維情境中「兼愛」的普遍性要求，只要有乘過馬就算「乘馬」了。

　　此外，在《墨子・小取》中：「盜人，人也，多盜，非多人也；無盜，非無人也。奚以明之？惡多盜，非惡多人也；欲無盜，非欲無人也。世相與共是之。若若是，則雖盜人人也，愛盜非愛人也，不愛盜非不愛人也，殺盜人非殺人也，無難矣。」一般而言，從生理的觀點看，「盜」是人類中的一種人，因此我們可以說：「盜是人。」但是，墨家的「兼愛」意味著必須愛所有的人，因此，如果依上述的分類來看，若「盜」是人，從墨家的觀點來看，是人也就必須是所愛的對象。因此，墨家建立了「是而不然」的論述類型，經由「兼愛」思想的倫理思維情境，在「盜」與「人」的分類關係上，取特定的觀點，意在「殺強盜不犯殺人罪」或「殺強盜不是殺好人」，[7]這是從倫理的觀點來看。當然我們也可以從邏輯的觀點指出，「盜」的外延不能等同於「人」的外延，來進行解釋。但究竟是該取生理、倫理、還是邏輯的觀點，則仍然要以作者一致性的思維情境為根據。由此可見，若不能通盤的了解，中國哲學原典作者的思維情境為何，實在很難明白其概念內涵之大小、分類的標準及其推論的方式。

　　「名」是「說」「辯」的基本元素，而名在成立的過程中，涉及如何分類或分類的標準問題。在探討推理的過程中，也與「大類」、「小類」的分合關係有關。中國哲學家常用十分具體的事物，來代表一些具有普遍性的論

6　「兼愛」的內涵請參閱李賢中著《墨學 —— 理論與方法》，臺北：揚智文化公司，2003 年，頁 125-127。
7　孫中原著《中國邏輯學》，臺北：水牛出版社，1993 年，頁 286。

題。如《公孫龍子・通變論》：「羊牛有角，馬無角；馬有尾，羊牛無尾，故曰：『羊合牛非馬也。』」這是指出類同者必須有共性，類異者必須以同一觀點下之偏有（有的有某一特徵）和偏無（有的沒有某一特徵）為標準。這正是探討如何分類或分類標準的問題。此外，《公孫龍子・通變論》還進一步指出：「人們不能簡單地根據任一表面特徵之『偏有偏無』，作為他們是否為同類或異類的標準，而必須依據於類之所以為類的特有（或本質）屬性之偏有偏無，才能作為是否為同類或異類的標準。」[8]如〈通變論〉指出：「羊與牛唯異，羊有齒、牛無齒，而牛之非羊也，羊之非牛也，未可；是不俱有而或類焉。」意即羊雖然和牛不同，羊有齒、牛沒有齒（牛所有的是臼齒），基於這個理由說牛不是羊，或羊不是牛，這樣的判斷是不可以的。牠們雖然不是同樣具有某一特徵，但牠們仍有可能是同類的。另一方面，「羊有角、牛有角，牛之而羊也，羊之而牛也，未可。是俱有而類之不同也。」意即：我們從羊有角，牛也有角，來判定牛就是羊、羊就是牛，這也是不可以的；牠們都具有某一特徵，但仍是不同種類的動物。如此，其中的分類標準，與表達者或認知主體的思維情境之中的其他概念有關，在某些思維情境下，牛羊可以劃歸為同類，而在另一情境下則被歸為不同類。並且，公孫龍除了使用牛、羊、馬、雞之外，還使用了青、白、黃、碧，君、臣、國等帶有概念內涵的符號，來說明分類及推類的相關問題。這與西方邏輯中所不帶有內涵的純粹的符號，如：P、Q、R 等是相當不同的。

　　再從西方邏輯的變項符號來看，由於中國古代語言文字的特點，它無法像西方以毫無內涵的拼音字母來代表變項，但在中國哲學中卻使用了「彼」、「此」、「之」、「是」等代名詞來表示變項。如《墨子・經說下》：「正名者彼此，彼此可：彼彼止於彼，此此止於此。彼此不可：彼且此也。彼此亦可：彼此止於彼此，若是而彼此也，則彼亦且此此也。」雖然從某種程度上看彼、此這些文字有變項的作用，但這些代名詞仍然承載著一些意涵，像「彼」、「此」，「這」、「那」就有在空間上的遠近之分。由上述可見，中國邏輯的推理，常是不離思維情境的。

　　最後，「思維情境」此一因素，對於語言意義的掌握，及推理活動的進

8　周云之著《名辯學論》，瀋陽：遼寧教育出版社，1996 年，頁 219。

行關係密切，因語文的意義必須在一情境的結構中方能獲得，而推理思維的探討又必須以語詞意義的掌握為前提，因此，研究有效推理的中國邏輯學必須進一步探究「思維情境」的結構與運作方式。所謂「思維情境」是指人在客觀經驗的認知環境中，加入個人主觀性因素之內在情境。其中包括：「情境構作」、「情境的處理」、「情境的融合」等三個層面。[9]中國思維方式非單線式因果關係，而是整體性多層次因果關係，各層皆有多項因果關係，如情境構作層既與構作者的知識背景有關，也與歷史、文化等因素有關。至於思維情境與功夫論或修養論的關係，則是日後有待深入探討之重要課題。

第四節　中國邏輯的價值與發展

中國邏輯的研究，與近代對《墨辯》的重視有關，由於西學東漸，自十七世紀起，《明理探》、《辯學遺牘》、《名學類通》、《辨學啟蒙》等西方邏輯之譯作在中國問世後，一些中國知識分子藉由西方邏輯思想的背景，得以解開《墨辯》以及《公孫龍子》、《荀子》、《韓非子》……等等，許多中國古代文獻中有關邏輯的思想，也使得中國邏輯的研究，不只是停留在考據、訓詁，文字意義的層面，而能突破至思想內涵的義理研究。學者們發現《墨辯》、《公孫龍子‧名實論》、《荀子‧正名》中的邏輯思想，不但有許多部分與西方的傳統邏輯相通，且有自己的一套系統。到二十世紀下半葉後，學者們也開始注意到研究方法對於研究成果的影響，反省適宜的研究方法為何？

由於中國邏輯的研究，受到西學的影響，在當前對中國古代邏輯思想進行深化研究及其現代轉化中，必然涉及比較方法，其中所存在的問題，包括幾個方向：一是怎樣進行比較研究？它涉及到了比較研究中的一個重要的方法論原則，即如何把握比較方法及其運用的尺度；二是比較研究的目的是什麼？它所涉及的是如何探討中國古代邏輯的究竟「是什麼」和「為什麼」？第三是如何使中國傳統的思維方法，仍然在今天的人際溝通中發揮作用？[10]目前已有不少學者在這些問題上進行研究，雖然各自的看法不盡相同，但彼

9　李賢中著《墨學──理論與方法》，臺北：揚智出版社，2003 年，頁 136-143。
10　張曉芒著〈中國古代邏輯思想研究中的兩個問題〉，收入《哲學與文化》，355 期，2003 年，頁 69。

此不斷的對話、討論已推進了相關的研究，且有相當的成果。

在研究方法的發展上，大致上是朝取同、求異、創新的三個方向發展，第一個階段的「取同」，是以西方傳統邏輯為參照系，以探討中西邏輯的共同性為主要取向，這種探討方式對於中國邏輯的特殊性較易忽略，因此必須特別注意兩者的差異性。第二階段的「求異」則是透過歷史、文化背景的分析，以探討中國邏輯的特殊性為主要取向，這種研究方法為補第一階段的不足，但也不能忽略兩者的共同性。在取同、求異的研究激盪下，第三階段則是創新的研究，一方面延續對中國邏輯的特殊性有所創發；另一方面，在表現的形式上又受到西方邏輯的影響，目前還處於逐漸發展的階段，期使中國邏輯的體系、內容、規律能夠逐步呈現，進而轉化為現代生活中有用的思維工具。

整體而言，中國邏輯的研究，有其歷史意義與現代價值。它繼承和弘揚了傳統哲學思想的遺產。胡適就曾高度評價了墨家邏輯的歷史成就和學術地位，他說《墨經》（《墨辯》）作者是「科學的和邏輯的墨家」、「是以同異原則為基礎的一種高度發達的和科學的方法的創始人」、「在整個中國思想史上，為中國貢獻了邏輯方法的最系統的發達學說」、「墨家名學的方法，不但可為論辯之用，實有科學的精神，可算得科學的方法。」[11]

沈有鼎也說：「中國古代邏輯學思想的發展，到了《墨經》，就同登上高峰一樣。《墨經》不僅在古代，就在現時，也還是邏輯學的寶庫。」[12]中國邏輯的內容豐富，除了《墨經》之外還有先秦時期名家、辯者、荀子的「名辯學」理論，魏晉南北朝時期「言意之辯」的邏輯思想，佛家的因明理論，宋代理學盛行時期的「正名」與「推類」邏輯思想，明、清時期西方傳統邏輯的傳入及當代中西邏輯的比較研究等方面。

中國邏輯學的價值，首先在於促進中國哲學朝向系統化、體系化發展，經由思維方法的釐清，使哲學思想內容間的關係、哲學問題間的聯繫更加清楚。其次，透過中、西、印各種文化所產生的不同邏輯思想之對比，可以對人類推理思維有全面的了解，而中國邏輯的研究與成果將有助於促成這種對

11　胡適著《先秦名學史》，上海：學林出版社，1983 年，頁 56-58、111；胡適著《中國哲學史大綱》，卷上，北京：商務印書館，1987 年，頁 187、226。

12　沈有鼎著《沈有鼎文集》，北京：中國人民出版社，1992 年，頁 303。

比。再者，中國邏輯思想既然是古人面對、解決問題的推理方法，必然有其值得借鑑之處，在今日大部分學術領域都被西方邏輯思維方式所彌漫的情況下，中國邏輯的研究與發展將有助於現有學術發展路向的突破與創新。

近年來，中國邏輯研究漸漸為學界所重視，深度與廣度都有較大發展，不同研究者用不同方法，從事不同方面考察。針對同一名辯資料，研究角度多種多樣。傳統邏輯、形式邏輯、批判性思維、非形式邏輯、論辯邏輯、語義學、語用學、語言邏輯、辯證邏輯、認知邏輯，不一而足，取得不少重要成果。孫中原教授指出，兼收並蓄，博採眾長，是古代傑出思想家提出的正確處理不同觀點的方法。司馬談〈論六家要旨〉引《易傳》說：「天下一致而百慮，同歸而殊途。」我們可以分析批判各家各派的長短得失。班固《漢書・藝文志・諸子略》說，各家「言雖殊，譬猶水火相滅，亦相生也」，「相反而皆相成也」。兼收並蓄，博採眾長，促進了中國文化的繁榮發展。[13]

總之，為使中國邏輯研究開闢新局面，必須兼容各種研究方法，在相互的對話激盪下，才能取得新成果。因此，未來中國邏輯研究，宜運用多種方法，從事多方考察，以促進具有特色的中國邏輯繼續發展，如此才能使學術界及社會大眾了解中國邏輯的價值。

第五節　小結

從中國哲學推理的目的來看，「有效的推理」或「提升推理的有效性」，都與人為適應環境、影響周遭環境的人、事、物，以求實現某種理想或價值有關。因此「有效的推理」是要從過去的經驗，推出未來事態發展的可能性，而能達到一種正確的預測，以便及早因應；如所謂「未雨綢繆」，這與人類求生存的經驗有關。其次，是實然界中雖然尚未發生某件事，但人假設可能發生的狀況，這也可以成為推論的前提，進行推理以獲得結論；如所謂「憂患意識」，這與人的歷史經驗有關；這些都是藉由正確、有效的推理，面對充滿變化的世界，以求適應、創造，最終以遂行「人」此一主體的主張、理想，進而實現人存在的價值。

---

13 孫中原著〈論中國邏輯研究〉，收入《哲學與文化》，355 期，2003 年，頁 20-22。

　　本章從莊子與惠施的「魚樂之辯」，對比出兩種不同的認知結構，並指出中國哲學基本上是傾向於「主客為一」的思考模式，因而在認知的方式上著重體證、感通的方式，而不採取惠施那種主客分離的認知架構。基於體證、感通的推理是以「推類」為主要形態，推理思考進行時，常伴隨帶有主觀性的思維情境。

　　在表達方面，中國的語文往往帶有實質的內涵，因此無法以純粹符號來代表變項，造成推理的表現也未能朝形式化方向發展。又由於中國哲學關懷現實人生，其認知、推理的目的在於實踐、達用，具象性的思考、推理有助於推論結果在現實生活中的實際應用，因而逐漸形成今日我們所觀察到的「推理」特性。

　　中國思維方式非單線式因果關係，而是整體性多層次因果關係，各層皆有多項因果關係，如情境構作層既與構作者的知識背景有關，也與歷史、文化等因素有關。檢視中國邏輯推理的特色，必須追溯到中國式推理背後的形上思想及其基本的認知結構。

　　最後，中國邏輯有其歷史意義與現代價值，值得我們做進一步的探索與研究。

自我評量

1. 中國邏輯的推理特性為何？
2. 莊子與惠施代表著哪兩種不同的認知進路？
3. 變項符號對於推理的活動與表達有何作用？
4. 分類的標準是主觀的還是客觀的？
5. 思維情境與推理活動的進行，有何關係？
6. 研究中國邏輯的價值為何？

第三篇參考書目

余雄著《中國哲學概論》，高雄：復文出版社，1991 年。

李賢中著《墨學──理論與方法》，臺北：揚智出版社，2003 年。

沈有鼎著《沈有鼎文集》，北京：中國人民出版社，1992 年。

周云之著《名辯學論》，瀋陽：遼寧教育出版社，1996 年。

胡適著《中國哲學史大綱》，卷上，北京：商務印書館，1987 年。

胡適著《先秦名學史》，上海：學林出版社，1983 年。

孫中原主編《墨學與現代文化》，北京：中國廣播電視出版社，1998 年。

孫中原著〈論中國邏輯研究〉，收入《哲學與文化》，355 期，2003 年。

孫中原著《中國邏輯學》，臺北：水牛出版社，1993 年。

孫中原著《因明研究》，長春：吉林教育出版社，1994 年。

張尚思著《中國思想研究法》，上海：復旦大學出版社，2001 年。

張曉芒著〈中國古代邏輯思想研究中的兩個問題〉，收入《哲學與文化》，355
　　期，2003 年。

陳榮灼著〈作為類比推理的「墨辯」〉，收入楊儒賓、黃俊傑編《中國古代思維
　　方式探索》，臺北：正中書局，1996 年。

黃俊傑著〈孟子思維方式的特徵〉，收入臺大哲學系：中國哲學之方法研討會論
　　文，1990 年。

溫公頤、崔清田主編《中國邏輯史教程》，濟南：南開大學出版社，2001 年。

虞愚著著〈因明在中國的傳播和發展〉，收入《因明新探》，蘭州：甘肅人民出
　　版社，1989 年。

趙澤厚著《大學研究》，臺北：臺灣書局，1972 年。

鄧啟耀著〈中國神話的邏輯結構〉，收入《民間文學論壇》，1989 年。

第四篇（葉海煙）

中國倫理學

第九章
中國倫理學的主要學說

前言：「倫理」的意義探源

　　中國哲學的發展，自始便和中國人所經營的生活世界息息相關。而在生活與世界往往相互對應的情況下，古代的中國人在長遠的生活歷程中乃不斷延展出生活世界的諸多樣貌，以及足以讓人「頂天立地」的人文精神。孔子所以為「周文疲弊」而嘆，並且一心嚮往「大道之行也，天下為公」的理想社會，即是為人文精神之沉淪而嘆，也同時為社會秩序與倫理體系之衰頹而嘆。而孔子一生為救周文之疲弊，所苦心經營擘劃的，不是只具有暫時性與實效性的政經策略，而是可久可大的文化與教育的宏圖。因此，孔子對西周所奠定的宗法社會，基本上採取相當守成的態度，但由於宗法封建與倫理道德在中國古人的生活世界裡，始終是和合為一體的；也就是說，以血緣關係為軸心所展開的人際網路，乃是「親親為大」的德性養成的場域，因此，既以做人與處世為吾人行為之總目標，中國古人所已孕育多時的人文資產，便在孔子手中逐步轉化為道德理想與倫理法則的意義寶藏。

　　若說中國哲學的倫理思維富有先民啟蒙之反思，似乎也不為過。而亞斯培（Karl Jasper）所謂的「軸心時代」（axial age），恰正是儒道墨法繼踵而起的年代，他們對吾人作為文化主體、社會主體與道德主體的身分，確實有了高度哲學意義的斟酌與貞定，而在發現「人」的過程中，他們也各自發展出一套解讀系統。如此，若說，「如何成為一個人」的提問，並且由此推衍出「如何創造一個美好社會」的重大課題，是早已激發了中國哲學普遍性與共通性的倫理關懷，則應是一項具有高度文化意義的歷史事實。

　　中國社會的變遷，顯然是在大河文明與農業社會的基礎上進行的。而中國文化即由中國社會滋養壯大，二者互為表裡，甚至彼此融通；也就是說，在中國歷史的進程中，中國社會的結構性因素一直引領著中國文化的發展，

特別是透過生活世界實際的開拓與經營，數千年來，中國人持續地在自己的土地上守護著自己的家園，從最早期的部落社會、氏族社會到家族社會、宗族社會，終而建構出中國特有的社會形態，而其以血緣關係與倫理關係為主軸，衍生出繁複而穩定的人際網路，恰正是中國人所以能經由社會力量發產出獨特文化與文明形態，所憑藉的基本的資源。

因此，若以「文化本位」與「社會本位」的立場，來考察中國的倫理觀，是至少可以發現下述兩項基本的特點：

一、自古以來，中國人的倫理生活與時俱進，並且隨著社會結構的政變，而出現嶄新的行為模式，以及更為多元化的倫理網路，如春秋時代「士」階級的興起，以其橫向的流動直接衝擊固有的倫理體系，使得「君子」與「小人」之分出現了道德性的意涵，便是一具有重大倫理意義的歷史事實。

二、由於倫理的制度本就建立在文化性的基礎上，其規範吾人言行與思維方式的作用，並非純粹是強制性的；也就是說，在吾人發現自身可以是「德性的主體」或是「道德生活的發動者」的情況下，修身之道便成為傳統倫理觀真正可以落實的場域，而其中所蘊涵的身分倫理與角色倫理，實值得吾人關切。

本來，人文精神與人文涵養乃傳統倫理所以歷久不衰的主要緣由。《易經・賁卦象傳》云：「觀乎天文以察時變，觀乎人文以化成天下。」天人對比，人與天地並轡而行，「人文化成」之道於是迤邐開來。《論語・子罕》云：「子畏於匡，曰：『文王既沒，文不在茲乎？天之將喪斯文也，後死者不得與於斯文也；天之未喪斯文也，匡人其如予何？』。」如此的人文關懷，如此對文化傳統無比的信心，不正是人文精神充滿古中國社會的具體明證？不也正是人文涵養在一些撐持中國傳統社會的文化巨人身上突出的表徵？

而倫理的文化意義與社會意義便大可結合在人文精神不斷體現於吾人身家性命的履踐過程中。因此，若斷言倫理、文化與社會三者和合為一體，並且從吾人的自我反思、自我砥礪、自我鍛鍊以至於自我的重整與改造，來理解倫理道德究如何成為哲學思考的核心課題，則當可發現：中國人的倫理思維自始便與中國社會、中國文化的發展並轡而行，而在倫理學作為一種學問，並展開四個面向——充滿意義探索的學問、標立目的意識的學問、追求人文理想的學問以及體現崇高境界的學問的同時，吾人到底應如何開發道德理性，如何墾拓生活世界，又能如何建立生命終極之關懷，乃不啻是歷來中國哲學家苦心孤詣之所在。

第一節　儒家倫理學

　　若從中文字源的角度，來為「倫理」下一定義，則我們是可以因此獲得關於中國古典倫理思維與道德課題的一些啟發：「樂者，通倫理者也。」（《禮記‧樂記》）鄭玄注云：「倫，類也；理，分也。」由此可見，古典的倫理意涵幾乎全落在人事物之間的合情、合理、合宜的關係中，「類」指的是人際關係的總體，而「分」則因類而生，又因「類」有分別，有脈絡，有可以辨明的同與異；「分」乃指人人各有其分，其中的理性思維、責任思維與義務思維，實不言而喻，而「倫理」所以涵蓋了人與人之間所應持守應遵循的分際及規範，也就不必多所議論。

　　顯然，「倫理」側重的是人我交往的活動，以及由此所展開的各種關係網絡——君臣、父子、夫婦、長幼與朋友，在在是倫理網絡的主脈。而「禮」起初是祭祀典儀，後來向整個社群及生活世界全面滲透，終於幾乎成為「文化」的代名詞，便可見中國社會作為一「倫理的社會」，中國文化作為一講究「道德」的文化，實其來有自，而在人文思考與價值思考二合一的前提下，倫理學作為價值之學與實踐之學，又不斷地趨近於中國人所以高標「人義」、「人道」與「人性之理」的文化根柢；至於在中國社會的結構性內容裡，所突出的人文精神與人文素養，則無不以「成人之道」為鵠的。如此，儒家乃始終以「仁」與「義」為基本的道德原理——「仁」乃「良善」原則，「義」則為「公道」（正義）原則，二者為儒家倫理的意義軸心，而二者相輔為用，並互通為一體，此即人我（「自我」與「他我」）互通的一貫之道，孔子「仁」的思考與實踐，也於是一以貫之，並同時綱目並舉地成為中國倫理學最具合理性，也最具影響力的倫理思維。

一、人文化成的倫理精神

　　中國文化自有其哲學傳統，而其中的「儒家傳統」在歷史長河裡，是早就持續地展開淘汰、沉澱與積累的工作，此一包含哲學、文化、社會與宗教等意義因子的人文傳統於是有容乃大，並且「百變不離其宗」。其間，儒家倫理與「儒家」、「儒學」、「儒教」等面向乃互為一大機體——它的實存意義往往介於吾人身心結構與全體社會教化相輔相成的歷程之間。

　　因此，所謂「人文化成」即是人與文化互助合作的陶成過程，而儒家之看待人之生命，是至少有四個向度值得注意：

　　（一）生命作為一個體的存在。

　　（二）生命作為一群體的存在。

　　（三）生命作為人我交往的場域。

　　（四）生命作為面向超越者的特殊存在。

　　同時，從廣義的「生命哲學」來看，儒學之為一歷史傳統，其所涉及的人的歷史性、文化性與社會性，則可以在下述三個論域裡仔細斟酌「人義」：

　　（一）生命動能（或效能）的表現。

　　（二）生命意義（或目的）的實現。

　　（三）生命理想（或精神）的體現。

　　而不論三者究竟如何或分或合，又如何在道德與倫理的機制中各自表述，各自鋪陳，「人義」在儒者的眼裡，卻始終是儒家，儒學與儒教所以汲汲於建立「道德之自我」（或曰「德性我」、「道德之主體」），以迄「仁者愛人」此一基本命題的最大關切。

　　而人義之發皇與時俱進，並且和歷史、文化（文明）、社會的共通脈動同步發展。在此，是不必理會現代主義者可能患得患失的躁進與急就之章，我們就暫時耐住性子，來細細回顧「儒家倫理」所以形成的基本背景，以及其主要的關懷面向。

　　古中國文明如同世上其他古文明一般，基本上是一農業文明，因而具有農業文明的主要特質。最遲在三千年前，以黃河流域為根據地的中國古文明已經出現相當嚴密的社會組織與社會制度，這就是所謂的「周文明」或「周文」。而在農業生產的生活主軸引導之下，周文明於是由崇尚鬼神的商朝文化，逐步歸向以人為中心的人文精神，並由此奠定了中國社會的三個基礎：

　　（一）家族制度。

　　（二）道德倫理。

　　（三）人文教化。

　　孔子的思想便由此展開，並透過哲學的反思及實踐的生活演練，終於形成一系統的學問──以六經為主要的文本材料，而其理想的實現則訴諸於教育的工作與政治的實際措施。所謂「百變不離其宗」，以孔子為首的儒學根本上是人的學問──即是一套做人的學問、一套關於如何成為一個真正的人

的知識，它尊重傳統的家族制度，它發揚道德倫理的精神，它希望透過人文的教化，使所有的人都能內外兼修，術德兼備，進而使整個人群在文明的培成及道德的薰陶之下和諧安定。

孔子的哲學由孟子繼續發揚，孟子以孔子的仁（jen, humanity）為基礎，引申出「四端」（four beginnings）──仁、義（righteousness）、禮（propriety）、智（wisdom）。四端之說是孟子用來證實其性善論的主要論據，而儒家的道德哲學乃有了進一步的發展。於是孔子和孟子便成為儒學開創之際最重要的兩個代表人物，他們雖然相隔一百多年，但卻有十分相近的理想與學說。他們都相信任何人只要透過一定的教育過程都可以使人格不斷成長，因此，他們認為人格養成的最高目標不是「超人」（the superman），而是「完人」（the full man）。同時，他們都主張主政者一定要有道德的修養與理想，因此他們都一直盼望能出現「聖君」或「仁君」來推行「仁政」或「德政」，以使整個世界（所謂的「天下」）達到太平的境地──這就是所謂的「大同」世界。

儒家的倫理學是以「五倫」為人群之基本結構，這其中包含了所謂的「主體際性」（intersubjectivity）──它一方面闡揚了人之所以為人的根本而普遍的意義，一方面又尊重每一個人與生俱來的一些基本的人際網絡，從具有血緣關係的父母、子女與兄弟、姐妹，一直推擴到「四海之內皆兄弟」的朋友關係；其間，由親及疏，由近及遠，由己及人，全順著人類真實感情的發展，而一個人的生活也便同時擴大，特別是精神領域乃得以從個人身心的小範圍，向整個世界做富有道德意義的開發，這當然是人生境界的創造，全賴每一個獨立自主的人自由地去經營。

儒學是生命哲學、道德哲學和政治哲學的一種綜合。在孔子的教育內容中，儒學主要分為四科：德行、政事、言語和文學。而孔子最大的關切還是在人本身，除非一個人能自覺學問（學和問）的重要，否則任何一種形式的教育都將無法發揮其功效。「學」這個字包含兩個意思：效法和覺悟，前者強調對學習者自身而言，任何學習的目標或對象都有其重要性，後者則側重吾人自身內在之生命，主要意謂心靈（heart and mind）、心性與性命。

因此，儒學要求每一個人須有自知之明及自動自發的學習動機。因此，儒學乃經由無止境的學習歷程，希望每一個學習者都能不斷開發自己生命的潛能，以便在生命、道德和政治之間做深具意義的整合，讓每一個人都能在尊重生命個體、發揚道德價值以及有良好政治秩序的環境中一起成長、一起

生活，也一起進行文化的創造。

　　在此，我們當深思「為己之學」（孔子曾肯定「古之學者為己」）的意義。一般人都認為孔子是人文主義者，他十分關切公共事務，對公共的政治事務不僅有實際的歷練，更有很高的理想（雖然終其一生未能實現）。不過，孔子也很重視個人的私己的生活，這包含一些基本的生活權利與生活樂趣，因此，孔子很講究飲食之道，對音樂的欣賞也有很高的品味。雖然他主張一個有道德的人應該安貧、樂道，但他並未因此排斥財富和權貴（權力）。孔子強調的是無過猶不及的中庸精神，凡事要有節度，對於個人的欲望更要能克制。由此，我們可以斷言：孔子是一個理性的個人主義者，他在人、己之間作了合理的畫分，也同時希望人人能彼此尊重，互相合作。一方面，了解個人的有限性，以及人我共存的一體性，另一方面，則發揮本心本性（特別是所謂「良知良能」），體現個人內在的道德自由，而主動地承擔責任與義務。如此，一個人才可能有真實的學問與真實的人格，而學問與人格的同時完成，便是所謂的「為己之學」。

二、主體際的倫理情境

　　首先，在孔子仁的思考之中，「儒者」以其昂然之姿自文化與生活交錯的場域裡升起。而「人而能仁」以至於「行仁由己」的基礎性命題，更直接地點明「儒之所以為儒」的德性倫理意涵。當然，單從「德性倫理」的角度並無法全然理解孔子「仁學」的真實意義。而若徒然以「仁」為所謂的「人性的動力」，也必須對「人性」作為一哲學概念，「人」作為一道德主體，以及所有人所共享的「主體際性」，進行具有意義脈絡的理解，並由此展開足以對抗所有反人性、反道德、反形而上關懷的偏頗與輕浮的人文事業。

　　而人義與仁義二者不斷整合成的儒家道德哲學，其實不是任何的人性功能說或人本主義能夠全面涵蓋的。因為在「以仁為心」、「以仁為性」、「以仁為理」、「以仁為公」，以至於「仁者與天地萬物為一體」的參贊活動中，人義與仁義是已然經過人倫實踐，而將主體際性不斷化入於那涵覆人文發展的真實的生活世界；由此，儒家三種最重要的道德原則：仁、義、禮，乃由理念轉入於現實人間的實然結構性裡，而不斷成其「仁學」與「仁教」合一的理想事業——仁政與王道的全盤體現，已然不是「內聖」與「外王」二分之說所能撐持、所能推進的。特別是在孟子義利、人禽與王霸的三大分判之

際，對人義與仁義的堅持及固守，實乃吾人自求卓越與圓滿人倫二者所以能並行同步的動力所在；而「義」的提出，適足以引領人道與仁道同軌前行，並且極有助於主體際的多方交往、交涉以及交互對待的各種關係不至於落向時間性的斷裂、空間性的切割以及價值性的空洞之中；而人性真實的意涵，也當不至於和人類文化的根柢產生絕緣不通的枯澀、困厄與危殆的境況。

其實，人文教化對儒家而言，幾乎全在其淑世、治國與平天下的理想之中，而也唯有道德與倫理的意義滋潤，儒家的目的意識才不至於為各種社會化與客觀化資源所摒棄。換句話說，守仁行義，既智且仁，義勇雙全，以至於忠恕並用，禮法共舉，在在是儒者珍重主體際性，以成就此一人文天地的實踐之道，雖其間難免有歧出、沉淪、泯沒以至於滅絕人性的情事，但荀子「化性起偽」的樂觀思維，卻仍足以提振其性惡之論，而對「君子養心莫善於誠，致誠則無它事矣，唯仁之為守，唯義之為行。」（《荀子・不苟》）的信念，是幾乎與孟子同調，更可證荀子倡「客觀之仁」以及客觀意義的道德理論，並非別有用心或另有他圖，其與孔孟殊途同歸，恰恰足以證明儒家理想的多元性乃實極其豐富而不曾無端混雜。

當然，孟荀各有其詮釋「仁學」的不同立足點，也同時由此而各具一定的思維的限度。不過，在吾人生活世界自始至終都無能逸出真實的主體際性的前提下，並同時在以人文與人性交互為用的一體性的場域之中，「仁學」是不必然會被理解為玄妙的形上之理，因為儒者原都在人間「生生」其「人道」，並同時「存存」其「善性」；如此，當代之「倫理」或「倫理學」之思考是大可被引用來詮釋所謂「生生」與「存存」的其實意義，而這一方面則需要我們隨時點醒自己，以免在人文異化或人間淪落的危機中，竟無端遺忘主體際的人文情境原本所蘊涵的寶貴資源。

三、儒家倫理的人文意涵

儒家應不是一般意義下的倫理主義者，至少從儒者的理想形象——「君子」所顯發的人格特質看來，人文與倫理的實際內容除了作為彬彬君子的「文」與「質」之外，事實上並未因而對君子的「成人之道」有了過多的限制性或宰制性的作用。因此，在早期儒家所處的社會環境中，究應如何以儒者所應實現的道德理念去轉化充滿實然性甚至偶然性的各種人文機制——包括來自宗法社會的階層性關係，以及由於個人社會地位提升之後所引發的倫

理課題，諸如經與權、常與變、公與私等具社會性的道德問題（它們往往和「正義」、「自由」和「平等」等原則相交涉），都逐漸進入以個人為出發點的道德自覺或倫理關懷之中。於是，所謂「進退」、「出處」等抉擇，甚至於在天性至親的感情中究應如何安頓人文與社會等場域所必須的普遍律（或普遍的道德律），也都同時成為儒者在「士」的身分產生質變之後所必須面對的生命課題。孟子所以必須為瞽瞍與舜之間的「孝」的問題做辯解（因為親情已遭到扭曲而出現了不符合倫理與正義的境況），又藉經與權的辯證性與互動性，來為「男女授受不親」的特殊倫理做合理的調適，以避免人道的精神遭致扭曲與玷辱。原來孟子「予豈好辯哉！」絕非無的放矢，而是當時的人文場域已然對原始儒家有了極具時代性、實然性與結構性的衝擊。

而若從孝悌、忠恕、忠信，以至於仁義、禮義、禮法等道德條目所蘊涵的意義來考察儒家意欲建構的倫理（包括制度、意義和理想等面向），則我們將不難發現：「人」的自覺，以及「人文」的活動，二者乃相應地不斷延展於既保守又開明的生活世界中，保守的是儒者之認同固有的文化進路與既成的社會結構，開明的是儒者在此一認同之中並未因此放棄那些可以經過反省與覺察以再造人文發展契機的資源——它們有些是客觀條件的重組，而更難得的是那由道德意識的深化與廣化所引發的主體性與主體際性汩汩然而來的應然性思考。這些新興的人文資源在孔子講學的時候，透過其「倫理觀」的建構，確曾出現水到渠成的全新之局。

當然，傳統儒家的倫理觀仍然無法全等於當代「倫理學」之意涵，而所謂孔子發現了新的「人」或新的「人間」，則依然是一主觀性的論斷。但此一儒家式的「主觀」卻是富有人倫性或倫理性的。也就是說，當孔子、孟子或荀子思考「人」的問題時，都不是透過專業性的人文社會科學的思考（其中，量化思考或具分析性的理論思考似乎占了相當的比例）來對「人」做概括的、類化的或抽象的觀察；而他們所採取的，往往不是一種策略，或是一種旨在解決問題的方案。可以說，早期儒家在人文興革之際，他們幾乎都是以「在世之人」的身分（此「在」，對儒家而言，主要的意思理當是「此人在此世」），擔負起吾人自應自許並自期的人文重任——其間，人我交接以至於天人相應，原來都是實際存在的個人所無法推卸的天職，而此一天職就儒者而言，便是其「倫理觀」於個人身心之間所自然引發的道德性（morality）所積澱而成者。

　　因此，倫理與道德的對應關係其實是可以洽合一致的。特別是在人文與社會連結成的巨大力量以外在之姿及客觀之態，對每一個「人」進行全面的衝擊之際，道德意義的自我凝聚（或是「道德意識」的自然成形），正關聯著儒家所關切的「德性我」的課題究能如何透過人文精神的闡揚與人性內容的開發，而得到恰如其分又如實如理地解決。如實者，指的是吾人身家之安頓；而如理者，乃吾人性命之存養。放眼今日應用倫理與社會倫理大行其道，自由、平等、正義與公道等倫理概念已無孔不入，儒家倫理顯然有了下述三個向度可以再一次被吾人關切：

　　（一）當新的人文現象乍然出現之際，如何堅持「人」義以回返人道、人性等恆常之理，並不是單向地把「人」放入抽象性與理論性的思考之中就能夠琢磨得成的，而真正的道德課題當是該如何以具全向度的體驗、學習與實際之人格鍛鍊，來對應人文澆薄與人性異化等嚴重問題，而這也才算得上是一種人性的舉動。

　　（二）原始儒家的道德經驗雖然無法全然套入當代的各種倫理境遇中，但他們所揭櫫的原則與理念，是仍然可能被轉化為富有生氣與活力的實踐動力，如「恕道」之包含同情與同理之思考，顯然對當代社會中主體交往之際所衍生的對話、交談與溝通的課題，依然深具啟發意義。

　　（三）把「人」放入倫理脈絡裡，同時也把「世界」放入吾人生活所延展的面向，基本上是「現代性」（modernity）或「現代化」（modernization）的諸多側面必須一體照應的。也就是說，在縱橫古今以及人我來往的時空向度中，儒者以「中道」為其衡定倫理意義以及道德思維的判準，是可以對當代各種躁進之徒以極端主義的意識形態無所不用其極，做一定程度的針砭。

四、以「仁」為核心的展開

　　在此，我們可以把眼光拉回到兩千多年前的中國傳統社會，來理解中國倫理學的主要脈絡所滋長的人文場域，顯然是以儒家所宗主的家族與宗族結構為根柢，並在人文精神的覆育之下，發展出足以讓人安身立命的生活哲學、而其中最為突出的便是儒家倫理學的一些基本的原則、規範與理想。

　　首先，孔子作為儒家第一人，他所建構的倫理思維即是以「仁」為核心，亦即由「仁」展開充滿人義（主要是「成人」之義）的道德思考。而置身周代文化由盛而衰的社會環境與文化情境之中，孔子顯然不斷地「返求諸

己」，不斷地反思人我互通的倫理（倫常）體系如何能持久地體現人之所以為人的真實義理。因此，孔子一方面勇於面對「周文疲弊」的現實，一方面則試圖走出一道人倫坦途，以便安頓吾人之身家性命，並使社會與文化的發展能夠杜絕形式化與空洞化的意義危機。「人而不仁，如禮何？人而不仁，如樂何？」（《論語‧八佾》）由此，孔子肯定仁即成人之道，也同時是整個文化（禮樂是文化的主要內容）所以能「充實而有光輝」的動力所在。

若謂「仁」為人性之動力，似乎也不為過。孔子言：「為仁由己，而由人乎哉？」（《論語‧顏淵》）直接斷言吾人乃道德之主體，而所以為「主體」的根由即是「為仁」之道德行動不假外求，不能任憑「他律倫理」來有所制約。「我欲仁，斯仁至矣！」（《論語‧述而》）更透露出道德實踐即是以「仁」為基本原理的人性化歷程，而在錯綜複雜的倫理網絡中，孔子是自有其「一貫之道」——「忠恕」同時兼攝了「自我」和「他者」這兩個基本向度，而在人我之間，「仁」所寓含的同理之心與同情之心，乃指向圓滿人性並成全人格的境界；其間，「仁」乃吾人成德的先決要件，是所謂「仁者必有勇，勇者不必有仁。」（《論語‧憲問》）而「己所不欲，勿施於人。」（《論語‧顏淵》）以及「己欲立而立人，己欲達而達人。」（《論語‧雍也》）更從兩個相輔相成的進路（一看似消極，一看似積極）同時為仁的互為主體的意義，做了清楚的揭示。

可以說，孔子接納了周代倫理的存在事實，並以此為前提，展開了以「仁、義、禮」為核心的倫理學。因此，可以說孔子的倫理學是「仁愛倫理」，是一種以「德性」為根源的倫理，縱然孔子未嘗明白地表示「人性本善」，但他對人性的信心，卻已十分正向地流露出道德理性與道德情感兼而有之的綜攝性思考，「樊遲問仁，子曰：愛人。」（《論語‧顏淵》）「愛」乃人性至真至實之表現，「仁愛」合言，自是由己而人，由裡而外，由私而公，一種情理兼融的理性大愛，而德性之開發與德行之養成，捨此別無他途。

繼踵孔子，孟子將仁的思考進一步深化於人性的蘊涵之中；也就是說，一般所謂的「孔仁孟義」，雖然過於簡略，但卻已道出由孔子而孟子的儒家倫理取向，一方面是在「仁」的意義礎石之上，從事倫理學的建構工作，一方面則是透過「義」或「義行」的道德實踐，為此一倫理學的建構安放了足以由裡而外，同時由己而人不斷延展的基本架構，「仁義並建」便是此一恢宏架構的軸承。總而言之，孟子對「仁」的理論詮釋，是至少有三方面的貢獻：

（一）建立了「心性學」的一貫之道，並在「仁、義、禮、智根於心」（《孟子・盡心上》）的道德原理之上，綰結人心（或「仁心」）的全部意涵，「四端」乃不只是一種倫理學的必然性的預設，而且是道德實踐的真實性的前提。

（二）「仁義」既為一貫之道，從道德情感、道德判斷再到具體的道德行為，其綜合德性倫理、規範倫理與目的倫理的進路，顯然是孔子仁學一項合乎人性與理性的發展。「仁，人心也；義，人路也。」（《孟子・告子上》）這樣的論斷基本上已超越先驗與後驗之爭，而形成了儒家獨有的倫理關懷。

（三）孟子所從事的道德抉擇，關鍵就在仁與不仁、義與不義的嚴格分判──這自是確認應然性的一種道德思維，而孟子又不滿足於理論性的界說，他所關心的畢竟是吾人究能如何不斷回應此一應然性的道德律令（或所謂，無上命令），而以「集義養氣」的實踐修為，成就個人的道德人格。「生，我所欲也；義，亦我所欲。二者不可得兼，舍生而取義者也。」（《孟子・告子上》）孟子豈是「好辯」？他一心經營的其實是具有整體性、系統性與實踐性的道德論證，而其道德論證大約有下述五個階程：

1. 四端之說。

2. 仁義之行。

3. 擴充之道。

4. 內聖外王的理想。

5. 心、性、天三者合一的超越之路。

顯然，孟子已在孔子「仁」的深廣意涵中開發出所謂「內在而超越」的倫理取向──這當然是一種修為、一種功夫及一種集人性論、價值論、目的論與理想論的綜合，而孟子就在其「以心言善」的道德自由之中，試圖體現原始儒家倫理最為寶貴的人性價值論，以及由此展開的價值理想論，後來中庸的「誠明」之道與大學「三綱」（明明德、親民、止於至善），將儒家倫理思考進一步地以提綱挈領的方式，做了「簡而明」及「高而揚之」的體現，顯然就是由孟子倫理學的主脈所延展出來的。

五、德行養成與倫理實踐的合一之道

其實，大學與中庸的「後孔孟儒學」、除了承繼孟子的仁政與王道（聖王思想）之後，是仍然受惠於儒學的另一支脈──荀子學。一般而言，荀子學與孔孟仁義之學似乎有了相當的距離。但在荀子關懷人間治亂的同時，他其實並未放棄仁義之道及仁、義、禮三者通貫為一的道德思考：

> 於亂世之上不循君，下不俗於亂世之民。仁之所在無貧窮，仁之所亡無富貴。天下知之則欲與天下同苦樂之，天下不知之，則傀然獨立天地之間而不畏。（《荀子‧性惡》）
>
> 予養心莫善於誠，致誠則無它事。唯仁之為守，唯義之為行。（《荀子‧不苟》）
>
> 智而不仁，不可；仁而不智，不可；既智且仁，是人生之寶也。（《荀子‧君道》）

由此看來，荀子並不因其主倡「性惡」，而忘了人性向善的可能，只是他所強調的仁義或仁智，都必須在「有守有為」的道德實踐之中予以體現，否則便是空洞無物的迂遠觀念。而荀子進一步從文化、社會與政治的現實角度，來檢證道德的效力以及其中意趣，則是荀子發現「仁」必須有其客觀性的緣由所在：

> 仁義德行，常安之術也。（《荀子‧榮辱》）
>
> 彼仁義者，所以修政者也。（《荀子‧議兵》）
>
> 君子處仁以義，然後仁也；行義以禮，然後義也；制禮反本成末，然後禮也。三者皆通，然後道也。（《荀子‧大略》）

由仁而義，由義而禮，乃倫理實踐之次第與步驟，荀子心目中的「道」並非形上意義的道，而是指實踐意義的道，這自是其「性惡論」所不能不關切的。此外，在吾人對應此一人間、此一社會、此一自然天地的同時，荀子則突出德行與教化的重要性，而「禮法並言」，將道德與政治二者合為一貫之道；一貫者，乃後天修養對治吾人本性的實踐之路，荀子因此突出吾人的理智功能與認知效力，其「解蔽」之說，即旨在發揮理性（荀子的「心」，乃以理性為核心）的大用，說荀子十分在意吾人之「工具理性」與「實踐理性」，基本上合乎荀子的本懷，但若要進一步了解荀子如何體現其德行養成之道，並由此通向具有文化面向與社會面向的倫理實踐之途，則又不能不論

及荀子的教育觀，及其尊重「禮法」的客觀主義精神，這對儒家倫理的心性論及其所支撐的修養論而言，是至少提供了另一個角度的思考，荀子倫理觀的現代意義，也大概必須在這個具有知識內容與行為理則的哲學思考之中來予以斟定。

六、心性論中心的倫理觀

原始儒學及其倫理觀歷經兩漢、魏晉與隋唐的曲折與沉寂，在宋明二代終出現了另一嶄新的理論形態——所謂的「新儒家」（new-confucianism），對原始儒家進行了以心性論為中心的轉化。其中，尤以朱熹、陸九淵與王守仁的儒學思想最具代表性。而「心性論」的主要意義，基本上落在形上學與倫理學之間；也就是說，確認「心性」為吾人道德實踐動力之所自，並將人格修養論的根據（即具普遍性的道德原理）歸之於超越的向度——天道或天理，乃成為宋明新儒家所一心嚮往的終極關懷。如此一來，新儒家的倫理觀於是有了更為嚴謹也更具系統意義的概念性結構。

若從「仁學」為儒家倫理學的核心看來，雖宋明儒有理學與心學的分流，但他們對「仁」所展開的不同的詮釋向度，卻有殊途而同歸的哲學意趣。基本上，理學家以格物致知的進路，以及推己及人的實踐思維，涵攝了「仁」的總體意義；而心學家則立基於「仁者本心」，自誠意正心之道向上轉入於形上境界，充分發顯了「仁」的主體性意涵。其實，理學與心學所集中思考的仍然是「吾人如何成為一個真實而滿全的人」這個根本課題，特別在仁學與人學會通為一的立場上，一方面吾人是不能沉淪於以「宇宙論」為中心的客觀性，另一方面也不能一味溺於主觀性，而偏向淺薄的泛倫理主義。因此，如何在「仁學」寬廣而深厚的人學基礎上，避免宇宙論中心、自我中心與人類中心的各種危機，從而使儒家倫理得以充分照料吾人各自之身心狀態，並仔細思量人我之間以至於天人之際的對應關係，這當是宋明儒者的一項基本的共識。

從周敦頤「誠者聖人之本」，將「誠之為道」做了貫通人我以及天人之際的發展，到二程識仁觀仁，以至於「仁者以天地萬物為一體」，並有了專言之仁與偏言之仁的分判，儒家倫理顯然有了跡近「根源性倫理」的深度思考，而朱熹對此於是有了一項具有普遍道德意義的綜合：

論人心之妙者，則曰：仁，人心也。……蓋仁之為道，乃天地生物之心，即物而在。（《朱子文集》，卷六十七）

仁是愛底道理，公是仁底道理，故公則仁，仁則愛。（《朱子語類》，卷六）

「公」之概念的提出，似乎進一步顯示儒家倫理在理性與情愛互通為一的基礎之上，有了更為寬廣而遠大的發展，而儒家倫理在人我平等互動的前提下，超越了一己之私，並同時使吾人得以成就此一生活世界中的「公共倫理」（public ethic），而這對比於原始儒家突出生命精神與人文理想，並汲汲於人格的具體成就與社群的總體成果，並將二者融通為一，以體現個人生命與群體生活共存共榮的倫理旨趣，實自有其足以古今輝映的精采。

至於以心學為基點的儒家倫理，更予人通澈圓融之感。在此，由陸九淵的觀點看來，便可見孟子盡心之論其實已為此一倫理系脈做了通貫古今、通貫天人的定向工作：

今之學者，只用心於枝葉，不求實處。孟子云：「盡其心者知其性，知其性則知天矣。」心只是一個心，某之心，吾友之心，上而千百載聖賢之心，下而千百載復有一聖賢，其心亦只如此。心之體甚大，若能盡我之心，便與天同，為學只是理會此。（《陸九淵全集》，卷三十五）

由此看來，此心即仁心，亦即天心，心之大用兼攝了吾人之感性、知性、理性與德性之意涵，而終歸於吾人道德自覺之能力——此即所謂「道德心」或「道德理性」，它主導吾人之道德判斷與道德抉擇，由理性之思辨而入於道德之意志與意向性，乃終於以仁心為良知良能，以德性為吾人本性之自然（或「自然之本性」）。王守仁「致良知」之教，為「心性倫理」做了集大成的工作，其寓含之倫理意義，幾皆由吾人本心而發，而儒家倫理的發展於是到達了「全體大用」的高度綜合：

知是心之本體，心自然會知，見父自然知孝，見兄自然知弟，見孺子入井自然知惻隱，此便是良知，不假外求。若良知之發更無私意障礙，即所謂充其「惻隱之心」，而仁不可勝用矣。然在常人，不能無私意障礙，所以須用致知格物之功勝私復理，即心之良知更無障礙，得以充塞流行，便是致其知，知致則意誠。（《傳習錄》，卷上）

　　原來「致知」與「誠意」本為一事，因「致知」即在吾人存心動念之間之活動，亦即在道德判斷與道德意向之間豁顯道德原則的普遍性，使「心即理」不只成為一理性原則，而且是足以教人「即知即行」的實踐原則。如此，道德與倫理的各種意義面向乃可以整合為一——此「一」即一心、一理；心理無間，心理相即，吾人普遍性之道德思考於是不斷融入於特殊性的倫理情境之中，而「勝私復理」乃同於「克己復禮」，禮以理為本，理又以禮為用，儒家倫理的核心課題：「道德實踐如何可能？道德人格又當如何養成？」顯然在王守仁的倫理觀中獲致了相當合理的解決，而王守仁所以著意於心與理之間，甚至於將倫理學中的義務倫理思考、目的倫理思考與德行倫理思考三者合而為一，其實還是「仁」的原理的推擴，是「義」的規準的實踐，是「禮」的典範的效法，王守仁於是以通貫與綜攝的精神突出「道德心」（良知良能）的應然性，並從而以此心照應一切之理、一切之物，即道德活動之過程與對象皆在吾心之道德意義與道德效應之內。王守仁所以倡言：「知之真切篤實處即是行，行之明覺精察處即是知。」（《傳習錄》，卷中〈答顧東橋書〉）理由應不外乎此。

　　總之，儒家的倫理觀自始便以「五倫」為宗，並認為「五倫」所構建的社會為一具有「主體際性」的生活世界；而置身此一生活世界之中，任何人都具有一定的倫理身分，也都同時負有一定的道德責任。因此，為了讓每一個人都能夠持守自身的倫理身分，並善盡一己的道德責任，儒家首先大舉肯定人性之善，肯定每一個人都具有「成德」以至於「成人」的能力，縱然倡言「性惡」的荀子，仍然信誓旦旦地說：「能定能應，夫是之謂成人」（《荀子‧勸學》），同時對學習、教育與教化的功能，抱持極大的信心，所謂「真積力久則入」，這基本上與性善論殊途而同歸。

　　而儒家的倫理思維其實依循人際關係的網絡，並經由推擴之道，由親及疏，由近及遠，並由己及人，順著人性真實之情感，不斷擴大倫理的範圍，擴大吾人所置身的生活世界。如此，吾人乃能從個人身心的存在結構，向整個實有界做富含道德與倫理意趣的開發工作，故孟子謂「萬物皆備於我」、「上下與天地同流」，乃是極為真實的自我經驗，亦是極為寶貴的道德體驗。

　　因此，儒家乃由「德性」通向「倫理」，由「自我」（德行意義之自我）通向「他者」（倫理意義之他者）；其間，是不能不經由個人（自我）之探索、覺醒以至於自我之發現與自我之實現，再進於與人溝通，與人交流，而

終於充分體現「與人同在」，甚至於「與物同體」的高度的心靈體驗與精神境界，故朱熹云：「人之所以為學，心與理而已矣。心雖主乎一身，而其體之虛靈足以綰乎天下之理。理雖散在萬事，而其用之微妙實不外乎一人之心。」（《四書或問》）原來「心」有體有用，能動能靜，而「理」則包括萬事萬物之理，「倫理」即在此「心能容理」的命題之上展開人文建構之工作。因此，論者以為儒者本心乃道德本心，儒者本懷乃倫理本懷，當是儒家倫理學之所以能成其為一人文之學與人格之學，以及儒家倫理之所以能與成人之道亦步亦趨的基本的原理。

第二節　道家倫理學

　　道家與儒家同樣是中國古文化精神的重要系脈，而道家又往往與儒家在形上思考、宇宙論題以及倫理進路上有著不同的方向與不同的關注。從老子提出「道」的先在性思考之後，道家之論「道」論「德」，便有了不同於儒家的意義面向。一般而言，相對於儒家，道家顯然比較不重視「倫理」的在世性與現世性之意涵，而特別強調「倫理」的開放面向與超越面向。無論老子與莊子，他們最大的關切乃在人與天地之間尋找生命與存在共通的根柢，因此他們的道德關懷與倫理實踐便不僅在於人與人之間履行一定的責任與義務──所謂「義」的承擔與「禮」的圓成，而且更遠推到人與天地（自然）之間，以提供吾人實現生命自由與心靈滿全之機會──此即所謂「道」的通達與「德」的體現。

一、道觀與人觀──「道法自然」的根源性倫理

　　當然，道家自有其「人學」，自有其「人觀」。從老子對人文的反思，以及對人文現象與社會現象的批判，我們可以發現：道家認為返本歸根之路亦即吾人全性全真之道；並相信：若能從吾人心理、情意與思慮的深層積澱之中，不斷消解人為造作與私我妄為之因子，則將可以澈底根除人文之患：

絕聖棄智，民利百倍；絕仁棄義，民復孝慈；絕巧棄利，盜賊無有，此三者以為文，不足，故令有所屬；見素抱樸，少私寡欲。（《老子‧十九章》）
不尚賢，使民不爭；不貴難得之貨，使民不為盜；不見可欲，使民心不亂。是以

聖人之治，虛其心，實其腹，弱其志，強其骨。常使民無知無欲，使夫智者不敢
為也。為無為，則無不治。（《老子・三章》）

　　所謂「見素抱樸，少私寡欲」以及「虛其心」、「弱其志」，皆旨在轉
化吾人之心理意識，以開發吾人生命之真自由，而真自由又須以真實之人性
為基礎，意即唯有在擺脫內在情欲之糾結以及外在名利之誘引之後，吾人才
可能在清澄明淨的心靈之中，發揮生命本有之真實大能——「為無為」者，
即真實自由之體現，亦真實人性之顯現。

　　而老子的人性論實乃「復性之論」：「夫物芸芸，各復歸其根，歸根曰
靜，是謂復命，復命曰常，知常曰明。不知常，妄作凶。」（《老子・十六
章》）「復命」即「復性」，因性命本一體，而此人性之「體」即吾人生命
自然之根本——其實，「自然」即吾人生命之根本，全不假人為，亦不能無
端落入任何本質論或存在論的假定，因為從老子「道生一，一生二，二生
三，三生萬物。萬物負陰而抱陽，沖氣以為和」（《老子・四十二章》）的
宇宙生成論看來，人之在天地自然之間，原來就與萬物同體，而此「同體」
之意即「同於自然，順乎自然」之義。這表示「回歸自然」亦即「回歸本
性」，而「自然」與「本性」同義，人之存在與人之本質之間，也便沒有任
何隔閡可議。

　　因此，老子「論人」是在其「論道」的大前提之下展開的。「人法地，
地法天，天法道，道法自然。」（《老子・二十五章》）王弼注云：「法道
也，道不違自然，乃得其性，法自然者，在方而法方，在圓而法圓，於自然
無所違也。自然者，無稱之言，窮極之辭也。」顯然，人之有性，即天地之
有道，而道即自然之道，「法自然」者無所法，亦無所不法，是所謂「頭頭
是道」，而人就在道中自成其為人，人之有道、有倫、有理、有法，以至於
有仁有義，有禮有法，其實皆在道中，並順道而有成，法道而有形，明道而
有智，依道而有文化之創造與社會之構建。

　　如此一來，在老子所展開的「人觀」之中，其對人道、人性與人倫之關
懷，乃充分透露出「根源性倫理」之意趣；可以說，老子關注的是人道、人
性與人倫之根源——此根源即天地自然；而若吾人以「天地倫理」名之，其
實也同時顯示老子意在將「倫理」淡化於「自然」之中，將「人性」順同於
「自然」之性，並以「自然」為真，以「天地」為實，以人之不斷回歸於自

然（天地）為道——此「道」是吾人存在與活動之歷程，老子所謂：「反者道之動，弱者道之用。天下萬物生於有，有生於無。」（《老子・四十章》）如此，以有為生，以無為本，而人既生在天地萬物之間，也便不得不在「道」的活動與作用之中，並不斷回返自身，回返自然，回返於無所不在、無所不是，亦無所不通的「道」。

相對於儒家在人我之間為「人義」尋找合理而真實的定位（儒家倫理所以是一種「名分倫理」，緣由即在此），道家則認為「人」之角色界定並不能被文明、社會以及其中的規範禮儀所拘限，而理當經由開放之路向這天地自然尋求更為豐富的意義資源，以回應吾人心靈無限、精神無窮之所需——其實，這已不是一種需求或欲求，因為它指向人自身本有之無限與無窮之可能，而至於無所求無所欲之境界；對此，莊子透過「無用之用」，打開吾人之視野與心胸，讓這天地的自然寶藏成為「取之無禁，用之不竭」的生命資源，而這其實全在於吾心之意向性之轉化與淨化，並同時繫於吾人是否能發現人與天地之間如何可以獲致「相安無事」之和諧之道。如此，莊子乃進一步以「逍遙遊」點出「自由與倫理」的同源性，並經由齊物之論，點出「平等與倫理」的合理性。

（一）自由與倫理

本來，老子主張透過「無為」的精神，引領體道行通的聖人（聖王）展開其廣大而包容的人文教化，其理由乃旨在保全吾人之生命，並使吾人生命之為一個體的存在者，能夠不斷獲致生命之自由而示現無限之生機與生趣——其間，生命之願景與人文之理想乃在「道」的開展過程中，不斷地向吾人開啟。因此，「無為」乃吾人心靈自由的真實寫照，亦是吾人在道的歷程中回歸自身回歸自然的真實樣態。老子云：「是以聖人處無為之事，行不言之教。萬物作焉而不辭，生而不有，為而不恃，功成而弗居。夫唯弗居，是以不去。」（《老子・二章》）又云：「為學日益，為道日損，損之又損，以至於無為，無為而無不為。」（《老子・四十八章》）「無不為」是生命意義全幅之呈露，亦是個人真實自由極致之發揮。由此一自我開放之路，自由的意趣乃得以迤邐開來，而老子隨說隨掃，不落言詮，不拘形式，亦不為社會制式之規範所縛，是所謂「損之又損」，吾人情欲之活動即由此不斷地向上轉入於具有創造性的生活歷程。如此一來，自由的精神於是推展了生命之

中道，而「中道」精神在保生全生貴生的大原則下，乃能逆世俗之洪流與人為之造作，終將「倫理」之意義深化、廣化，而得以與「道」偕行，與物同化於「玄之又玄」的冥化之境——此「冥化」者，指的是人與天地共生共在，亦是人與萬物相參相應。

　　至於莊子則是以「逍遙遊」為此「自由與倫理」共融的生命真諦，做了極佳的注腳。莊子以其高度的想像力，創造出大鵬的寓言：「北冥有魚，其名為鯤。鯤之大，不知其幾千里也。化而為鳥，其名為鵬。鵬之背，不知其幾千里也；怒而飛，其翼若垂天之雲。是鳥，海運則將徙於南冥。南冥者，天池也。」（《莊子・逍遙遊》）顯然這樣的想像是空間無限拓展的具象性的想像，而生命就在此一想像（卻也具象）的空間裡飛揚自在；然莊子並不以此自足，卻進而發現在「物物有得」的情境中，「對比」之關係幾無所不在，而首先便是大小的對比。莊子於是讓小鳥與大鵬做了一場對話——由蜩與學鳩對大鵬「笑而言之」：「我決起而飛，槍榆枋而止，時則不至而控於地而已矣，奚以之九萬里而南為？」看來，飛高是大鵬的本事，而知道自己飛不高則是小鳥應有的自知之明。在此，小鳥對大鵬的「笑」是多少包含了羨慕和譏斥的意味：「何必飛那麼高（九萬里高）到南方去？」這分明有不同的眼界，而大小之判也就因此落入主觀意識之中，然而，其間原不必再多所算計。莊子於是在此一「有待」的相對性自由之外，開發出另一更為廣大的意義場域——「無待」之理境：「若夫乘天地之正，而御六氣之辯，以遊無窮者，彼且惡乎待哉！」這分明已是一種具有超越向度的自由的展現，而由此乃引動生命大能，如此，吾人之人格在此一真自由的理境中於是有了超越性的成就：「至人無己，神人無功，聖人無名。」這意思是：將小我置之度外者為「至人」，將功績置之度外者為「神人」，將聲名置之度外者為「聖人」；三者皆是吾人在自由與倫理之間不斷地進行辯證與整合（可稱之為「生命的辯證」或「實踐的辯證」）的成就，而其為生命與人格之典範，對道家而言，恰正是「天地倫理」超凡脫俗的旨趣所在：

　　逍遙是自由的代號，而且是最為具象的代號。作為一個人，其存在之情境頗值得玩味，其意義之向度更值得斟酌。逍遙之遊即是人對自己存在情境的永不止息的把玩，它同時延展了人的意義向度。莊子因此建立了生命之典範——聖人、神人、至人，以供吾人揣摩。揣摩是全心的投入，而不是仿效式的學習。如此，生活的

美感乃油然生發。美感是生命自足的產物，莊子不是只會玩弄觀念遊戲的美學家，
他的美感源自真實的生活與充實的心靈，而生命的創造力便是美感的活泉。[1]

　　由此看來，對吾人生命意義的探索，亦即同時在開發吾人生命本具的創
造力，而美感乃在此一以生命為核心的倫理關懷中汨汨而出。論者以為莊子
的逍遙遊是為了追求「真己」，是希望「自由地成為真己」。[2]顯然，由吾人
生命與生活綜攝而成的動態歷程基本上是開放的──開放向無窮的「道」，
因此吾人之生命與生活皆可以不斷地推陳出新，不斷地在源源不竭的創造力
中展現全新之自我。其間，「自由」不斷地推動著「倫理」，而「倫理」也
不斷地在保全「自由」。

　　當然，莊子最關切的仍是「天地有道」，同時「道在天地」的倫理原則
究能如何運用在一己身上的根本課題。他乃從「養生主」（「生主」指的是
生命之精神）推出了「安時處順」的「生死倫理」──此即引領吾人究該如
何在生死自然的限定性中安頓一己之情欲活動與心靈意向的修養功夫；接
著，又在「人間世」中以「虛而待物」的「心齋」，對人我交往所可能遭遇
的「主體際」課題，做了澈底的反省與探索。於是莊子相信「德充於外，必
符應於外」的倫理效力，並始終堅持「道」為吾人生命之宗師及吾人生活之
根柢，而放下小我、小己之私心自用，將倫理的範域推擴及生命自由之場
域。如此，莊子顯然深信吾人生命本具那超乎有限性思考的心靈──它自始
便在「無心而任乎自化」的歷程中，以虛靜為道，而終於「順物自然而無容
私」，並能「勝物而不傷」，這分明是人文與倫理相互涵攝所形鑄的理想，
是唯有在吾人深心大願中不斷地醞釀，才可能以超乎人倫又終入於人倫的雙
向進路來往其間，故莊子乃能在自由與限定之間，做出相當合乎理性的抉
擇，並同時有了氣度十足的擔當：「天下有大戒二：其一，命也；其一，義
也。子之愛親，命也，不可解於心；臣之事君，義也，無適而非君也，無所
逃於天地之間，是之謂大戒。」（《莊子‧人間世》）因此，莊子所以有為
有守，有所為亦有所不為，即因其善解自由與倫理系出同源──道在天地，
道在人間；自由之力與倫理之義乃結胎於吾人生命內裡，而終能發揚光大於
平等齊同的境界。

1　葉海煙著《老莊哲學新論》，臺北：文津出版社，1997 年，頁 126-127。
2　吳光明著《莊子》，臺北：東大出版社，1988 年，頁 156。

（二）平等與倫理

中國哲學是自有其「境界」之論，而道家之論境界，則莫不集中於其「道觀」之思考，以莊子所謂：「以道觀之，物無貴賤」（《莊子・秋水》）為例，便可見道家絕非搬弄玄虛和玩弄光影之徒。因此，若吾人斷言莊子哲學是一種「自由哲學」，則此一以「自由」理想為鵠的的思維向度便不能不對整個世界（即實有之全體）做全向度的開放與回應。如此一來，理解「自由」之意涵，便成為進入莊子哲學及其倫理觀不能不從事的要務。

而若參照方東美的研究，吾人當可以更周延地由自由通向平等，亦即由「自由的倫理」轉入於「平等的倫理」。首先，方東美對莊子哲學做了總結於三大原理的歸納：

1. 個體化與價值原理。
2. 超越原理。
3. 自發性自由原理。[3]

而這三大原理前後一貫。首先，由對「個體化」的肯定，將「價值」賦予所有的存在者（天地萬物）；可以說，這是順「個體化」之歷程，肯定所有「分殊」者其實皆有其存在之價值，亦即皆有其得自於「道」的普遍意義及同等之價值，是所謂「分殊的普遍」，如郭象之注解「逍遙遊」：「夫小大雖殊，而放於自得之場，則物任其性，事稱其能，各當其務，逍遙一也，豈容勝負於其間哉！」所謂「自得」意即「自由」，而「自由」的根本在「自然」，「自然」者「自己如此」──物物如此，物物自然；物物皆在己、由己而終成其為自己。

接著，在個體與價值相互洽合的基礎之上，吾人之精神與意識乃自有其超越向度──或自小向大，或由低而高，不斷突破個體分殊之存在狀態所可能給予一己之束縛與限定。莊子乃倡言「吾喪我」的心靈解放，並以「超越」為人格成全必要之歷程──超越小我之限定者為至人，超越功績之束縛者為神人，超越聲名之糾纏者為聖人。由此看來，「超越」之行動，其實已內化於吾人個體之生命，而成為一種修為，一種涵養，一種生命實踐的功夫。

3　方東美著《中國哲學之精神及其發展》，孫智燊譯，臺北：成均出版社，1984 年，頁 192-193。

　　其實，「超越」成為吾人生命活動之原理，其主軸乃落在「自發性自由原理」，而這正是莊子所以能將自由與平等共攝於倫理範疇的主要緣由，這也正是莊子修養論的意義基石：「莊子大倡『吾喪我』、『以明』、『兩行』、『天府』、『葆光』、『和之以天倪』與『物化』，其原始動機即在設法破除私心自用的成見與偏見，使吾人獲致內在真實的自由，而這就是吾人自我超脫與解放之道。而平等作為自由之真實之保障與基礎，莊子當深諳其中道理，故其哲學在批判精神引導下，是有了十分豐富的後設哲學的意涵。」[4]顯然，對「自由」的誤解與誤用，是極可能肇致「不自由」的窘境，而其間的關鍵便在平等原則能否被合理的援引、運用與重視。

　　而莊子所以從「自由哲學」邁向「平等哲學」，基本上是在人與天地整全為一的實存論基礎上，一方面以其對任何存在個體的尊重，並同時對「差異」進行無盡之包容，作為思考的出發點；另一方面，則以其「天地與我並生，而萬物與我為一」（《莊子・齊物論》）的整體觀，將吾人個體之存在投向這整全為一的實存的天地，而做出全然開放性的回應，此一回應的行動乃在「道法自然」的前提下展開的；如此，個體之自由終於可以和物物對等而平等的整體性關係做相互之調適：平等原則保障了自由的真實意義，而自由的力量則更不斷地把平等的精神提升到「自然而齊一，齊一而自然」的境界。

　　因此，莊子乃以其「齊物之論」作為觀察人間之基點。他發現吾人主體性的情意（這當然涉及吾人心理主觀性之實際內容）所牽引的各種認知活動，往往擾動著人我關係的和諧與安定，而不斷強化吾人的成心成見。如此，人間之是是非非，便成為與人我倫理脈絡息息相關的核心課題，而究竟能如何從自我意識的牢籠突圍而出，並透過「吾喪我」的功夫履踐，不斷消解「是是非非」的紛紛擾擾（「是非」乃人我對立的產物），終上達於「和之以是非而休乎天鈞」（「天鈞」者，自然均平之境），恰正是莊子「對話倫理」真實用心之所在。

（三）對話與倫理

　　當然，人我之間自有對話。但人間言語並不似自然之音籟，往往有心而發，甚至故意而作，於是每每落入「自我中心」之窠臼，甚至釀致心理情感

4　葉海煙著《老莊哲學新論》，臺北：文津出版社，1997 年，頁 147。

諸多之錯亂：

> 大知閑閑，小知間間；大言炎炎，小言詹詹。其寐也魂交，其覺也形開，與接為
> 構，日以心鬥。縵者，窖者，密者。小恐惴惴，大恐縵縵。其發若機栝，其司是
> 非之謂也。（《莊子‧齊物論》）

　　看來，人間是非教人我彼此窺伺，甚至相互攻擊，而思維與情緒又在自我意識的底層相互為用，莊子因此感嘆：「夫隨其成心而師之，誰獨且無師乎？奚必知代而心自取者有之？愚者與有焉。未成乎心而有是非，是今日適越而昔至也，是以無有為有。無有為有，雖有神禹，且不能知，吾獨且奈何哉！」（《莊子‧齊物論》）這顯然已是言語失序，甚至可能導致意義的虛無化。莊子面對此一人間（也是「人倫」）的大病痛，他基本的用心其實充滿倫理意涵的關懷，因為他認為「言」與「道」必須相偕而行：言而有道，言乃成其為真言；道而有言，道乃自「通而為一」。如此一來，莊子於是善解人我之間的主體際性，並在名實對應的邏輯中，以「道通為一」的意義向度，不斷地整合人我對立之關係於無限開展的「自然」之境。而若就人間之二元對偶性（包括彼與此、生與死、可與不可、是與非，……）而言，其所以能調適而上遂於「道」者，即因「道」無所不在，無所不通，亦無所不成。其間，如果人我之間能夠彼此轉換立場，相互借鏡，並將心比心地進行「同理心」的了解，自是對話倫理最直接而有效的途徑：

> 道惡乎隱而有真偽？言惡乎隱而有是非？道惡乎往而不存？言惡乎存而不可？道
> 隱於小成，言隱於榮華。故有儒墨之是非，以是其所非而非其所是。欲是其所非
> 而非其所是，則莫若以明。物無非彼，物無非是。自彼則不見，自知則知之，故
> 曰彼出於是，是亦因彼，彼是方生之說也。（《莊子‧齊物論》）

　　原來，「彼」與「此」是相互交替，相互變化的，「彼」和「此」的對立與分別，其實都是由於我們局限於個人之立場與見識，又同時與那一以貫之的時間流程（此即「道」存在的實際歷程）有嚴重之隔閡所致。

　　因此，人我之間本就可以「道並行而不相悖」，人我之間也本就可以發揮「交談倫理」與「溝通倫理」的真實的效力。「道行之而成，物謂之而然。惡乎然？然於然，惡乎不然？不然於不然。物固有所然，物固有所可。無物不然，無物不可。」（《莊子‧齊物論》）如此地廣大包容，讓人間言

語各行其是，也同時讓知識理論各有其「言之成理，持之有故」的發展空間
（此即足以讓各家之言各成系統的相關資源），這其實就是「道在人間」最
為具體的證明。因此莊子相信「道未始有封，言未始有常」，道與言的開放
性無與倫比，雖然人間仍自有是非，而吾人之言語思維也仍在是是非非之間
持續地流轉下去。

顯然，莊子的對話倫理是以平等為理想為原則，他以「與道冥合」的
「無為」來消解吾人情意的有為，亦即以「無言」解「有言」，以「無心」
解「有心」，以「自然」消解一切人為之造作與狂妄。因此，莊子的理想乃
旨在人文與自然的和同為一，以透顯「道」內在於「物」，又通達於「物物
之間」，甚至超然於「物象」之外。如此，吾人乃能透過語言的弔詭與情意
（心靈）的異化，不斷回歸真實之生活場域，這便是莊子齊同物我的對話倫
理最為真切的意向。

因此，若我們樂意運用「對話倫理」來作為理解《莊子・齊物論》的主
要進路，則對此一依然屬於行動世界的議題，我們是不能不有所保留，也同
時不能不有所期待；得保留的是當代對話倫理所已闡發的相互尊重以及一體
共容的原則（這也當是一種態度），要期待的是在各種對話紛然雜陳的人
間，吾人能如何在思維與語言共襄盛舉的豐厚的人文底層，向上翻轉出具有
應然性的意義——它們依然在關係網絡中，卻已然具有引導功能，並且對人
倫規範的形塑，主動提供有效的素材。[5]

因此，總結莊子的對話倫理，其主要的意義是至少涉及三個基本面向：

1. 對話雙方之間關係的相互性。
2. 對話雙方之間立場的對等性。
3. 對話雙方之間理當共通共享的一體性。

而由相互性、對等性以至於彼此交往互惠的一體性，其間，自可有所言
有所不言，有所忘亦有所不忘，因此，莊周夢蝶，卻仍然有一份清明之知：
「周與胡蝶，則必有分矣。此之謂物化。」（《莊子・齊物論》）原來「與
物同化」乃「齊物」真實之境，而人間言語實為中介之物，它所指向的莫非
人文之真趣，亦莫非倫理之真義。

5　葉海煙〈莊子〈齊物論〉的對話倫理〉，收入《哲學與文化》月刊，第29卷，第8期，2002年，頁 685-686。

（四）環境與倫理

　　道家一方面以「道」為「先天地生」的根源性原理，因此「道」自有其超越性、獨立性與絕對性；而另一方面，「道」又內在於天地萬物，而成為天地萬物的生成原理與實現原理。因此，「道在天地」的基本命題，充分展現出人與天地萬物共在共存的一體性與整體性，所謂「尊道而貴德」，指的是吾人的道德意識是在以道為尊，同時以德為貴的前提下，認同人與天地萬物一體共生的真實的關係，而由此建構出吾人基本的生命典範與生活態度——順乎自然，冥合自然。於是我們可以肯定：道家倫理顯然有一個十分重要的向度，那就是「環境倫理」，而道家的環境倫理思維當然是以「道」為具根源性、普遍性與終極性的原理，吾人之存在與天地萬物之存在從「道」的觀點看來，實自有其通同為一並整全為一的本有的屬性。

　　既然吾人之生命與萬物之存在互為一體，道家之環境倫理乃以「道」為形上原理，來證成此自本自根的一體性，並進而推展出自然與宇宙二合一的本根之論——即以「自然」為宇宙生成之歷程，又同時以宇宙萬物之生成歷程來證成「道法自然」的基本原理。如此一來，人與自然環境之間的倫理關係（亦即「倫理性」）便可以在生命與存在互為一體的前提下，經由吾人價值意識之開放過程，而不斷地被證成。

　　其實，老子一句「道法自然」，已經為道家的環境倫理安置了穩妥的意義基石，而由歸根、復命，以至於「希言自然」，並以「飄風不終朝，驟雨不終日」為例，老子乃旨在證明天地之中實無任何分殊的力量可以單向地自恃自持；然而，另一方面，老子卻認同「天長地久」的自然實況，且為此做了合理化的說明：「天地所以能長且久者，以其不自生，故能長生。」（《老子·七章》）所謂「不自生」，便由「道法自然」推演而來。

　　老子又云：「天地相合，以降甘露，民莫之令而自均。」（《老子·三十二章》）這雖旨在倡明「自然無為」之精神，但也同時勾勒出道家「天地倫理」的基本輪廓，而其間所透露的和諧與均衡的原則，乃建立在「道法自然」的基礎之上。和諧是天地相合的總體，均衡則是萬物自生自長的常態——「變」與「常」二者相輔為用，且終歸於一動態之歷程。因此，老子的環境觀乃以和合為一的生態觀為其主要之內容，而其意義脈絡在《老子·五十一章》中有十分完整的論述：

道生之，德畜之，物形之，勢成之，是以萬物莫不尊道而貴德。道之尊，德之貴，夫莫之命而常自然。故道生之，德畜之，長之育之，亭之毒之，養之覆之。生而不有，為而不恃，長而不宰，是謂元德。

如此，由道而德，因物而有形有勢，萬物乃在「自然」的狀態中生長化育。顯然，老子著重的是生而不是死，是長而不是滅，是萬物相互保全而合為一體，故云：「天之道，利而不害。」（《老子‧八十一章》）基本上，道家保生全生的原理是一直被應用在人與天地萬物合而為一的實存論中。因此，道家所以高唱回返自然，回歸真樸，並同時對人類之以自我為中心，以人為之主觀進路背離自然，破壞真樸的行徑，做出根本的反省與批判，理由即在道家以「自然」為基本原理的環境觀，其實是以天地實存之狀態為吾人生活實踐之場域。

而莊子繼踵老子，以其高度的想像力，在廣大遼闊的天地之間，讓大鵬高飛：「鵬之徙於南冥也，水擊三千里，摶扶搖而上者九萬里，去以六月息者也。」（《莊子‧逍遙遊》）如此由南冥而北冥，具體拓開了天地實存之意義，天地乃不僅為物物集合之總體，亦是生命多樣而和諧共生的一大整體、一大機體。莊子於是以「齊物」之平等原理，推出「天地與我並生，而萬物與我為一」的理想──這分明是道家環境倫理的極致，它為「道法自然」做了具體的例證，並迴避了「天地是否有主宰」的疑難，對此，莊子曾進一步以「天有六極五常」的自然運行律來回應底下的提問：「天其運乎？地其處乎？日月其爭於所乎？孰主張是？孰維綱是？孰居無事推而行是？意者其有機緘而不得已邪？意者其運轉而不能自止邪？雲者為雨乎？雨者為雲乎？孰隆施是？孰居無事淫樂而勸是？風起北方，一西一東，有上彷徨，孰噓吸是？孰居無事而披拂是？敢問何故？」（《莊子‧天運》）顯然天地是自有其自然而然的運行律則，莊子的宇宙觀乃由「有」上推於「無」，由「有限」上推於「無限」，由以為有主宰而至於無主宰可追尋，亦即由宇宙活動之萬象上推於宇宙根本存在之理：「出無本，入無竅；有實而無乎處，有長而無乎本剽，有所出而無竅者有實。有實而無乎處者，宇也；有長而無本剽者，宙也。」（《莊子‧庚桑楚》）如此時空並賅，物物實在而自然，莊子宇宙觀的具體意涵乃落在「自然的宇宙」、「變化的宇宙」及「有機而整全的宇宙」等面向上。可以說，莊子是把時空放入一個可以無限延伸的系

統，而由人而天，由物物共在而至於宇宙全體，莫不在「道」的一體性中：

> 總而言之，莊子的宇宙觀乃採取「全面觀」的整體觀點，因此不去分析宇宙的基本構造或組成因素，而是以幾個基本範疇去總括宇宙的一切，將宇宙當成一統一的整體，此一整體可經由統一的範疇予以包羅，莊子的宇宙論即在此觀點下成立。「道」不是宇宙之基本構造或組成因素，它不同於古希臘自然哲學家所發明的宇宙之基本物質，所謂「水」、「氣」、「原子」等，它是統一宇宙全體的統一原理，它統攝宇宙之一切，宇宙之一切發源於它。道與宇宙之關係不是基本物質的組合或析離的關係，無論在理性上或事相上，宇宙之一切皆由「道」發展開來，亦終歸於「道」。[6]

　　如此，物物自然，物物變化，物物和諧，物物皆在有機而整全的大系統中各安其位，各有其生，並各得其性，各自出入於生生不息的天地之間：「萬物皆出於機，皆入於機」（《莊子・至樂》）出入無間，物物有理；而人既住居於天地之間，便須善體天地之趣，並依循天地之道，才可能以「道生天地萬物的機體觀」，從人類本位與自我中心的意識窠臼中超拔出來，而自行養成少私、寡欲、虛靜、簡樸、知足的德性，來參與人與自然環境共生共在的實存狀態，如論者以為：「環境倫理免不了人的參與，也因此人的主觀修養便是十分重要的問題。相對於此，無論是老子的『致虛極，守靜篤』，或是莊子的心齋、坐忘、齊物、逍遙，都能有效地降低人類過多的人為造作及相對而來的虛妄欲求，從而能由縱欲主義及消費主義的泥淖中超拔出來。」[7]由此看來，道家反對不合乎本性以及不合乎自然的人為造作，其直接之效力即在保全吾人之生命，保全自然之環境，而將人類對自然環境的破壞降到最低的程度，而這也唯有在人類欲望擺脫自我中心、自我偏執、自我驕慢的習氣之後，才可能實際做到。如此一來，道家尊重自然，效法自然的精神，其實已建立了均衡、保全與整合的宇宙觀與人觀，而且也已將人觀與宇宙觀做了合乎理性的結合。而所謂「全生之德」與「成性之道」，便可以在人文與自然兩行其是的秩序網絡中，獲致具體的成就。同時，環境之保護與人性之實現也將在不斷回歸自然、回歸真樸的道路上相輔相成。因此，道家環境倫

6　葉海煙著《老莊哲學新論》，臺北：文津出版社，1997 年，頁 203-204。
7　高柏園著〈道家思想對環境倫理的回應態度〉，收入《鵝湖學誌》，第 25 期，2000 年，頁 53。

理之由倫理之實踐，到吾人對環境理當善盡之責，甚至以吾人之精神修養與心靈活動，來對應吾人存在於天地萬物之中的具體事實，並因而調適上遂於天地之大美，而以欣賞與觀照的態度，一心嚮往人類可以自得其樂的生活願景；其間，確實有許多道理可說，而環境倫理也自是一項與人類追求生活至樂與心靈真福的重要課題：

> 環境問題攸關人類根本的生存問題，而不是可以等閒視之的生活小常識。當然，環境意識或環保意識必須與人類各種精神性的需求保持相當程度的平衡，而簡樸生活也不能只是偶一為之的雅興。因此，在生態保育與環境保護基本上是一倫理課題的前提下，不斷回向天地大道的一體性、無限性與其中無垠之廣度與深度，未始不是人類追求生活至福與心靈真樂的穩妥利便之途。8

第三節　墨家倫理學

一、「兼愛」的理想與理想主義的社會倫理

墨家思想在先秦各家之中，特別是以邏輯、知識論、政治哲學與倫理學見長；而墨家倫理學尤其關注於與時代、社會相呼應的人際關係與道德規範，並對「親親為大」的血緣關係，以及分別親疏遠近的「外推」行動，做出具有理想主義色彩的批判與反省。

首先，墨子認為吾人之行為並無法任意脫卸人際關係（特別是以血緣為主軸者）之束縛。而在天性至親的感情中其實已夾纏相對應的利害思考。「孝，利親也。」（《墨子·經上》）原來子女與父母的關係早已存在彼此對等的「互利性」——父母之養育子女，子女之報答父母，其實都在「互利」原則下進行。

如同先秦諸子，墨家的倫理關懷仍集中在「如何使天下由『亂』歸於『治』」這個「淑世」的課題上，而所謂天下「治亂」的問題，一方面是統治者（理想的統治者為「聖王」或「聖人」）的責任，故墨子云：「聖人以治天下為事者也，必知亂之所自起，焉能治之。」（《墨子·兼愛上》）另

8　葉海煙著《中國哲學的倫理觀》，臺北：五南圖書出版股份有限公司，2002年，頁123-124。

一方面，天下治亂的緣由又幾乎全落在傳統倫理之中。也就是說，傳統倫理之君臣、父子、兄弟，以至於家國倫理之大夫、諸侯，終至於天下全體之人（這已近於以「世界」為一人一家的倫理思考，謂之「世界倫理」，亦無不可），其實都在互利性的人際關係之中，而也唯有「互利」的具體實踐才可能使倫理的原動力——「愛」得以由己而人，以至於視人如己，而終於實現「兼愛」之理想。對此，墨子分析發現：人人自愛自利，實乃天下之亂源，並由此反證「兼愛」的道德應然性：以「兼相愛」替代「自愛」，以「交相利」的「利己又利他」替代自私自利，天下即可由亂歸於治，而終達成人間倫理（亦即「社會倫理」）的道德理想——其道德性與理想性之嚴格程度與絕對化程度，是已在先秦各家之上。

> 聖人以治天下為事者也，不可不察亂之所自起，當察亂何自起？起不相愛。臣子之不孝君父，所謂亂也。子自愛，不愛父，故虧父而自利，弟自愛，不愛兄，故虧兄而自利，臣自愛，不愛君，故虧君而自利，此所謂亂也。雖父之不慈子，兄之不慈弟，君之不慈臣，此亦天下之所謂亂也。父自愛也，不愛子，故虧子而自利，兄自愛也，不愛弟，故虧弟而自利，君自愛也，不愛臣，故虧臣而自利，是何也，皆起不相愛。雖至天下之為盜賊者亦然，盜愛其室，不愛其異室，故竊異室以利其室，賊愛其身不愛人，故賊人以利其身，此何也，皆起不相愛。雖至大夫之相亂家，諸侯之相攻國者亦然。大夫各愛其家，不愛異家，故亂異家以利其家，諸侯各愛其國，不愛異國，故攻異國以利其國，天下之亂物，具此而已矣！察此何自起，皆起不相愛。（《墨子・兼愛上》）

顯然，墨子是一方面承認人人自愛自利的實然性，但他卻不願停留在此一實然思考之中，而向上尋求人人可以兼相愛，可以交相利的價值源頭。在此，若我們認為墨子乃一道德（倫理）的理想主義者，似無不可。而墨子的理想，及其為理想所展開的實踐，在在都是為了「興天下之利，除天下之害。」這顯然是攸關「倫理能否滿全」的重大課題。倫理的滿全是指全天下人都能在「兼相愛，交相利」的道德實踐中獲致個人最大之福祉（即最大之利益）。因此，由己而人，由別而兼，墨子此一倫理思考實具有高度的「社會倫理」意涵，然墨子的主要目的乃在超然於人性自私自利的封閉思維之上，意圖以社會一體性包容人我之間的差異性。但墨子卻仍在相當的程度上，以現實之人性表述為其倫理思考之座標，即針對吾人好利惡害的心理傾

向予以因勢利導，而由自利到利他，由小我到大我。終於完成其調和利己主義與利他主義的倫理思考。因此，說墨子的人性論以及其具效益論意味的倫理學其實都有折衷主義的色彩，似乎也不為過。

而墨子「兼愛」的價值根源乃在於「天志」，因「天志」要求人必須「行兼」，故人應履行「兼愛」之理想。「順天意者，兼相愛，交相利，必得賞。反天意者，則相惡，交相賊，必得罰。」（《墨子・天志上》）天志好利惡害，賞善罰惡，而善惡的判準又端視功利與實效能否實現——合乎功利與實效者為善必賞，違背功利與實效者為惡必罰。由此可見墨子此一天志之說並不同於宗教之超越與終極之信仰，它大體來自中國古代庶民文化之底層，乃是極為素樸、明白而直截了當的宗教情感與宗教心理，而墨家之徒出身社會基層，便直接運用此一世俗資源，將天人關係放入其倫理思考的主軸——好利惡害者為善，背利遭害者為惡，於情於理，實屬自然之事。

當然，兼愛所以能為天下所肯定、所服膺，其中道理又非說明白不可。在《墨子》的〈兼愛中〉、〈兼愛下〉兩篇中，是大體可以歸納出墨子為此所做的四點辯護，其旨在說明兼愛乃大利所在，實乃不容質疑：

（一）人情擇必取兼，故兼愛可行。

（二）古聖人皆行兼愛，故兼愛可行。

（三）行兼愛者不害孝，故兼愛可行。

（四）君主悅兼而以兼為政，則可收上行下效之功。[9]

如此，由人情、古聖人、君主與傳統倫理（孝道）等角度來肯定「兼愛」為倫理道德之軸心，則可見墨子的價值判斷是自有其多元性與綜合性；然其以天志為兼愛的價值根源，基本上又是理想主義與實效主義的一大綜合、一大縮結，而所以能綜合與縮結者則端在「法儀」之建立，乃一切行事與實踐之根本：「子墨子曰：天下從事者，不可以無法儀。無法儀而其事能成者，無有也。」（《墨子・法儀》）如此，天志與法儀二而一，即天志為法儀之所本，而法儀又為天志之內容，二者總歸於「廣而無私」的天之行以及「欲人之相愛相利」的天之欲：「天之行廣而無私，其施厚而不德，其明久而不衰，故聖王法之。」（《墨子・法儀》）「然而天何欲何惡者也？天

9　蔡仁厚著《墨家哲學》，臺北：東大圖書公司，1978 年，頁 45-46。

必欲人之相愛相利，而不欲人之相惡相賊也。」（《墨子·法儀》）由此可見，以天志為人之法、人之儀，實乃順理成章之事，而「義」自在其中，因「天欲義而惡不義」。於是普世好義惡不義的公共意志其實已淡化於天志之中，墨子尚同於天的理想又已將世間倫理理想化、公共化，而其以天意在行善政，以天志為政治最高之權威，則已將宗教與政治視為一事，敬神、祭鬼、祈福，莫不在天志的權威中獲致具體而正面的效應——具體者為利為益，正面者為功為用，利益與功用合而為一，墨子的兼愛倫理與天志倫理（即以「兼愛」與「天志」為倫理之精神核心與最高原則），於是建構了不同於儒家與道家的倫理氛圍，其中的理想意趣竟能與世俗之人性趨向若合符節，則可說是墨家思想別有用心之處。

二、普世倫理的建構之道

既然墨子的倫理觀是以社會關懷為基本導向，他並且在世人的普遍利益之上，建立了人我共利的兼愛思想，因此，為了達到此一普世和平之理想，墨子勢必發展出足以實現此一理想的倫理實踐之道，而它又同時發現實現此一理想最大的威脅與障礙莫過於人我之相殘相賊——其中最嚴重的便是戰爭了。如此，墨子在「兼愛」理想的主觀意願之中，乃提出「非攻」的主張，而「非攻」的積極性與客觀性，就不外乎是吾人追求和平以體現「兼愛」理想的具體作為，其為達目的，而無所不用其極，以至於摩頂放踵以利天下之人，便是墨子作為一實踐家與和平主義者的真實形象，是一點也虛假不得，而其勞心勞力，無所退卻，甚至義無反顧，大張公道與正義之大旗，則是墨子倫理學中所以富含「義的倫理」的直接的理由。在此，從墨子判定「攻伐」乃屬不義之行的論證，便可見其中端倪：

> 今有一人，入人園圃，竊其桃李，眾聞則非之，上為政者，得則罰之，此何也？以虧人自利也。至攘人犬豕雞豚者，其不義，又甚入人園圃竊桃李，是何故也？以虧人愈，其不仁茲甚，罪益厚。至入人欄廄，取人牛馬者，其不仁義，又甚攘人犬豕雞豚，此何故也？以其虧入愈多，苟虧人愈多，其不仁茲甚，罪益厚。至殺不辜人也，扡其衣裘，取戈劍者，其不義，又甚入人欄廄，取人馬牛，此何故也？以其虧人愈多，苟虧人愈多，其不仁茲甚矣，罪益厚。當此天下君子，皆知而非之，謂之不義。今至大為攻國，則弗知非，從而譽之，謂之義，此可謂知義與不義之別乎？（《墨子·非攻上》）

　　如此，以攻伐為不義，則「非攻」自然合乎正義原則。墨子便在其家國倫理以至於普世（天下）倫理的大範疇中，高舉此一正義原則，並汲汲於分別義與不義，以確定正義原則之必然性、崇高性與普遍性，而這和儒家「仁義」之說之由仁而義，基本上仍在「德性倫理」的人性論中從事「推己及人」的道德思考，以支持「義」之合乎人性與人情，以及人我關係的合理性與合宜性，自是不同，因為墨子是一開始便跳出親疏遠近之人倫分際，而以公共利益為唯一鵠的，來確立社會正義原則其實可以上應「天志」之求，下合「人心」之需，而在天人之間，將人倫社會當作是一個集合體，以便倫理的普世化，而有助於社會正義的實踐。

　　當然，墨子心目中的社會仍以君、臣、民三者為基本結構，因此「在君不成其為君」的亂世之中，如「禹之所以征有苗」、「湯之所以誅桀」以及「武王之所以誅紂」等，仍然是合乎「義」的舉動。如此一來，誅伐不義之君，並不必受「非攻」原則之拘束。也就是說，墨子承認為了維護人間之大義，合乎正義原則的攻伐仍屬必要。

　　至於人民（庶民）實為社會之中堅，墨子之徒出身於社會底層，深知社會文化為家國倫理之實際內容，乃是任何道德實踐必須顧及的基本條件，甚至是任何倫理行動不能不運用的實際資源。因此，墨子在兼愛與非攻的兩大行動綱領之下，放入了國家與文化這兩個可以相輔相成的具體條目。關於國家，墨子先行分析其起源：

> 子墨子言曰：「古者民始生，未有刑政之時，蓋其語，人異義。是以一人則一義，二人則二義，十人則十義。其人茲眾，其所謂義者亦茲眾，是以人是其義，以非人之義，故交相非也。是以內者父子兄弟作怨惡，離散不能相和合，天下之百姓，皆以水火毒藥相虧害，至有餘力，不能以相勞。腐朽餘財，不以相分，隱匿良道，不以相教，天下之亂，若禽獸然。」
> 夫明乎天下之所以亂者，生於無政長。是故選天下之賢可者，立為天子。天子立，以其力為未足，又選天下之賢可者，置立之以為三公，天子三公既以立，以天下為博大，遠國異土之民，是非利害之辯，不可一二而明知，故畫分萬國，立諸侯國君，諸侯國君既已立，以其力為未足，又選擇其國之賢可者，置立之以為正長。（《墨子・尚同上》）

由此看來，墨子仍然在其講究功利與效益的原則之上，來為國家之成立提供

具體的理由。這其實如同其「尚同一義於天」的「尚同」與「天志」二合一之論，是採取同一思考路數的。基本上，墨子心目中的「社會」並不是一個「開放社會」（open society），他信賴權威，以至於接近權威主義的立場，來為「國家」的建立尋找合理化的論據。而其為救治權威主義（甚至是極權主義）實際之流弊，乃不得不同時提出「尚賢」乃「政之本」的思想。對此，他仍先行驗證「不義不富，不義不貴，不義不親，不義不近」（《墨子·尚賢上》）以「義」為第一原理的道德論，然後才採行「列德而尚賢」的具體手段，以實現國家為「正義」而存在的基本理念：

> 故古者聖王之為政，列德而尚賢，雖在農與工肆之人，有能則舉之，高予之爵，重予之祿，任之以事，斷予之令，曰：「爵位不高，則民弗敬，蓄祿不厚，則民不信，政令不斷，則民不畏。」舉三者授之賢者，非為賢賜也，欲其事之成。故當是時，以德就列，以官服事，以勞殿賞，量功而分祿，故官無常貴，而民無終賤，有能則舉之，無能則下之，舉公義，辟私怨，此若言之謂也。（《墨子·尚賢上》）

接著，墨子進一步推出「得意賢士不可不舉，不得意賢士不可不舉，尚欲祖述堯舜禹湯之道，將不可以不尚賢，夫尚賢者，政之本也。」（《墨子·尚賢上》）崇尚賢明賢能之人，並舉用之重用之，以為國家人民之用，自是國家人民之福，這基本上符合「君、臣、民」三者一體的倫理結構。

其次，關於文化範疇中應當予以倫理化道德化的諸多實然條件，墨子則透過「節用」、「非樂」、「節葬」等思考，以及在庶民生活中可以落實的作為，轉實然為應然，而在有限的生活資源發揮精神性的功能：

> 聖人為政一國，一國可倍也；大之為政天下，天下可倍也。其倍之，非外取地也；因其國家，去其無用之費，足以倍之。聖王為政，其發令興事，使民用財也，無不加用而為者。是故用財不費，民德不勞，其興利多矣。（《墨子·節用上》）

所謂：「用財不費，民德不勞，其興利多矣。」指的是不過度花用財富，不過度勞動民力，便會有更多的利益，於是墨子便同時以不知善用民力與財力為國之大患：「先盡民力無用之功，賞賜無能之人，民力盡於無用，財寶虛於待客，三患也。」（《墨子·七患》）而墨子之節用並不全然是消極之

論，他仍要人民積極地從事生產之工作，所謂「其生財富，其用之節也。」（《墨子・七患》）如此精於算計的思考，顯然又是墨子善用「工具理性」的明證，而這和他無法理解精神文明（如音樂、藝術），似乎有著連帶的關係。墨子意欲將吾人生活之水準降到不飢不寒的地步，其實也都在其利益的算計之中，他乃如此論道：「雖身知其安也，口知其甘也，目知其美也，耳知其樂也，然上考之不中聖王之事，下度之不中萬民之利。是故子墨子曰：『為樂非也。』」（《墨子・非樂上》）這又是以權威（君王之權威）與利益（公共之利益）二者相結合為最高之判準，來作為吾人倫理修養的理據，可見墨子節用非樂的文化觀點，仍然在其普及天下之利的泛倫理思考之中被實際地建構起來，而這其實不斷地呼應著墨子作為一個尊重經驗，強調實踐，並正視社會問題與人類存在實際需求之行動者的身分。

第四節　佛教倫理學

佛教自印度傳到中國，經兩千多年的發展，並同時與中國社會、中國文化進行相互之融合；其間，歷經魏晉南北朝、隋唐與宋明三個時期，以迄清末民初，終於出現具高度自主性的「中國佛教」，而有別於原始之印度佛教；而佛法或佛學之思考模式在與中國哲學從事對比與對話的過程中，所出現的重大變化與轉折，其實已有相當程度的創造性發展，其中最突出的莫過於佛教的形上學、倫理學以及關於「人觀」的意義結構，都在一定程度上和中國哲學（特別是儒家與道家）的理論成分有所交流有所調和。

一、成人之道與成佛之道

佛教作為一普世性宗教，原來就有其對人類與人普遍、開放、深廣而終極之關懷。佛教常言「眾生」，常以「人身難得」來肯定人類存在之事實，而傳說佛陀降世，即開口云：「天上地上，唯我獨尊。」故人稱佛陀為「世尊」，而此一「唯我獨尊」之「我」應不是個別之「小我」，而是人人得而共享共有之「真我」。然佛法旨在破「我執」與「法執」，以了然於「空性」，了然於世間「無常」之相——「無常」即無不變之「法」，無不變之「我」；「法」因「我」而成其為「假」——「假」是吾人思維之所對者，其於人我之間與主客之間，是自有其相待相對之意義；而「我」亦因「法」

而現，所現者即吾人心理意識之種種造作、種種集合與現前。如此一來，吾人之為倫理主體、道德主體，從佛教的人觀看來，是不能不以破捨我執為出發點，而佛教之期許吾人成聖成賢，也不是在世俗的氛圍之中去思考估量的。因此，如何在「緣起」諸法中，理解「人」之所從來，理解「生」之所從去，而不斷思考人間之倫理與道德在此一以空性智慧為核心的宗教精神中，究應如何被斟酌、被界定、被合理地安頓，顯然已是「佛教倫理學」的基本課題：

> 在「緣起」的原理下，吾人可以體會：雖然在最深徹的觀照中，所有眾生都是緣生無自性的，也就是說：在法性上是平等的；但是在現象界的性格、生理、心理、環境等等，由於造就的因緣不同，所以還是個別差異甚大。佛教倫理的「護生」精神，是嘉惠一切眾生，而不限於人類的。但就倫理實踐的主體性而言，就不得不設定人類為主的範圍，所有佛教倫理的內容，都是要求人（而非其他類的眾生）遵守的；也因為人能在道德實踐中不斷提升自己，以破捨我執的努力，與利他善行的實踐，來克服私欲私利，昇華人性而成聖性，所以真能成就解脫道或佛道的，也只有人類。佛出人間，在人間成佛，在人間教化，就是人類因緣殊勝的一個明證。10

由此肯定「人」為佛教倫理之主體，應屬順理成章；而若人為道德之主體乃任何倫理學的基本命題，則佛教作為人間宗教（甚至是所謂的「人間佛教」），其不同於其他宗教，則應有下述三個面向值得探究：

（一）佛教「緣起」理論與其倫理學觀點，究有何密切關聯？

（二）佛教超越解脫之論又當如何與其倫理學做具有哲學性、倫理性與宗教性之連結？

（三）所謂「成佛之道」與「成人之道」，理論上應可以並行不悖，但就佛教之終極關懷而論，由成人而成佛，又當如何「以佛解佛」，來做一以貫之的理論思維與實踐思維？

當然，佛教的理論自應以佛法為準為依，而佛教的實踐思維在一般的倫理實踐的基礎上，則當有其作為一特殊宗教的取向；也就是說，佛教倫理自有其不同於所謂「世間法」（世間學問之總體）的出世間走向，而這也許才

---

10 釋昭慧著《佛教倫理學》，臺北：法界出版社，1998 年，頁 89。

是吾人探索並試圖建構「佛教倫理」的用心所在。

　　從原始佛教教義看來，佛教對倫理問題的觀點，顯然是從其對人世現象的解析以及對人生感受的探究著手的。就以三法印、四聖諦與十二因緣為例，來理解對人世與人生錯綜複雜的存在總體，到底做了何種具有宗教關懷與倫理關懷意味的觀察與觀照，便可見佛教倫理的基本建構是依然環繞著「人」的存在實境，而其「由成人而成佛」的解脫之道，也依然在「人義」的確定、提升以及自我超越的過程之中。

（一）三法印

　　　1. 諸行無常（sabbe sankhara anicca）。
　　　2. 諸行皆苦（sabbe sankhara dukkha）。
　　　3. 諸法無我（sabbe dhamma anatta）。

　　由「無常」而至於「苦」與「無我」，其實皆在「空」的真實意義之中，而「無常」即旨在肯定人世現象總在變遷、變異與變化，並無吾人所得以執持者，亦無吾人所得以追求而滿足者。原來「執持」乃自我虛假錯謬之意識，而「追求」與「滿足」二者相互糾結，總在吾人之意欲活動之中不知伊於胡底，故吾人之追求或欲求乃終無真正滿足之時。故由「諸行無常」乃下落於「諸行皆苦」。對此，吾人又不得不仔細分析苦樂之感受，而驚覺人生並無真實之樂，人生本苦，人生原無「樂」之可，故去苦除苦消苦，乃成為佛教倫理修行之主軸；至此，「諸法無我」之空性思維便可及時介入於吾人之倫理實踐之中；也就是說，當吾人以「人」的身分、立場與觀點生活於此一變動無常，且充滿苦痛（因有需求而不滿足，因不滿足而有苦痛）的世界之中，則吾人自應同時善解一切法乃因緣和合而生，「和合」有兩個面向：和而不和，不和而和；合而不合，不合而合。因緣乃在諸多條件之中輾轉衍生，吾人又何能自主地安居於「有我」之境？而既無「有我」之正向性思維，則亦無須有「無我」之否定性思維；由此，佛教「中道」思想乃應運而生：

　　不生亦不滅，不常亦不斷，
　　不一亦不異，不來亦不去。
　　能說是因緣，善滅諸戲論，
　　我稽首禮佛，諸說中第一。（《中論》）

這即是所謂「八不中道」：不生、不滅、不常、不斷、不一、不異、不來、不去。如此，因「八不」之不偏不倚，乃有「中道」之正直圓熟。佛教之人義乃從「迷」而「悟」，由執「有」而入「空」，而「空」亦無所得，無所求，無所住，無所「不空」。

（二）四聖諦

1. 苦（dukkha）。

2. 集（samudaya）。

3. 滅（nirodha）。

4. 道（magga）。

「四聖諦」（或稱「四諦」）可以總佛教一切之法，因為「四諦」足以深入一切之人世現象與人生感受，而進一步洞察其中之真義與真諦。就「四諦」而言，其中是有其甚深之因果：「集」為「苦」之因，而「苦」為「集」之果——「集」乃集一切因緣而造作一切之人世現象與人生業力。基本上，苦與集二者屬生生滅滅之未解脫待解脫之狀態；至於「滅」與「道」則為解脫之道與解脫之究竟：「道」為「滅」之因，「滅」乃「道」之果——「滅」是入滅，是正果，是成佛得道之境界。如此看來，四聖諦一方面是佛教特殊之法門，一方面則可以用來解讀一切屬人（人道）之現象，而從中建構起人間倫理，讓倫理的意義有其信仰與解脫之意趣，也同時教每一個人可以由現象界「自我」之束縛與沉淪，一路超升，終進入離苦得樂的光明願景，其間，「自我」之修持，以至於「自由」之全體實現，對佛教而言，是非有德性之陶成與靈性之冶化不可，而德性與靈性二合一之道，正所以為吾人之「神性」或「佛性」鋪展出無盡之歷程——說這是道德的實踐，是倫理的滿全，似乎也不為過。

在此，佛教特別點出「無明」、「業力」與「因緣」流轉之巨大事實，又不能不在吾人的人格培育過程中，予以深層之解讀與超然之轉化。於是「十二因緣」之提出，正為佛教理解生命源起，並同時藉以起造「生命倫理」安置一塊磐石：

（三）十二因緣

1. 無明。

2. 行。

3. 識。

4. 名色。

5. 六入。

6. 觸。

7. 受。

8. 愛。

9. 取。

10. 有。

11. 生。

12. 老死。

如此從「無明」開始，生命就在業力造作中無盡地流轉，而人性光明從何而來？佛性光輝又從何而現？論者以「自我」著眼，乃導入「輪迴」之無窮循環：

> 蓋依佛教之根本觀點，生命活動基本上乃「自我」在昏迷中之活動；故以「無明」表之。而「自我」在昏迷中，即呈現為一「盲目意志」，此即所謂「行」。就其活動為不斷追求言，即稱為「欲」。「自我」在「無明」之掩覆下，即成為一由欲推動之盲目意志；由此再生出「五蘊」等，遂成為具體生命。依此，所謂「業」即「自我」在昏迷中之活動之結果。此種結果「生出」具體生命，且造成繼續之「流轉」，即「輪迴」。11

不過，對所有一心嚮往成佛之道的佛教徒而言，如此的「流轉」與「輪迴」，並不會讓他們喪失對人性與佛性的信心和盼望；也就是說，佛教在「人的存在」之上，是早已預設了「成佛」的可能性——而這「可能性」是可以經由人性的履踐與佛性的發揚，不斷地被轉入於真實的境界。這其實也就是因為佛教倫理對人性之善（而且是「終極之善」）是始終堅持的，因此佛教之由小乘一路轉向大乘，由生滅法門向上轉入於真常理境，是不僅有倫理之理路可循，其間的道德修持更有甚深法義可以合理化與系統化。

因此，釋昭慧在其《佛教倫理學》書中特別指出「解脫道」乃三乘共

---

11 勞思光著《新編中國哲學史（二）》，臺北：三民書局，1990 年，頁 188。

法，而解脫就在解業力之縛，脫苦海之困，並以成佛之道為吾人從「人間倫理」持續地邁向佛教以信力與願力為主軸的「解脫倫理」或「不共世間」之倫理：

> 解脫，是三乘共法所仰求的最高理想。中國佛教徒都說學佛是為了「了生死」；這也就是《阿含經》中所說的「我生已盡，梵行已立，所作已作，自知不受有後」。此生報盡之後，不再有來生（後有）的延續。這種以「無生」作為終極理想的宗教，顯然與求生之延續或生之永恆的其他宗教，大相逕庭。解脫，是個人倫理的完滿實踐；由於它是不共世間的目標，所以本節論述解脫道倫理要求之外，還要把「解脫」的定義、求取解脫的理由、求取解脫的方法（包括倫理要求）、資格與時限，作扼要而完整的說明，否則吾人無以理解此一層次倫理生活有何「不共世間」之特質。[12]

　　如此，經解脫之門而由小向大，自偏而圓，從「成人之道」一路展開向「成佛之道」，實乃「由人而佛」的倫理實踐——就「人」而言，倫理可以是自定規範自有範限的；但就人能成佛而言，倫理則該當是自由出入於人佛之間的坦途，其間，「由人而佛」是不僅要以人性為基，要用倫理作媒，而且還要有智德雙修、慈悲共運的終極關懷。因此，若由人的立場看來，「佛」似乎已無「倫理」可說，這至少出現了「有倫理道德之實，而無倫理道德之名」的吊詭。不過，「成佛」之「成」絕非一蹴可就，它顯然不能不透過人性的淬礪，不能不予以道德之鍛鍊，否則佛家講究的修行（特別是持戒與守戒），又如何能做合理的解釋？

二、出離、迴向、參與以及圓滿之道

　　若說中國大乘佛教乃佛教發展的一座高蜂，殆無疑義。而中國大乘佛教受到中國文化與中國哲學的影響，以至於出現與原始印度佛教迥然不同的思考向度與實踐路向，也已然史實昭著。在此，我們顯然可以透過中觀之學、唯識之學、真常之教以及中國佛教三大宗派：天台宗、華嚴宗與禪宗等大乘教義，來論述中國佛教所以能構建更具系統化的倫理學，其中不能不予以重視的理據、論據與證據。

---

12 釋昭慧著《佛教倫理學》，臺北：法界出版社，1998 年，頁 155-156。

（一）中觀學的倫理理想

一般看來，大乘佛教的出現，是幾乎與中觀之學同步的；也就是說，大乘教義是由般若中觀之論開始的，其間，龍樹（Nagarjuna）及其弟子提婆（Arya Deva）的貢獻最大，尤以前者所著之《中論》與《大智度論》，允為中觀之學重要之經典；當然，中觀之學主要還是以般若經系為其思想之根據，而所謂「空宗」，意此一般若之學，或稱「般若宗」。

其實，整個中觀系統，皆旨在證成「空觀」，而其論證之策略即在運用「因緣」觀念，來理解「空」義：

> 眾因緣生法，我說即是空，亦為是假名，亦是中道義。（《中論‧觀四諦品第二十四》）

原來「空」、「假」、「中」三者皆在吾人思想意識活動中依「破」與「立」相輔相成的歷程不斷體現究竟之空義；由「有我」而「無我」，由「自性」而「無自性」，如此地破獨立之實有、亦如此地破吾人主體（主觀）之執。於是雖假亦空，雖空亦假，空與假不即不離，並且彼此證成，「中道」之義乃如實展開。而如此真實之中觀思想所具有的倫理意義，似乎可以從兩方面來觀察：

1. 就破「自性」與「他性」而言，人性論之建構便不能任意依違於世間諸多條件之中，亦即吾人若堅持倫理與人性之一體關聯性，便不能只照料人倫世界之有限性與相對性，而應朝向由有限而無限，由相對而絕對，由封閉而開放的超越的世界（或超越的心靈）前進。如佛教喻「家」為火宅，又不滿足於世間幸福之論，而一心嚮往「極樂」之境，其基本之緣由即在此。

2. 就空有無礙之論看來，吾人主觀意識之活動（即由對象思考而來之概念活動），便必須隨時提防主客對立對待所產生的偏執。如此，吾人之倫理態度（尤其是其中所充斥的價值觀）便必須自主體性超然而出，而吾人作為倫理（道德）實踐之主體究竟能否顧全理想價值而充分體現倫理（道德）之自由，也就成為具核心意義的實踐課題。

由此看來，出離「小我」以至於「大我」之封限，並同時深入吾人主觀心靈之堂奧，以不落我執與法執二者相互勾結的主客觀之障圍，而釋放吾人生命真實之動力，其實都是為了迴向人間，迴向理想，迴向一切倫理道德之善（善的理想與理念），所不能或缺的主體修養與心性鍛鍊。

（二）唯識之學的倫理意趣

唯識之學由無著與世親建立，其主要之經典有：《解深密經》、《入楞伽經》、《密嚴經》等，而在唯識學發展過程中，則出現不少「論」作：包括《瑜伽師地論》、《攝大乘論》、《唯識三十論》、《百法明門論》及《成唯識論》等。基本上，唯識之學主要在論證「妙有」之義，儼然與「空宗」犄角而立；然其由假入真之進路，則和中觀系統可以相互參照，並行不悖。

當然，唯識之學基本上是由「萬法唯識」的核心論題展開的；而此一「唯識」之論則與「妙有」之義始終相周旋。也就是說，在「空性」與「空理」之超越法門中，吾人仍不能不為「妙有」之為一「真實之有」做一後設的系統建構。於是唯識學家乃循「空性」之「性」、「空理」之「理」以及「空義」之為一真實意義統系，來展開其足以呼應「妙有」論題的一貫言說。如此，依「三自性」（遍計所執性、依他起性與圓成實性）來解釋現象界，以上達於圓成之實性，而終入於「三無性」：「相無自性性」、「生無自性性」與「勝義無自性性」。再從而論斷一切法唯識，一切法終歸吾人主體意識所能涵攝的範圍：「百法」與「八識」，以總一切主客觀之實存實有者。其間，一切法分五種：心法、心所有法、色法、心不相應行法、無為法。（《百法明門論》）此仍對應現象界而立言；至於「八識」：眼識、耳識、鼻識、舌識、身識、意識、末那識、阿賴耶識，則由現象上達於本體（真實之主體），亦即由假入真，捨末求本，以深探吾人生命之底蘊。其中，尤以「末那」之為執「我」之意識，力能總持前六識之所有活動與作為；而「阿賴耶識」之為藏識、種子識，更直接顯豁「識變」之根本所在：由淨而染，乃展開一切世間法（亦吾人得以認識，得以體現之一切之有）；而由染而淨，由實然而應然，乃能離葉歸根，由迷轉悟，以了生脫死，而終入於寂滅（涅槃）。由此看來，八識幾全在生死與涅槃之間流轉，而世間倫理之思維與道德之活動，也就無能脫出八識之間虛妄與真實的意義辯證。此一涉及種子是淨是染，是有漏是無漏的問題，其與倫理可以交涉者是至少有兩個層面：

1. 若將人間倫理的規範建構在實然的現象界中，其實並無法尋得最後最究竟的理據，因此吾人身體意識與心靈的諸多現象乃自有其從實然世界向上躍升以回應應然世界的主體自由，而此一自由乃積極之自由，亦即生命之大自由。

　　2.在由染還淨的過程中，吾人的倫理實踐或道德行為終得安頓於生命自主的基點上，而「自我」之為道德（倫理）之主體，卻不能不謹慎地被看待，亦即不能不被道德之理性思考所仔細審視。如此，嚴格的道德自律是終可經由染淨對應的上下迴向，於吾人意識之根本找到嚴格而純粹的意義場域。佛教倫理之詮釋吾人身心靈神之為一體，也就由此得到合理的證驗。

（三）真常之教的倫理關係

　　佛教義理由三乘（聲聞、緣覺、菩薩）終歸於「一乘」，而「一乘」即「佛乘」；如此以「佛」總攝一切學佛修佛之成果，基本是在回應釋迦牟尼作為佛教創始者的終極關懷。只是世間之由一而多，由淨而染，由究竟而不究竟，也正同時應驗著「佛以一音演說法，眾生隨類各得解」而得以無限延伸的廣大教義。

　　同時，由「無常」而「真常」，其間之義理辯證十分曲折，然總是不離平等覺性與真常法界之說。溯及當年，佛陀以其「法身」（dharmakaya）、「報身」與「化身」同時示現於芸芸眾生之前，即旨在警醒世人理當奮發而起，遠離迷惑，不再沉淪，以解除因緣果報（業力交作之結果）之縛，而由報身之虛妄與雜染，上達於法身之真實與清淨。如此，乃不能不將佛法佛理做最穩妥的安置——安置於「佛性」，安置於「法界」。

　　而在大乘經系中即有對「佛性」十分清楚的界定：

> 善男子，佛性者名為第一義空，第一義空名為智慧。
> 智者見空及不空，常與無常，苦之與樂，我與無我。空者，一切生死；不空者，謂大涅槃；乃至無我者，即是生死；我者，謂大涅槃。見一切空，不見不空，不名中道。中道者，名為佛性。以是義故，佛性常恆，無有變易；無明覆故，令諸眾生不能得見。（《南本大般涅槃經·師子吼菩薩品》）

　　此即以「佛性」為「真我」，然若進一步如此推論：「『真我』即超出現象與經驗之自我，而又為一最高之主體」，則顯然不能不隨時回應「第一義空」，回應「中道」之為「佛性常恆」之核心，否則將「主體」對象化，將「自我」再投入於現象界中，則所謂「覺性」，以至於「自覺、覺他、覺行圓滿」的佛陀境界，又如何能超然於因緣束縛之外而得以真實地證驗？

　　當然，若以為「佛性」在中國大乘佛教中成為真常系思想的關鍵性概念，實和中國哲學人性論之思想可以相互參驗，彼此啟迪，這自然是中國佛教思想發展史的事實，但在人性論與佛性論之間卻仍然存在相當程度的意義距離。也就是說，佛性之由「未覺」到「已覺」，由發菩提心到顯現「佛性」，圓滿「佛性」的修持，則已然超出一般人性論的範限，而入於宗教祕契之經驗。如此看來，謂此一真常之教的倫理思維為「佛性倫理」，亦為一發展吾人真實覺悟之能力的實踐修為，所不能建構的理想言說——其中，成佛之理想必須完全地在吾人本身之人性蘊藏中不斷地被體現，而所謂「人成即佛成，是名真現實」（太虛大師語），就是人性真常與佛性恆常之間相映互現之總成果。而「常、樂、我、淨」的境界也就同時可以在覺悟之境界中如實體現。因此，界定「真常之教」是以「常」表示「法身」，以「我」表示「佛」，以「樂」表示「涅槃」，以「淨」表示「法」。[13]其實都旨在佛法以空性智慧為主導的實踐進路中一一呈現吾人生命之大能，而其一心嚮往清淨「法身」（「法身」常在，卻已非一般之實然義），以及平等如如之「法界」（即「佛境界」），則可總名為「平等倫理」究竟之體現，而世間倫理之意義也唯有透過此一究竟平等觀所引領的生命倫理，方才有其圓滿之可能——當然，從「法眼」或「佛眼」看來，人間倫理都是不究竟、不圓滿的，而「終極之善」或「最高之善」在佛法的意義大海中，便是那不再浮動翻滾的無邊的平靜、澄明與寂然。因此，佛教倫理對「最高之善」的界定，一開始採取的是多重多元的角度，但最後則總攝於真常之法，亦即「常、樂、我、淨」之境。如此，以「常」為善，以「樂」為善，以「我」為善，以「淨」為善，則統統是佛法真實之義諦。

　　至於中國佛教的三座高峰：天台宗、華嚴宗與禪宗，則將佛教之義理發展到以真常之心為依歸的大系統中，以至於隨說隨掃，說「空」即「不空」，說「有」即「無有」的頓悟之境：這就是所謂的「無念」、「無相」、「無住」：

> 善知識，我此法門，從上以來，先立無念為宗，無相為體，無住為本。無相者，於相而離相；無念者，於念而無念；無住者，人之本性。（《六祖壇經·定慧品》）

13　勞思光著《新編中國哲學史（二）》，臺北：三民書局，1990 年，頁 227。

如此，由天台「一心三觀」的止觀法門，將此心調伏於「百界千如」與「一念三千」的廣大心靈境界，同時將「萬法」交融於主客合一的「一念」之中，這分明是回返本性自心的路數，和儒家倫理之以心性論為中心，似乎殊途同歸；而華嚴宗所揭櫫的「四法界」觀：理法界、事法界、理事無礙法界、事事無礙法界，則由「理」之主觀境，契入於「事」之客觀境，並再全面鋪展為「一入一切，一切入一；一即一切，一切即一」的事事無礙（已無主客之別）之境。由此更可見佛教倫理是不僅有其特殊之心性論，還自行建構了「內在而超越，超越而內在」的功夫論與實有論；其中，「世界」之意義乃如實體現，不外一心，而「三界」終別無他法可說。

原來「一心生萬法」，一切畢竟空，「畢竟空」即「真空」，而禪家明心見性，直指本心，即將此一「真空」義全收攝於吾人心理意識自我超脫的無止盡的歷程中。六祖慧能所以大倡「見性成佛」：「不悟，即佛是眾生；一念悟時，眾生是佛。」（《六祖壇經・般若品》）原來佛與眾生不二，而迷悟皆由心念活動而來，念而無念，無念而念，乃能入於「定慧不二」之境。如此，人間即淨土，煩惱即菩提，而且「四不依」的精神（依法不依人、依義不依語、依智不依識、依了義不依不了義）乃都可以在禪定、禪法、禪觀的實際修行中被逐一體現。禪宗的倫理也於是有了上下迴向的廣大意涵：一方面能使吾人一心向佛，而終超然於三界之外，萬法之中；另一方面，又能立基於人本與人文的基礎之上，為佛教倫理開發出「無住者，人之本性」（所謂「無住」，其實是「住而不住，不住而住」）的心靈的大自由。如此，佛教倫理乃能不被既定之規範、教條、文字與其他有形無形的戒律戒法所拘限，而不斷獲得再生與重生的力量。因此，說佛教倫理是一直在超世與入世的雙軌運行之中，設法取得足以讓吾人身心安頓，即安身又立命的寶貴資源（即所謂佛法無盡之藏），應不為過。

三、皈依與實證的生命倫理

佛教自是以信佛學佛、成佛為其立教之宗旨。而世上任一宗教皆有其與其他宗教可以互通之「共法」，也自有其有別於其他宗教之「別法」，佛教也不例外，它如同世上其他宗教，對人類之存活於世上，以及由此而引來的諸多生命課題——包括如何安身，如何立命，如何應對生活世界，如何面向生命終極，又如何能夠妥善處理吾人與他人所共有的道德倫理與價值思考所涉及的諸多問題。

　　因此，在確立「人」為倫理行為之主體之後，透過人的宗教向度，所引發的倫理課題，基本上都可歸屬於「生命倫理」的範疇。簡言之，佛教倫理首重皈依、覺悟與實證之歷程，而此一歷程即由皈依「三寶」（佛、法、僧）開始，接著展開「五乘共法」、「三乘共法」，並從世間法，以至於出世間法，一貫地進行具有高度倫理意涵的實踐與修行。其間，「八正道」的世間倫理，以及布施、持戒、修定，終至於脫道與菩薩道共修共享「出入世間無礙」的佛法究竟之成果，在在是「生命倫理」的重大課題。而這也清楚地豁顯了信仰與倫理的密切關係，以及其涉及吾人身心靈神一體共在的全向度的生命意義。在此，關於「三皈依」以及「三寶」的真實的意涵，論者有如下簡明的陳述，很可供初學者參考：

> 皈依三寶，是進入佛門的初基。皈依（saranam）者，原文有保護、幫助、庇護之義，因此一般解作歸投依靠；「三皈依」（ti-sarana-gamana）意指將三寶當作生命終極的庇護所。寶，珍寶義；以所皈依的三者希有難得，妙用無比，值得珍惜寶愛而得名。三寶，指佛（Buddha）、法（Dhamma）、僧（Samgha）；此三者可說是佛法總綱──教主、教義、教團。教主體證並宏傳教義，教團學習並實踐教義，使教義得以世代傳持，在時空環境中綿延擴大。
>
> 佛，是「覺者」義；凡已覺證緣起正法，斷盡煩惱習氣，福德智慧已臻圓滿者，都可稱為佛陀；所以佛陀不是造物主，不是天人，沒有給予人類賞罰的生殺大權，而是由人修持成就，轉凡成聖的典範。佛教徒皈依佛陀，不是希蒙他們的恩典救贖，而是以他們為典範，向他們學習（所以佛教徒自稱是「學佛」而不說「信佛」），期望自己也能透過同樣的修持而轉凡成聖。就此世而言，特別應歸敬兩千六百年前誕生於印度的釋迦牟尼佛，因為祂本救苦救難的大悲大願，捨棄王位而出家修行，成佛說法，對此土眾生恩德無窮，所以飲水思源，尊稱祂為「本師」。
>
> 法，即是緣起法、與緣起法則相符合的正道生活，以及由正道生活的實踐而達到聖境──涅槃（梵）。這不是佛陀所創造的，卻是佛陀所實證並宣說的。吾人皈依法寶，即是希望在佛法的指導下，得開慧眼，破除愚蒙，以正道的生活實踐而證得涅槃──解脫或是成佛。[14]

14　釋昭慧著《佛教倫理學》，臺北：法界出版社，1998 年，頁 121-122。

　　原本佛、法、僧三者相依共存，並成為佛教倫理的意義所繫。當然，這是佛教倫理的特殊性所以顯明昭著的緣由——因佛而有法，因法而有僧，因僧而有綿延兩千多年至今不中斷的佛教傳統。當然，信仰與倫理之間仍有一定程度的張力。也就是說，信仰與倫理之間並非全無距離或扞格。特別是某些急切而激進地投入宗教熱情火焰中的信徒們，他們的一些行徑並不一定能全然合乎世間理性的要求。因此，佛教的倫理觀點除了一方面順應一般之世間倫理之外，另一方面則全向度地深入人性，了解人心的要求與需求，因此從皈依與信順的「服從倫理」出發：「皈依是一種深切的信願，信順此是真皈依處，願欲依三寶威德的助力，而達到離苦得樂的境地。」[15]，如此將人性與人心安頓在「三寶」的正知與正見之下，而令人發心起願——發出離之心，起慈悲大願，其間無不是智慧的觀照與解脫的行動。

　　此外，從「五乘共法」的倫理規範看來，在人、天、聲聞、緣覺與菩薩等五類根機之間，其所應遵行的道德律則其實大體是充滿世間性的。就以「五戒」（戒殺、戒盜、戒邪淫、戒酒、戒妄語）為例，便可見佛法「不離世間覺」的修行路徑，基本是在入世與出世之間求一理性的平衡，而同時對善惡果報與業力因緣之道，採取「聖凡不二」的原則，以「六度」為萬行之中軸——布施、持戒、忍辱、精進、禪定與智慧（般若），六者和合為一體，佛法乃得以全向度地經營人天二乘以至於五乘共修的倫理生活。

　　在此，對布施之得福享福，吾人則必須從「動機倫理」、「目的倫理」與倫理「結果論」的角度善加理解，以避免落入追逐福報的著相之心態。由此看來，在自利與利他並行不悖的前提下，所有善行皆自有其一定之動機與目的，且也自有其一定之結果與效應。因此，吾人是不能不在個人與社會相容互助的合作過程中，將個人福報不斷提升至社會正義（即「公道」原則）的層次，以從「在家」之身分，一路照應「生命」原則（不殺生之戒即在此一原則上被合理地建構），以及「取」、「與」對等公平之原則，而同時禁絕不當不義之色欲，以維護家庭與社會和諧祥寧的秩序。如此，佛法乃更進一步堅持「誠實」之原則，不妄語即以此「誠實」原則為宗旨。並且充分了解吾人身心和合之有限性，及其無能全然自制的脆弱、遲疑與迷惘，故立

15　釋昭慧著《佛教倫理學》，臺北：法界出版社，1998 年，頁 123。

「不飲酒」之戒,以保護任一個體生命的安全與完好,而這其實也已是對「人」之為個體獨立存在者,予以全般照料的關懷倫理。

而布施之發慈悲之心,持戒之修習人間之律則,在在是由「五戒」開展而來的「十善業」(身善業、語善業與意善業)所著意所關注者[16],換句話說,唯有當個人德行與世間倫理得以在人我共處的現實而具體的生活場域中獲致圓滿之成全,甚至類推至極以實現吾人之深心大願,「善」之為業,「善」之有力,以及「善」之成為倫理與道德之真實理想,才可能豁顯其真正之意義。故論者云:「十善業,是佛教對所有佛弟子所要求的基本倫理規範,這是徹始徹終的個人德行,即便是解脫道或菩薩道的倫理要求,也不外乎十善業道的深化廣化。」[17]

至於解脫道所揭示的倫理意趣則主要集中在「六度」、「四無量心」(慈無量心、悲無量心、喜無量心、捨無量心)的修習、鍛鍊與義無反顧的實踐。其間,「忍辱」之無限包容,「精進」之大無畏精神以及「禪定」之意志集中與深層之心思淨化,便是引領吾人開放小我,以迎向無我無私之境界的必要準備。如此,般若之大智慧乃能自然開發,應然而現,而吾人也就得以在身心自在的助力之下,做出最澈底最究竟的生死解脫之努力。

而「解脫」乃意在「了生脫死」,破除生死之間的一切主客觀障礙,以能轉人道入於佛道。這正是佛法的第一義諦,也是佛法不可思議的奧妙所在。然而,在講究生命實證經驗的學佛過程中,一心出離的成佛理想卻不能不接受世間倫理的檢驗。也就是說,在「人成即佛成,是名真現實」(太虛大師語)的中國佛教精神指引之下,任何一個佛教徒都必須要有作為一個人所應有的道德實踐,以一方面圓滿吾人身在人世所理當擔負的職責,另一方面則可以透過覺性的開發以及對個人身心的嚴謹的修鍊(這自然包括自我意識的解構與自身情欲的節制),得以在緣起法的生滅之間自由地超離,自在地解脫,而終入於不再流轉不再沉淪的涅槃之境——這已然超出人間道德之範限,而自成一真實而滿全的世界。

由此看來,攸關佛教倫理的哲學關懷顯然必須顧及任何個人的生命狀態

---

16 「十善業」包括身善業三:不殺生、不偷盜、不邪淫;語善業四:不妄語、不兩舌、不惡口、不綺語;意善業三:離貪欲、離瞋恚、離邪見。
17 釋昭慧著《佛教倫理學》,臺北:法界出版社,1998 年,頁 147。

與生活情境。而其中富有辯證意味的課題，是至少有下述兩個側面值得關注：

（一）愛欲與出離：既然志在學佛，便須發心：發增上生心，發出離心，發菩提心——增上生心求來世之人天果報勝於今生，然仍夾雜愛欲之心；出離心（厭離心）意在超越三界，了生脫死，以終止輪迴，入於涅槃，聲聞乘與緣覺乘二乘之果即由此而來；菩提心乃成佛之大願，亦即由「無上正等正覺」之覺心，修習菩薩之行，便終可獲致究竟圓滿之佛果，而得「大般涅槃」。由此看來，增上生心與出離之心，一有愛欲，一求出離，二者之間顯然仍有緊張與對立，然若能以菩薩「覺有情」之覺悟，下學上達，出入無礙，則所謂「依法而行」的佛理實踐，便能消解上下、內外與出入之間的對立，而終實現「止於至善」的道德理想。

（二）中觀與中道：由「緣起」而「中道」——「中道」不苦不樂，不偏不倚，不走極端，而以維持身心清淨與人我和諧為基本之倫理規範，故有「八正道」來力行「戒、定、慧」三學；其間，從個人與此一生活世界之關係出發，終能在雙贏的目標之下，透過「中觀」（觀緣起諸法本無生無滅，不常不斷，不一不異，不來不去），而由假名之我上達於真實不虛之「無我」之境，如此，「中道」精神便可成為個人倫理與社群倫理兩全其美的基本原理。

至於在家與出家之對反，則大可由無執無相的中道精神予以消解。從魏晉南北朝慧遠法師在廬山建立念佛道場以來，中國佛教在家修佛學佛乃蔚然成風，這對佛教消融中國傳統以「家」為核心的倫理機制與道德規範，已是一成功範例，而吾人談佛教倫理，也必須得分層次、分階程，並設身處地，應機設教，並對根救治，才可能在因緣果報的具體脈絡中，安頓好各有層次也各有階程的倫理思考以及倫理實踐。

第五節　小結

綜觀中國倫理學發展的思想系脈，當是以發端於先秦的儒家倫理學、道家倫理學與墨家倫理學，以及由印度東傳，並經漢末、魏晉以迄隋唐而發展成的中國佛教倫理學為主。其間，各家的倫理觀點也同時隨著時代先後之傳承與中國文化、中國社會的演進，而有所轉變，有所推演，例如兩漢儒學以及宋明儒學，都對儒家倫理學起了相當大的作用；其間，漢代「三綱五常」

之教顯然導致的儒家倫理內部意義的分化甚至異化，特別是「三綱」之思維是已然違背了先秦儒家倫理對父子之親與兩性關係的平等尊重原則，而宋明儒學對儒家倫理的理論建構與形上意義，則提供了相當多元的思考向度——如「理欲之辨」就對吾人道德判斷與倫理的實踐功夫，產生了直接而有效之助力，而心學家的良知直覺之說，則可使吾人對儒家倫理是否具有「極高明而道中庸」的人性意涵，並且是否能有助於儒家倫理向上通達於「普遍倫理」與「道德形上學」的意義層次，引發更具深度與廣度的思考。

　　因此，中國倫理學的研究實不能不同時照應相關的各家各派，而且必須注意歷史發展的縱向以及理論拓展的橫向，並在援引西方倫理學來做對應的比較之際，依然必須對相關的文本進行詮釋，對相對的意義進行分析，並對相關的問題進行探索。可以說，中國倫理學乃自有其不同於西方倫理學的發展面向與義理內容，因為倫理與生活、倫理與社會、倫理與文化以及倫理與一民族之心靈，在在都是倫理學思維所必須關注的側面，而生活、社會、文化與心靈之互動與共融，則是倫理學在其意義延展過程中不可或缺的基本要素。

自我評量

1. 中國哲學的倫理思維有哪兩項基本特點？請闡述之。
2. 何謂「為己之學」？其所具有的倫理意涵又為何？請就孔子的學問與人格為例予以解析。
3. 「心性論中心」的倫理觀，其特點為何？請以宋明儒學的發展為例闡述之。
4. 莊子的對話倫理有哪三個基本面向？試以古今對比的方式論述之。
5. 請分析道家環境倫理觀的基本脈絡，並請說明其所具有的現代意義。
6. 墨子「兼愛」思想的價值根源為何？其與一般之宗教觀點又有何不同？試論析之。
7. 請敘述墨子的國家觀與文化觀。
8. 請闡述「緣起」的基本意義及其與佛教倫理學的關係。
9. 「皈依」與「實證」所形成的生命倫理，其核心意義為何？而「解脫」的真實意向何在？其中又出現哪些相關的倫理課題？請以中國大乘佛教為例闡釋之。

第十章
中國倫理、教化與人格養成之道

　　本來，中國哲學的主要關懷，自始便相當集中地指向此一生活世界——此亦即中國人所墾拓、所經營、所發展的人文世界，而在中國歷史發展的進程中，中國文化的內涵與中國社會的結構是一直與中國人的道德思維、倫理行為與生活價值觀互為表裡，相偕而行。因此，在道德與倫理總是由內而外，由己而人，由人人之互為主體到吾人與此一生活世界和衷共濟的過程中，中國倫理學所蘊涵的思想因子便擔負著具原創性、中介性及一貫性的角色。換句話說，從倫理思想的內在性與主體性出發，向外推擴，並向上超拔，中國文化與中國社會一體和合的生活共同體，乃成為富有十足教化力量的場域。

　　如此一來，倫理與教化相互為用，顯然就是所謂「人文化成」的主軸。倫理為教化之先導，而教化為倫理之作用，兩者本就相輔相成。因此，就孔子畢生從事文化與教育的事業而言，倫理的思維與實踐是唯有在文化發展與教育活動合而為一的歷程中才可能達成目標，而獲致一定的成效。孔子所以「學不厭，教不倦」，並且以「有教無類」的平等原則，以及因材施教的具體方法，一心追求「成人之教」或「成德之教」的理想，即旨在實現做人的意義與價值，而這又非經由教育與文化的歷程不可；此外，從孔子「望之儼然，即之也溫」的人格形態，也可以看出：孔子此一教育家的身分，是已然將教化的責任感內化為足以化民成俗的教化理念，並且形塑了中國第一位教育家的人格理想。

第一節　禮樂與教化的歷程

　　一般而言，教化的範圍與效力都大於教育；然而，在教化與教育二者之

間並無實質差異的情況下,從「生而為人」到「成其為人」（to become a man），其實是一個以倫理修養與道德實踐為主導的歷程,而其中又以「禮」為吾人自我修養與生活實踐的具體規範,並且由禮而樂,將人倫之秩序予以不斷之整飭,而終可達致人間美滿與和諧之境界。

原來,孔子的教育內容即以倫理和政治為主,而政治又以倫理為基石,所謂「為政以德」、「道之以德,齊之以禮,有恥且格。」（《論語・為政》）莫不是將倫理與政治做具有教化意義的結合。《論語・為政》又云:

> 季康子問:「使民敬,忠以勸,如之何?」
> 子曰:「臨之以莊,則敬;孝慈,則忠;舉善而教不能,則勸。」

孔子的意思是說:你（主政者）對待與人民相關的事情,態度一定要嚴肅認真,那麼人民對待你的政令也就會嚴肅認真。你孝順父母,慈愛幼小,他們也就會對你盡心盡力。而你提拔好人,並且教育那些無能（或能力不足）的人,他們也就會受到鼓舞,而相互勉勵。

如此,透過政治權力正確而合理的運用,主政者與臣民之間便可以在倫理道德的共同理想下,形成一可以相互感通的共生之體;也就是說,運用道德力量來感化人民,運用人格的典範作為人民之表率,政治的運作才可能達到修齊治平的真實的境地。

也難怪孟子提倡仁政與王道,全著眼於倫理的理想與實際不外乎教化的歷程。《孟子・盡心上》云:

> 孟子曰:君子有三樂,而王天下不與存焉。父母俱存,兄弟無故,一樂也;仰不愧於天,俯不怍於人,二樂也;得天下英才而教育之,三樂也。君子有三樂,而王天下不與存焉。

如此,從天倫之圓滿和樂,到個人人格真實之涵養,再到教育與教化的莊嚴志業,其實已足以「以德服天下」,又何必汲汲於「王天下」的權力運作?這顯然是在肯定教化的功能,而且是從自我教育、家庭教育,到以整個社會人群為範圍的教化工作,一路下來,人我之間的倫理關係便得以調理妥當,而道德的原則與理想也便可以一直是吾人鍥而不捨並全力以赴的目標。

而儒家堅持仁義在禮樂之先,禮樂在仁義之後,一方面是因為吾人之為道德主體,必須先有道德之自覺（即「德性」之涵養與功夫）,才可能發揮

倫理的客觀效力；一方面，則是因為社會結構與社會秩序自有其客觀之存在，而吾人之為一「社會存有者」（social beings），更必須受到真實的關切與照料。對此，原始儒家中比較後起的荀子，便十分明白「禮」，以至於禮樂、禮義與禮法，莫不是倫理思維所以能獲致實效的必經之路：

《禮》者，法之大分，類之綱紀也。（《荀子・勸學》）

故人無禮則不生，事無禮則不成，國家無禮則不寧。（《荀子・修身》）

禮者，所以正身也；師者，所以正禮也。（《荀子・修身》）

禮義者，治之始也。（《荀子・王制》）

隆禮尊賢而王，重法愛民而霸。（《荀子・彊國》）

禮也者，理之不可易者也。（《荀子・樂論》）

樂合同，禮別異。（《荀子・樂論》）

由此看來，荀子最重視的儒家經典是《禮》，他說《禮》講的是確定法律的總綱，其中並包含以法類推的各種條例的綱要。因此，說荀子主張「法以禮為本」，而將法律提升到道德倫理的層次，應不為過。這似乎比一般認為「法律是最低限度的道德」，要來得積極。

此外，荀子認為禮是一切人事與家國之根本，不僅「正身」之修養以禮為本，整個社會國家的秩序也以禮為根基。所以說禮義是「治之始」，這又和一般只以禮為節文或是一般之行為表現、行為模式，顯然有著更為豐富的人文意含。而荀子所以禮法並重，王霸並言，則是他對所處時代的具體回應，並也同時為他的思想注入了一些策略性與技術性的成分。不過，荀子以禮為「理」，為「理之不可易者」，卻終究表明儒家倫理自始便是一系統化的合理性的思維邏輯，其中之意義所具有的高度的實踐性、政治性，以及足以安頓人身與人心的作用，正可以由荀子這三句話貼切地豁顯出來：

禮以順人心為本。（《荀子・大略》）

禮者，政之輓也。（《荀子・大略》）

禮者，人之所履也。（《荀子・大略》）

綜合地說，禮乃由主而客，由己而人，並由內而外，依序展現推擴開來，順人心是禮之本，禮與人先之欲求必須相互呼應，彼此感通，而禮作為政治的指導原則，則是荀子的政治哲學中最為核心的理念，這自是與孔孟異

曲同工，同樣是以政治為道德倫理的引申、證驗與客觀實踐之道。至於禮為
吾人行動之原則與規範，則是禮的最初、最終，也是最重要的意涵，因為人
我之間的生活場域實乃吾人履行此一行動規範的唯一場域；其中，也同時涉
及禮與樂之間的相互為用，故云：「樂合同，禮別異。」意思是說音樂體現
人們和諧一致的原則（這與吾人之情感較為相應），禮則體現社會等級制度
的原則（這和吾人之理性較為相應），其間，樂注重人我之同，禮則關注人
我之異；同則和合為一，異則相安無事，而所以能相安無事者，就是因為彼
此都依循一定之秩序，都尊重共通之存在。

　　因此，在禮樂與教化相偕並進的歷程中，禮樂作為教化之手段與內容，
其實有著極為豐富的「社會倫理」與「政治倫理」的意味，故論者云：

> 禮指等級名分、道德規範和禮節儀式。
>
> 「隆禮」是荀子政治思想中的一個重要內容。他認為，禮是「治之始」（〈王
> 制〉），「治之經」（〈成相〉），「人無禮則不生，事無禮則不成，國家無禮
> 則不寧」（〈修身〉）。本書中提到禮的地方多達三百餘處。
>
> 荀子明確地指出「禮以順人心為本，故亡於《禮經》而順人心者，皆禮也」（〈大
> 略〉）。這就是說，禮應當順應社會的發展而進行改革。荀子以性惡論為理論基
> 礎，認為人生來都是有欲求的，而禮的制定就是為了「養人之欲，給人之求」
> （〈禮論〉）。那麼，當時人們有哪些欲求呢？他說：「富有天下，名為聖王，
> 兼制人，人莫得而制也，是人情之所同欲也」（〈王霸〉），即實現天下統一，
> 作統一天下的聖王，是人們的共同欲求。所以，他認為「臣使諸侯，一天下，是
> 又人情之所同欲也，而天子之禮制如是者也」（〈王霸〉）。由此可見，荀子所
> 講的禮，他所要建立的「禮制」，就是全國統一的社會政治制度。1

　　顯然，制度的基礎是倫理名分與道德規範。荀子一方面將孔子的「正
名」思想發揚光大：「故王者之制名，名定而實辨，道行而志通，則慎率民
而一焉。」（《荀子‧正名》）制定事物之名，以指涉事物之實，才能對客
觀世界瞭若指掌，而制定事物之名又必須依循一基本原則──就是「道」。
也唯實行了道，人民之思想意志才能相互溝通，進而以謹慎的態度來統領人
民一起來遵循名稱與名分。如此一來，無論在主觀意願上，或是客觀效應

1　《荀子新注》，臺北：里仁書局，1983 年，頁 623。

上，必須先以禮作為「社會倫理」與「政治倫理」共通之原則，我們才能夠進行溝通之行動，而終於成就十分有效的「對話倫理」與「溝通倫理」；其間，事物之名稱與吾人之名分便是人人所以能相互對話或平等對話的必要媒介。

第二節　文化與倫理相互為用

比荀子晚的《禮記》，和荀子一樣重視禮，並從吾人生存之現實及其需求，來證實禮的必要性：

> 「飲食男女，人之大欲存焉；死亡貧苦，人之大惡存焉。故欲惡者，心之大端也。人藏其心，不可測度也。美惡皆在其心，不見其色也。欲一以窮之，舍禮何以哉？」（《禮記・禮運》）

此意即在人的存在境況中為禮之為一種文化思維與倫理規範，尋找合理的起源，而文化與倫理在相互為用的實踐脈絡中，「何為禮之本」的哲學問題其實一開始便是一個與社會與文明發展不可分割的。當代中國哲學史家勞思光即以孔子為一分水嶺：孔子之前，「禮之本」為「天道」：

> 禮取「秩序義」者，主要自是指制度而言；此固已與儀文有本末之分。但再進一步看，則以秩序或制度釋「禮」時，秩序制度之根據何在，始是基本問題；此點在孔子前，殊無人能做明切說明。一般知識分子大抵順流俗信仰而立論，以為秩序制度，以所謂「天道」為本；換言之，即假定某種「本有之秩序」，作為文化中「創造之秩序」之基礎。此固是原始信仰之一部；但在孔子前不久尚是知識分子所樂道之說法。[2]

孔子作為中國文化精神第一次更新代表人物，他的創始性思維即在探索「禮」的基礎——他發現「禮」的基礎其實不在於天，而是在於人之自覺心或價值意識。[3]

《論語・八佾》云：「林放問禮之本。子曰：大哉問。禮，與其奢也，

2　勞思光著《新編中國哲學史（一）》，臺北：三民書局，2001 年，頁 109。
3　勞思光著《新編中國哲學史（二）》，臺北：三民書局，2001 年，頁 110。

寧儉；喪，與其易也，寧戚。」這分明便是以吾人之價值觀及由此衍生之生
活態度，為禮奠定一主體性之基礎。

　　此外，禮與義的關係則是「攝禮歸義」：

> 子曰：「君子義以為質，禮以行之，孫以出之，信以成之，君子哉！」（《論語・
> 衛靈公》）

　　如此將禮的實質意義界定為「義」，而「義」意即合理而富正當性的思
考與行動。這和荀子「禮也者，理之不可易者也。」，意義十分接近。既以
「禮」為「行義」者，以「禮」為「義」的表現，則「義內禮外」的邏輯便
可以因此建立，而由內向外推的道德倫理進路也便同時在「義」的人心自覺
（此亦即具應然性的思考）中順理成章地一路迤邐開來。

　　當然，儒家的文化觀是依然落在中國古代社會的客觀體制，並同時為此
一不斷發展、不斷更迭的文明形勢，提供諸多的解讀與判讀。因此，由仁而
義，再由義而禮，所展開的道德實踐程序，是一點也不能脫離中國古人的生
活情境，而其為中國古人的生活世界，尋求足以安頓身家性命的意義網絡，
乃總歸於「生活倫理化」、「生命道德化」與「世界價值化」的大方向：為
生活注入倫理意義，為生命培育道德範型，並為世界提供價值理想，這三個
向度其實與吾人身在社會文化發展進程的處境，有著十分緊密的關係。

　　因此，孔子乃以充滿其文化觀色彩的「正名」思想（亦即「名分理論」
或「名分倫理」），來為其汲汲於在「周文疲弊」之際建構一穩固而可恆久
的人間秩序的努力，畫下相當有力的句點：

> 名不正則言不順，言不順則事不成，事不成則禮樂不興，禮樂不興則刑罰不中，
> 刑罰不中則民無所措於足。（《論語・子路》）

　　名、言與事，三者一以貫之，乃構作出文化與生活的實然內容，而禮樂
與刑罰二者相輔為用，人民才有規範與秩序可遵循可歸依。因此，孔子是一
方面對周文化進行個人的反省與批判，一方面卻也以「選擇性的繼承」的態
度來處理周文化的集體遺產。如此一來，孔子論「道」所謂「士志於道，而
恥惡衣惡食者，未足與議也。」（《論語・里仁》），以及論「忠恕」、「忠
信」，皆必須放在周文化的客觀環境中，才能真正了解他的用心與目的所
在。可以說，孔子特別著意於成德之功夫，其實是和他對周文化的危機意識

以及由此而轉生出的文化新希望息息相關；而究竟能如何重建文化，重構人文之社會，並再造屬於吾人主體性（自是以「道德主體性」為核心）的倫理系脈，乃成為歷來關心儒家思想與儒家倫理者不能不思索的基本課題。

　　而孟子以心論性，直指吾人之道德自覺，並以「養氣」之論為其成德工作奠定源自主體性的基礎，並以仁政、王道、民本與社會分工之論，為其呼應文化之客觀性內容，做了十分充分的準備。基本上，孟子的文化意識與道德倫理意識從未分離，而其關心人我互通之情意活動，以及在倫理、人格與文化三個面向不斷整合的過程中，探索吾人究能如何透過「善推」（此即孔子推己及人之道，亦即孟子擴充本心之道），將個人的道德與整個社會文化的發展按上可以互惠互利的關聯性，其實就是孟子所以能為儒家倫理再造輝煌篇章的理由所在。

> 本來，孔子倡仁，並以為「夫仁者，己欲立而立人，己欲達而達人。能近取譬，可謂仁之方也已。」（《論語・雍也》）其宗旨原在於肯定人格之教育或人格之養成對人我互通互動以至於互成一體的人文世界（亦即倫理世界），實乃一以貫之的艱巨工程，而此一艱巨工程其實就是理想性的社會化工程。繼踵孔子，孟子進一步透過王道與仁政的理想，揭櫫善推之理與擴充之道，進而居仁由義，以「仁義」、「道義」或「信義」為繩法，大步踏上「人之安宅」與「人之正路」（《孟子・離婁上》），而一逕奔赴「天下之廣居」與「天下之大道」（《孟子・滕文公下》）的倫理實踐、人格實踐與文化實踐三合一的廣闊的生活世界，這原本就是儒家不甘於死守理論世界及理想境界的基本用心。[4]

　　在此，所謂「人文世界」、「倫理世界」，都總歸於「生活世界」。因此，以儒家倫理為大宗的中國傳統倫理在「文化保守」與「道德理想」兩項堅持之下，是否足以面對當代文明與社會的衝擊及挑戰，乃在在值得吾人關切：

> 放眼未來，傳統倫理是自有其拓開新域的內在資源。同時，外力或外在條件對此一必須持久進行的人文大業確有其一定的必要性。不過，倫理傳統與文化傳統並不是可以用古蹟維護或文物保存的心態去面對者。如今，吾人勢必認真考慮倫理課題作為一基本的教育課題，並將傳統儒學或儒教轉入於現代教育的實質的內容

4　葉海煙〈儒學與當代倫理教育〉，收入《哲學與文化》月刊，第 27 卷，第 4 期，2000 年，頁 322。

之中。同時，由於當代倫理已然在科技化、專業化、分工化的社會壓力下持續地
尋求意義顯豁之道，並由此展開其實踐與方法論二論合一的解釋策略。因此，面
對此一人文新局與社會變貌，儒學是依然大有介入或參與的可能，而儒家倫理在
華人的生活世界中，果能以教育途徑或教育手段的改革與發展為便捷之道，而將
儒家倫理之精粹適度地滲入於各種專業倫理思考之中，則對所有受教者的人格養
成，以及現代公民倫理生活之再造，理當有其莫大之效應。5

第三節　倫理與人格養成之道

　　中國倫理學本就有多元取向，雖然一般人總會把它簡化地歸結於孔孟與
宋明儒「道德至上」、「倫理至上」的中心思想。而就中國哲人的生活價值
觀而言，如何活出一個人的存在價值，實乃自古至今未曾稍變的基本立場。
其間，人格養成之道便是中國倫理學所以不尚空談的緣由所在。也唯有在孟
子守經達變（即「經而後權」）的精神指引之下，倫理的實踐策略乃能「百
變不離其宗」，而全始全終，穩穩定住作為一個人所應堅守的立場與原則。

一、人文思維的倫理向度

　　在此，我們還是以孔子的理想為例，來說明人格養成之道所富含的人文
精神，及其有所貢獻於時代與社會者：

> 孔子的理想是要以道易天下，因此道必須落實。道落實在個體上，是要求道德人
> 格的創造，從「吾十有五而志於學」到「七十從心所欲不踰矩」，是孔子自道人
> 格創造的歷程。在者過程中，傳統的資源皆一一轉化為己所有，成為他豐富而又
> 多層次思想的精神動源；在這過程中，他不斷地在創造一個自由而有意義的生
> 命，成為人格上受人敬仰，道德上極具魅力的人物。道落實在社會上，是要求重
> 建社會秩序，針對這一目標而建立的一套倫理規範，至今仍具影響，這是他對中
> 國文化的主要貢獻之一。道落實在政治上，是要求重建政治秩序和以德化民的治
> 國理念，為了實建這一理想，他栖恓皇皇，奔走於列國之間，結果曲高和寡，如
> 司馬遷所說：「孔子明王道，干七十餘君莫能用」，因始終「不得其位」，因此

5　葉海煙〈儒學與當代倫理教育〉，收入《哲學與文化》月刊，第 27 卷，第 4 期，2000 年，頁 322。

這方面成效很少。在政治實踐方面雖成效不彰，但在人格方面自我實現式的創造，卻為中國立下不朽的典範，再加上社會規範的確立，畢竟使中國文化推向一個新的轉變時代。6

因此，說孔子偉大，應該是指孔子「在人格方面自我實現式的創造」，為中國人立下不朽的人格典範。而這樣的頌辭顯然涉及儒家倫理思維的一個核心問題──就是自我實現、自我修養的問題。本來，倫理學是一種規範性的學問，它的字源來自希臘文的ethos，意思是風俗習慣，後來慢慢出現「規範」的意思，指的是人類思想言行所應遵行的準則。然而，就中國倫理學的思想範疇而言，「倫理」則主要意謂人的成長、變化與有所成就所必須遵循的道理，而這當然包括任何一個人在人性的基礎上自我修養──這甚至就是儒家所以重視現世、重視生活、重視倫理的理由所在：

> 這樣的成人構想與其說是種成就的境界，寧說是段變化過程。作為達到成年途徑的入門儀式（initiation rite）在儒學的象徵中並不是主要的特色。那種認為個人現世的生活可以並且應該被分成為各不相連的存在形態，而且個人的生活在本質上是為來世做準備的思想似乎在儒學傳統中從未出現過。相反的，儒學思想十分重視生活過程本身。人的成熟被理解為是人在現實世界中的展現。因為沒有經過持續的努力以實現自己人性的自我修養，生物性的成長就變得毫無意義了。這樣，成年就意味著「成人」。7

而此一成人之道當然是在一個社群中，才可能運用相關的社會條件與人文資源，以獲得實質的成果──這成果自是一個個「成人」的出現。因此，如何對自己身為一個人的存在事實，進行真實的了解，並隨之予以真切的認同，而負起相對應的責任與義務，便是每一個人不能推卸的倫理意識與道德覺醒。孟子所以突出「義」的重要意義，並信誓旦旦地強調「當仁不讓」、「舍我其誰」以至於「捨生取義」的決斷與慷慨，不就是自我修養對道德觀念與倫理判準的服膺與順從？而在自我與社群理當一體共榮的境遇裡，不斷地回應自握內在之要求，並且同時呼應文化與社群共通的場域所一再發出的信息，便是中國倫理思考已然轉入於個人生命內裡的實證：

6　韋政通著《孔子》，臺北：東大出版社，1996年，頁63。
7　杜維明著《人性與自我修養》，臺北：聯經出版社，1992年，頁50。

這種責任感是以儒家的「己所不欲，勿施於人」這條重要原則為根據。這條重要原則總是從消極面來加以陳述，因為強調的是自我修養。我們既然肯定人們追尋個人知識的重要，因此把個人認可的事物強加在別人身上根本是不必要的，也是違背人意的。這樣，在這重要的原則背後存在著「忠恕違道不遠」這樣的前提，對人性自我真實的內在要求與關切他人的社會需要這兩者是不能分離的；而且為自我實現而學習也就是為調和人際關係而學習。危害人性自我真正展現的並不是社會，而是人自身的私欲。這樣恕就不是忠的結果，而是它的不可分割的補充。儒家學說這種積極進取的特性蘊涵在這樣的主張之中，即認為道之追尋不在堅持它抽象的普遍性，而在確定那對個體的人性自我——即與他人形成一社群的自我——最有益的事物。[8]

顯然，社群與自我皆浸潤於人文精神之中，而倫理作為人類社會的重要課題，它的基本向度正不外乎「自我」之對應於所有與「自我」共存的「他者」（the other），所一起經營的生活世界。因此，儒家的道德理想就是在自我修養的實踐命題之上，開拓了富有人文思維的倫理向度，而其中實充滿著吾人作為一道德主體的意涵，也同時展現出自我與他者共在共存共榮的深心大願。論者以為：「儒家『風行草偃』的德化理想，絕不是一廂情願的因果假設，天真地認定在位者的道德感召力量具有化民成俗的必然保證；它毋寧是對自我德性修養的主觀要求。」[9]當然，所謂「主觀要求」，其實就是在人人應為道德主體的立足點上，所理當享有的「道德自由」——這也就是我們身為一個人所不能放棄的積極的自由。

二、自我與他者的對話倫理

如今，若再在個人主義與社群主義之間多所徬徨，似乎不是一個浸淫於中國文化真實情境與環境中者所應有的生命態度。因此，從孔子下述三個有力的斷言，我們對「自我」之為具道德能力者，是不能不信心滿滿：

「我欲仁，斯仁至矣！」（《論語‧顏淵》）

8　杜維明著《人性與自我修養》，臺北：聯經出版社，1992 年，頁 70。
9　陳熙遠著〈聖王典範與儒家「內聖外王」的實質意涵——以孟子對舜的詮釋為基點〉，收入黃俊傑主編《孟子思想的歷史發展》，臺北：中央研究院中國文哲研究所，1995 年，頁 41。

「為仁由己，而由人乎哉？」（《論語・顏淵》）

「唯仁者，能好人，能惡人」（《論語・里仁》）

　　而若再仔細聆聽孟子「當仁不讓」與「舍我其誰」的慷慨之言，以及他那毅然決然，甚至足以比美康德「無上命令」的道德抉擇：「生，我所欲也；義，亦我所欲也。二者不可得兼，舍生而取義者也。」（《孟子・告子上》）我們是不但有機會幡然改悔，深思「自我」的意涵，並且還可能面對當代社會各種與吾人相互牽連的「異化」現象，來思考其間的化解之道。其實，從荀子「仁、義、禮」並言：「君子處仁以義，然後仁也；行義以禮，然後義也；制禮反本成末，然後禮也。三者皆通，然後道也。」（《荀子・大略》）我們當可斷言：經過如此具有現代意義的覺察，我們縱然身陷各種制式思考之中，其實仍然有不少可以突圍而出的生命活路，特別是在「制禮」演為「制法」的反本成末的人文歷程中間，我們是不必對「工具化」或「手段化」過於驚恐，因為「自我」（the self）作為主體（subject）的深邃意涵，並不必然會無端消失，或無謂地被所謂的「客體」或「客觀世界」所消滅。

　　顯然，「自我」亟須「承諾」，「承諾」又介於表白與告解之間，它是理解、尊重與包容的一以貫之。如此，由己及人，自私而公，同時從主到客，從人我對立到人我互通，儒家倫理始終不採取單向之思考，而它縱然在那以「人」為「天地人」三才的同心圓的圓心，所構建起來的「天人合一」的典範裡，是仍然在聖賢理想的尊榮與高明之中，展開公私兩立的雙贏策略：

故聖人法天而立道，亦溥愛而亡私。（董仲舒〈天人三策〉，第三策）

春秋之所治，人與我也。所以治人與我者，仁與義也。以仁安人，以義正義。故仁之為言，人也。義之為言，我也。（董仲舒《春秋繁露》，卷八）

此道與物無對，大不足以名之，天地之用，皆我之用。孟子言萬物皆備於我，須反身而誠，乃為大樂。（《二程遺書》，卷二上）

仁是愛底道理，公是仁底道理，故公則仁，仁則愛。（《朱子語類》，卷六）

　　原來「自我」竟有如此之能耐、如此之氣魄與如此之尊嚴。當然，吾人之為一「自我」，只是此實存世界中分殊化歷程所形就的「小一」；但是若生命是自有其「全體」之意涵，則吾人以「自我」之身分參與「公」世界之運作與活動，卻依然可以透過「理性化」（rationalization）之指引，在社會結

構多元而分化的發展的同時，堅守公私兩立而並存的原則，以實現吾人合理、合法並合宜的生活調適之理與生命自我改造之道。

本來，「自我」作為具有行動意涵（或「導引性」意涵）的命題成分，它就一直在「能指」與「所指」之間尋找意義的定位，而這其實大有生命與價值相互對比的張力——這似乎應驗祈克果所謂「人是有限與無限的綜合，是自然與必然的綜合」；但在儒者的本懷裡，卻一再地以「文化意識宇宙」（**唐君毅語**）來涵攝其間的對立、緊張與矛盾。如唐君毅之堅持道德與自我與道德理性在「感通之道」所開拓出的公領域中，是一方面充滿幾近理想主義的色彩，一方面則以人文世界實然之內涵作為吾人道德活動之根柢，而深自警覺其中的義理辯證、身心統合以及人我之對話。

因此，在科學家質疑儒家文化阻礙科學發展的低氣壓中，我們是不能不善於區別大小傳統之間的差異，並在自身對應制度化、結構化與世俗化的大潮的同時，對科學家的公開質疑：「講求恪遵社會習俗與階級制度的儒家傳統，是近代中國長久以來揮之不去的陰影。」（中研院院士蒲慕明，引自 2004 年 5 月 2 日《自由時報》）做出如下的三點回應：

（一）所謂「講求恪遵社會習俗與階級制度」的行為模式與思考模式，並不等同於「儒家傳統」。

（二）孔子「毋意、毋必、毋固、毋我」的態度與科學精神之間，其實大有關聯。

（三）歐美的「科學環境」乃歐美之歷史與文化之所造就，而造成中國缺少開放、競爭與「問題意識」的社會環境與學習環境，這責任卻不是儒家文化可以一肩承擔。

如此看來，自我與他者的呼應與對話是不僅具有社會與倫理的意涵，而且還可以讓我們在儒家倫理不變的守經之道與應變的權宜之計二者之間，找到足以和現代文化（或「現代化」）可以共生共存的心靈元素。當前，我們其實沒有太多的理由來責怪「中國文化」，我們該反思的是：「我們面對『中國文化』，是否出現這三大弊害：繼承不足、解讀不夠、批判不強？」當然，環視周遭，「自我」是一直向「他者」發問，而「他者」也一直向「自我」進行各種挑戰。

如今，講究「道德主體」的重要性，已幾乎成為倫理學的一項共識。而所謂「道德主體」若一再地被轉為具有明白意識的「自我」（the self），則

此一生活世界在任何一個「自我」的眼底，便自然地成為「他者」（the other）。如此，自他之間也便有了無比的張力——此乃意義落差、價值對反以及存在界無數之層級、位元與向度所顯豁者。

然自他之間，在互動而互惠（reciprocal）的關係中，卻不必然由對反而對立，更不必然由對立而製造出矛盾與衝突。原來世上所有的混亂不全具有實然性，而期盼和諧與圓滿之局面，卻自有其符合吾人道德欲求（要求）的應然性。或許，自我共在共存，共存共榮，正是倫理之遠景與願景，而願景其實不遠，只要一切之道德主體能夠自我修持、自我節制，並自我涵養的話。

因此，修養自我以涵育人文精神，從而造就人文素養來豐富我們的生活，來充實我們的世界，並且不斷地從「自我」走向「他者」，不斷地在自我承諾的同時，也能關懷「他者」、包容「他者」、感謝「他者」，則人我之間便將充滿真真實實的倫理意義與道德精神。基本上，這是中國文化在其倫理關懷指引下，所矢志以赴的志業，而在各家的倫理思想各有其特殊之意向的同時，他們之間的共通性卻更值得我們關注：

（一）他們都先行確立了「人」的意義與尊嚴。

（二）他們都肯定「人性」，並認定「人性」具有成德成人的能力。

（三）他們都正視這個生活世界，同時也都對這個生活世界，進行具有哲學性、文化性、歷史性、藝術性與宗教性的探索。

（四）他們都運用思維與語言，建構了一形態的「道」的思考，並且由此建構了各有其系統性與邏輯性的生命哲學。

（五）他們都樂觀而有自信地看待人生，看待人所擁有的一切，而因此深入人生，探究人生，以便為這具有高度秩序性（意即寓含「倫常」之結構）的人間，進行合理的安頓與合乎人心需求的整頓。

三、倫理關懷的一貫之道

從原始儒家、原始道家，以及墨家、法家等中國哲學系脈的思想特色看來，中國人的倫理關懷自是以人的生命發展，以及生命潛能之實現為鵠的；而先秦諸子在同處衰亂時代的共同感受之中，又不約而同地關切他們所共處的社會與共享的文化。當然，他們對時代的針砭，以及由此所提出來的解決之道（包括解決社會問題、政治問題與生命問題的種種方法與策略），實各有懷抱，各有打算，也各有見地。但無論如何，這些古中國先行的思想家並

不是以西方意義的「哲學」（philosophy）為專業，而是將他們的心力與智力
貫注在各種主客觀的問題，這同時也包括主體際的相關問題，特別是道德與
倫理所涉及的相關問題。至於他們的思考模式則基本上是具有整合性、一貫
性與終極性的，因此說他們是各自有其一以貫之的倫理關懷與道德思考，實
不為過。

　　在此，我們是可以運用儒家與道家相互對比的方式，來理解中國倫理學
在尚未嚴格地理論化之前，所已致力探求的「一貫之道」，而這方面的研究
成果最值得注意的便是方東美的宏觀見解：

> 所謂「一貫之道」，在原始儒家中可以分為（一）天道、（二）地道、（三）人
> 道。所謂「天地之道，貞觀者也」「日月之道，貞明者也」。所謂「觀」乃是
> 「仰以觀天文、俯以察地理」甚至草木鳥獸蟲魚，各方面的現象都須通貫起來，
> 有系統的加以了解，然後才能安排人在宇宙中的生命，認清他有何價值、意義和
> 地位，如此才能談人道。所謂人道，中庸在「唯天下至誠，為能盡其性，能盡其
> 性則能盡人之性，能盡人之性則能盡物之性，能盡物之性則可以贊天地之化育，
> 可以贊天地之化育則可以與天地參矣。」這段話說得很清楚，這段話是根據《周
> 易》而來的。在《周易》中，乾道自乾卦說起是乾元，坤道自坤卦說起是坤元，
> 乾元坤元是所謂的「宇宙符號」。乾元是大生之德，代表一種創造的生命精神貫
> 注宇宙之一切；坤元是廣生之德，代表地面上之生命衝動，孕育支持一切生命的
> 活動；合而言之就是一種「廣大悉備的生命精神」，這就是儒家之所本。這種創
> 造的生命精神貫注於天上、地下、人間，人在宇宙間因而可以與天地相抗衡，表
> 現廣大悉備的生命精神。10

　　以上是方東美對儒家「一貫之道」的詮釋，而他基本上是從宇宙生命的
精神及其發展，來考察原始儒家並以儒家原始經典──易經所標示的「乾
元」與「坤元」，來為此一「生命哲學」觀點作證，此亦即旨在肯定儒家思
想是一貫的系統，而其中的意義主脈便以「生命精神」為主軸。

　　此外，方東美為道家的一貫之道，也同時做了概括的理解：

> 道家的一貫之道。簡單而言，可以引莊子「天地與我並生，而萬物與我為一」來

10　方東美著《原始儒家道家哲學》，臺北：黎明文化，1983 年，頁 27-28。

作代表，拿人的精神與宇宙的全體精神貫穿成為一體。但是探本溯源，仍應回到老子第一章「道可道，非常道，名可名，非常名，無名天地之始，有名萬物之母，故常無欲以觀其妙，常有欲以觀其徼，此兩者同出而異名，同謂之玄，玄之又玄，眾妙之門。」由無說到有，由有追到無，到天地之始，為物之母，如此澈底了解後，才可以抵達宇宙之本源、宇宙之祕密，老子用一個字來概括──玄。但不能一玄了事，好像見了大海就沉下去了，不足以發掘其祕密，因此不是一度深去。而是「玄之又玄」，深之又深地向宇宙真相中追求，打破砂鍋問到底，將一切祕密追剿出來才可以了解全體。此道家一貫之道乃在「玄之又玄」中。[11]

如此對比儒家與道家，同樣都是對生命的關切，前者從生命正向的發展著眼，而後者則由「玄之又玄」的超越之路，將人的生命與宇宙全體合而為一，以便對人生做澈底而全面的了解。因此，儒家的倫理於是發展出以生命的創造精神為核心的道德思維，而道家則將人間的倫理結構放入天地的整體性之中，並由此來反省人間倫理的種種不足與限度，而終將人文精神提升到宇宙的高度──所謂「回返自然」，所謂，「歸真返樸」，乃造就了一種特殊的「天地倫理」──即以「天地」為人生終極之境，而人與萬物乃終可洽合於一以貫之的道的歷程之中。

當然，在儒家與道家各有其生命關懷與倫理向度的同時，我們也發現：中國哲學的本體論並非超絕於人世、人文與人倫之外而一去不返，而反倒是把本體論、宇宙論、生命論與道德論四者結合起來，並在四者之間打開層次分明卻也彼此互通的思考進路，是所謂「通體達用」或「全體大用」，而其間最值得注意的是中國倫理精神自始至終都在此一生命哲學之中發揮其意義效力──自現實邁向理想，自內心轉向世界，並從自身的生命體驗（對生命精神的直接的領悟與感悟）出發，來建構出一大系統的價值哲學：

中國向來是從人的生命來體驗物的生命，再體驗整個宇宙的生命。則中國的本體論是一個以生命為中心的本體論，把一切集中在生命上，而生命的活動依據道德的理想，藝術的理想，價值的理想，持以完成在生命的創造活動中，因此《周易》的繫辭大傳中，不僅僅形成一個本體論系統，而更形成以價值為中心的本體論系統。第一是以生命為中心的哲學體系，第二是以價值為中心的哲學體系。則

11　方東美著《原始儒家道家哲學》，臺北：黎明文化，1983 年，頁 28。

《周易》從宇宙論、本體論、價值論的形成，成了一套價值中心的哲學。[12]

由此看來，價值與生命乃一體之兩面，生命為價值之發動者，而價值為生命之產物；價值旨在實現生命之意義，而捨生命之外，價值便沒有安頓之處。因此，在吾人追求真、善、美、聖的價值理想之際，始終都必須以生命為依歸，以發揚生命精神為目的，並不斷透過「體驗之知」與「體驗之學」來進行各種倫理的實踐，因為除非生命與價值能夠在人間做完美的結合，以創造價值，以成就生命，而讓生命的種種活動都能不斷地回向生命自身與價值自身，否則倫理的關懷便將失去根柢——這自是人文的根柢，而且由己而人，由人而物，以至於一以貫之地展開「下學上達」的坦坦大道。

第四節　小結

讓我們再一次以儒家倫理為例，一方面肯定中國傳統人文思想中本就寓含倫理與道德的意趣，一方面則透過文化與社會之互為一體，來考察中國倫理學究竟如何經由教化、教育與教養的歷程，將道德的理想不斷地貫注於人間，不斷地在人我來往互動的關係中顯豁自我與他者互惠互利的倫常性，以實現中國哲學理想的「人觀」，以達成人格發展與文化進展本當並轡而行的基本原理。

當然，儒家人觀若以《論語》與《孟子》二書做重要的參考材料，則其以人際共通的關係為主軸的主體際思維，似乎以點明了儒家人觀的主要意義乃是古代中國人重視橫攝性的關係邏輯的產物，而「人文化成」便成為世界所以建構的基石。然而，在人際關係的網羅中，人與世界的全向度的接觸依然是一項足以維繫人義於不墜的主要因素。也就是說，唯有透過世界觀的建立，人觀的真實意義才可能獲致不斷證成的機會。「夫仁者，己欲立而立人，己欲達而達人。能近取譬，可謂仁之方也已。」（《論語‧雍也》）在此，遠近之對比其實不只意謂人我對比，而還指涉著人物對比、人與世界的對比、交往與融通。因此，在儒家為其人觀進行富有價值理想的估定與標識之際，由小人而君子，再由君子進於聖賢的人格養成之路乃同時一逕展開，

---

12 方東美著《原始儒家道家哲學》，臺北：黎明文化，1983 年，頁 158-159。

而聖人自能「上下與天地同流」，以至於「萬物皆備於我」，如此將「世界」納入人義的脈絡之間，正是《周易·繫辭》所云：「夫易，聖人之所以極深而研幾也。唯深也，故能通天下之志；唯幾也，故能成天下之務；唯神也，故不疾而速，不行而至。」而由此一天下之意識，儒家汲汲以求的是縱橫兼攝的人義的滿全，以及那透過「人文化成」所體現的生活世界的到來。

　　因此，人與世界的交遇，其軸心實為人觀與世界觀的交遇。而如果「仁」是儒家人觀的意義中樞，那麼程顥所揭櫫的「一體之仁」恰是以說明儒家並不以任何單向思考或約化理論來看待「人」——包括人之為個體與群體，以及吾人始終堅守的存在之覺識與生活之意識，其實都可以在吾人的自我了解與自我肯諾之間，不斷地轉入於人與世界常相往來的生活世界中，而生活世界中確實是由主體際所支撐開來的，其中，「世界」並非單單是一客體之存在，也不是可以被孤立地對待，而從吾人「觀看」與「關照」的情意活動裡被硬生生地抽離出來。

　　若說儒家自始即鋪展其「立人文之本，探性命之源」的正本清源之道，則由論孟的仁德義行所拓築的成人之道，其實已把目的倫理、德性倫理、規範倫理與義務倫理四者整合為一，至少在孔子「聖之時者也」的人格氣象之中，此四者是有了足以融通為一的功夫進路——當然這依然是充滿理想氣息的人文教養之道。大體上，孔孟是以「仁」作為其德性倫理與目的倫理基礎性原理，而以「義」作為融攝規範倫理於義務倫理的普遍性法則。當然，所謂「原理」與「法則」仍然在人我情意流通與人物共存共榮的場域中。

　　因此，在《大學》與《中庸》所高舉的誠明之道及「止於至善」的理想照應之下，所謂「致中和」以及「贊天地化育，而與天地參」，其實已不只是心、性、天三者一以貫之的玄祕思維，而是一廣大悉備的文化關懷與宏闊深遠的文化體系所共同組構的文化觀——其中，自是以倫理觀為基點與起點，而所謂「形而上關懷」，乃同時在中庸之道與究竟人義的貫通歷程中，做了具生命實踐意義的揮灑；在此，以西方存有論為背景的「形上學」（metaphysics）並無法全盤套用於被認為是「實踐形態的形上學」的義理系統裡。

　　當然，儒家倫理與儒家倫理觀在後來的朱陸二系分途競奔之後，學問與道德之間乃出現意義斷裂的危機，而其間最值得注意的是批判性思維與反省性思維的對立與對反，這也就是道問學與尊德性二路在方法論及功夫論兩方面所肇致的觀念歧出，以及由此而衍生的倫理變向——其中，批判性思維來

自「道問學」的智性活動，而反省性思維則較側重「尊德性」的實踐歷程，當然，如此的對立或對反並不能等同於一般意義的主客二分，因此，對於主體性的闡發似乎也不必無端添加急迫性以及偏鋒獨露的孤高心態。

至於應如何由人我之間的溝通行動，為更具社會性意涵與社會化趨勢的公私之間的開放空間，營造所謂「人間正義」或「社會正義」，儒家大體上採取的是融文化與倫理為一爐的整全性思維，而其中當然涉及儒家倫理的四個向度：

一、道德主體與實踐理性互通的場域。

二、價值思維與人文精神相洽的世界。

三、開放心態與公共生活交參的社會。

四、存在體驗與超越取向符應的人格。

由此看來，斟定吾人之為主體乃旨在道德之實踐，而此一實踐性的意義脈絡似又非由理性開導不可。另一方面，也唯有在人文與價值互相證成的思維網絡中，世界才可能在饒富精神意涵的範疇裡進行其多元共濟的普世化活動。可以說，世界即是一偌大的場域，而場域又是多門多路，因為心理意識之「場域」在回歸與還原的幽徑之間，是依然大有開闔、啟閉的自主之力量與自由之意願。

而儒者、儒家、儒學與儒教是自有其文化關懷，因此，在橫攝系統與縱貫系統並建的人文世界中，「儒」之為文化產物或文化現象，應只是客觀地說；而「儒」所隱含的文化意識與文化創造之力，則顯然可以跳脫某一文化階層或文化體制的框限，以進行其對新世界與新人文相互包容的前瞻性的探索及開發。雖然在某些意義層次上，「儒者」的身分已不再全然對應於個人安身立命的課題，甚至儒者或儒家的一些理念與理想也已被束之高閣，這未始不是由於時代更迭與社會變遷所肇致的意義隔閡與歷程斷裂的問題。至於所謂當代「文化頹弊」或現代人「道德敗壞」，基本上只是主觀性的抒寫與描繪而已，真正的問題則應是：「究竟吾人能否以開放的心態與審慎的理性，真誠地參與公共生活，並從而認真思考個人存在之意義，以及自我超越的可能性。」也許唯有回到生活世界，回到吾人個體性所浸淫的分殊化狀態及具體化情境，儒家所顯豁的人的倫理意義從有機會從文化發展的歷程中以「下學上達」的縱軸，轉吾人生活的橫向性為具有深度的生命的自主性。由此，世界便可以是豐饒的場域，而這社會的進化也便可以和吾人人格的養成同步。

　　如今，關懷生命，面向世界，當代倫理對文化差異、多元共融以及溝通對話等課題已然進行多方的探索與考察。我們顯然也必須不斷回應時代的要求與挑戰，來對中國傳統倫理做全面的反省與批判，而其中是至少有兩個面向值得有心之士共同關注：

　　一、中國傳統倫理的核心價值能夠被當代倫理（包括實際的社會化課題以及價值觀應如何被建構的內在化課題）所吸收所轉化，是勢必透過諸多專業倫理與應用倫理的實踐性路徑及可以相互配套的行動策略，而不能只寄望於實際的社會制度與政經形勢的更迭或變革。也就是說，中國傳統倫理思考究有何能動性與自主性，顯然和「時中」精神必須時相應和，以便建構那足以和現代生活世界相交遇的倫理觀。

　　二、若中國傳統倫理仍具有和當代文化境況相互參酌參照的諸多可能性，則我們是不能不正視這個問題：在中國傳統倫理就其觀念系統而言，其實已大多成為學術界、教育界與文化界所獨享的精華與精粹之物，至於倫理學的普世化走向，以及中國傳統倫理的世俗化機制，是否能夠跟得上現代化的匆匆步履，又是否能和現代化社會中各種專業性需求，以至於人類智性無限度之追求與普世理想之全心嚮往，有所呼應並做出有效之回應；而如此近於「仁以為己任」的擔當又是否會讓中國傳統倫理負荷過重，同時，其間是否潛藏某些讓中國傳統倫理淪為幫襯角色的社會因子，而那對話與交流的最小的公約數究應如何取得，如何避免對話內容無謂之循環與思維意向徒然之流動，這一連串的問題實乃環環相扣，而他們又是否已然超出儒學力所能及的範圍，實在值得吾人更進一步的關切。

自我評量

1. 請敘述禮樂與教化歷程相互為用的倫理觀點。
2. 中國傳統倫理應如何面對當代社會的挑戰？試舉實例闡釋之。
3. 自我與他者之間應如何進行對話？其倫理意義又為何？請以中國倫理學的思維脈絡闡析之。
4. 中國傳統倫理精神所蘊涵的「生命哲學」，其主要內容為何？其中所蘊涵的「價值哲學」又有何特色？試申論之。

5.人與世界的交遇，究竟能如何形塑人觀與世界觀？請以儒家為例論述之。

6.請就儒家倫理的基本面向，說明儒者置身當代世界所應有的觀念與作為。

7.如何能避免中國傳統倫理淪為當代社會幫襯的角色？請舉例論述之。

第四篇參考書目

《中國哲學與倫理學》，臺北：輔仁大學出版社，1997年。

《荀子新注》，臺北：里仁書局，1983年。

方立天著《佛教哲學〈增訂本〉》，北京：中國人民大學出版社，1991年。

方東美著《原始儒家道家哲學》，臺北：黎明文化公司，1983年。

方東美著《中國哲學之精神及其發展》，孫智燊譯，臺北：成均出版社，1984年。

王邦雄等《中國哲學家與哲學專題》，臺北：國立空中大學，1989年。

吳光明著《莊子》，臺北：東大圖書公司，1988年。

李書有著《中國儒家倫理思想發展史》，江蘇：古籍出版社，1992年。

李漁叔註譯《墨子今註今譯》，臺北：臺灣商務印書館，1988年。

杜維明著《人性與自我修養》，臺北：聯經出版社，1992年。

韋政通著《孔子》，臺北：東大圖書公司，1996年。

徐復觀著《中國人性論史──先秦篇》，臺北：臺灣商務印書館，1982年。

張豈之著《中國思想史》，臺北：水牛出版社，1992年。

陳榮捷編著《中國哲學文獻選編》，臺北：巨流出版社，1993年。

勞思光著《新編中國哲學史（一）》，臺北：三民書局，2001年。

勞思光著《新編中國哲學史（二）》，臺北：三民書局，2001年。

勞思光著《新編中國哲學史（三）上》，臺北：三民書局，1989年。

勞思光著《儒學精神與世界文化路向》，臺北：時報文化，1986年。

黃俊傑主編《孟子思想的歷史發展》，臺北：中央研究院中國文哲研究所，1995年。

黃俊傑著《孟學思想史論（卷一）》，臺北：東大出版社，1991年。

黃俊雄主編《孟子思想的歷史發展》，臺北，中央研究院中國文史哲研究所，
　1995年。

黃省三著《墨子思想新探》，臺北：萬卷樓圖書公司，1995年。

葉海煙主編《中國哲學與全球倫理》，臺北：東吳大學哲學系，2000年。

葉海煙主編《儒家倫理學專題》，臺北：哲學與文化月刊，348期，2003年。

葉海煙著《人文與哲學的對話》，臺北：文津出版社，1999 年。

葉海煙著《中國哲學的倫理觀》，臺北：五南圖書出版股份有限公司，2002 年。

葉海煙著《老莊哲學新論》，臺北：文津出版社，1997 年。

葉海煙著《莊子的生命哲學》，臺北：東大出版社，1990 年。

劉述先著《朱子哲學思想的發展與完成》，臺北：臺灣學生書局，1984 年。

蔡仁厚著《墨家哲學》，臺北：東大出版社，1978 年。

釋昭慧著《佛教倫理學》，臺北：法界出版社，1998 年。

第五篇（尤煌傑）

中國美學

第十一章
中國美學思想的主要命題（上）：
根源自儒道思想的美學觀念

　　美學與藝術的歷史發展並不必然和政治朝代的更迭相依從，其斷代的區隔也不同於政治歷史的發展，但是為了對於中國傳統藝術與美學的歷史發展有一較方便的歷史參考座標，我們還是沿襲政治朝代的區隔來標誌文藝歷史的斷代，這樣比較容易讓讀者熟悉時代的演變，至於斷代的時間長短不一，也是難於有一客觀的準則。各種美學思想以及各種藝術門類發展的遲速不同，適合於甲的年代區分，不必然適合於乙的年代區分。因此之故，本文以下的斷代，為讀者而言，只是為幫助理解的目的而設，並沒有絕對的必然性。

　　一、遠古時期至先秦時期：中國美學觀念的形成和當時的風俗、宗教、各種文化表現都融合在一起同時發展，美學觀念並沒有獨立發展。而春秋戰國時代最有影響力的美學思想就是儒家美學和道家美學這兩大系統，尤其是後者對於後代的美學觀念的形成更是影響深遠。這個時期的美學命題，我們可以看出孔子提出「盡善盡美」的主張，老子提出「滌除玄鑑」的主張，莊子提出「得意而忘言」的主張。[1]這些命題的提出，都深深地影響了後代的審美思想。而這個時期的藝術風貌表現於詩、歌、舞蹈、音樂和神話傳說。

1　「子謂〈韶〉盡美矣，又盡善也；謂〈武〉盡美矣，未盡善也。」（《論語‧八佾》）孔子的美學思想結合了審美價值與倫理價值，亦即審美上的優越必然包含倫理上的合乎道德推斷。就道家思想而言，觀照「道」的最高境界就是所謂的「滌除玄覽，能無疵乎？」（《老子‧十章》）這是排除一切的主觀成見，保持內心的虛靜所獲得的境界。後世所謂的「澄懷觀道」（宗炳）、「氣韻生動」（謝赫）、「林泉之心」（郭熙）等美學命題都和老子的美學觀念有密切的關係。莊子提出「言者所以在意，得意而忘言。」（《莊子‧外物》），一旦意義把握住，遺忘語言也是不必在乎的。莊子的這個觀念後來影響了王弼，王弼繼承「言」、「意」之辨的精神，提出了「得意忘象」的命題，可說是進一步的發揮。

在器物方面，則以青銅器和玉器最具有代表性。

　　二、秦、漢時期至魏晉南北朝：其美學觀念起初在漢朝時期結合中原文化和南方文化，而後到了魏晉南北朝時期，由於政治上的動亂使得美學觀念轉向以道家思想作為主導的思想。這期間提出了「得意忘象」、「聲無哀樂」、「傳神寫照」、「澄懷味象」、「氣韻生動」[2]等重要的美學命題。在藝術風貌上，漢代的畫像石具有其時代意義。魏晉的繪畫則開始於人物畫，顧愷之尤為藝壇所推崇。在書法上則以王羲之號稱書聖最為有名。這一時期的另一件歷史的大事就是敦煌石窟開鑿，展開為期長達一千年的宗教藝術創作。

　　三、隋、唐時期：其美學上的重要命題包括「同自然之妙有」、「度物象而取其真」、「外師造化，中得心源」、「刪撥大要，凝想形物」、「凝神遐想，妙悟自然，物我兩忘，離形去知」[3]。而在藝術風貌上隋唐時代的特色

2　「得意忘象」出自王弼《周易略例・明象》，說明卦象和意義之間的關係，藉此引申到藝術品與藝術精神的關係。「聲無哀樂」出自嵇康〈聲無哀樂論〉，它否定音樂作品與聽眾情緒反應的必然關係。「傳神寫照」出自顧愷之，今載於《世說新語》，這原是專指對人物肖像畫的要求，特別是注重眼神的表現。「澄懷味象」出自宗炳〈畫山水序〉：「聖人含道應物，賢者澄懷味象。」源自道家的美學思想的影響。「氣韻生動」出自謝赫《古畫品錄》：「六法者何？一，氣韻生動是也；二，骨法用筆是也；三，應物象形是也；四，隨類賦彩是也；五，經營位置是也；六，傳移模寫是也。」「氣」作為美學範疇是概括藝術本源，也是概括藝術家的生命力和創造力，更是概括藝術生命的基本觀念。這個「氣韻生動」原本也是用來指涉人物肖像畫的基本原則，但是後世的發展，使它滲透到一切藝術活動，作為藝術表現的最高境界指標。

3　「同自然之妙有」出自孫過庭《書譜》：「觀夫懸針垂露之異，奔雷墜石之奇，鴻飛獸駭之姿，鸞舞蛇驚之態，絕岸頹峰之勢，臨危據槁之形；或重若崩雲，或輕如蟬翼；導之則泉注，頓之則山安；纖纖乎似初月之出天涯，落落乎猶眾星之列河漢；同自然之妙有，非力運之能成。」這是以自然界各種現象與生物之形象來揣摩書法的運筆。「度物象而取其真」出自荊浩〈筆法記〉：「畫者畫也，度物象而取其真。物之華，取其華；物之實，取其實。不可執華為實。若不知術，苟似可也，圖真不可及也。」這個命題強調繪畫追求寫實寫真的態度。「外師造化，中得心源」出自張璪《歷代名畫記》：「外師造化，中得心源。」意味藝術家要向自然界學習，同時也要對自己真誠，才能有成功的藝術作品。「刪撥大要，凝想形物」出自荊浩〈筆法記〉：「夫畫有六要：一曰氣，二曰韻，三曰思，四曰景，五曰筆，六曰墨。氣者，心隨筆運，取象不惑。韻者，隱跡立形，備儀不俗。思者，刪撥大要，凝想形物。景者，制度時因，搜妙創真。筆者，雖依法則，運轉變通，不質不形，如飛如動。墨者，高低暈淡，品物淺深，文采自然，似非因筆。」荊浩的六要轉變自謝赫的六法，但是六要針對一切的繪畫藝術，特別是應用於山水畫的表現。「刪撥大要，凝想形物」強調藝術家對於創作對象必須要有高度抽象的能力，捕捉事物的核心觀念。「凝神遐想，妙悟自然，物我兩忘，離形去知」出自張彥遠《歷代名畫記》：「遍觀眾畫，唯顧生畫古賢，得其妙理。對之令人終日不倦。凝神遐想，妙悟自然，物我兩忘，離形去智。身固可使如槁木，心固可使如死灰，不亦臻於妙理哉！所謂畫之道也。」「凝神遐想，妙悟自然，物我兩忘，離形去知」前二句帶有佛教思想的意味，凝想是審美觀照的必要手段，而妙悟是帶有禪學精神的說法；後二句帶有莊子思想的意味，特別是同於「心齋」、「坐忘」的精神。這整個命題已經將藝術的境界，從技術的展現提升到以哲學性直觀體悟大道的境界。

則表現於絕句、草書、音樂、舞蹈等方面。此外，唐三彩也是此一時期最為獨特的一種藝術品。在繪畫方面則發展出「金碧山水」和「水墨山水」兩大畫風。

　　四、宋、元、明、清時期：主要的美學命題包括「身即山川而取之」、「成竹在胸」、「身與竹化」[4]。在繪畫構圖上提出「三遠」[5]的說法，在畫論上提出「逸」、「神」、「妙」、「能」四格，[6]作為評論的準則。到了明、清時期，特別發展出小說美學、戲劇美學以及園林美學。在繪畫方面名家輩出，董其昌提出山水畫分南北宗之說。但是明清以後的繪畫臨摹者眾，創作者少。園林藝術可謂明清時期的一項別具特色的藝術。

　　五、當代：就美學觀念的發展而言，梁啟超、王國維、蔡元培[7]三人是

4　「身即山川而取之」出自《林泉高致・山水訓》：「學畫花者以一株花置深坑中，臨其上而瞰之，則花之四面得矣。學畫竹者，取一枝竹，因月夜照其影於素壁之上，則竹之真形出矣。學畫山水者何以異此？蓋身即山川而取之，則山水之意度見矣。」「身即山川而取之」這個命題強調繪製山水畫必須親臨現場寫生的必要性，以免流於俗套。「成竹在胸」出自《蘇東坡集》：「竹之始生，一寸之萌耳，而節葉具焉。自蜩腹蛇蚹以至於劍拔十尋者，生而有之也。今畫者乃節節而為之，葉葉而累之，豈復有竹乎！故畫竹必先得成竹於胸中，執筆熟視，乃見其所欲畫者，急起從之，振筆直遂，以追其所見，如兔起鶻落，少縱則逝矣。與可之教予如此，予不能然也，而心識其所以然。夫既心識其所以然而不能然者，內外不一，心手不相應，不學之過也。故凡有見於中而操之不熟者，平居自視了然，而臨事忽焉喪之，豈獨竹乎。」「成竹在胸」這個命題強調藝術創作必先有完整的藝術觀念，然後心手相應，一氣呵成，而不是邊做邊想。「身與竹化」出自《蘇東坡集》：「與可畫竹時，見竹不見人。豈獨不見人，嗒然遺其身。其身與竹化，無窮出清新。莊周世無有，誰知此疑神。」「身與竹化」這個命題強調藝術家與藝術對象之間的融合，毫無任何距離。

5　北宋郭熙在所著《林泉高致・山水訓》中提到：「山有三遠：自山下而仰山巔，謂之『高遠』；自山前而窺山後，謂之『深遠』；自近山而望遠山謂之『平遠』。」三遠法是畫山水畫的三種透視方法，這三種透視法對於中國山水畫的影響深遠。通常一幅成功的山水畫不只包含一種透視法，而是交互運用三遠法的特性來表徵山水畫的意境。從透視法的差異可以看出中國繪畫與西洋繪畫的不同。

6　「逸」、「神」、「妙」、「能」四格，出自黃休復：「逸格：畫之逸格，最難其儔。拙規矩於方圓，鄙精研於彩繪，筆簡形具，得之自然，莫可楷模，出於意表，故目之曰逸格爾。神格：大凡畫藝，應物象形，其天機迥高，思與神合。創意立體，妙合化權，非謂開廚已走，拔壁而飛，故目之曰神格爾。妙格：畫之於人，各有本性，筆精墨妙，不知所然。若投刃於解牛，類運斤於斫鼻。自心付手，曲盡玄微，故目之曰妙格爾。能格：畫有性周動植，學侔天功，乃至結岳融川，潛鱗翔羽，形象生動者，故目之曰能格爾。」「逸」、「神」、「妙」、「能」四格是黃休復所提出用以評鑑繪畫作品的四種高低不同的標準，能入這四格的作品都堪稱是成功的作品。

7　梁啟超提出「趣味是生活的原動力」（《飲冰室文集・趣味教育與教育趣味》）的主張，並指出三種趣味的源泉：對境之賞會與復現，心態之抽出與印契，他界之冥構與蓴進。（《飲冰室文集・美學與生活》）。王國維認為：「生活之本質何？『欲』而已矣。」「美術之務，在描寫人生之苦痛與其解脫之道，而使吾儕馮生之徒，於此桎梏之世界中，離此生活之欲之爭鬥，而得其暫時之平和，此一切美術之目的也。」（《靜庵文集・紅樓夢評論》）蔡元培主張「以美育代替宗教」，並指出「要之美學之中，其夫別為都麗之美、崇閎之美。而附麗於崇閎之悲劇，附麗於都

最具有影響力的人。他們的共同特色是接受西方的美學思想融入中國固有的美學觀念之中，並提出開創性的思想。在藝術的發展上也是百家爭鳴，中西美術觀念融會貫通是其發展的共同趨勢。

第一節　　中國美學思想的特色

在當代談論中國美學或中國藝術往往是參照西方美學或西方藝術的範疇來論敘，這就好像在中國傳統的學術分類中並沒有「哲學」這種所謂以追求第一原理或第一因的專門學科，但是我們還是可以講論中國哲學。不過傳統的中國學術分類是按照經、子、史、集的分類來界定的。但是儘管如此，中國哲學或中國美學仍然是可以成立的一種學術領域，因為在中國固有的學術領域中我們一樣可以找到符合於西方哲學精神的某些思想體系，對它加以整理，就可以發展出一個具有中國思想特色的哲學體系。同理，在中國傳統的審美體驗所衍生的一切創作與欣賞的活動，也可以整理出一個有關中國的美學理論。

但是中國美學的特色和西方美學所強調的重點不會相同，例如：西方美學十分重視「美」、「藝術」、「模仿」、「創造性」、「形式」、「審美經驗」[8]等等範疇，這些範疇在西方美學的主要著作當中幾乎都會涉及，而且一再的強調並重新定義。這些範疇在中國美學的論敘當中也會偶然被提及，但是這些範疇絕對不是中國文人、藝術家們所特別重視的。中國所特別注重的美學範疇在於所謂「情和理」、「形和神」、「虛和實」、「言和意」、「意和境」、「體和性」。[9]這些範疇的提出其淵源和儒家美學思想、道家美學思想都有密切關聯，或者直接來自這兩家思想的觀念，或者間接受到這兩家思想觀念的啟發而衍生的觀念。

在這樣一方面帶有相似，一方面又帶有差異的情況下，中國藝術精神和

麗之滑稽，皆足以破人我之見，去利害得失之計較，則其所以陶養性靈，使之日進於高尚者，固已足矣。又何取乎侈言陰騭攻擊異派之宗教，以刺激人心，而使之漸喪其純粹之美感為耶？」（〈對於教育方針之意見〉）

8　西洋美學所注重的範疇可參閱波蘭學者 Tatarkiewicz 所著《西洋六大美學理念史》，劉文潭譯，臺北：丹青圖書公司，1987 年。

9　中國美學所注重的範疇可參閱曾祖蔭著《中國古代美學範疇》，臺北：丹青圖書公司，1987 年。

西方藝術思想對比之下，有一些特性可以提出來作為對照。它們是：精神性、整體性、裝飾性、原始性。[10]

　　就精神性而言，中國藝術表現不講究對於審美對象的客觀模仿，而強調審美主體與外在物象的情景交融，因而構成一種精神的態度或境界。它表現在具體的藝術活動上，在繪畫上就是不講究焦點透視而只講散點透視，不講三度空間而講二度空間，不講塊面刻畫而只講輪廓鉤勒，不講物理重心而只講感受結果。

圖一　達文西〈最後晚餐〉

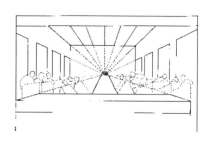

圖二　達文西〈最後晚餐〉顯示單點透視

圖三　元・黃公望〈富春山居圖〉（局部）顯示為散點透視

　　就整體性而言，例如「氣韻生動」這一命題就是中國藝術表現上的一個十分被重視的原則。所謂「氣」充塞宇宙，無所不在，它與宇宙的生命相結合。透過「氣」的表現，人與自然的界線泯除，達到天人合一的境界。它不同於西方藝術的理性分析的態度。

　　就裝飾性而言，主要是來自中國藝術表現的高度抽象化的結果。將客體事物抽象化的傾向並不是後來才發展的，早在六千年前的原始藝術中就可以看出大量的線索。例如半坡遺址所出現的魚紋演變（圖四、圖五），就是一

10　參閱余秋雨著〈東方美學的現代生命〉，收入《東方美學與現代美術研討會論文集》，1992 年，頁 273-286。

個明顯的例子。[11]這個原因在於中國美術不強調對於客觀世界的模仿，而在於精神性的表現或精神性的遊戲之上。例如：戲劇表演，從面具、臉譜到身段、唱腔都有一套程式。又如：文人畫經常出現的「梅、蘭、松、菊」、「枯木竹石」等內容，或筆墨技法上的所謂的「皴法」等等都是高度抽象化的結果。這樣發展的結果使得藝術作品和客觀的物象之間的聯繫變得薄弱，藝術作品成為一種透過某些熟悉的審美語彙，來表達一種審美的情趣和欣賞的節奏。

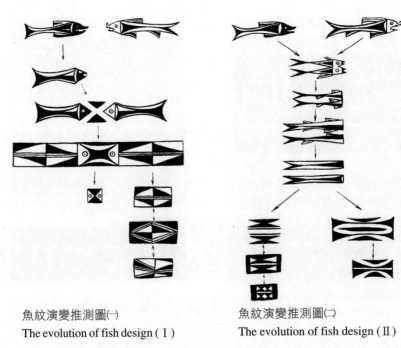

魚紋演變推測圖(一)
The evolution of fish design（Ⅰ）

魚紋演變推測圖(二)
The evolution of fish design（Ⅱ）

圖四　　　　　　　　　　　　　　圖五

　　就原始性而言，中國藝術表現和原始的藝術精神有著一脈相傳的延續性，它並沒有如同西方的藝術，消失於現代文明的大浪潮之中，而使現代與原始的精神相斷離。中國美術所表現的原始性呈現出一種生生不息的生命力。它蘊涵著些許的天真、渾沌、鈍拙、苦澀。這些特色和整個中國的人文、自然景觀完全融合在一起。

11　參閱王志俊編輯《半坡遺址畫冊》，西安：陝西人民美術出版社，1987 年。

我們還可以從另一種方向來思考中國美學的特色，[12] 它包含六項特色：

一、高度強調美與善的統一

強調藝術在倫理道德的感染作用，如：孔子強調「盡善盡美」：「子謂〈韶〉，盡美矣，又盡善也；謂〈武〉，盡美矣，未盡善也。」（《論語·八佾》）孟子強調「可欲之謂善，有諸己之謂信，充實之謂美」（《孟子·盡心下》）。荀子強調「樂行而志清，禮脩而行成；耳目聰明，血氣和平；移風易俗，天下皆寧，美善相樂」（《荀子·樂論》）。老子指出：「天下皆知美之為美，斯惡已；皆知善之為善，斯不善已。」（《老子·二章》）又，「凡音者，生於人心者也。樂者通倫理者也。」（《禮記·樂記》）在這些典籍的記載中，明顯地展露出要求美的境界要和善的境界統一。美善統一的思想不僅出現於中國古典哲學思想中，同樣地在柏拉圖的哲學體系當中，美善也是統一的，美善是可以互換的。但是美善統一的思想畢竟沒有成為西洋美學或哲學的主流思想，卻成為中國美學的主要主張，特別是儒家一系的美學或美育思想的根本主張。藝術或審美鑑賞活動的本身，並不是為了滿足耳目感官的愉悅，而是透過這些活動來完成教化的任務。

二、強調情與理的統一

我們從儒家禮樂並稱的思想中，就可以明瞭音樂（或一切藝術）原是情意的調和，而禮儀是源自理智的調理，這兩者融會貫通，才能使一個人的生命達成均衡。「子曰：關雎樂而不淫，哀而不傷。」（《論語·八佾》）喜、怒、哀、樂原是人之常情，日常生活中必然會有各種情感上的起起落落，從儒家的觀點來看，對於情感上的起伏並不是採取禁欲主義的立場，而是合理地加以疏導，讓情感可以抒發而且不至於太過度，這正是《中庸》的「致中和」[13] 思想表現。從情與理的統一所表現出來的效果就是「思無邪」：「子曰：《詩》三百，一言以蔽之，曰：思無邪。」（《論語·為政》）後來的《毛詩·序》所謂的「發乎情，止乎禮義。」也是這一方面的發揮。情

---

12 參閱李澤厚、劉綱紀合著《中國美學史》，第一卷，上冊，臺北：谷風出版社，1986 年，頁 24-36。
13 「喜怒哀樂之未發，謂之中；發而皆中節，謂之和。中也者，天下之大本也；和也者，天下之達道也。致中和，天地位焉，萬物育焉。」（《中庸·第一章》）

與理的統一不只是理性與情感的統一，也是表現為情感與善的統一，和情感與真理的統一。例如：「修辭立其誠」（《周易・乾卦・文言傳》）即是指出這一點。「誠」可以是誠懇（善心），也可以是真誠、無偽（真理）。因此藝術活動也就是以情感為主體，並融合意志、理性三方面而成的作品。它的終極效果是表現在對內在涵養的提升之上，《禮記》關於禮樂的詮釋可謂極為適切的表達：「君子曰：禮樂不可斯須去身。致樂以治心，則易直子諒之心，油然生矣。易直子諒之心生，則樂。樂則安，安則久。久則天，天則神。天則不言而信，神則不怒而威。致樂以治心者也。」（《禮記・樂記》）從「致樂以治心者也」可以發現，音樂或藝術的活動其目的不是對感官的順服，而是從更高層次地對於內在的心知予以陶養，這個陶養的過程自然透過理性與道德之良知、良能等種種心能來進行。因此，可以再次看出情與理的統一。

三、強調認知與直覺的統一

道家與禪宗特別重視直覺作用但不否定概念的作用，例如：「道，可道，非常道；名，可名，非常名。無名天地之始，有名萬物之母。故常無，欲以觀其妙；常有，欲以觀其徼。」（《老子・一章》）凡「可道」、「可名」者皆是可以被概念所規範的，但是老子在此卻要跳脫概念的範疇追求一個更高的層次，而這個層次卻只能用「觀」的方式才能「觀其妙」、「觀其徼」。

莊子提出「心齋」（《莊子・人間世》）、「坐忘」（《莊子・大宗師》）的觀念。這兩組觀念其實在精神上都是一致的，都是在於強調超越理智概念的知解，而尋求一種精神性的特殊境界而接觸到真實。所謂「坐忘」即「墮肢體，黜聰明，離形去知，同於大通，此謂坐忘。」意即超脫感性與理性，拋棄具體形象與抽象概念，追求此一未有分別之前的「大通」。在解釋「心齋」的觀念時，莊子指出要透過「氣」的觀念來追求這個「大通」，即「氣也者，虛而待物者也。唯道集虛。」對於這種境界的描寫就是「萬物與我為一」或「與天和者，謂之天樂」（《莊子・天道》）老子與莊子的觀念對於後世的藝術發展，以及審美觀念深具影響力。

四、強調人與自然的統一

　　中國傳統思想對於天人合一或天人合德的思想處處可見，無論是道家思想或儒家思想均有一致的想法，例如：「人法地，地法天，天法道，道法自然」（《老子・二十五章》）、「天地與我並生，而萬物與我為一」（《莊子・齊物論》）、「與人和者謂之人樂，與天和者謂之天樂」（《莊子・天道》）、「人與天一也」（《莊子・山木》）、「上下與天地同流」（《孟子・盡心上》）、「湯武革命，順乎天而應乎人」（《周易・革卦・象傳》）、「天下同歸而殊塗，一致而百慮」（《周易・繫辭下傳・三章》）。

　　在這種天人合一的思想影響之下，也影響了中國美學與藝術創作的風格。天人思想的觀念決定了人面對自然的態度。由於天人合一，所以人與自然也是合一，甚至人就是自然當中的一部分，人與自然融合為一。這種面對自然的態度是西方美學思想所少見的。西方人所謂的「自然」大多指未開發的野外之地，是一個極度原始物質的境地，與人文世界之高度文明開發之境地，形成一個強烈的對比。因此，在西方人的世界裡，人與自然是處於矛盾或對立的狀態，人類的使命是去克服或征服自然，駕馭自然，使其為我所用。所以在西方的美術作品當中，我們可以看到單純以野外自然為題材的作品，或是把自然當作人物活動背景的作品。它們都在凸顯人與自然的極端對立。但是，反觀中國的山水畫作品，特別是文人畫，我們很難看到類似西方畫作的對待自然的態度。在中國的山水畫作當中，所有的自然都是與人文化成相關的部分，「自然」是大地之母，是一個可親的場域。因此，我們可以看見畫中的山水是主體，而有關人文的活動（如：商旅、樵夫、垂釣者、屋宇一角、林中小徑、一葉扁舟）只是一個和諧的小部分，但是卻起了畫龍點睛的作用。這個人文活動的畫面，不但不和原有的山川互相抗爭，反而是和諧融洽的，甚至因為有了這些人文活動的蛛絲馬跡，才使得全幅畫作生意盎然起來。也因此使得這些畫作可以成為文人雅士臥遊山水的憑藉。

五、富於古代人道主義精神

　　我們從人與自然合一，或從人與天道合一，等思想可以延伸出人是天地間之靈秀者的特殊地位。除了人與天的合一之外，在人群中之個人與群體（家庭、社會等）之關係的和諧發展也是極為重要的一點。在孔子的觀念

中，人是比動物或財物等更為重要的，孔子曾聽聞馬廄起火，他心中所掛念的是人而不是馬或馬廄的損失。「廄焚，子退朝，曰：傷人乎？不問馬。」（《論語・鄉黨》）這是對人的基本價值的肯定。所以傳統中國哲學思想肯定人性價值與社會倫理的和諧。如：儒家之愛人，墨家之兼愛等思想，都是這種觀念的表現。這種尊重人性價值的觀點，也潛藏於中國傳統的美學思想當中。

　　據《世說新語・巧藝》的記載，擅長畫人物肖像的顧愷之想為殷仲堪畫肖像，因而有「顧長康好寫起人形，欲圖殷荊州。殷曰：我形惡，不煩耳。顧曰：明府正為眼爾！但明點童子，飛白拂其上，使如輕雲之蔽日。」的記載。殷仲堪據傳因為，煎藥侍母，不慎燙傷眼睛，而瞎一目。殷仲堪對於他自己少一目的容貌相當在意。為了突破殷仲堪的心理障礙，另一方面也正好凸顯顧愷之的繪畫技法，所以顧愷之以「但明點童子，飛白拂其上，使如輕雲之蔽日。」這一說辭來說服殷仲堪。如此一來，終獲殷仲堪欣然接受。這個處理方式，同時顧及繪畫寫實的要求，也能將對象予以美化。在這一則故事當中，我們可以看出人道主義精神如何在藝術創作活動中被展現出來。

六、審美境界為人生最高境界

　　西方的宗教思想強調人死後的復活，透過對於基督信仰表現出「永生」的信念。追求永生與瞻仰天主成為人生的最終極意義。相對於此，中國思想以「立德」、「立言」、「立功」（《左傳・襄公二十四年》）作為「三不朽」。儒家所追求的不朽都可以在現世的努力中獲得，在儒家的思想中，彰顯不出來對於來世的企求與嚮往。

　　至於道家的思想，則把人與自然融會一起，在《莊子・大宗師》中有一則「俄而子輿有病，子祀往視之。」的故事。在這個故事當中，我們看到一個得了重病的人，他的身體因為疾病的關係而嚴重扭曲變形，但是他卻一點也不害怕哀傷，反而以語帶輕鬆戲謔的口吻，揣測造化在他死後將把他的身體的各部分化成各色自然之物，而他的精神則優游於其間。這個故事的主角之所以能做到這種境界，在於他已經不把他的身軀當成他的人格的本質部分，他的自我只有精神上的我。這時他的形軀只是物質世界當中的一部分，所以他可以把它從主體當中孤立出來，當作一個凝神觀照的對象。因此，他可以說是對於身軀的死亡，拉開了審美鑑賞的心理距離，同時在這個鑑賞的

過程當中，不只是被動的當一個接受者，他同時也主動地參與了這個對象的創造歷程。

由以上儒道二家的思想觀之，中國傳統哲學思想所追求的人生境界是偏向審美的而沒有西方式的宗教觀點。而民國初年蔡元培所提出的「以美育代替宗教」的論點也是出於相同的觀點的延伸。

第二節　儒家美學的基本主張與對後世的影響

一、孔子之美學思想

在中國人的傳統色彩觀念裡，總認為「朱紅」是最好的顏色。不但在有喜慶的時候一定要使用，它甚至被賦予了道德上的至尊地位，例如：「子曰：惡紫之奪朱也。惡鄭聲之亂雅樂也。惡利口之覆邦家者」（《論語·陽貨》）。在開始形成這樣的論斷的時候必定更早於孔子的年代，孔子之言只能算是對於這樣的意見展現於文獻的結果。根據學者研究，這種對於朱紅的偏好可以追溯到山頂洞人的時代，它在當時的人類的想像當中，已經不只是生理刺激的作用，同時也被賦予人類社會的符號象徵的涵義，使它和當時人類的想像作用聯繫上。當時的審美和藝術並沒有獨立分化，只是潛藏在原始的巫術、禮儀等圖騰活動當中。先民時期的最具代表性的圖騰就是「龍」與「鳳」的標記，這兩大符號系統其實代表著古代各部落的民族大融合的結果。為了維繫這些圖騰系統的凝聚力量，於是藉助於人類豐富的想像力來營造一個神話體系，並且融入各種祭祀禮儀當中。但是隨著人類理性能力的日益發達，人們也就日益追求比較符合理性的詮釋。春秋、戰國時代就是追求理性表現的一個重要轉折。

在孔子之前的審美觀念都還是極為素樸的，從一般的談論「五味」、「五色」、「五聲」的美，進展到講究「和」的觀念，這是中國古代美學的重要發展。在味、色、聲等方面只是追求感官快感的滿足，但是「和」的提出，代表官能快感和本質的美感之間的真正的區分，它帶來美感對象之客觀規律的追求。

儒家美學思想以孔子的仁學為核心而發展，尤其注重樂教和詩教的培養。「子曰：知之者，不如好之者；好之者，不如樂之者」（《論語·雍

也》），從這裡可以了解「知之」、「好之」、「樂之」的次第發展，其中包含了從知性的了解到行為的實踐和情感的享有。審美情操更可以從「子曰：知者樂水，仁者樂山；知者動，仁者靜；知者樂，仁者壽」（《論語‧雍也》）看出仁學思想和審美意識的關聯，或者是道德意識與審美意識的緊密結合。

關於詩教，「子曰：小子何莫學夫詩？詩可以興，可以觀，可以群，可以怨。邇之事父，遠之事君。多識於鳥獸草木之名」（《論語‧陽貨》）。所謂「興」即「感發志氣」，所謂「觀」即「考見得失」，所謂「群」即「和而不流」，所謂「怨」即「怨而不怒」。「事父」、「事君」是屬於倫理上的行為表現；「多識於鳥獸草木之名」是屬於認知生活世界；興、觀、群、怨，則屬於情意生活方面的表現。因而，詩教的目標絕非單純的審美鑑賞的培養，它也兼顧倫理與知識培養的多重目標。

至於情感的適度抒發，孔子提出「中庸」的審美思想：「子曰：關雎樂而不淫，哀而不傷」（《論語‧八佾》），朱熹注曰：「淫者，樂之過而失其正者也；傷者，哀之過而害於和者也。」但是詩的基本精神還不只是在於中庸而已，它還涉及人性最初的一念之善，所以孔子更進一步言：「《詩》三百，一言以蔽之，曰：思無邪！」（《論語‧為政》）至於審美對象的客觀規律性，孔子則提出「盡善」、「盡美」與「文質彬彬」的觀念。孔子認為理想的審美對象應是美、善合一的，也是形式與質料統一的。故「子謂〈韶〉盡美矣，又盡善也；謂〈武〉盡美矣。未盡善也」（《論語‧八佾》）。

在先秦時代最具代表性的美學理論就是儒家的美學思想和道家的美學思想。這兩大美學思想系統，不只開創了中國美學歷史發展的先河，而且也深深地影響了後代的美學思想發展至巨。孔子毫無疑問的是中國歷史上最重要的思想家，他統合了先於他出現的一切禮、樂、道德、政治等理論。藝術對他而言是一個增進個人修養，或治理政務的重要手段。因此有「子曰：志於道，據於德，依於仁，游於藝」（《論語‧述而》）之語，而所謂「藝」，據朱熹的注曰：「藝則禮樂之文，射御書數之法。」因此，孔子所謂的「藝」，其涵義的範圍較當今通行的美術（fine art）的意義更廣，而約略相當於西洋中古世紀的「七藝」或「自由藝術」（artes liberales）。至於藝術的精要就在於保持情感的清純，亦即所謂的「詩三百，一言以蔽之，曰：思無邪」（《論語‧為政》）。

　　對孔子而言，藝術與道德的問題的重點不在於從政治上的統治之需要來談解決之道，而是他從一開始便肯定了藝術與道德的根源是同一的。所以有「子曰：人而不仁，如禮何？人而不仁，如樂何？」（《論語・八佾》）以及「子曰：禮云禮云，玉帛云乎哉？樂云樂云，鐘鼓云乎哉？」（《論語・陽貨》）以上二句引言，一方面積極的表示了禮樂和道德涵養的必然關聯性，另一方面也消極的表示了禮樂的非形式主義或非表象化傾向。但是禮樂的成敗和政治的是否清明卻有著密切的關係：「孔子曰：天下有道，則禮樂征伐自天子出；天下無道，則禮樂征伐自諸侯出」（《論語・季氏》）。同時，在當時封建制度下的社會，爵位或官等和其人的道德修養有著必須相稱的要求，並且他所能享有的禮樂活動的規模也受到同等的限定。所以「孔子謂季氏，八佾舞於庭，是可忍也，孰不可忍也」（《論語・八佾》）。但是學習音樂是公共教育上的必要課程，樂教預設了它為人文教養的美善意義，同時也促進了治理百姓事務的調和。孔子和子游之間的師生對話，是這個理想的一個生動有趣的例子：「子之武城，聞弦歌之聲。夫子莞爾而笑曰：割雞焉用牛刀？子游對曰：昔者偃也聞諸夫子曰：君子學道則愛人，小人學道則易使也。子曰：二三子偃之言是也，前言戲之耳」（《論語・陽貨》）。

　　藝術活動除了政治教化上功效之外，對於個人在知識追求與心靈情操上的提升都有莫大的幫助。其原因之一在於，孔子和他之前的藝術思想都不刻意限制藝術作品的題材，無論是知識性的、情感性的、倫理性的都可以成為表現的主題，詩作尤其是一個最佳的範例：「子曰：小子何莫學夫詩？詩可以興，可以觀，可以群，可以怨；邇之事父，遠之事君；多識於鳥獸草木之名」（《論語・陽貨》）。孔子對於藝術作品在情感上的表達，抱持中庸的原則，也就是說他不會任由情感氾濫或刻意抑制，而是順從理性的指導原則，故「子曰：關雎樂而不淫，哀而不傷」（《論語・八佾》），在審美體驗上，理性的功能和感性的功能並不必然是對立衝突的兩方，如果調配得宜將有助於感性能力與知性能力並行不悖，各得其正並更加深化。「子在齊聞〈韶〉樂，三月不知肉味。曰：不圖為樂之至於斯也」（《論語・述而》），這便是一個活潑生動的例子。在這個體驗的過程上，表現出〈韶〉樂所內蘊的盡善盡美的特質，進而說明這一特質的吸引力足以使人專心一致，忘卻物質享受的樂趣，更加說明藝術的魅力展現精神性感受優

先於物質性享樂的特徵，足以使某一部分感覺官能暫時被抑制下來。而孔子的另一個審美經驗的記錄可以拿來作為說明在一個藝術作品中感性和理性交融的可能性：「子語魯大樂師，曰：樂其可知也：始作翕如也，從之純如也，皦如也，繹如也，以成」（《論語・八佾》）。在這個例子當中說明了藝術作品雖然以個別的感性經驗作為素材，但是完成一個作品卻需要理性元素貫穿其中，才能使這個作品成為一個完整的系統，也才可能被知道其中的道理。換言之，一個作為感性欣賞的對象，也可以作為被認知的對象。而且，有可能因為理性認知的深入，而促使欣賞的活動更為深刻。

　　此外，關於藝術與倫理價值之關係，孔子則很明白的肯定倫理價值的優先性地位。例如：「子曰：惡紫之奪朱也，惡鄭聲之亂雅樂也；惡利口之覆邦家者」（《論語・陽貨》），這一句話把正色、正音、正言的價值判斷標準都擺在一起，藉以批判不純正之審美對象與不正當之倫理行為。紫色之所以不好，非關視覺感受上的好壞，而在於它是雜色而非純色；鄭聲之所以不好，非關聽覺感受上的好壞，而在於它是淫靡之音而非雅正之音。這些視聽上的現象，並不被認為可以單獨處理，而必須把它的對人性行為上的影響加以考慮，所以不純正的視聽對倫常之影響就如同不當之言語對邦家的影響一般。據此論之，則審美對象的評價標準不在於感性，而在於倫理的規範之內。在孔子的時代，並沒有對藝術作品的官方審查制度，但是孔子「刪詩正樂」（《論語序說》），表現了他以具體行動來實踐倫理標準貫徹於審美活動上。

　　但是，孔子的見解最終是要表現於審美體驗與道德境界的融合之上：「子曰：知者樂水，仁者樂山；知者動，仁者靜；知者樂，仁者壽」（《論語・雍也》）。所謂「智者」，必定在理智的活動上有所成就；而所謂「仁者」，必定在倫理實踐上有所成就。因為各自的成就的領域的不同，所散發出來的氣質或審美活動上的傾向也就有所不同。無論事實上「智者」是否必定「樂水」，「仁者」是否必定「樂山」，我們已經可以從孔子的這種命題的形態看出，審美體驗絕不是一個純然孤立的活動，而是和理智活動或道德實踐互相融合的狀態。

　　至於有關審美活動的最高境界是什麼？孔子的理想並不託付於玄遠渺茫的冥思裡，而是維繫於平淡無華的生活當中：「慕春者，春服既成。冠者五六人，童子六七人，浴乎沂，風乎舞雩，詠而歸。夫子喟然嘆曰：吾與點

也」（《論語・先進》）。曾點如此說的脈絡，是在和子路、冉有、公西華等人在孔子之前各自抒發見用後的大志時說的，其他三人的志向不外乎安邦定國之類，唯獨曾點不在乎於此，孔子認為他的境界更高遠，也較接近於孔子本人的志願（老者安之，朋友信之，少者懷之），故附和他的觀點。而實際上，這就是審美活動結合於理性思維與道德實踐的具體例證。

二、墨子非樂思想和荀子樂論的辯駁

在先秦時期，儒墨二家並稱顯學，在學術立場上互相嚴厲批判對方。如孟子曰：「楊氏為我，是無君也。墨氏兼愛，是無父也。無父無君是禽獸也」（《孟子・滕文公下》）。而《墨子》一書除了專章〈非儒〉之外，〈尚同〉、〈兼愛〉、〈節葬〉、〈天志〉、〈明鬼〉、〈非樂〉諸章都明白的表示反對儒者的立場。至於就藝術理論的論辯而言，主要的交集點在於有關音樂的倫理價值與社會功用上。荀子代表儒學的立場，以音樂的社會教化意義，駁斥了墨學的基於功利主義思考而反對音樂活動的立場。然而，吾人應先了然於心的是，無論誰是誰非，無論音樂應否被禁止或被提倡，所有的理由都不是以音樂的審美價值作為第一優先的考慮。也就是說，音樂活動在這場論戰當中，它並沒有得到自身獨立的評價，它的一切價值都依附在它是否有助於社會安定、民生樂利。

墨子非樂的基本立場是因為音樂不利於民生，而非關乎音樂本身的好壞：「是故子墨子之所以非樂，非以大鍾鳴鼓，琴瑟竽笙之聲，以為不樂也。……然上考之不中聖王之事，下度之不中萬民之利。是故子墨子曰：為樂非也。」（《墨子・非樂上》）接著墨子分別從音樂本身所帶來的消耗與不利因素，以及從音樂無所助益於國民生計等方面來非樂：

（一）樂器之鑄造耗費物資，又不如舟車之具有實利。

（二）演奏音樂浪費有效之生產力，且須付出額外物力供養樂師。

（三）聽音樂曠日費時影響工作效率，君子耽於音樂將不能蚤朝晏退，百姓耽於音樂將不能蚤出暮入。全國上下耽溺於音樂將召致亡國。

（四）民有三患：飢者不得食，寒者不得衣，勞者不得息。音樂無助於解決民生問題。

（五）音樂不能解決政治動盪（大國攻小國等）與社會不安（強劫弱等）。

另一方面，就儒家而言，禮樂是儒教的兩大支柱，若去其一則儒學面貌

不復可見。荀子基於此一儒學使命來強力反駁墨學的攻擊，他的理由可以由以下數點來看：

（一）心理上，音樂是人情所不能免的，只有不受節制的音樂才會產生不良影響。先王制雅頌之聲，其目的即在導引人心走向正道，感動人之善心。

（二）倫理上，音樂能促進各種人倫關係的和諧。君臣、父子、兄弟、鄉里之長少等關係，因為有了音樂為之調和就更為融洽。

（三）形而上地，音樂是「天下之大齊也，中和之紀也，人情之所必不免也」，也就是說，音樂是天地乾坤之調和原理。

（四）政治上，音樂是從政的必要因素，「樂者，先王之所以飾喜也，……是故喜而天下和之，……先王之道，禮樂正其盛者也。」

（五）教化上，音樂可以移風易俗：「樂者，聖人之所樂也，而可以善民心，其感人深，其移風易俗，故先王導之以禮樂而民和睦。」

（六）修養上，音樂可以用於修養人性道德：「樂者，樂也：君子樂得其道，小人樂得其欲。以道制欲，則樂而不亂；以欲忘道，則惑而不樂。故樂者，所以道樂也。金石絲竹所以道德也；樂行而民鄉方矣。」

（七）辯證上，禮樂二者相輔相成，都是天地之大理的表現：「樂也者，和之不可變者也；禮也者，理之不可易者也。樂合同，禮別異；禮樂之統，管乎人心矣。窮本極變，樂之情也；著誠去偽，禮之經也。」

由以上雙方的立論來看，墨子的非樂思想，很明顯的基於功利主義的出發點，但問音樂是否有經濟上的效益，而不知有音樂活動上的人文價值。相對照之下，荀子對於音樂抱持較為深刻的洞見，並且建立一套理論系統來支持音樂存在的必要性。但是，這一回合的論辯，論及音樂的外在效益的多於討論音樂的本質內含。就藝術與道德的這個主題而言，正反雙方的論點都暗含著音樂只是人性行為當中的附屬活動，這個活動的效果不能獨立自存。

第三節　道家美學的基本主張與對後世的影響

一、老子之美學思想

儒、墨、道、法可謂先秦思想四大學派，但是歷經漢代的思想統一之後，墨家的思想迅速地從思想史的舞臺上消失了，法家思想也隨著秦朝的覆

亡而隱遁起來，而在儒家一枝獨秀的局面下，只剩下道家思想得以繼續和儒家思想抗衡下去。墨家思想之反對儒家思想，只是表象地對一些儒家的價值標準提出功利主義式的批評，終究不夠深入也撼動不了儒學的根基。但是，道家思想之反對儒家思想則來得更為深入，老子提出「法自然」、「無為」、「有無相生」、「少私寡欲」等消極性、相對性的觀點來反對儒家的積極有為的淑世觀點，試圖打破儒家所建立的單一價值觀，藉以開拓人生的更寬廣的心靈上的自由空間。這種退一步則海闊天空的思想境界，至少使得中國人的心靈在積極有為的淑世生活中遭遇挫敗之後，還能有一個重新尋找人生意義的新方向。這種解放心靈桎梏的行動，尤其以老子對傳統標榜的倫理價值的批判最為凸顯：「大道廢，有仁義；智慧出，有大偽；六親不和，有孝慈；國家昏亂，有忠臣」（《老子‧十八章》）、「絕聖棄智，民利百倍；絕仁棄義，民復孝慈；絕巧棄利，盜賊無有。此三者以為文不足，故令有所屬，見素抱樸，少私寡欲」（《老子‧十九章》）。在老子看來，所有倫理標準的倡導都是虛文與矯情的，正本清源之道就只是「見素抱樸，少私寡欲」而已。老子的這些觀念，有助於恢復人類的自然本性，而不至於過度虛假，但是他的處理方式又不免有些反智主義的傾向。

老、莊思想是先秦時代另一個對中國美學基本觀念之建立，影響深遠的重要學派。它不只對於視覺藝術的發展影響深遠，在審美情操的建立和藝術創造的境界上，其對後世的影響，對比於儒家的美學觀絲毫不遜色。從審美的角度上來看老莊思想，特別是莊子的思想，整體就是充滿審美意識的體系。他們不只審美的觀照藝術作品，更是審美的觀照一切人生百態。

老、莊思想的根源來自「道」的觀念。它是「有物混成，先天地生。寂兮寥兮，獨立而不改，周行而不殆，可以為天下母。吾不知其名，強字之曰道，強名之曰大」（《老子‧二十五章》）。在老子的思想當中，唯有「道」是絕對永恆的，其餘的事物都是只有相對的價值。因此，人世間的一切美善以及感官上的愉悅，都是相對而不確定的。「天下皆知美之為美，斯惡矣；皆知善之為善，斯不善矣。」（《老子‧二章》）世間之美、善只有相對性的價值，如果所有人都去追逐同一個標準的美或善，其後果恐怕會適得其反。至於感官上的放縱，其結果也是讓人更加遠離正道，故曰：「五色令人目盲，五音令人耳聾，五味令人口爽，馳騁畋獵令人心發狂，難得之貨令人行妨。是以聖人為腹不為目，故去彼取此。」（《老子‧十二章》）

　　老子的美學思想強調「拙」、「樸」，這個思想和崇尚自然的基本觀念是相通的，而且反對過度的人為造作違反人類天性，所謂「大巧若拙」（《老子·四十五章》）。所以在藝術的創造上不以技巧取勝，反而致力於反璞歸真。而人生最接近自然的境界就是嬰孩的狀態，即所謂「專氣致柔，能嬰兒乎」（《老子·十章》）、「常德不離，復歸於嬰兒」（《老子·二十八章》）。而觀照「道」的最高境界，就是所謂的「滌除玄覽，能無疵乎」（《老子·十章》）。這是排除一切的主觀成見，保持內心的虛靜所獲得的境界。後世所謂的「澄懷觀道」（宗炳）、「氣韻生動」（謝赫）、「林泉之心」（郭熙）等美學命題都和老子的美學觀念有其密切的關係。

　　關於審美的態度，老子的思想反映出特立獨行，而且不媚俗的觀點：「天下皆知美之為美，斯惡已；皆知善之為善，斯不善已。故有無相生，難易相成，長短相較，高下相傾，音聲相和，前後相隨」（《老子·二章》）。在此種正反相對的原則下，所謂的美、醜，善、惡，都不是用一個絕對一元的價值標準所能完全決定的，因為老子認為世界的構成原理不只是「有」的原理，還有「無」的原理，「有無相生」的辯證發展，才構成完整的世界。這樣的思考模式應用到審美與倫理的價值判斷上，原來眾人所習以為常的判斷標準頓時也就不再是牢不可破的金科玉律了。但是舊的標準雖然被解構了，可是並不就表示再也毫無標準可言，只是定標準的方法變了。要重新尋找新的價值判斷的出發點，為老子而言就是「少私寡欲」，換言之，就是儘量減少欲望，不使它縱欲無度。所以老子言：「五色令人目盲；五音令人耳聾；五味令人口爽；馳騁畋獵，令人心發狂；難得之貨，令人行妨。是以聖人為腹不為目，故去彼取此」（《老子·十二章》）。吾人可以說，老子首先破除的是現象世界的迷障。現象世界的相對性、感官功能性，只會使人心在生活當中更加迷亂，價值取向更加扭曲。那麼，在如此批判之下，老子的較為積極性的價值標準勢必要朝向超越現象世界的層次提升。然而被用來說明這個超越層次的語詞，仍然是屬於原來說明現象世界的語言系統，所以即使老子有意提出一個積極而有建設性的價值標準，這樣的觀念在表達的時候卻仍然是以否定式的命題形態來呈現。例如：「大音希聲，大象無形」（《老子·四十一章》）、「大巧若拙，大辯若訥」（《老子·四十五章》）、「信言不美，美言不信」（《老子·四十五章》）。

　　從以上的討論中，我們可以看出老子不願意過度強調正面的倫理價值，也不支持縱情聲色的感性主義。至於偉大的聲音、形象、技巧、言詞，並不在於它的自我顯揚，而是在於平實的境界裡無聲無息的存在著。而倫理價值和審美價值之間並不存在著從屬關係，所以「信言不美，美言不信」。藝術與道德之間，彼此互不相涉。如果我們要找出這兩個範疇之共同的溝通點的話，那麼應該就在於精神境界的自由裡。

　　道家美學的另一重要的觀念來自莊子的思想。莊子美學的基本特徵在於：力求消除人的異化，達到個體的自由和無限；對於生活採取超越利害得失的態度；追求「萬物與我為一」的自由境界。

二、莊子之美學思想

　　莊子的「美」的觀念，認為美在於「無為」，所謂「天地有大美而不言」（《莊子‧知北遊》）；對於這種無限之美的追求則表現在他的「北冥有魚，其名為鯤。鯤之大，不知其幾千里也。化而為鳥，其名為鵬。鵬之背，不知其幾千里也」（《莊子‧逍遙遊》）。莊子以鯤和鵬來比喻巨大所顯示的美。另一方面，莊子也首度提到「醜」作為審美對象的意義。在《莊子‧人間世》、《莊子‧德充符》兩篇之中出現許多外表殘缺的人，但是卻得到當時許多人的喜愛，說明美醜有更甚於感覺表象的標準。此外，莊子也指出美的相對性，如：「毛嬙、麗姬，人之所美也，魚見之深入，鳥見之高飛，麋鹿見之決驟。四者孰知天下之正色哉？」（《莊子‧齊物論》）莊子藉著美人和各種動物對於美的不同觀點來顯示一般人的美的標準是沒有絕對性。

　　在有關審美的心理特徵上，莊子提出「心齋」、「坐忘」的觀念。這兩組觀念其實在精神上都是一致的，都是在於強調超越理智觀念的知解，而尋求一種精神性的特殊境界而接觸到真實。所謂「坐忘」即「墮肢體，黜聰明，離形去知，同於大通，之謂坐忘」（《莊子‧大宗師》）。意即超脫感性與理性，放棄具體形象與抽象概念，追求一未有分別之前的「大通」。在解釋「心齋」的觀念時，莊子指出要透過「氣」的觀念來追求這個「大通」：「聽止於耳，心止於符。氣也者，虛而待物者也。唯道集虛。虛者，心齋也」（《莊子‧人間世》）。所謂「心齋」也就是心的齋戒，因為我們的心中在沒有澄清之前是充塞自我的成見，這些成見有來自感官知覺的，也有來自思想概念的，它們的特徵就是以自我為中心，這也是一般知識的特徵。這

種知識無法體會自我之外的世界，因此無法對自然本體有所真確的體悟。為了超越這種尋常知識的界線，必須另闢蹊徑才能獲致真理，因此莊子提出「氣」的觀念，這個「氣」不是作為一種物質或對象，而是一種境界，它所包含的特徵就是「虛」，這個「虛」就如同「三十輻共一轂，當其無有車之用。埏埴以為器，當其無有器之用。鑿戶牖以為室，當其無有室之用。故有之以為利，無之以為用」（《老子・十一章》）中的「無」。「虛」或「無」都是為了讓心靈能獲致內外通達的狀態，而不是心靈封閉，閉門造車的主觀思維。一旦心靈能內外通達，對於這種境界的描寫就是「萬物與我為一」或「與天和者，謂之天樂」（《老子・天道》）。

　　在有關於藝術的特徵，莊子強調「言」與「意」的連貫性以及分別：「言者所以在意，得意而忘言。」（《莊子・外物》）「言」可以指自然語言，或任何藝術表現所使用的藝術語言，但是這些語言都只是一個工具而已，它們的目的是表達意義。一旦意義把握住，遺忘語言也是不必在乎的。莊子的這個觀念後來影響了王弼，王弼繼承「言」、「意」之辨的精神，提出了「得意忘象」的命題，可說是進一步的發揮。至於藝術創造的特徵上，莊子特別指出「技」與「道」的分辨，這些觀念分別表現在「庖丁解牛」（《莊子・養生主》）、「梓慶削木為鐻」（《莊子・達生》）、「宋元君將畫圖」（《莊子・田子方》）等故事上。這其中尤以「庖丁解牛」的故事最為突出，庖丁肢解待宰殺的牛隻，他的境界已經超越單純技術的層次，即所謂「技進於道」的境界。他的超越技術而表現為藝術的境界就在於所謂「以神遇而不以目視，官知止而神欲行。」這時候的行動的判準不在於感官知覺，而在於精神上的心領神會。在「梓慶削木為鐻」的故事中，梓慶是一名工匠，他做的鐘架被譽為鬼斧神工，但是他的成功不在於技術高超，而在於他能齋戒淨心，心無雜念，不思想作品完成後將獲得如何的獎賞，不去思考技術工巧，忘記自己的四體形骸，然後作品就渾然天成。在「宋元君將畫圖」的故事中，宋元君要召集府內能畫畫者來為他畫畫，多數畫師都是必恭必敬地等候差遣，唯有最後到的畫師不急不徐直接到畫室，準備好開始畫畫的準備動作，不管面對有權位者的禮節，這位畫師反被宋元君視為真正的畫師。這其中的道理就在於他能專心集中於所將從事的繪畫動作，而不管外在的利害關係。所以這是真正進入藝術境界的人。

第四節　小結

本章在開始的〈導言〉部分，首先對於中國美學思想的歷史發展作一概說。我們將歷代的發展概分為：一、遠古時期至先秦時期；二、秦、漢時期至魏晉南北朝；三、隋、唐時期；四、宋、元、明、清時期；五、當代。這五個時期各有不同的美學命題的提出。

在第一時期，遠古時期至先秦時期，儒家思想和道家思想的開創，對於後代美學思想的發展具有重要的影響。儒家思想特重藝術與倫理的關係，可從其禮樂並稱看出。道家思想則超邁脫俗，指引了藝術發展朝向精神自由的方向。

在第二時期，秦、漢時期至魏晉南北朝，藝術活動開始朝向精緻化發展，文學、書法、繪畫等方面皆開始蓬勃發展，再加上外在環境的動盪使得藝術思想與玄學思想相結合。

在第三時期，隋、唐時期，由於民族的融合，以及佛教、道教的興盛，藝術活動上也是呈現蓬勃發展的盛況。各種藝術的發展都到了空前未有的成熟階段，無論是文學、詩歌、音樂、舞蹈、戲曲、繪畫、書法、陶瓷等等，都奠定了無與倫比的超高成就。而其背後的審美思想，一方面繼承前朝的既有基礎，另一方面又加添了外來民族的文化元素，以及佛、道思想，形成一個絢爛的時代。

在第四時期，宋、元、明、清時期，美學的思想以及藝術活動都從外向的奔放，朝向內向的退省與凝練。主體意識的部分開始被強調，在思想方面更趨於成熟內斂。在各種藝術活動上，除了繼續發展原有的種類之外，更突出地發展出小說藝術、戲劇藝術以及園林藝術，使這個時代別具風格。

在第五時期，當代，這個時期由於西學東漸，有代表性的美學思想家都融入了西方美學思想觀念。中西美學思想開始朝向融會貫通的趨勢發展。美育也成為教育的重要一環。

本章第一節，中國美學思想的特色，我們首先提出精神性、整體性、裝飾性和原始性四個特徵來說明中國藝術活動的特色。其次，我們提出中國美學思想的六項特色：一、高度強調美與善的統一；二、強調情與理的統一；三、強調認知與直覺的統一；四、強調人與自然的統一；五、富於古代的人

道主義精神；六、審美境界為人生最高境界。透過這一節內容的介紹，讓我們對於中國藝術發展與審美思想的特徵有一個綱要性的認識。

本章第二節，儒家美學的基本主張與對後世的影響，我們著重在儒家禮樂並重的觀念。原始儒家的美學思想可以說是以「樂教」為主軸的理論，所以孔子對於音樂的思想談論頗多。這個時代由於儒、墨並稱顯學，再加上墨家思想對於樂教多所質疑，所以荀子出來提出〈樂論〉為儒家樂教思想辯護，並駁斥墨家非樂思想，成為十分重要的行動。儒家音樂美學思想的重要成就，在於把原始「氏族社會的圖騰歌舞、巫術禮儀轉化為自覺人性和心理本體的建設，這是儒家創始人孔子的哲學—美學最深刻和最重要的特點。」[14]儒家思想原本源自禮儀的襄贊，而後經過孔子的人文化，讓所有的禮樂儀式成為和人文精神相結合的展現，賦予繁文縟節的禮儀典禮和真實的生命脈動相結合。音樂和各種藝術的活動，也在這種氛圍下，使得感性的、藝能性的活動，銜接上理性的、精神性的觀念，讓藝術與美學奠定了哲學基礎。

本章第三節，道家美學的基本主張與對後世的影響，介紹了老莊美學思想。如果從藝術哲學精神的向度來看老莊思想，我們可以說整個老莊思想就是一個美學思想。最主要的理由在於這一派的思想強調追求精神上的自由，重視直覺的體證勝於概念的邏輯推理，超乎名利與世俗的僵化規矩，提出令人意想不到的創造性觀念，這些特質都是藝術創造所需要的特質，而以這些觀念作為藝術創造的精神指標，就是一套很有特色的美學理論。

天人合一思想，在儒家與道家思想中皆有強調。在儒家思想中，「天人合德」透過《易經》思想的發展，以及原始儒家的諸賢哲的強調，成為昇華原始宗教信仰中的禮樂和美術活動的核心觀念。透過藝術創作和審美活動，使人們從單純的感性活動提升到能和天道相結合的境界。但是在道家思想中，特別是莊子的思想中，「天人合一」又更進一步超越之，強調完全泯除物、我、主、客的分別，進入物我兩忘，或「物化」的境界，進入一種純意識的狀態，[15]只有審美境界能比擬。真正超越一切世俗功利，超越非審美目的，純然只有審美的境界。

---

14 參閱李澤厚著《華夏美學》，桂林：廣西師範大學出版社，2001 年，頁 71。
15 參閱李澤厚著《華夏美學》，桂林：廣西師範大學出版社，2001 年，頁 99、112。

自我評量

1. 請整理出中國歷代各個時期主要的美學命題，並加以簡述要旨。
2. 請說明中國美學和西方美學對比之下，有哪些特性可以提出來作為對照？
3. 請說明中國美學的特色。
4. 請說明傳統儒家的美學思想有什麼特色。
5. 請就荀子和墨子對於音樂的態度進行分析，提出你的意見。
6. 請說明老子的美學思想有什麼特色。
7. 請說明莊子的美學思想有什麼特色。

第十二章
中國美學思想的主要命題（下）：
藝術精神的表現

本章主要介紹兩位魏晉時期極為重要的藝術家與美學理論家，顧愷之與謝赫，其次介紹北宋時期著名的山水畫家和美學理論家郭熙。前兩位都是當時盛名一時的人物畫家，而且他們都各自提出了繪畫美學上極具影響力的美學命題。顧愷之提出「傳神寫照」，謝赫提出「氣韻生動」。這兩個命題，都和當時的哲學脈絡相結合，一個結合了佛教思想衍生的「形神論」，一個繼承了先秦以來的「氣」論思想以及魏晉時期品藻人物的風氣。這兩個命題原來都只是針對人物畫上的需要而提出的指導原則，但是隨著他們在繪畫理論上的影響力與日俱增，逐漸擴散至對山水畫的影響，最後全面性地影響後來的中國藝術創作與審美原理。

郭熙的「身即山川而取之」的美學命題，以及強調「林泉之心」的審美觀照，對於後來的山水畫也產生了極為重要的影響。「身即山川而取之」的命題強調了實景寫生的重要性，不同於清代時期淪落於按照畫譜描摹，不重寫生的弊病。「林泉之心」的提出，標誌著在美學理論上的一個嶄新的審美觀念，完全不假借自固有的哲學觀念，彰顯出美學研究的圓熟，已能創造一個完全基於美學思想的要求而產生的美學觀念。當然，這個觀念仍然和儒道思想有著內在的關聯性。

第一節　顧愷之與「傳神寫照」的美學命題

顧愷之是中國繪畫史上赫赫有名的畫家，也是中國美學史上極具分量的美學理論家。由於顧愷之的生平距今已有一千六百多年，有關於顧氏生平事

蹟的資料散見各種古籍，[1]其中最為一般研究者所引用的資料源自唐代張彥
遠的《歷代名畫記》中的記載。

　　顧愷之的出身是典型的名門閥閱之家，他的父親顧悅之，官至尚書右
丞。祖父顧毗官至光祿卿。曾祖父也曾在吳晉朝廷任官。所以顧愷之在這樣
的官宦之家長成，因此自幼聰穎有才氣，博覽群書，擅長文學，工詩賦，多
藝能，美書法，尤妙繪畫。至於「人稱愷之三絕：畫絕、才絕、痴絕。」所
謂「畫絕」是指他在繪畫上的精妙。所謂「才絕」是指他的才氣縱橫，在文
學與藝能方面多才多藝。所謂「痴絕」是指他的慧點與好矜誇、工諧謔而說的。

　　哀帝興寧二年（363），顧愷之於建康（今南京）瓦棺寺畫「維摩詰居士
論法」壁畫。當初，正值瓦棺寺落成，寺中僧眾邀請士大夫布施贊助，但沒
有超過十萬錢的。年輕的顧愷之大筆一揮就是布施百萬錢，寺僧以為他寫錯
要求更正。但是顧愷之要求寺方空出一面牆壁讓他作畫，於是他在寺中以一
個多月的時間完成「維摩詰居士論法」的壁畫，要開光點睛之前，他告訴寺
僧：第一日參觀的信眾要布施十萬錢，第二日參觀的信眾要布施五萬錢，第
三日參觀者則隨緣布施。像成後光照一寺，布施者踴躍，很快就籌得百萬
錢，[2]名滿建康。

　　顧愷之的有關繪畫的言談，出現於《世說新語・巧藝》[3]的如下引：

> 顧長康畫裴叔則，頰上益三毛。人問其故。顧曰：裴楷儁朗有識具，正此是其識
> 具。看畫者尋之，定覺益三毛如有神明，殊勝未安時。
> 顧長康好寫起人形，欲圖殷荊州。殷曰：我形惡，不煩耳。顧曰：明府正為眼
> 爾！但明點童子，飛白拂其上，使如輕雲之蔽日。
> 顧長康畫謝又輿在巖石裡。人問其所以。顧曰：謝云：一丘一壑，自謂過之。此
> 子宜置丘壑中。

1　古籍流傳下來有關顧愷之的記載不算豐富，但是仍有許多可資憑藉的資料，如：劉義慶《世說新
　語》、檀道鸞《續晉陽秋》、丘淵之《文章錄》、許嵩《建康實錄》以及《晉史・中興書》等。其
　次就是輯錄於《晉書・文苑傳》的〈顧愷之本傳〉。在畫史方面有張彥遠的《歷代名畫記》、
　《宣和畫譜》。《文藝類聚》記載有〈顧愷之家傳〉，《隋書》記載有《顧愷之文集》七卷，惜
　均已失傳。參閱潘天壽〈顧愷之〉，收於潘天壽等著，《歷代畫家評傳・唐前》，香港：中華書
　局香港分局，1979 年、1986 年（重印），頁 1。
2　此典故見於張彥遠撰，《歷代名畫記》，卷五，頁 174-175。又據潘天壽〈顧愷之〉，頁 8，以為
　最初見於《京師寺記》。
3　參閱南朝・劉義慶撰，梁・劉孝標注《世說新語》，下冊，臺北：世界書局，1974 年，頁 449-450。

顧長康畫人，或數年不點目精。人問其故。顧曰：四體妍蚩，本無關於妙處，傳神寫照，正在阿堵中。

顧長康道畫：手揮五弦易，目送歸鴻難。

在唐代張彥遠撰的《歷代名畫記》裡，關於顧愷之《畫論》的引述有以下段落：

凡畫，人最難，次山水，次狗馬；臺榭一定器耳，難成而易好，不待遷想妙得也。此以巧歷不能差其品也。（《歷代名畫記》，卷五）

人有長短，今既定遠近以矚其對，則不可改易闊促，錯置高下也。凡生人亡有手揖眼視而前亡所對者，以形寫神而空其實對，荃生之用乖，傳神之趨失矣。空其實對則大失，對而不正則小失，不可不察也。一象之明昧，不若悟對之通神也。

（《歷代名畫記》，卷五）

根據以上所引各段文字，我們可以對顧愷之的繪畫美學思想勾勒出一個大概的模樣。「顧長康畫裴叔則，頰上益三毛」這一段典故記載顧愷之描繪裴楷的肖像，在畫成之後，又在他的臉頰上加上三毛。根據《晉書》的記載，裴楷「明悟有識量」，「時人謂之玉人」（《晉書》，卷三十五）。《世說新語·賞譽》也說：「見裴令公精明朗然，寵蓋人上，非凡識也。」也就是「儁朗有識具。」的意思。顧愷之在他的臉頰上加三毛，意在藉此來強調裴楷的人物特徵。

「顧長康好寫起人形，欲圖殷荊州」這段典故記載顧愷之在荊州刺史殷仲堪麾下擔任參軍的時候，想為殷仲堪繪製肖像的過程。據《晉書》的記載，殷仲堪「能清言，善屬文，每云三日不讀《道德論》便覺舌本間強。其談理與韓康伯齊名，士咸愛慕之」、「少奉天師道，又精心事神」（《晉書》，卷八十四），所以算得上是東晉時期的一個重要人物。殷仲堪據傳因為煎藥侍母，不慎燙傷眼睛，而瞎一目。殷仲堪對於自己少一目的容貌相當在意，所以有一次顧愷之、桓玄和殷仲堪的文會結束前「共作了語」，殷仲堪云：「百歲老翁攀枯枝。」這時有一位參軍插嘴道：「盲人騎瞎馬臨深池。」殷仲堪驚呼：「此太逼人！」（《晉書》，卷九十二），於是大家興止作罷。為了使殷仲堪克服心理障礙，另一方面也正好凸顯顧愷之的繪畫技法，所以顧愷之以「但明點童子，飛白拂其上，使如輕雲之蔽日」這一說辭來說服殷仲堪。如此一來，終獲殷仲堪欣然接受。這個處理方式，同時顧及繪畫寫實的要求，也能將對象予以美化。

　　「顧長康畫謝又輿在巖石裡」這一段記載顧愷之描繪謝鯤的想法，源自《晉書・謝鯤傳》的記載。晉明帝問謝鯤，和庾亮相比，自己評價如何，謝鯤回答：「端委廟堂，使百僚準則，鯤不如亮。一丘一壑，自謂過之。」意即謝鯤自認在朝廷上處理政務比不上庾亮，但是在深山幽谷中陶冶性情則超過庾亮。所以顧愷之抓住謝鯤的這一性格上的特徵，把他畫在巖石之中，藉以表彰他的志趣高邁。

　　「顧長康畫人，或數年不點目精」這一段記載顧愷之認為人體的四肢美醜，本來就不牽涉到精妙處，畫像要傳神，正在這東西裡面。所謂「阿堵」是當時的口語，意即「這個」的意思。顧愷之對於畫人像的眼睛非常在乎，他曾云：「若長短、剛軟、深淺、廣狹與點睛之節，上下、大小、醲薄有一毫小失，則神氣與之俱變矣。」（《歷代名畫記》，卷五）因此之故，顧愷之畫人數年不點眼睛，深怕對於對象的把握還不到精熟的時候，絲毫的閃失將使全幅畫的成敗功虧一簣。

　　「手揮五弦，目送歸鴻」本為嵇康四言詩，源自嵇康〈贈秀才入軍〉第十四首裡的詩句。所以張彥遠記載「重嵇康四言詩，畫為圖。常云：手揮五弦易，目送歸鴻難」（《歷代名畫記》，卷五）。這段說明顧愷之認為，繪畫功夫在描繪動作與描繪眼神相比，描繪眼神更加困難。這個論點和前面的「傳神寫照正在阿堵中」，以及接下來的「實對」之說都是集中在對眼神的纖毫不失的掌握之中。

　　在關於「遷想妙得」這一段文字中，顧愷之把繪畫對象的難易程度分成四種不同的等級：人、山水、狗馬、臺榭。而難易程度的標準在於實踐「遷想妙得」這一命題的程度，故準此而言，畫人物因為最需要運用到「遷想妙得」這一功夫，所以最難畫得成功。這一排列順序已經和源自韓非子的論畫之說不同了。在《韓非子・外儲說左上》云：「客有為齊王畫者。齊王問曰：『畫孰最難者？』曰：『犬馬最難。』『孰最易者？』曰：『鬼魅最易。夫犬馬、人所知也，旦暮罄於前，不可類之，故難。鬼魅、無形者，不罄於前，故易之也。』」從韓非子的觀點來看，繪畫的難易標準在於有無寫實，愈是日常熟知的對象，對於細節的把握愈是困難，因為所有觀賞者都非常熟悉的對象，其細節稍有疏忽就會被看出破綻來。但是就顧愷之的觀點來看，他早已超越了具象寫實的層次，人物畫的困難不再僅只是外形的描摹而已，而是要把看不見的精神氣質也畫出來，這才困難。所以顧愷之提出「遷想妙

得」這一命題，其重點在於指出「審美想像」，透過「遷想」這個想像力的發揮來完成一個超越形象的審美經驗，即所謂的「妙得」。

　　顧愷之的許多特出的繪畫軼事也都被認為是體現「遷想妙得」的實例。例如畫裴楷「頰上益三毛」，顯示顧愷之作畫不只是以寫實為上，而且他會根據吾人對人物性格的理想要求，而增添新的元素於作品之上。這個新元素不是描寫對象的表象所固有的，但是這個新增的元素卻有助於凸顯那看不見的抽象元素。這一點類似於亞里斯多德美學所主張的對於模仿的對象，所要再現的不是他實然的樣子，而是應然的樣子。這個應然的樣子代表模仿對象的本質或理想。而顧愷之的「益三毛」也是在於強調人物之理想性格。其次，顧愷之「畫謝又輿在巖石中」，是藉助於繪畫作品的外在環境（或西洋繪畫理論所謂的「場域」），來增強主題人物的性個。又，畫殷仲勘「明點童子，飛白拂其上」的處理方式。這三個例子都表現出，顧愷之在繪畫作品上，所要傳達的絕不是如照相機般的寫實，而是帶有精神性理想色彩的表現。為了表現這些在現象界看不到的抽象元素，就不能只是描寫感官所直接感覺到的元素，因此運用畫家的想像力，激起觀賞者的聯想，達到「以形寫神」的最高境界，於是「遷想妙得」成為必要的手段或過程。

　　在「以形寫神」的這一段文字中，顧愷之要說明的意思是：凡是活人，不會有拱手作揖而眼睛不看對象的，以形貌表現人的精神，而使畫面上的人物沒有注視對象，會背離捕捉人物精神的要求，傳神的目的就達不到。空其注視對象是大失誤，注視著對象而視線不正是小失誤，不應該不明白。與「悟對」比較，一幅畫像色彩的明暗並不很重要，最重要的是透過「悟對」使其傳神。

　　為了清楚表示顧愷之繪畫理論的特色，吾人試著將其繪畫理論圖示如下頁圖一：

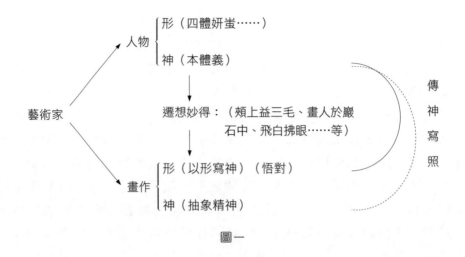

圖一

　　根據以上討論的結果，吾人可以說顧愷之的繪畫理論是一個以創作為主的美學理論。一個藝術家在面對所畫人物的時候，他的最高藝術目標就是要達到「傳神寫照」的境界。但是在透過畫作以對人物進行審美觀照的過程中，首先應分析被描寫人物的形神結構與畫作的形神結構，這一部分也是各家學派爭論的焦點所在。就人物的形神結構而言，無論中國本土的形神思想或引進佛學的形神思想，到最接近顧愷之的時代，已經發展出以「神」為主而「形」為次的觀點。所以顧愷之會說出「四體妍蚩，本無關於妙處」的斷定。而就真實人物的「神」而言，應是一個具有本體意義的實體。至於分析畫作的形神結構，一位畫家在其畫作當中所能實際運作的是對形體或形象的描繪，但是對於畫家的要求卻又希望能表現出具體筆墨所描繪不到的部分，所以顧愷之說到「凡畫，人最難……」，畫人物之難不在於人物的有形線條的把握上，而在於如何「以形寫神」。顧愷之認為「以形寫神」的第一要務就是要「悟對」，也就是眼神要「實對」，而且要「對正」，這是技法上的基本要求。再進一步要透過「形」來把握「神」，這個要求已經超越技術的層次，所以顧愷之提出「遷想妙得」這個說法。「遷想妙得」是依賴藝術家創作的靈感，毫無章法可言，只能因任所描繪對象的特質去發揮想像力，所以就有「頰上益三毛」、「畫人於巖石中」、「飛白拂眼」等技法。這些技法仍然是有形的表現，但是真正要表現的品質卻是看不見的抽象品質，如俊朗、縱情山水……等等。所以畫作所表現的「神」就是這些看不見的抽象精神。能夠表現出這些看不見的抽象精神，就可以說達到了「傳神寫照」的境

界了。其實「傳神寫照」仍有一個背後的意涵，那就是「傳神」，也就是說要把人物的「神」傳到畫作的「神」上去。最直接的途徑就是「以神寫神」或「以神傳神」，但是這種傳遞是沒有實相的，已經超脫繪畫所能做的範圍。所以回歸繪畫的本質，仍須「以形寫神」才能落實畫家對「神」的把握。又，由於「形」、「神」本是兩個不同的範疇，所以要達到透過「形」傳達「神」的境界，就需要畫家的「遷想妙得」的功夫。「遷想」是一種對創作的想像力的表現，「妙得」之「妙」在於它能跨越形體的限制而傳「神」。

第二節　謝赫與「氣韻生動」的美學命題

在中國繪畫史上，南齊謝赫主張的「氣韻生動」命題是影響千百年來中國繪畫思想的重要論述，這個命題源自謝赫所著的《古畫品錄·序》：[4]

> 夫畫品者，蓋眾畫之優劣也。圖繪者，莫不明勸戒，著升沉，千載寂寥，披圖可鑑。雖畫有六法，罕能盡該，而自古及今，各善一節。六法者何？一氣韻生動是也，二骨法用筆是也，三應物象形是也，四隨類賦彩是也，五經營位置是也，六傳移模寫是也。唯陸探微、衛協備該之矣。然跡有巧拙，藝無古今，謹依遠近，隨其品第，裁成序引。故此所述，不廣其源，但傳出自神仙，莫之聞見也。南齊謝赫撰。

謝赫在這部著作中提出「六法」，即一、氣韻生動；二、骨法用筆；三、應物象形；四、隨類賦彩；五、經營位置；六、傳移模寫。這六法的提出是為了作為品鑑人物畫為主的畫作的標準。謝赫在他的《古畫品錄》中藉這六法品鑑了古代二十七位畫家，共分成六品。當中除了「氣韻生動」是以精神境界為張本之外，其餘的五法都是涉及繪畫技術的原則。由於這「氣韻生動」的命題提出來其影響實在太大了，後來也成為人物畫之外的繪畫題材的共同原則，特別是對山水畫的影響。這六法的原則到了五代影響了荊浩《筆法記》所提的六要：「夫畫有六要：一曰氣，二曰韻，三曰思，四曰景，五

4　謝赫著《古畫品錄》（約成於公元490年前後）。見俞崑編著《中國畫論類編》，臺北：華正書局，1977年，頁355。

曰筆，六曰墨。」俞崑謂：[5]

> 六法為人物畫說法，六要為山水畫說法。由於水墨山水畫之興盛，故加入六法中
> 所缺乏之「墨」，而又將「應物象形」、「隨類賦彩」歸納為「景」，將「經營
> 位置」歸納為「思」，由於山水畫注重寫生故去掉「傳模移寫」。今將六法與六
> 要之關係比較於下：

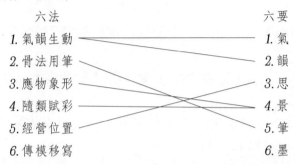

六法	六要
1. 氣韻生動	1. 氣
2. 骨法用筆	2. 韻
3. 應物象形	3. 思
4. 隨類賦彩	4. 景
5. 經營位置	5. 筆
6. 傳模移寫	6. 墨

　　謝赫在提出「氣韻生動」之後，在現存的文獻中並沒有進一步解釋其內
涵的說明，這導致後世對於「氣韻生動」的解釋聚訟紛紜。

　　氣韻生動列為六法當中的首位，究竟氣韻生動只是六法之一法，與其他
五法齊一對待，或是以一法御五法，而為其他五法之樞紐？明代汪珂玉云：
「骨法用筆，非氣韻不靈；感物象形，非氣韻不宣；隨類賦彩，非氣韻不
妙；經營位置，非氣韻不真；傳移模寫，非氣韻不化。」[6]汪珂玉的說法大
致可信，謝赫的六法從來沒有人對於各法一視同仁，平等對待。氣韻生動位
居六法之首，意謂著以此原則作為品評畫作的最高指導原則，本文前引謝赫
評諸家畫作，也以氣韻或神韻作為批評的標準，即可佐證「氣韻生動」在六
法中的至高地位。今人周慶漢認為：「將『氣韻生動』列為首要一法，他綜
合了其他五法的標線特姿，認為『氣韻生動』是其他各要素的複合，是貫於
一切表現技法中的生命線，是作品動情說理與觀者精神共鳴的力量所在。」
概要言之，氣韻生動是六法的統一原則，其他五法皆是展現氣韻生動的技術
性手段。

5　俞崑著《中國畫論類編》，臺北：華正書局，1974 年，頁 611-612。
6　汪珂玉《跋畫》。見周慶漢著〈『氣韻生動』的審美特性及時代演變〉，收入《齊魯藝苑》，第
　　2 期，2000 年，頁 21-24。

　　謝赫「氣韻生動」這一美學命題，千餘年來受到中國繪畫藝術與各種審美理論的高度重視。起初，謝赫提出這一命題，只是就人物畫的要求而將它標舉為「六法」之首，隨後因為唐代以來繪畫界的重心由人物畫轉向山水畫，因此五代荊浩《筆法記》提出「六要」，將「氣」、「韻」分別列入畫山水畫的原則。「氣韻生動」這一原則隨著時代的演變，由作為人物畫的指導原則，轉變成山水畫的指導原則，繼而擴及其他種類的藝術，蔚為風尚。

　　「氣」字與「韻」字，在謝赫之前都是已經存在的哲學與文學觀念，但是把這兩個字挽合在一起，鑄造出「氣韻」這個新詞，謝赫可算是史上的第一人。氣的思想早在先秦時期，甚至更早的上古時代就已經存在著，關於它的演變應另撰專文予以整理其發展歷程。而「韻」字稍晚被使用，但是魏晉時期「風度」、「雅韻」、「神韻」之詞已是屢見不鮮了。

　　今人對謝赫提出「氣韻生動」，多半同意這是由魏晉時期「品藻人物」的遺緒所歸結出來。徐復觀認為這是「由人倫鑑識轉向繪畫」[7]的結果。這種論調在郭若虛「人品既已高矣，氣韻不得不高」[8]的主張，就看到了古代的印證。

　　當代對於「氣韻」二字，多傾向「氣」、「韻」二字應分別探究，然後再加以綜合。但是當代的研究對於「氣」字，究竟應否與漢代思想的宇宙觀直接關聯，或是猶如曹丕所謂的「文以氣為主」的「文氣」來理解，正存在著兩種不同立場的爭議。

　　「氣韻生動」這一命題，自謝赫提出以來，由於謝赫現存的文獻看不出他本人的進一步詮釋，所以各種解說紛然雜陳。但是由於這一命題已經經歷超過一千五百年的時光，最初的本意已經不可尋，而新的詮釋不斷地加入。謝赫的原始本意如何已經不是很重要，反而我們在這個命題當中能看出對於當代的審美境界能有多少貢獻才是真正重要的。否則更多的故紙堆中的解釋，只能當成雕蟲小技般的玩弄而已。「氣韻生動」這個命題在這個時代的研究顯示一個值得注意的特色，就是當代的研究者多為文史哲方面的學者，比起古代多為畫論家的研究，更能看出這個命題和哲學思想的密切關聯性。「氣韻生動」這個命題在現代來講，至少可以從藝術創作本身、藝術創作

7　參閱徐復觀著《中國藝術精神》，第三章，第四節。臺北：臺灣學生書局，1984 年，頁 157-159。
8　參閱郭若虛《圖畫見聞誌・敘論》。

者、藝術作品的存在層面、鑑賞者的心理層面來多方研究，這些是我們可以從這個命題來繼續發展出來的思考方向。

第三節　身即山川而取之：山水畫的境界

　　北宋時期著名的山水畫家和繪畫美學理論家——郭熙，於神宗熙寧年間（1068-1077）為圖畫院藝學，後任翰林待詔直長。郭熙和兒子郭思把其繪畫美學思想纂輯成《林泉高致》，這部作品在中國繪畫美學史上占有相當重要的地位。《四庫全書總目提要》謂：「今案書凡六篇，曰山水訓，曰畫意，曰畫訣，曰畫題，曰畫格拾遺，曰畫記……自山水訓至畫題四篇，皆熙之詞，而思為之註。惟畫格拾遺一篇，記熙生平真蹟；畫記一篇，述熙在神宗時寵遇之事，則當為思所論撰，而併為一編者也。」這部著作的整體思想可以凝鍊成書中「身即山川而取之」這一命題，以及運用「林泉之心」的觀照山川。郭熙的美學思想可以歸結如頁293的圖二所示。

一、客觀山水的景觀呈現

　　對於客觀的山水，郭熙認為：

> 嵩山多好溪，華山多好峰，衡山多好別岫，常山多好列岫，泰山多好主峰，天台、武夷、廬、霍、雁蕩、岷峨、巫峽、天壇、王屋、林慮、武當皆天下名山巨鎮，天地寶藏所出，仙聖窟宅所隱，奇崛神秀，莫可窮其要妙。（《林泉高致‧山水訓》）

　　這段文字指出客觀的山水，具有許多各自的特色，這是一個客觀的事實存在，是天下共認的「名山巨鎮」。但是這個共同的客觀世界，也是多元而不可窮盡其千姿百態，所以說「奇崛神秀，莫可窮其要妙」。

　　無論是一般的山水景色的觀賞者或者捕捉山光水色的畫家，都是必須先和這個客觀的山光水影有一個具體的感覺經驗，這個經驗就表現在：

> 山，近看如此，遠數里看又如此，遠十數里看又如此，每遠每異，所謂山形步移也。山，正而如此，側而又如此，背而又如此，每看每異，所謂山形面面看也。如此，是一山而兼數十百山之形狀，可得不悉乎？山，春夏看如此，秋冬看

又如此，所謂四時之景不同也。山，朝看如此，暮看又如此，陰晴看又如此，所謂朝暮之變態不同也。如此，是一山而兼數十百山之意態，可得不究乎？（《林泉高致・山水訓》）

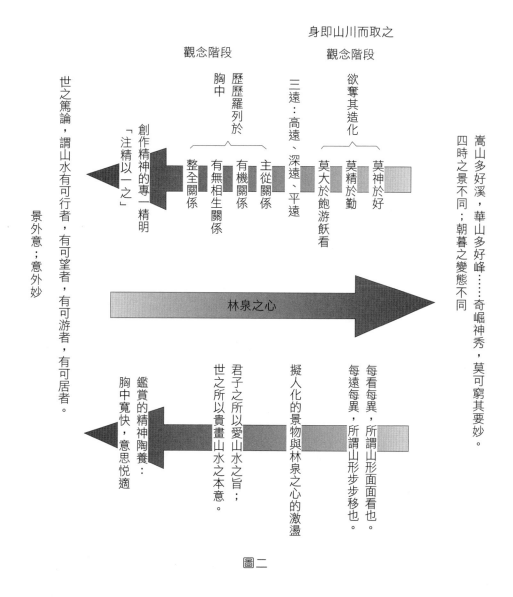

圖二

在這個具體感覺經驗中，郭熙細膩地提出各種感官經驗的可能。從空間的變化來看，首先就遠近距離來看山，則不同的距離產生不同的視覺意象，所以「每遠每異」，「山形步步移」。從不同的視覺角度來看山，則又產生

不同的視覺意象，所以「每看每異」，「山形面面看」。綜合以上兩點則得出「一山而兼數十百山之形狀」的結果。其次，從時間的變化來看，首先就大時間間隔的季節變化來看山，則不同的季節看出不同的景觀，所以說「四時之景不同也」。其次，就一日中的清晨與黃昏，或晴時與雨時，看出不同的山景，所以說「朝暮之變態不同也」。綜合以上兩點來看，則得出「一山而兼數十百山之意態」。所以在空間與時間的變化之下，同一座山可以在空間的向度上表現出不同的「形狀」，而在時間的向度上表現出不同的「意態」。這兩個向度交互激盪的結果，產生無窮的山水意象。

二、對山水景觀的鑑賞經驗

在鑑賞者與山水景觀接觸的歷程上，郭熙以三個不同的層次來說明山水與人的不同情境。第一個層次是對於描寫對象之性質或屬性的陳述，但是這種陳述是可以和對人類的表情描述通用的語詞來呈現的：

> 真山水之雲氣，四時不同：春融怡，夏蓊鬱，秋疏薄，冬黯淡。（《林泉高致·山水訓》）

所謂「融怡」、「蓊鬱」、「疏薄」、「黯淡」這些語詞的性質，有些時候也可以用來形容人的狀態。在此顯現出人與自然可以有共同的屬性，暗示著天人合一的關係。接下來，第二個層次是用描寫人類的心理狀態的語詞來形容山水：

> 真山水之煙嵐，四時不同：春山淡冶而如笑，夏山蒼翠而如滴，秋山明淨而如妝，冬山慘澹而如睡。（《林泉高致·山水訓》）

所謂「如笑」、「如滴」、「如妝」、「如睡」完全可以用來形容一位絕色女子的姿態。在此顯現出觀賞者或畫家可以把原來是獨立的客體界，因為主體對客體界的認識，而引用相同的性質形容詞來描繪。把屬於物質界的山水擬人化，使之帶有人性的生命。最後，第三個層次是主客交融後，作為客體的山水能對觀賞者產生的作用：

> 春山煙雲連綿人欣欣，夏山嘉木繁陽人坦坦，秋山明淨搖落人肅肅，冬山昏霾翳塞人寂寂。（《林泉高致·山水訓》）

所謂「欣欣」、「坦坦」、「肅肅」、「寂寂」都是人類情感的表達。而造成這類的情感的狀態，起因於對四時山水所呈現的景觀，在觀看後所產生的心理變化。在這三階段的描述過程上，基本上肯定人與自然界是相通的，是天人合一，而對於自然的描繪也可以運用人類的描繪語詞來進行擬人化的描寫，最後因為自然景物的變化而對人類也產生情感上的影響。

天人合一的思想不只是在於一個抽象的哲學觀念，而是從人與自然之「同質化」的思想作為起點，也就是說在郭熙或者比他更早的哲人們的思想當中，早已有了人與自然是由相同元素構造或具備相同性質的思想，所以郭熙在對山水景觀的描寫上也是把這種思想融入他對山水景觀的理解：

> 山以水為血脈，以草木為毛髮，以煙雲為神彩。故山得水而活，得木而華，得煙雲而秀媚。水以山為面，以亭榭為眉目，以漁釣為精神。故水得山而媚，得亭榭而明快，得漁釣而曠落。此山水之布置也。……石者，天地之骨也，骨貴堅深而不淺露。水者，天地之血也，血貴周流而不凝滯。（《林泉高致‧山水訓》）

郭熙的這一說法，使得山水景觀成為一個有機體，成為一個活物，一個帶有生命的存有者。因此人與自然景觀可以溝通，可以理解。此二者具有等比例關係，所以人有血脈、毛髮、眉目、骨骼，天地間之山水景觀也有相同的構造，但是等比例地放大並以他物來比擬。人有精神方面的表現與各種精神狀態，山水景觀也可以表現出這種精神狀態。

三、畫家對山水景觀的技術性把握

以上所述，是從一個客觀存在的山水，可以呈現的諸多面貌，以及作為一個山水景觀之鑑賞者與之交融後，所可能產生的結果。對於一個受此山水景觀感動的畫家，要如何把握此一情景？郭熙提出以下的要領：

> 欲奪其造化，則莫神於好，莫精於勤，莫大於飽游飫看。（《林泉高致‧山水訓》）

所謂「造化」即「自然」，意即此處所談論的山水景觀。而「奪」的意思在於把握或再現此自然、山水景觀。郭熙提出三個要領：「神於好」、「精於勤」、「飽游飫看」。我們認為這三個要領應該從第三個返回來看，因為「飽游飫看」就是最基本的感覺經驗的實際體驗，它包含了前面所描述的人與自然接觸的所有歷程，而且對於一個畫家而言，不只是「游」與「看」，

而是要飽足地去充實這「游」與「看」的動作，如此才能把握住「一山而兼數十百山之形狀」以及「一山而兼數十百山之意態」。這項功夫郭熙歸結為「身即山川而取之」這一代表性的命題：

> 學畫花者以一株花置深坑中，臨其上而瞰之，則花之四面得矣。學畫竹者，取一枝竹，因月夜照其影於素壁之上，則竹之真形出矣。學畫山水者何以異此？蓋身即山川而取之，則山水之意度見矣。（《林泉高致‧山水訓》）

這一段文字可以說明郭熙十分強調寫實的工作，不只是對於小花小草的描寫需要實地觀察，對於山水景觀的觀察也是同理可證，所以郭熙提出「身即山川而取之」。「身即山川而取之」這一命題可以代表強調在經驗感知的階段，無論是作為一個山水景觀的觀賞者，或是作為一個山水景觀的創作者，都需要這個經驗的歷程，作為後續所有更高藝術活動層次的材料基礎。

至於「精於勤」的要領，我們認為就是從不斷的練習或嘗試當中精練出山水景觀的精華。勤練不只是重複動作的反覆練習，而是我們相信在累積一定的分量之後，將會產生性質的改變，從中體會出表現的要領。而這個最高的要領就是「神於好」，它也是要求精神的充實飽滿，以達到一切精神條件的恰到好處。這個「好」字如解作「愛好」之「好」，則意味主體（畫家）須先有愛好自然的意向，才能繼而精進到「傳神」的境界。「好」字如解作「美好」之「好」，則意味客體之山川其「美好」者方能成就畫家之「傳神」或「神妙」之作品。同時畫家也必須有足夠的能力檢別出真正「美好」的山川景觀。

郭熙對於山水畫的技術性要領，除了以上三個之外，他又提出透視觀點上的「三遠」：

> 山有三遠：自山下而仰山巔，謂之高遠；自山前而窺山後，謂之深遠；自近山而望遠山，謂之平遠。高遠之色清明，深遠之色重晦，平遠之色，有明有晦。高遠之勢突兀，深遠之意重疊，平遠之意沖融而縹縹渺渺。其人物之在三遠也，高遠者明瞭，深遠者細碎，平遠者沖澹。（《林泉高致‧山水訓》）

從繪畫的技術性層面來看三遠，它代表構圖技巧上的三種透視方法，配合讓這三遠得以更加強調顯著，所以郭熙接著說在用色上的濃淡程度，藉以強調三遠所呈現的透視深度。然後說明在三遠透視法中的山勢與人物的表現

方式。就郭熙所提出的三遠法而言，在一幅畫作當中並不堅持只用一種透視法，而是相互交替運用。例如范寬的〈谿山行旅圖〉就是兼用這三種透視法於一幅作品當中，是一個極佳的範例。

三「遠」所呈現的問題，不只是透視法上的解決，而更是一個溝通形象技法與藝術精神的關鍵點。首先，就經驗觀察而言，任何藝術鑑賞對象都必須整體觀之，在一眼之間一覽無遺，方能就所見與以鑑賞性的評斷。其道理在於任何鑑賞判斷都是對於鑑賞對象之整體的評價，我們不會說這座山的這一面是美的，而另一面是不美的。只要它是美的，便全體都美。所以郭熙說：

> 山水大物也，人之看者，須遠而觀之，方見得一障山川之形勢氣象。若仕女人物，小小之筆，即掌中几上，一展便見，一覽便盡。此看畫之法也。（《林泉高致‧山水訓》）

這是有關觀賞一個實景或觀賞一幅山水畫的情況，儘管山水是龐然大物，具有極大的規模尺度，但是都必須成為一眼可以看盡的比例才可能完成鑑賞的活動。接著，郭熙對於實際的繪畫創作指出：

> 真山水之川谷，遠望之以取其勢，近看之以取其質。……真山水之風雨，遠望可得，而近者玩習，不能究錯縱起止之勢。真山水之陰晴，遠望可盡，而近者拘狹，不能得明晦隱見之跡。（《林泉高致‧山水訓》）

在「遠望」與「近看」之間，不只是視點的不同，它連帶地表現出不同的繪畫品質。在「遠望」的時候，只是著重在表現整體結構的「形勢」，不同於「近看」的時候，著重在表現局部的細微品質。由於山水景觀的巨大龐然，使得我們必得遠觀才能看清全貌，所以在畫面上的表現也是以遠景為主要表現手段。但是遠觀必然帶來細部描繪的省略，因此在技術上不只是等比例的縮小，而是要在畫面的處理上有所不同。比例大小的縮放只是幾何學上以量的大小來計算即可，但是遠望與近觀除了與數學有關的比例問題之外，還有與物理學有關的透視問題。因為空氣、雲靄、陽光、炊煙、水面等因素，都會改變物體形象的呈現清晰度，而肉眼觀察物象的能力也有限制，其清晰度與距離成反比例關係。所以畫家綜合這些因素之後，要把符合我們視覺經驗的形象表現出來，所需要的不是如同照相機般的記錄寫實的功力，而是需要發揮想像力來銜接這些物性上的特質或缺陷。

另一方面言之，我們都知道距離才能產生美感，這個距離不只是物理上的距離，更是心理上的距離，因為有了距離才能脫離現實利害關係，才能完成無關乎利害的審美活動。所以郭熙提出三「遠」之說，不只是繪畫技術上的需要，更是審美活動上所必要的觀念。所以「遠」這個觀念的提出，不只是物理上的考慮，也涉及心理上的考慮；它不只是表現有形的距離，也呈現無形的心理距離，這個呈現的完成需要有想像力的配合才成。而想像力正是溝通具象事物與抽象觀念的媒介。因此，我們可以說由於「遠」這個觀念的提出，使得繪畫藝術從具象事物之表現，轉變到藝術之精神、觀念的表現階段。

四、觀念階段的藝術創作

郭熙在指出藝術創作的初步三要領：「欲奪其造化，則莫神於好，莫精於勤，莫大於飽游飫看。」之後接著說：

> 歷歷羅列於胸中；而目不見絹素，手不知筆墨，磊磊落落，杳杳漠漠，莫非吾畫，此懷素夜聞嘉陵江水聲而草聖益佳，張顛見公孫大娘舞劍器而筆勢益俊者也。（《林泉高致・山水訓》）

所謂「歷歷羅列於胸中」指的是「飽游飫看」的結果，但是中國山水畫的特色之一並不是如實地照搬原景，而是經過仔細裁剪加工後的理想山水世界，是一個如詩人般創造的理想國度，不是針對某一具體時地的某一場景的寫實描繪。所以畫家在落筆創作之時，是把過去所經歷的種種山川景色蒐羅創新地重新予以組合，所以創作之先是成竹在胸，早有藝術家個人的主意了。至於展開創作活動之後的「目不見絹素，手不知筆墨，磊磊落落，杳杳漠漠，莫非吾畫」其實就是《莊子》之「庖丁解牛」、「梓慶削木為鐻」、「宋元君將畫圖」等故事的落實。庖丁解牛中「以神遇而不以目視，官知止而神欲行」，這裡心、眼、手三者的距離取消了，心與物的對立也取消了。在畫家的眼、手、筆、墨、紙距離完全消解，如此則能使畫面渾然天成。

畫家在集中精神以完成畫作的努力當中，除了精神與自然結合之外，在具體的畫作上的安排也是要有所創作與組合，以完成一個有意義的作品。這個有意義的作品，可以歸結為以下四種類型：

（一）主從關係類型

郭熙說：

> 大山堂堂，為眾山之主，所以分布以次崗阜林壑，為遠近大小之宗主也。……長
> 松亭亭，為眾木之表，所以分布以次藤蘿草木，為振挈依附之師帥也。（《林泉
> 高致‧山水訓》）

這段文字說明郭熙認為一幅作品必須有一個中心主題，中心主題確定之後，所有其他的景物都是這個中心主題的陪襯。這就如同撰寫一篇文章，須先有一明確的主題一般的意思。

（二）有機關係類型

郭熙說：

> 山以水為血脈，以草木為毛髮，以煙雲為神彩。故山得水而活，得木而華，得煙
> 雲而秀媚。水以山為面，以亭榭為眉目，以漁釣為精神。故水得山而媚，得亭榭
> 而明快，得漁釣而曠落。此山水之布置也。（《林泉高致‧山水訓》）

郭熙把自然景觀予以擬人化在前文已經說明，這個擬人化的觀念在一幅作品中呈現，賦予作品一個有機的生命，使這個作品和人文的精神更加接近貼切。

（三）有無相生關係類型

郭熙說：

> 山欲高，盡出之則不高，煙霞鎖其腰則高矣。水欲遠，盡出之則不遠，掩映斷其
> 脈則遠矣。蓋山盡山，不惟無秀拔之高，兼何異畫碓嘴？水盡出，不惟無盤折之
> 遠，何異畫蚯蚓？（《林泉高致‧山水訓》）

郭熙這一說法無疑發揮了老子「三十輻共一轂，當其無有車之用……」的精神，把有與無，虛與實的觀念予以融貫。或者也類似於書家所謂的「計白當黑」的觀念。不管畫幅有多大的尺寸，以有限的空間要造成鑑賞者體認到所欲表現的對象具有無限空間之延伸的可能性，畫家就必須思考藉助於技

法以及想像力的幫忙。所以利用煙霞圍繞於山腰，流水跌宕蜿蜒，來造成無法一窺全貌的結果。因此看不見的地方就留下讓人想像的空間，雖然只是遮斷一部分，但是未明言的部分總是勝過已經明示的部分。

（四）整全關係

郭熙說：

> 畫山水有體，鋪舒為宏圖而無餘，消縮為小景而不少。（《林泉高致・山水訓》）

任何藝術作品，就作品的藝術價值而言，都只能以全體概觀來評定之，不能只限於局部評斷其優劣。所以一幅作品無論尺幅大小，或內容之繁簡，都必須以整體之價值評論之。

在經過「歷歷羅列於胸中」的階段之後，這些分散的關係如何被完成於一幅作品當中，所需要的就是「注精以一之」，也就是創作時精神的專一精明。郭熙說：

> 凡一景之畫，不以大小多少，必須注精以一之；不精，則神不專。必神與俱成之；神不與俱成，則精不明。必嚴重以肅之；不嚴則思不深。必恪勤以周之；不恪則景不完。故積惰氣而強之者，其跡輭懦而不決，此不注精之病也。積昏氣而舊之者，其狀黯猥而不爽，此神不與俱成之弊也。以輕心挑之者，其形脫略而不圓，此不嚴重之弊也。以慢心忽之者，其體疎率而不齊，此不恪勤之弊也。故不決，則失分解法。不爽，則失瀟洒法。不圓，則失體裁法。不齊。則失緊慢法。此最作者之大病也，然可與明者道。（《林泉高致・山水訓》）

郭熙在這一段文字裡，積極地指出「注精以一之」的要求，同時需要搭配「神與俱成之」、「嚴重以肅之」、「恪勤以周之」等三個努力的條件。如果不能同時實踐這四個條件則將產生「其跡輭懦而不決」、「其狀黯猥而不爽」、「其形脫略而不圓」、「其體疎率而不齊」等四種弊病。這四種弊病將連帶地在技法表現上顯示出來即：「失分解法」（指筆墨的淺深輕重而言）、「失瀟洒法」（指筆墨之揮洒自如）、「失體裁法」（指形體的完備而言）、「失緊慢法」（指最後的修潤而言）。總之，「注精以一之」的要求與莊子的藝術精神吻合，都是藉助於精神修養的功夫消除了精神與肉體，主體與客體之間的距離。

五、觀念階段的審美鑑賞

山水畫家最後透過「注精以一之」的專一精明功夫，來完成一幅山水畫。另一方面從山水鑑賞家的角度來看，為何士人階層如此鍾愛山水景觀以及山水畫作呢？郭熙提出他的看法：

> 君子之所以愛夫山水者，其旨安在？丘園養素，所常處也。泉石嘯傲，所常樂也。漁樵隱逸，所常適也。猿鶴飛鳴，所常親也。塵囂韁鎖，此人情所常厭也。煙霞仙聖，此人情所常願而不得見也。直以太平盛日，君親之心兩隆。苟潔一身，出處節義斯繫。豈仁人高蹈遠引，為離世絕俗之行，而必與箕穎埒素，黃綺同芳哉。白駒之詩，紫芝之詠，皆不得已而長往者也。然則林泉之志，煙霞之侶，夢寐在焉，耳目斷絕。今得妙手，鬱然出之，不下堂筵，坐窮泉壑；猿聲鳥啼，依約在耳；山光水色，滉漾奪目。此豈不快人意，實獲我心哉？此世之所以貴夫畫山水之本意也。不此之主，而輕心臨之，豈不蕪雜神觀，溷濁清風也哉。畫山水有體，鋪舒為宏圖而無餘，消縮為小景而不少。看山水亦有體，以林泉之心臨之則價高，以驕侈之目臨之則價低。（《林泉高致・山水訓》）

郭熙首先自問自答：「君子之所以愛夫山水者，其旨安在？」從人性的自然傾向而言「丘園養素，所常處也。泉石嘯傲，所常樂也。漁樵隱逸，所常適也。猿鶴飛鳴，所常親也」，也就是說愛好山水其實是人性的自然發展。但是在人生之中經常充滿矛盾，厭惡之事不得解脫，而想望之事求之不可得，所以說：「塵囂韁鎖，此人情所常厭也。煙霞仙聖，此人情所常願而不得見也。」再者，從儒家社會之追求忠孝兩全的價值觀來看「直以太平盛日，君親之心兩隆」。個人對國家社會的職責在所難免，不可輕言「離世絕俗」，所以對於隱逸生活的嚮往只能在夢想中回盪。「白駒之詩，紫芝之詠，皆不得已而長往者也。然則林泉之志，煙霞之侶，夢寐在焉，耳目斷絕」。至此，郭熙說明了人性嚮往自然的傾向，而現實生活的羈絆卻又讓這種嚮往成為一種不可能。所以，如果有一位高手能把山光水色之美收納於畫面上，讓人不必步出公門就可以欣賞到這種美景，那就是大快人心的事了。因此之故，「此世之所以貴夫畫山水之本意也。」最後，郭熙指出畫山水畫和欣賞山水畫都有一定的規則可言。對於畫家而言，比例與尺寸大小等整體的因素必須能加以掌握；對於鑑賞家而言，能懷著「林泉之心」才是正確的心態。有了林泉之心才能真正掌握藝術的價值。

　　郭熙所提出的「林泉之心」成為貫穿山水畫的創作與鑑賞的核心，也是後人對郭熙藝術理論的總體歸結。郭熙在以上的引文當中提出「林泉之心」與「驕侈之口」作為互相反對的概念，「驕侈之口」也是一種心態。這兩種心態一個價值高，一個價值低。價值高低的標準在於對山水之本意的掌握。「林泉之心」是作為一種藝術的心態，無論在創作山水畫，或鑑賞山水畫的歷程上，都需要「林泉之心」的貫穿其中。簡言之，「林泉之心」是主體與山水畫境互相融滲的結果，林泉是自然的精華所在，但是這個精華需要一顆能起覺察與審美意識的心靈來承接。反觀「驕侈之口」所代表的是，世俗以利害相計較的心態，它完全不適合於用來面對自然以及反映自然的藝術作品。除了這兩個針鋒相對的不同心態之外，郭熙還提到「君親之心」，這個心態是屬於倫理層面的功能，倫理判斷的結果雖然會影響審美判斷，但是它並不屬於審美判斷的範疇。因此，我們可以看出郭熙在這三種不同心態上分辨出審美的、功利的、倫理的三種範疇，並且做出了區分。

　　關於藝術創作與鑑賞所需要的精神陶養，郭熙說：

> 世人止知吾落筆作畫，卻不知畫非易事。莊子說畫史解衣盤礴，此真得畫家之法。人須養得胸中寬快，意思悅適，如所謂易直子諒，油然之心生，則人之啼笑情狀，物之尖斜偃側，自然列布於心中，不覺見之於筆下……不然，則志意已抑鬱沉滯，局在一曲，如何得寫貌物情，攄發人思哉……更如前人言，詩是無形畫，畫是有形詩。哲人多談此言，吾人所師。余因暇日，閱晉唐古今詩什，其中佳句，有道盡人腹中之事，有裝出目前之景。然不因靜居燕坐，明窗淨几，一炷爐香，萬慮消沉，則佳句好意，亦看不出。幽情美趣，亦想不成。即畫之主意，亦豈易及乎？境界已熟，心手已應，方始縱橫中度，左右逢源。世人將就，率意觸情，草草便得。（《林泉高致・畫意》）

　　郭熙認為作為一個畫家必須培養的精神就是「胸中寬快，意思悅適，如所謂易直子諒，油然之心生」。「易直子諒」源自《禮記・樂記》：「易謂和易；直謂正直；子謂子愛；諒謂誠信。」在精神的純潔與愛心的催化之下，個人的情感和心靈對象才能融合為一。要做到人與自然融合為一，需要心境的沉澱與環境的配合，即「不因靜居燕坐，明窗淨几，一炷爐香，萬慮消沉，則佳句好意，亦看不出。幽情美趣，亦想不成。即畫之主意，亦豈易

及乎？」所以要做出審美鑑賞，首先必須把心思沉澱，有如莊子所謂心齋、坐忘，讓心思能虛靜下來，然後美景、美句等等優美之情景，才能進入鑑賞者的胸懷之中，作品的好才能被意識到、覺察到。而作畫者也同樣秉持這種心態才能在自然的狀態下完成畫作。

六、山水畫的極致境界：「可居、可游」

在透過種種精神修練的過程，完成了一幅山水畫的作品，這樣的作品該有何等的境界？郭熙認為：

> 世之篤論，謂山水有可行者，有可望者，有可游者，有可居者。畫凡至此，皆入妙品。但可行可望，不如可居可游之為得。何者？觀今山川，地占數百里，可游可居之處十無三四，而必取可居可游品。君子之所以渴慕林泉者，正謂此佳處故也。故畫者當以此意造，而鑑者又當以此意窮之。此之謂不失其本意。（《林泉高致‧山水訓》）

成功的山水畫是「可行」、「可望」、「可游」、「可居」，但是郭熙認為後二者更勝於前二者，其理由在於凡是可游可居之地都是山川名勝之地，是仁人君子所渴慕的好山好水，所以畫家要以此作為畫作的表現目標，而鑑賞者也要以此目標來要求作品呈現出來。

為什麼要求成功的山水畫是「可行」、「可望」、「可游」、「可居」？這個問題的解答正好對應了前面所引述的「君子所以愛夫山水」的問題。多數的山水畫鑑賞者或愛好者，都是真實自然的愛好者，可是偏偏又多數案牘勞形，公務纏身，只能幻想隱逸的生活而實際不可得。而山水畫正好滿足了這類林泉之心的渴望，成了夢遊山林的憑藉。所以山水畫必須能夠「可行」、「可望」、「可游」、「可居」。而這其中的「可」代表著山水畫中隱藏著人文活動的線索，以便供鑑賞者按圖索驥。這些線索可以是漁樵、老農、行旅、仙道人物、牧童，或是一條羊腸鳥徑，或拾級而上的台階，或是亭、台、樓、榭的一角不一而足，但是這些都是人文活動的蹤跡。有了這些蹤跡，讓我們可以肯定畫家所表現出來的景觀是一片人文與自然融洽為一的世界。它表現出這個世界中，人文活動不是占據最大面積的，但卻是整個世界中最為靈秀的部分。因此，人與自然是合一的，而不是對立的或征伐的對象。

此外，郭熙的另一段文字提到：

> 春山煙雲連綿人欣欣，夏山嘉木繁陽人坦坦，秋山明淨搖落人蕭蕭，冬山昏霾翳
> 塞人寂寂。看此畫令人生此意，如真在此山中，此畫之景外意也。見清煙白道而
> 思行，見平川落照而思望，見幽人山客而思居，見岩扃泉石而思游。看此畫令人
> 起此心，如將真即其處，此畫之意外妙也。（《林泉高致·山水訓》）

　　這段文字說明了引發「思行」、「思望」、「思居」、「思游」的各種景
物條件。在此建立了景物與心靈意識狀態的連結關係，如「見清煙白道而思
行」，這是一個外景與內在的心境的一種關聯性的肯定。再者，繪畫本身也
如同語言表現一般，有其直接意思的表現或間接、隱晦不明的意思。而藝術
表現的引人入勝處就在於不明說情感，而是曲折委婉，欲言又止。所以郭熙
強調「看此畫令人生此意，如真在此山中，此畫之景外意也」。這也就是看
一幅畫，看見它不只是一幅畫，而是如真似幻的實景。因此就提出此為「景
外意」。就猶如言語上所謂「言外之意」，繪畫就有「景外意」。另外，「看
此畫令人起此心，如將真即其處，此畫之意外妙也」。這也就是說，繪畫作
品是一個媒介物，透過這個媒介物讓畫家的思想觀念，能讓鑑賞者相溝通，
並且對於作品內容之逼真程度，幾乎信以為真。而這也就是所謂「看此畫令
人起此心，如將真即其處，此畫之意外妙也」。

七、結語

　　綜觀郭熙的繪畫理論，可以看出，在人文與自然的對話當中，一個畫家
或山川景觀的鑑賞者要提舉的是「林泉之心」，以「林泉之心」來對應客觀
世界的各種山水景觀，如：嵩山、華山、衡山、常山、泰山、天台、武夷等
等「名山巨鎮」。因為有「林泉之心」的灼照，所以可以看出諸名山巨鎮的
「奇崛神秀，莫可窮其要妙」，以及四時變化、朝暮變化、陰晴變化、遠近
變化、角度變化等，諸多變化的可能性，使得一座山可以有千姿百態的變形
與形貌出現，即所謂「山形面面看」，「山形步步移」之謂。

　　以「林泉之心」所觀照的山川不是物質界的死物，而是一個有機的活
物，因為這些山川景象是被一個帶有藝術精神的「林泉之心」所維繫。藝術
精神所欲表達的是一種情感的彰顯，而「林泉之心」所欲託付情感的對象在
於自然山川之中，因而這些自然山川被以擬人化的方式呈現出來，以回應

「林泉之心」的情感狀態。所以有「春山淡冶而如笑，夏山蒼翠而如滴，秋山明淨而如妝，冬山慘澹而如睡。」等擬人化的表情出現。

　　作為一位山水畫家，他所需要的基本功夫就是「身即山川而取之」的實踐。雖然中國山水畫不是對於某一真實景物的實地寫生，而偏向人文理想境地的創作。但是每一個山形、樹林、水流的形狀，都必須是與真實世界的形狀或構成相吻合的，而欲達成這種吻合的程度，就必須做到「身即山川而取之」。在畫家的技術層面上郭熙提出「莫神於好」、「莫精於勤」、「莫大於飽游飫看」三個要領。另外從透視法的觀點提出「三遠」（高遠、深遠、平遠）之說，以「遠」觀來把握山水的大要。更進一步而言，「遠」除了表現真實的物理距離之外，也表現心理距離，以及哲學上的空靈之感。所以「遠」這個觀念的提出，是使畫家從技術層面的問題，轉入觀念創作階段的一個重要的中介者。

　　畫家在透過「身即山川而取之」的階段後，就必須把這些經驗的收穫與心中的理想觀念相結合，才能創作出一幅符合人文精神的山水畫。因此畫家的心中必須成竹在胸，即所謂「歷歷羅列於胸中」，郭熙為這些胸中的構圖整理出幾種構圖關係規則，如：「主從關係」、「有機關係」、「有無相生關係」、「整全關係」等。在畫家的心中有了主意之後，在起手落筆之時就必須有「注精以一之」功夫，也就是要做到創作精神的專一精明，然後一幅作品才能成功。

　　另一方面，從鑑賞者的層面來看山水畫或山水景觀，也是透過林泉之心來理解何以士人君子愛好山水、喜好山水畫的緣由。在現實與理想的不可得兼的情形下，「君親之心兩隆」，「離世絕俗之行」之不可得，於是山水畫的境界成為暫時寬慰林泉之心的對象。當林泉之心得以舒暢之時，就是「養得胸中寬快，意思悅適，如所謂易直子諒，油然之心生。」的狀態。

　　為了完成一幅足以滿足「林泉之心」的畫作，這幅畫作所應達成的境界，郭熙認為應該是「可行」、「可望」、「可游」、「可居」才是好作品。這些「可行」、「可望」、「可游」、「可居」的條件，說明山水作品與人生喜好山水的心靈相溝通的關係，也就是說一幅成功的山水畫，不在於繪畫技巧的高超，而在於它所展現的境界可以滿足心靈渴望的境界，也就是與林泉之心相契合的境界。

　　最後，郭熙提到「景外意」與「意外妙」這兩個觀念。從這兩個觀念可以看出中國藝術精神的另一個特質，那就是類似弦外之音的意思。任何一個藝術作品之所以能夠雋永，令人吟味再三，在於它能不斷表現出新的意境、新的詮釋方式、新的鑑賞角度。為此，任何作品不能把所欲表達的情意一五一十和盤托出，否則就是「言語道斷」。「景外意」與「意外妙」這兩個觀念，就是讓觀者在正面的觀賞畫面所傳達的意象之餘，還能看出沒有寫入景中的意思，並能獲得期待之外的妙解或新的意象。這樣才能讓一幅作品的鑑賞，不斷推陳出新，不斷湧現新的意象。也因此，才能使林泉之心，就如同山水間的林泉長新、長存，湧泉不絕。

第四節　小結

　　本章共介紹了三位重要的畫家與美學思想家。顧愷之的「傳神寫照」、謝赫的「氣韻生動」、郭熙的「身即山川而取之」和「林泉之心」這幾個命題在中國傳統美學理論上產生極為重大的影響。神、形、氣、韻都是源自傳統哲學觀念，它們和哲學理論都有化不開的相關性。其借用自哲學的觀念，仍然形跡昭著。雖然從其觀念內涵來看，「林泉之心」仍然和老莊思想有著思想上的淵源，但是這個詞的表顯，完全能和山水畫的元素相結合，可見這時的繪畫美學已經走出自己的理論。而「傳神寫照」與「氣韻生動」這兩個命題，從最初的對於人物畫的指導性，轉而全面擴及繪畫領域，甚至其他藝術範疇，成為中國藝術表現的最高原則，這個結果恐怕不是顧愷之與謝赫當年提出這兩個命題時所能想像得到的。

自我評量

1. 請說明顧愷之所提出之「傳神寫照」的美學命題的要旨。
2. 請說明謝赫所提出之「氣韻生動」的美學命題的要旨。
3. 請說明郭熙「身即山川而取之」這一命題，以及運用「林泉之心」的觀照，其要旨為何。

第十三章
中國傳統藝術的特色（上）

　　本章以及下章，將從實際的藝術作品來看中國美學基本觀念如何融入具體的作品。任何一件藝術作品都有其質料（物質、材質）與形式的構成部分，但是各種不同的藝術種類其質料與形式的比例各不相同。我們的進路是根據各門藝術的質料與形式的比例，先探究質料成分較高且形式（精神性）成分較低的藝術種類，逐漸進入質料成分較低而形式成分較高的藝術種類。因此，我們先從質料成分最大的建築與庭園藝術開始，依序探究雕塑與精工器物，繪畫與書法，詩歌、音樂與戲曲等。

第一節　　建築與庭園藝術

一、建築藝術

　　建築是一種造形藝術，它運用土、石、混凝土、磚、瓦、木材、金屬、玻璃等材料，建造宮殿、樓閣、亭臺、寺廟、道觀、佛塔、碉堡、劇場、民居、橋梁、陵墓等等立體建物。建築物一方面要滿足各種人文活動的實際空間需求，一方面也要滿足外型符合審美要件，更需要和所處的外在環境相結合，因此是一門融合現實與理想，建物與景觀協調諸要素的綜合藝術。建築所需要考慮的要素，包括建築組群規劃（如都市計畫等）、建築形體組合（如宮殿或寺廟等）、平面布局（如三合院或四合院等）、立面處理（如山牆的造形與裝飾等）、結構造形（如斗拱、藻井等）、內外空間組織（如廳堂、內室等），以及裝修、材料、色彩、綠化等要素。隨著時代的變遷、地理環境的差異、生活習慣的不同、材料的供應是否充足、施工技術的發展，都會影響建築的形貌。但是儘管有許多不同民族處於相似的條件下，卻發展

出不同的建築形貌，可見技術與材料都不是決定建築形態的最關鍵因素，潛藏於各民族文化與哲學之下的思想觀念才是最終的決定性因素。因此，我們可以說在中國的建築藝術之下，含藏著中國的哲學思想觀念，其系統觀念形成一種中國建築美學。

　　中國建築體系是以木結構為主要材料。在傳統建築的各種屋頂造形、飛檐翼角、斗拱彩繪、朱柱金頂、內外裝修等等，都能充分體現中國建築藝術的純熟與完滿。在建築技術的發展來看，榫卯和企口的技術早在七千年前的河姆渡文化中出現。六千年前的半坡文化已出現前堂、後室之分。殷商時期已有高大宮室出現。西周時代開始使用磚瓦材料，並出現四合院的布局。春秋戰國時代更有建築圖傳世，同時壁畫與梁柱、斗栱的裝飾圖案益加繁複。秦漢時期出現阿房宮、未央宮等龐大建築群，使木構建築更趨成熟、宏偉、壯觀。魏晉南北朝時期佛寺、佛塔快速發展，屋脊出現鴟吻飾件。隋唐時期出現琉璃瓦，使建築物更是富麗堂皇。五代至兩宋，都市建築興盛，商業繁榮，出現飛閣欄檻，風格秀麗。明清時代的宮殿苑囿和私家園林至今仍有許多保存下來，建築式樣與裝飾比起之前各朝代更為華麗氣派。[1]

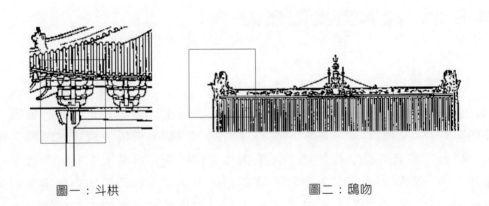

圖一：斗栱　　　　　　　　　　　圖二：鴟吻

　　建築物不是一個充實飽滿的物體，它是一個包覆空間的結構，這個包覆空間的構成取決於設計者與使用者的思想觀念，這些思想觀念是為了讓我們在使用空間時更加能符合思想觀念的要求。中國建築的思想觀念有很大的部

1　參閱沈柔堅主編《中國美術辭典》，臺北：雄獅圖書公司，1989 年，頁 440。

分受到儒家倫理思想以及《易經》思想的影響。這些思想對於建築空間的影響產生以下的結果：

（一）均衡、對稱與和諧秩序

無論是都市計畫，或宮廷、院落，必定先畫出一條中軸線，以此中軸線為軸心發展出左右均衡對稱的建築形制。這符合《中庸》的思想。這種按照條理井然的方正秩序，展現出一種建築群體之間的空間理性，也就是說它不訴諸於單一建築物的形貌，而是以整體建築群的結構布局取勝。

（二）以入世的精神，彰顯倫理價值，作為規劃空間的基本原則

秩序井然，建築體的主從觀念分明，每一建築物的布局都是按照矩形的樣式串連起來，例如四合院的布局。同時也反映出傳統儒家思想五倫思想之親疏、尊卑、男女有別、長幼有序等倫理要求。這種空間規劃是為現世的生活而安排的空間，不同於其他民族以廟堂為建築之主要特色，為神祕、超越的神明建築一個出世的、超越的空間。

（三）反映天人合一思想

無論是看待一個人，或一幢屋宇，或自然環境都是一個有機的生命體，也都是一個宇宙。人居處於一屋宇之下，也要取得與天地之規律和諧一致，如此才能使得居住其中的人們獲得平安幸福。因此大量出現和福、祿、壽、喜相關的裝飾性圖案或建構。此外，中國建築的特色之一在於高大的屋頂結構，但是藉著向上翹起的飛檐線條，產生輕快的動態，減輕視覺上沉重的向下壓力；另一方面，順著向上躍升的曲線，也產生天地交感的融貫感受。

二、庭園藝術

明清時期另外興起一門特別的藝術，那就是園林藝術。園林的發展在中國的藝術發展史上起源很早，這可以從歷代的詩、詞、曲之中找到大量詠園林的名句可以得到佐證。如：「名園依綠水，野竹上青霄」（杜甫〈陪鄭廣文遊何將軍山林〉十首）、「春色滿園關不住，一枝紅杏出牆來」（葉紹翁〈遊園不值〉）等等。在明清的散文、筆記、小說、戲曲、詩論、畫論中，都可以發現一些園林美學的思想資料。而有關園林藝術的專門著作則有計成

的《園冶》、文震亨的《長物志》、李漁的《閒情偶寄》中的《居室部》和《種植部》等是為其中最為有名的代表。

明清兩代，皇家園林和私家園林都得到空前的發展。皇家園林最有名的有北京的圓明園、頤和園、承德的避暑山莊等。圓明園被稱為「萬園之園」，咸豐十年（1860），被英法聯軍焚毀。私家園林多集中於經濟文化發達的城市，除北京、南京之外，以蘇州、揚州、杭州等地數量最多。

中國古典園林在美學上的最大特點是重視藝術意境的創造。為了創造園林的意境，以及象外之象、景外之景，明清園林美學著重以下兩點：

第一，採取虛實相生、分景、隔景、借景等等手法，組織空間，擴大空間，豐富美的感受。

第二，不僅重視實景，而且重視聲、影、光、香等虛景。如：月影、花影、樹影、雲影、風聲、雨聲、水聲、鳥聲……等等，這些虛景在構成園林意境上有很重要的作用。由於聲、影這些虛景都是流動不居的，所以和園林的固定實景相配合，可以達到歷久彌新，不斷創造新境界的效果。同時欣賞園林意境的效果是要達到物我交融的境界，所謂「非唯我愛竹石，即竹石亦愛我也。」（《鄭板橋集·題畫·竹石》）

中國古典園林中的建築物：樓、臺、亭、閣，也要服從於創造藝術意境的要求，要有助於擴大空間，豐富遊覽者的審美感受。就如同計成在《園冶》中所說的：「軒楹高爽，窗戶虛鄰，納千頃之汪洋，收四時之爛縵。」園林中的一切樓、臺、亭、閣的建築，都是為了使遊覽者可以「仰觀」、「俯察」、「遠望」，從而豐富遊覽者對於空間美感的感受。[2]

在建築的裝飾與布局上可以看出其背後的文化思想，中國自清代以來強調福祿壽喜、子孫滿堂的觀念，經常出現在各種裝飾上，例如在建物的結構上，兩枝橫梁之間加上一根短柱以增強其支撐力，這根短柱通常被裝飾成南瓜形狀，稱之為「瓜筒」，以瓜之多子，象徵多子多孫之意。又如在隔牆或壁飾上裝置蝙蝠的造形，取其「福」字的諧音。而「水」在建築風水上又被視為「財富」的象徵，因此排水設計特別受到重視，在一座四合院的中庭，所有雨水都會匯歸到中庭再排放出去，稱之為「四水歸堂」，亦有聚財的意思。

中國建築對於坐落的位置也很講究，在北方由於地理與氣候的關係，以

2　參閱葉朗著《中國美學史大綱》，下冊，臺北：滄浪出版社，1986年，頁437-443。

坐北朝南為上選的方位。再加上《易經》八卦的思想，對於方位的選定與宅院主人的關係就變得更加複雜化。一般而言，建物的坐向也須考慮外在地理環境的配合，例如以後面靠山，前面面水，是一種最佳的方式。也有的設計就以人工造景的方式來增強這種布局，甚至把前院的水塘設計成太極陰陽的造形。而一般人家的門戶也會有裝置八卦或桃符藉以驅邪、招福、納祥。

　　在有關空間的區隔上，也是充滿人倫之分與人情味，例如在庭院的圍牆上，有的會以鏤空的造形來製作「漏窗」，以達到「隔而不絕」的意境。各種通道之間的門戶造形也是各有千秋，例如滿月形的門象徵團圓、圓滿；居室之間的花瓶形門戶，象徵進入女眷的私密空間，或是以密雕的格扇來區分客廳與臥室。在一座大宅院落當中，男性主人與外賓進入宅院的通道是進大門走中堂，而一般家眷與僕役則走偏旁側門進出，藉以區別各種身分與工作，如圖三所示。

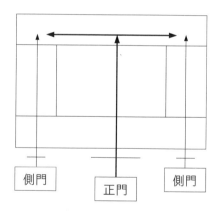

圖三：四合院主次動線

第二節　造形藝術：雕刻藝術、陶瓷藝術、青銅器與玉器

　　本節要探討各種造形藝術，主要都是屬於雕塑藝術，可以說是雕刻和塑造的總稱。可塑造的藝術品，主要是來自黏土的塑造，再加上燒製就成了陶瓷藝術。而雕刻的藝術品，主要來自金屬、木、石等材料的雕刻。

一、雕刻藝術

中國傳統的雕刻藝術最有代表性的大型作品，普遍見於佛像雕刻作品。但是佛像雕刻多為魏晉南北朝以後才蔚成風氣，在此之前的雕刻作品則展現出對現世生活的記錄與審美態度。雕刻作品是屬於三度空間的藝術，但是早期的藝術作品往往受限於材質的堅硬度或工具的限度，無法完全掌握所欲表現物體的立體形象，所以中國雕工經常在作品表面留下一些平面，透過巧思的圖案，以發揮線條的韻律感與流暢性。因此，我們可以說中國雕刻藝術的特徵在於線條的流暢性與優美的輪廓造形，這兩個特徵上發揮出來。

中國史前的雕刻作品，多半具有實用性與裝飾性的功能。殷商時期，中國雕刻開始脫離實用性的器物造形，成為獨立的雕刻藝術品。「司辛石牛」是利用一塊長方形大理石的外型結構雕塑成的，是目前遺存中國最早的方塊型雕刻。這件作品的輪廓基本上受限於原始材料的制約，所以呈現方塊形，但是它的作者在這塊材料上做了許多線形雕刻，而在雕刻平面上刻畫線紋，正是中國雕刻的傳統特徵。比較完整的人像雕刻至殷商晚期才出現。如：安陽婦好墓中的石人與玉人。表現無紋飾立體造形與平面紋飾造形。[3]

先秦時期至兩漢時期，中國雕塑作品在青銅器、陶俑、玉器、金銀器等方面有許多突出貢獻，但是對於石雕作品相對而言較少值得注意的作品。

東漢明帝時，佛像傳入中國，但未即傳播。至桓帝篤信浮圖，延熹八年（165），於宮中鑄老子及佛像，設華蓋之座，奏郊天之樂，親祀於濯龍宮。此為中國佛像之始。[4]佛教創教之時，並無造像之作。公元一世紀（漢和帝時）健陀羅古建築中首次出現佛像雕刻，這是造像之始，此類作品深受希臘藝術風氣的影響。此後三、四百年間，健陀羅佛像傳世者甚多。而中國佛像也隨之受健陀羅美術深刻影響。中國佛教造像始於晉代，晉武帝泰始元年（266），月支沙門竺摩羅剎（竺法護）至洛陽，造像供奉，為佛像自西域傳來之始，繼之有荀勖造佛菩薩金像十二軀於洛陽。[5]晉代戴逵為中國雕塑史中一極重要人物，他曾作無量壽木像，此木像與師子國玉像及顧愷之維摩圖世稱瓦棺寺三絕。

3　參閱曾堉著《中國雕塑史綱》，臺北：南天書局，1986 年，頁 23-25。
4　參閱梁思成著《中國雕塑史》，臺北：明文書局，1987 年，頁 23。
5　參閱梁思成著《中國雕塑史》，臺北：明文書局，1987 年，頁 27-28。

敦煌石窟的開鑿，展開佛像雕刻的輝煌歷史。前秦建元二年（366），沙門樂僔於敦煌鑿石為窟。他在沙鳴山上，看見金光千佛之形狀，於是就在崖上造窟一龕，隨後高僧法良繼之，在樂僔所造之窟旁，再鑿一窟。此為鑿窟造像之濫觴，[6] 其後刺史建平公、樂陽王等次第造作，至唐聖曆間（697-699）已有佛窟千餘龕，故亦名千佛崖，又名千佛洞或莫高窟。現存北朝至元代十餘個朝代共四百九十二座洞窟，壁畫四萬五千平方公尺，彩塑二千餘尊，書畫文物五萬餘件。

六朝時期除了佛像雕刻之外，存在於帝王陵墓的石獸，也是值得注意的對象。自漢代以來，中國雕刻已經出現石獅的造形，但是其形狀與真實的獅子相距甚遠。其形體純屬理想的，其實為獅、為虎，或為麒麟，實在難以斷定。古代中國難得一見獅子，偶然得自西南夷進貢之奇珍異獸，也不是人人可得而見之，故不得不隨理想而製作。古代古巴比倫及阿西利亞藝術皆有以石獅為門衛的作品，但是它們與中國石獅的時空距離遙遠，無法斷定其關係為何。但是有線索可以肯定，中國六朝石獸之為波斯石獅之傳承，只是至今仍無法了解兩者間的流傳路線及演變程序。此後中國石獅的造形演變遂自成一格，及至明清而獅子乃變成猙獰之大巴狗，其變化之程序，步步可考。[7]

大同雲岡石窟開鑿於北魏王朝中期，主要的石窟完成於北魏遷都洛陽之前（約460-494），現存較大的石窟五十一處，造像五萬一千餘尊，最大的高達十七公尺。開鑿石窟主要是透過佛像雕塑，以形象來宣揚佛教教義，較之艱澀的佛經通俗易懂。雲岡佛像是依照健陀羅大佛地區的佛像而建，不像中原人士的面貌。釋迦牟尼坐像，容貌豐滿，兩肩寬厚，衣褶線條緊貼身軀而雕，造形雄偉。[8]

與佛像雕刻相關的裝飾也是一項值得探究的課題。雲岡雕飾中如環繞之莨苕葉（Acanthus）。飛天所中所挽花圈，都是源自希臘，所不同者，在於希臘花圈為花與葉編成，而雲岡雕飾則用寶珠貴石穿成。頂棚上大蓮花及其四

6　據現存敦煌武周聖曆元年（698）李懷讓《重修莫高窟佛龕碑》所記：「莫高窟者，厥初秦建元二年（366），有沙門樂僔，戒行清虛，執心恬靜，嘗杖錫林野，行至此山，忽見金光，狀有千佛，遂架空鑿巖，造窟一龕。次有法良禪師從東居此，又於僔師窟側，更即營建。伽藍之起，濫觴二僧。」

7　參閱梁思成著《中國雕塑史》，臺北：明文書局，1987年，頁31-32。

8　參閱曾堉著《中國雕塑史綱》，臺北：南天書局，1986年，頁77-78。

周飛繞之飛天，也是北印度、中印度本有之形制。又如半八角拱龕以不等邊四角形為周飾，為健陀羅所常見，而浮雕塔頂之相輪，則純粹印度式之窣堵坡也。更有趣的是，雲岡雕飾也出現來自希臘文化之如古式愛奧尼克式柱首及蓮花瓣。據考據這些都是來自印度翻譯之希臘原本的造形。[9]

　　雲岡佛像的造形，可以分成兩派，所謂南派（源自印度）與北派（源自中國）。南派的形制與南朝遺像袈裟極相似，而北派則富於力量，雕飾甚美。前者長臉，戴高帽，衣著貼身，交腳而坐，這種佛像可能是依據拓跋或中亞的佛像來塑造。後者，著寬大長袍，站立或跏趺而坐，是依據漢人的形象而塑造。北魏由大同遷都洛陽以後，佛像有中國化的趨向，造形寫實純樸，更接近中國人的品味。北派雕像的衣褶是我國雕刻的最重要發明之一，我國佛教雕刻中最古者，其特徵即為極簡單有力之衣褶紋。[10]

　　六朝的雕刻特色，除以上所述之外，北齊、北周之雕刻，實可為隋代先驅。就其作風而論，北齊、北周為北魏（幼稚期）與隋唐（成熟期）間之轉折期。他的手法由程式化的、線形的形制，漸漸進入立體物的表形法。此時期所雕刻的佛像，他的身軀漸圓，然而在衣褶上則仍保持前期遺風，其輪廓仍然整一，衣紋仍然極有韻律。仍然保存固有的微笑古風，但是已經不似前期之嚴峻神祕，面貌較圓，而其神氣則比起以往更加平易近人。[11]龍門石窟晚期的佛像逐漸變成中印人像的融合體，後經北齊、北周、隋、唐的洗鍊，佛像已經完全中國化。從北魏到隋，中國雕塑造像大為改觀，由消瘦的體態轉為圓渾飽滿的形象，造形上更具有三度空間與雕刻性的寫實感。人體衣著下的肌肉，自然真實得似可觸摸。[12]

　　隋代之雕刻，由其形制蛻變之程序來看，最足以引人興趣之點，在於漸次脫離線的結構而作立體之發展，開始對物體之自然形態注意，而同時仍謹守傳統的程式。橢圓形已經成為人體結構之基本單位，但是在衣褶上，則仍不免垂直線紋，以表現其魏齊時代韻律之觀念。[13]隋朝雕刻最大的特色，就在於扁圓的臉形與圓柱形的身體結構。

9　參閱梁思成著《中國雕塑史》，臺北：明文書局，1987 年，頁 37。
10　參閱梁思成著《中國雕塑史》，臺北：明文書局，1987 年，頁 43。參閱注 8，頁 78。
11　參閱梁思成著《中國雕塑史》，臺北：明文書局，1987 年，頁 66-67。
12　參閱曾堉著《中國雕塑史綱》，臺北：南天書局，1986 年，頁 79，88。
13　參閱梁思成著《中國雕塑史》，臺北：明文書局，1987 年，頁 90。

　　隋末唐初，中國雕塑風格又有了新的轉變，人像的頭部小、手臂纖細、身體修長，整個造形顯得輕巧細緻。中唐時期的雕刻作品，其身材則轉而肥碩，頭大而有強力。能同時寓柔秀於強大之中，其衣褶流利自然，出入深淺，皆能善於表現立體的三個向度。[14]

　　唐玄宗之世進入中唐時期，為中國美術史之黃金時代。開元年間，唐玄宗勵精圖治，國泰民安，史稱盛世。玄宗皇帝對於詩畫音樂，尤有興趣，長安成為當時之文藝中心。梨園音樂，自玄宗皇帝創始。唐代藝術最精作品多出自此期作品，李白、杜牧之詩，楊龜年之音樂，吳道子之畫，楊惠之之雕塑，都是唐玄宗開元、天寶間之作品。楊惠之於開元年間，與吳道子同時拜師於張僧繇門下，號為畫友，巧藝並著。然而吳道子的聲譽獨占鰲頭，楊惠之於是焚燒筆硯，毅然發憤，專事雕塑作品，達到能傳移張僧繇的畫相，終於能與吳道子相抗衡。時人語曰：「道子畫，惠之塑，奪得僧繇神筆路。」[15]

　　中唐時期的佛像，在造像姿勢方式上有極大之更改。過去的佛陀菩薩，向來必定正面直立，此期作品開始出現自腰部彎曲或扭轉，或有作行動之姿勢或表示虔誠信仰之至情者。此種動作上及情感上之自由表現，乃引起雕塑技術之自由發展。在立體的三度空間上也得到充分發揮，較為接近自然。這一時期可稱為中國雕塑史中登峰造極之時期，然而六朝造像莊嚴和諧之遺風，仍然得以傳承下來。晚唐以後，則隨著國勢的衰頹，雕刻作品也多死板而無生氣。[16]唐末（九世紀）中國雕刻的造形較為鬆散，衣褶層次多，衣著配件也增加許多零星的細節，雕刻偏重於細節上的裝飾趣味。由於裝飾風味過於濃厚，已失去盛唐時代天神粗壯威風的雕塑特質。[17]

　　五代的雕塑又回復到早期雕塑風格，注重線條的韻律感，減少三度空間的立體感。宋代有復古的趨勢，尤其在宋徽宗時期，官方還監製出版《宣和博古圖》（皇宮宣和殿內所藏之青銅器譜錄）。宋代最重要的石窟佛像，首推四川大足石窟群。[18]宋代雕像大體似唐代雕像，然而面容多呆板無靈性之表現，衣褶則流暢，乃至飛舞。但是身桿死板，少解剖觀察。就使用材料而

14　參閱曾堉著《中國雕塑史綱》，臺北：南天書局，1986 年，頁 89。參閱注 13，頁 100。
15　參閱梁思成著《中國雕塑史》，臺北：明文書局，1987 年，頁 116。
16　參閱梁思成著《中國雕塑史》，臺北：明文書局，1987 年，頁 121。
17　參閱曾堉著《中國雕塑史綱》，臺北：南天書局，1986 年，頁 98。
18　參閱曾堉著《中國雕塑史綱》，臺北：南天書局，1986 年，頁 100、103、105。

言，除少數窟崖外，其他單像多用泥塑、木雕，金像則銅像以外尚有鐵像鑄造，而唐代盛行之塑壁在宋代仍然興盛不衰。總之宋代雕塑之風猶盛，但不如唐代之充滿活力，而且由於社會情況的改變，逐漸失去宗教信仰的虔誠，也使宋代雕刻作品缺乏表現的力道。[19]

遼代雕塑，外形上比唐代雕塑更為寫實，更著重心理的剖析。羅漢像造形逼真，充分表現佛徒坐禪時剛毅凜然的決心。遼塑衣飾最大的特色是複雜繞身的飄帶與刻龍鳳的金銀高冠。[20]

元代雕塑具有體積感、重量感的特性及樸實簡潔的造形特點，一直延伸到明代初年。明代的雕塑造像，人物大致上趨於厚重，衣褶線條捲轉繁複。[21]

明清時期，民間觀賞用的小巧雕塑品大量推出，包括泥、石、玉、木、犀牛角、象牙、蚌殼、樹根、竹根、果核、金屬等。[22]

二、陶瓷藝術

陶瓷主要是由黏土或混合長石、石英等混合物，經成型、乾燥、燒製而成的作品。遠在新石器時代，就已有灰陶、紅陶、白陶、彩陶和黑陶等出現。商代則已經出現釉陶和初具瓷器性質的硬釉陶。真正的瓷器創製於東漢時期。唐代陶瓷的製作技術和藝術創造已達到高度成熟。宋代製磁業蓬勃發展，名窯湧現。主要原因在於南宋時期，宋室南渡，廟堂之上的祭典所需之銅器無法在南方取得，因而必須以瓷器替代。明清時代陶瓷從製坯、裝飾、施釉到燒製，技術上又都超過前代。[23]

陶器是一個和當時的生活關係十分密切的器物，後來隨著生活發展的逐漸精緻化，開始在陶器的外緣加上各種裝飾圖案。起初的圖案也都是和生活的細節直接相關的圖案，例如：各種動物的形象的寫實圖案，到後來漸漸演變成抽象的幾何圖案。陶器幾何紋飾是以線條的構成、流轉為主要旋律。線條和色彩是造形藝術中的兩大因素。在時間的演進上，對色彩的審美感受更優先於對線條的審美感受，這是舊石器時代的山頂洞人已開始色彩的審美感

19　參閱梁思成著《中國雕塑史》，臺北：明文書局，1987 年，頁 134、139。
20　參閱曾堉著《中國雕塑史綱》，臺北：南天書局，1986 年，頁 104、107。
21　參閱曾堉著《中國雕塑史綱》，臺北：南天書局，1986 年，頁 116、122。
22　參閱曾堉著《中國雕塑史綱》，臺北：南天書局，1986 年，頁 128。
23　參閱沈柔堅主編《中國美術辭典》，臺北：雄獅圖書公司，1989 年，頁 510。

受，而對線條的審美感受則要到新石器時代的半坡文化才明顯看出來。[24]

在陶瓷的演變歷史上，唐三彩是一個極為令人炫目的品種。唐三彩是一種低溫釉陶器。釉料因為含有大量的鉛，鉛釉受熱溶化垂掛下來，而形成斑駁燦爛的彩色釉。唐代盛行厚葬，不同等級的官員，死後隨葬相應數量的明器，三彩陶器可能是應這種厚葬風氣而興起的。唐三彩起於唐高宗年間，盛行於唐玄宗年間，至安史之亂後逐漸衰微消失，先後發展了九十餘年。唐三彩的釉彩自然垂掛，色彩鮮豔，中間留有白地，形成強烈的對比。[25]

陶器可以說是新石器時代產生的一個重要的文化成就，其後隨著燒造技術的改進，以及硬質陶、釉陶的相繼產生，在這樣的基礎下終於發展成功比釉陶更精緻的瓷器。構成瓷器的條件必須具有：（一）半透明的胎子；（二）光潔的釉面；（三）堅硬的的胎質和清脆的聲音；（四）斷面放入水中不吸水。「胎」是瓷器的骨幹，瓷器未燒之前的形體叫做「坯子」，燒成之後就成為「胎」。「釉」是附著於陶瓷坯體表面的一種連續的玻璃質層，或是一種玻璃體與晶體的混合層。[26]黏土和釉的化學成分、含量比例，燒造的溫度高低等等，都影響了陶瓷器的成品表現。要控制這些因素，必須要有充分的物理、化學知識才能成功。

瓷器的造形種類及用途如下表列：[27]

表一：瓷器用途分類

日常生活用具			宗教祭祀禮器用具
飲食器、盛器、日常用具	陳設、玩賞用	文具、娛樂用品	
盤、碗、杯、碟、盅、盞、壺、瓶、罐、洗、缸、盒、缽、盂、甕、凳、桌、枕、燭臺、香薰、奩	花瓶、花尊、花觚、壁瓶、轎瓶、插屏、花盆、花托、鼻煙壺、瓜果、動物像生瓷	硯、硯滴、水盂、印泥盒、筆筒、筆桿、筆架、墨床、棋具、蟋蟀罐	尊、罍、簠、豆、簋、鉶、觚、爵、罐、瓶、盌

---

24 參閱李澤厚著《美的歷程》，臺北：蒲公英出版社，1984年，頁27。
25 參閱曾堉著《中國雕塑史綱》，臺北：南天書局，1986年，頁94。
26 參閱宋龍飛著《精雅絕倫的中國瓷器》，臺北：行政院文化建設委員會，1988年，頁6-15。
27 參閱宋龍飛著《精雅絕倫的中國瓷器》，臺北：行政院文化建設委員會，1988年，頁16-17。

　　瓷器的裝飾方法及瓷器的裝飾花紋如下表列：

表二：瓷器裝飾分類

瓷器的裝飾方法	瓷器的裝飾花紋
劃花、刻花、印花、剔花、透花、填彩、填白、篦紋、點彩、鏤雕、浮雕、堆雕、加彩、戧金、鍋金、顏色釉、釉上彩、釉下彩、古彩、粉彩、琺瑯彩	弦紋、水波紋、麻布紋、窗欞紋、網紋、杉葉紋、方格紋、三角紋、蓮花瓣紋、菱形紋、壓印斜方格紋、聯珠紋、忍冬紋、篦點紋、捲草紋、雜花紋、捲葉紋、雲紋、纏枝紋、雲龍紋、緯絲紋、動物紋、嬰戲紋、牡丹紋、萱草紋、飛鳳紋、博古文、螺紋、回紋、錢紋、雲頭紋、蕉葉紋、圓圈紋、曲帶紋、花鳥紋、魚紋、折枝花紋、人物山水、雲間樓閣、戲曲小說故事等

　　中國瓷器的發展史，大致可以畫分為四個主要代表時期：

（一）越窯代表時期

　　東漢後期到北宋初期，約當公元三世紀初到十世紀。

　　三國時代的出現於江浙的越窯，所生產的青瓷已顯出相當的瓷感。唐宋青瓷達到「千峰翠色」的境界。晉杜毓〈荈賦〉有所謂「器擇陶揀，出自東甌」，是最早瓷器產地的記載；晉潘岳〈笙賦〉有所謂「披黃苞以授甘，傾縹瓷以酌醽」，提到當時瓷器的釉色。唐代越窯所產青瓷又稱「縹瓷」，又出現一個「祕色」的新名稱。由於這是進貢之物，僅供御用，故稱之為「祕」。

（二）北方瓷窯代表時期

　　北宋時期，約當公元十世紀到十二世紀初。

　　這個時期出現汝、定、官、哥、鈞「五大名窯」以及磁州、耀州等窯。汝窯青瓷通體有極細紋片，即所謂「蟹爪紋」；鈞窯有許多著名的釉色，如「茄皮紫」、「胭脂斑」、「朱砂紅」、「海棠紅」、「雞血紅」、「雨過天青」、「月白風清」等。其他還有一種窯變花釉、紅紫相映，光彩奪目。而鈞紅的出現，結束青瓷獨占鰲頭的局面。

（三）龍泉窯代表時期

　　南宋到明初，約當公元十二世紀到十四世紀。

　　龍泉章生一、章生二兄弟開設的窯址，一稱哥窯，一稱弟窯。哥窯為北

宋五大名窯之一。弟窯即所謂龍泉窯。哥窯的特色是有開片（碎裂紋路），而弟窯釉色蒼翠，沒有開片。這一時代還有建窯燒製出黑釉器，有的細如絲毛，稱為「兔毫」，有的成羽狀斑點，稱為「鷓鴣斑」，有的如銀星密布，稱為「油滴」，還有稱為「玳瑁斑」的名貴釉色。

（四）景德鎮窯代表時期

明清兩朝，約當公元十三世紀到廿世紀。

景德鎮是中國的瓷都，象徵中國瓷器的最高成就。世界上通用的「高嶺」土的名稱，就是因為景德鎮出產的瓷土而命名。宋代景德鎮窯最高成就的產品，就是「影青」瓷器。影青，宋人稱其為青白瓷，它是一種在釉厚處或花紋凹線處呈淡青色的瓷器。明代景德鎮，在青花瓷發展到登峰造極的水準，同時發展成熟「五彩」、「鬥彩」以及「填彩」等品種，都是從青花加以色彩，變化出來的。清代景德鎮瓷器在技藝上，有不少創新，在釉色上，特別是「粉彩」、「琺瑯彩」的製作上，開創了一個新的局面。乾隆朝的瓷器以景德鎮的唐窯為代表，其特色為：*1.* 不惜工本追求奇巧精異，流行模仿他物的作法，因此有戧金、鏤銀、琢石、髹漆、螺鈿、竹木、匏蠡各種作法；*2.* 釉色豐富多彩，如：霽紅、霽青、粉青、冬青、紫綠、金銀、漆黑雜彩，無一不備；*3.* 彩繪方面，裝飾畫法極為精細，所製多「宮廷祕玩」；*4.* 造形設計方面，器物品種從古禮器到花果象生之作，應有盡有。[28]

三、青銅器藝術

青銅器主要指商、西周、春秋戰國時期銅錫或銅錫鉛合金鑄造的器物。在商、周時期也是青銅器的鼎盛時代。但是，歷史上最大的銅器製造，應在公元前二百年左右。根據《史記》所載，秦始皇收天下兵器，鑄為十二金人。以當時的兵刃的數量來揣測這十二金人的規模，可謂相當驚人。

青銅器在鑄造的過程上不僅是藝術的創造，也必須運用到冶金的技術，因為所謂青銅器不是純銅的產物，而是摻雜不同比例的錫合成不同硬度的合

---

28 參閱宋龍飛著《精雅絕倫的中國瓷器》，臺北：行政院文化建設委員會，1988 年，頁 18-60。

金，以適應各種器物上的需求，而有「六齊」之謂：「六分其金而錫居一，謂之鐘鼎之齊；五分其金而錫居一，謂之斧金之齊；四分其金而錫居一，謂之戈戟之齊；三分其金而錫居一，謂之大刀之齊；五分其金而錫居二，謂之削殺矢之齊；金錫半，謂之鑑燧之齊。」（《考工記》）[29]

在銅器的鑑賞方面，可以包括外在美的欣賞與內在美的欣賞。所謂外在美的探討即有關銅器本身的形制和紋飾，而所謂內在美的探討即銅器上的銘文。最早的銅器銘文，多是一種族標誌等簡單的圖形，然後有私人的名字，然後再發展成敘述重要的事蹟。如毛公鼎、散氏盤和宗周鐘之類。銅器銘文以毛公鼎的四百九十七字，堪稱字數最多者。[30]青銅器在食器、酒器、盛水器方面種類繁多，最能代表青銅器的藝術表現。至於外在的紋飾上，商代的紋飾表現商朝民族的粗獷個性，圖案多寫實，造形豪放；至於周代的紋飾則表現出周朝民族的理性與內斂的個性，圖案轉向抽象化、幾何圖案化，而且紋飾的比例也較為有所節制。

周代銅器特徵如下：[31]

（一）深刻、淺刻並用，或全器面俱有紋或橫圈。深刻部分多為夔或饕餮。淺刻部分為雷紋。

（二）重要部分加以脊骨。其斷面小則圓，大則方，且多節斷、折鉤等。

（三）小圈橫帶圈 ○○○○○ 。

（四）腳部周繞多有弦紋。

（五）所有主要花飾多以動物為主。

春秋戰國時期，青銅器鑄造方法有了新的突破。青銅器的紋飾亦逐步擺脫商代、西周以來神祕森嚴的氣氛，出現了清新、近於日常生活的主題。商周青銅工藝的鑄造，大體是用分塊陶質范模湊合成整體，然後將銅、錫、鉛等混合溶液注入陶范而成。春秋時期，由於發明了比較進步的消蠟法、焊接、錯金銀等技術，使得青銅工藝的造形技術上更為精細、多樣化，也創造出許多新的裝飾方法。[32]

29　參閱李霖燦《中國美術史稿》，臺北：雄獅圖書公司，1989 年，頁 66。
30　參閱李霖燦《中國美術史稿》，臺北：雄獅圖書公司，1989 年，頁 66-67。
31　參閱梁思成著《中國雕塑史》，臺北：明文書局，1987 年，頁 5。
32　參閱曾堉著《中國雕塑史綱》，臺北：南天書局，1986 年，頁 36。

　　西漢最精美的雕刻是湖北滿城劉勝墓中的錯金銀博山爐與鎏金長信宮燈。劉勝博山爐是中國第一次以山為主題的雕塑作品，亦是中國最早的山水人物造形。博山爐是利用幾個銅環套在一起，形成多層次的蓬萊仙島，下面以嵌金的線條來表現洶湧的海浪。山上怪石嶙峋，石縫中藏匿著各種不同的怪獸與人物，是中國神仙幻境的雕塑。尤其在點燃香後，煙霧裊裊上升，雲煙繚繞與金色波浪相互輝映，使得這座仙島給人一種幻覺上的動態感。[33]

　　青銅器的種類繁多，一般按用途畫分，可以分為食器、酒器、水器、樂器、兵器、車馬器、工具、貨幣、璽印符節、度量衡器、銅鏡、雜器等。以上各類，食器、水器、酒器等大類之下，更有若干細分的品類器物。例如食器中包括鼎、鬲、甗、簋、簠、盨、豆等。

　　青銅器上的銘文，也稱之為「金文」或「鐘鼎文」。商代到春秋時代的銘文是鑄成的，內容多為祭典、訓誥、征伐、賞賜、盟約等。其中以毛公鼎為最主要的代表器物。戰國時代的銘文大多是刻成的，內容以記載作器工名、所有者及使用地點為主。銘文的字體，商代近似甲骨文，西周前期風格雄健，中後期趨向規整；春秋戰國時代出現鳥篆等藝術字體，直至秦代才歸於統一。

　　青銅器上的花紋，常出現在器物的頸、腹、圈足或蓋上。大致可以區分成幾何紋、動物紋和人事活動紋三類。這三種花紋的形式如下表列：

表三：青銅器花紋分類

幾何紋	動物紋	人事活動紋
弦紋、乳丁紋、雲雷紋、渦紋、繩紋、鱗紋、瓦紋、竊曲紋、環帶紋、重環紋等。	獸面紋、夔紋、龍紋、蟠虺紋、鳥紋、象紋、魚紋、龜紋、蟬紋、蠶紋等。	宴樂狩獵紋、戰鬥紋等。

　　青銅器花紋在一定程度上反映了當時人們的思想觀念，它依時代的不同而有不同的特點和風格。[34]

33　參閱曾堉著《中國雕塑史綱》，臺北：南天書局，1986 年，頁 58。
34　參閱沈柔堅主編《中國美術辭典》，臺北：雄獅圖書公司，1989 年，頁 572。

四、玉器

　　周朝以來還有一種極受重視的器物，那就是玉器。中國人對玉可以說是極其偏愛。從石器時代就開始了玉的演變過程，它由工具變為具有崇拜的功用。由兵器變為禮器、變為喪葬用物、變為裝飾文玩。玉器作為禮器有所謂「六器」：「以玉作六器，以禮天地四方：以蒼璧禮天，以黃琮禮地，以青圭禮東方，以赤璋禮南方，以白琥禮西方，以玄璜禮北方。皆以牲幣，各放其器之色。」（《周禮・春官・大宗伯》）這裡特別值得注意的是各種顏色和天地四方的配合，這也涉及青龍、朱雀、白虎、玄武四神的觀念。[35]

　　玉器尤為周代禮節中之必需品，安邦國則有六瑞；禮天地四方則有六器。六瑞與六器的用途，如下表列：

表四：玉器用途分類

六瑞	王	公	侯	伯	子	男
	鎮圭	桓圭	信圭	躬圭	穀璧	蒲璧
六器	天	地	東方	南方	西方	北方
	蒼璧	黃琮	青圭	赤璋	白琥	玄璜

　　在玉器的發展過程中，儒家思想對它產生極為重要的影響，並為玉器的發展奠定理論基礎。在《禮記・聘義》中提及孔子認為玉有十一德：仁、智、義、禮、樂、忠、信、天、地、德、道。《管子・水地》：「夫玉之所貴者，九德出焉：夫玉溫潤以澤，仁也；鄭以理者，知也；堅而不蹙，義也；廉而不劌，行也；鮮而不垢，潔也；折而不撓，勇也；瑕適皆見，精也；茂華光澤，並通而不相陵，容也；叩之，其音清搏徹遠，純而不殺，辭也；是以人主貴之，藏以為寶，剖以為符瑞。九德出焉。」許慎在《說文解字》中，把玉之美與玉之德統一起來，認為「玉，石之美者，有五德者」。這些把玉的自然屬性延伸到人倫修養的範疇的思想，和儒家把色彩、音樂附加道德涵義，如出一轍，都是一種「天人合德」，或「天人合一」思想的延

---

35 參閱李霖燦《中國美術史稿》，臺北：雄獅圖書公司，1989 年，頁 73-75。

伸。它們的溝通基礎就在於自然界的規律和人文界的規律是同一的。因此，古人對玉的崇尚，「貴玉」、「重玉」的觀念就不難理解了。

玉器的歷史發展，簡述如下：[36]

新石器時代，這一時期的玉器一般硬度低，琢磨玉器的工具只能是所謂「他山之石」，即硬度高有韌性的石材。晚期琢玉技藝提高後，出現高而多節的琮，良渚文化出現刻有獸面紋和人面紋的玉器，紅山文化出現了最早的龍形器。這時的紋飾有模擬的花朵及動物形體，工藝主要是陰刻，鏤空尚屬初創階段。

商周時代為玉雕藝術的成長期，商代有王室專屬的琢玉作坊，並有進貢玉器的規定。製作較前精細，紋飾有一定風格，無論是人、獸、鳥的眼睛多出現「臣」字形，裝飾紋的直刻線多於弧形線。出現和闐玉雕琢的玉器，從此和闐玉逐步成為中國玉器的主體。

春秋戰國時代為玉雕的嬗變期，工藝由平面雕轉向立體的浮雕，紋飾由簡而繁，出現最早的蟠螭紋，並注重器物的打磨拋光。此時期受儒家思想的影響，用「君子無故玉不去身」來顯示清白廉潔，一時佩玉成風。大量佩玉的需求，出現成套的玉劍飾。此時，和闐玉大量進入中原，鐵器改良工具使技術提升，因而使玉器藝術達於歷史上的高峰。

秦漢至南北朝是玉雕藝術的發展時期，鏤空技術廣泛運用，曲線結構造形表現更為優美，特別是螭虎的刻畫更是超絕。

魏晉南北朝時期，由於佛像雕刻的興盛，戰爭頻仍，玉器的製作較不發達。

隋、唐、五代、宋、遼、金是玉雕藝術的繁榮期，玉器的需求大增，紋飾題材廣泛而多樣化。這段期間的特色是：用玉的群體從王公貴族擴大到平民百姓，玉器的用途從過去作為禮器轉變為作為玩賞為主，玉器紋飾從抽象圖案轉變為具象圖案，融入生活，玉材從本地玉石轉向新疆和闐玉為主。

元、明、清是玉雕藝術的鼎盛時期。元代統治者喜歡粗獷的藝術效果，注重主題紋飾的精細刻畫，非主題部分不加修整，留下明顯的切割痕跡，稱之為「不拘小節」。明代的玉器多集中在晚明，因為明初時期，新疆未納入版圖，玉材不易獲得之故。晚明的玉器以吉祥圖案為主，所謂「圖必有意，

36　參閱黃桂云著《中國玉器雕飾藝術》，長沙：湖南美術出版社，1998 年。

意必吉祥」。陸子岡是當時琢玉高手，也是在玉器上留下人名款的唯一一人。

　　清代玉器的製作，無論是數量、品種都達到歷史的巔峰。特別是乾隆時期的玉器做工講究，規矩方圓一絲不苟。紋飾題材沿襲明代，以吉祥圖案為主，也出現大量以山水、詩詞題材的玉器。由於乾隆皇帝嗜好古玩，所以也出現仿商周青銅器、宋代瓷器等器形的玉器。

第三節　小結

　　我們在本章討論了兩個主題，一個是建築藝術，一個是雕塑藝術。這兩種藝術都是造形藝術，而且跟生活作息等實用目的息息相關。這兩大類藝術，最初都是從滿足現實生活的需求開始，然後在技術成熟之後展開雕飾等藝術元素的追求，終於發展出獨樹一幟之藝術門類。

　　建築、雕刻、陶瓷、青銅器、玉器等等藝術，在世界各大藝術主流中都會發現相類似的作品。但是這些門類在不同的地理環境、民俗、文化、宗教、思想觀念等方面的差異性發展，也就改變了這些藝術的呈現樣貌。而這些藝術活動融入中華文化的洪流之後，就產生了具有中華文化特色的藝術作品了。

　　就建築而言，中國地區自古多林木，而少石材。所以建築物的材料就以木材為主，石材為輔。這就是外在環境的影響因素之一。另外氣候因素也會改變建築物的設計，由於南方雨水較多，所以南方建築物多了雨庇或騎樓，同時也更注意排水問題的處理。中國人在思想觀念上的追求正直，所以連支撐懸臂的屋簷，也是採用縱橫交錯的斗栱設計來延伸支撐，刻意捨棄斜向支撐的設計。中國建築最華麗，也最能表現階級意識的部分之一，在於屋頂的設計。唯有宮殿、寺廟的屋頂可以採用重簷式的設計，一般民宅則只能單簷設計。又屋脊、飛簷上的神仙、神獸等飾物也受到階級的限制，一般平民不得任意使用。在建築群體的安排上，四合院的設計，最能直接反應中國人的倫理思想。凡居住在四合院內的居住者，都是同一個大家族的宗親，彼此在生活需求上互相照料、守望相助，這種建築群落的設計，更加凝聚了傳統注重家庭觀念的倫理思想。

　　而整體建築物的坐落方位，與陰陽五行的生剋關係，也決定了建築物的整體造形，也就是說形而上的自然宇宙觀與具體建築物的風水產生密切的關

聯。在中國人的思想觀念裡，大地自然是一個大宇宙，而人造的屋宇也是一個小宇宙，居住其中的主人更是一個集精、氣、神之大全的微小宇宙，無論是大宇宙或是小宇宙，其本質是一致的。也就是說，天、地、人基本構成元素是一樣的，所服膺的規律也是一樣的，所以大宇宙的規律與人生的規律，甚至人倫的規律都是同質性的。所以我們在自然界或人事界所看見的，都是同質結構的有機體。既然是有機體則不只是人有氣息，就連山川大地與人造的屋宇也都是有機的事物，也都有其氣息。因此之故，一座好的房子，不只是堅固、寬大、華麗，而且也是與其所在的環境，以及居住其內的主人共構一個和諧的世界，交織成和諧的生命旋律。

其次，我們在本章探討了雕塑藝術。在石刻藝術品方面，最早由於觀念與技術的銜接落差較大，創作者所欲表達的形象，受限於材質與工具，往往在藝術觀念與藝術作品之間的詮釋無法充分發揮出來。所以，早期的雕刻作品要保留許多平面來作為圖案線雕的底基，如此才能輔助觀者了解作品的內涵。到了成熟期以後，無論是觀念或是技術、工具、材質的掌握都達於圓熟，所以只要能充分表達出三度向的立體造形，就不必在表面上進行太多線雕的輔助圖案。

雕像藝術以佛像占大宗，早期輸入中土的佛像都是根據健陀羅的造形與人體比例來呈現，就連裝飾形制也是照搬印度的原本樣式。然而印度的樣式也不是原生的樣式，而是受到希臘美術所影響的產品。這些藝術的遞嬗痕跡，在敦煌佛窟的藝術形象中可以明顯地看出來。但是佛像造形的演變，就如同禪宗思想的演變一般。禪宗思想是中國文化接受佛教思想之後，所產生的佛教本土化的結果。而晚期的佛像也是從印度人造形的佛像，最後轉變成中國人造形的佛像，這也是佛像中國化或漢化的結果。

中國陶瓷的出現，在世界文明史上是極早出現的，以致全世界的人都把瓷器稱之為「中國」。陶瓷器的發展始自石器時代，其後隨著各種文化活動的需求，再加上陶瓷工藝的精進，產生了各種陶瓷產品。在瓷器的發展史上，很長一段時間，中國人特別欣賞青瓷的特殊色澤，這種喜好反映出中國人特有的審美品味。它顯示出在一種單一的色彩上，各種深淺不同的層次變化，再加上開片的裂紋，產生一種引人遐想的意境，就如同禪宗思想一般，始終令人無法完全參透究竟。

　　青銅器的出現，從工藝技術的層面來看，這是一個工藝史上值得紀念的里程碑。它代表中國工藝技術對於冶金化學等方面的實踐知識是一個重大的躍進，同時在工藝美術上的表現也是日益精巧。青銅器從最初的日用器具，轉變成祭祀典禮的禮器，這也代表了雕塑藝術與宗教祭祀活動的緊密結合，說明了藝術作品為宗教服務的典型。

　　關於玉器的喜好，全世界大概再也找不到還有哪個民族比中國人更加愛好了。玉器也是從一般生活器具轉變成禮器，再轉變成衣飾配件以及各種玩賞物件。由於中國人喜好將玉器的各種物理特性比附道德修養的各種德目，使得古代文人雅士或紳士淑女都極度喜好玉器。這種對玉器的特殊喜好，就和前述中國人的有機宇宙觀是同出一轍。也就是說自然世界的規律與人倫世界的規律是同一的，所以接近某些自然界的好物品（例如玉器），也可以增益人品的向善與高尚。

　　總結以上各種藝術品類的特質，我們可以發現各種藝術品的表現方式，其實和我們民族背後的哲學觀念有著緊密的關聯性。擴而充之，要想了解一個民族的藝術思想，就要從一個民族的哲學思想觀念著手，如此才能真正欣賞到它的藝術本質。

自我評量

1. 請說明中國建築藝術的思想原理。
2. 請利用機會實際鑑賞中國建築藝術，對照本章的內容，說出你的意見。
3. 請利用機會實際鑑賞中國園林藝術，對照本章的內容，說出你的意見。
4. 請利用機會實際鑑賞中國雕像藝術，對照本章的內容，說出你的意見。
5. 請利用機會實際鑑賞中國陶瓷藝術，對照本章的內容，說出你的意見。
6. 請利用機會實際鑑賞中國銅器藝術，對照本章的內容，說出你的意見。
7. 請利用機會實際鑑賞中國玉雕藝術，對照本章的內容，說出你的意見。

第十四章
中國傳統藝術的特色（下）

本章繼續上一章，從實際的藝術作品來看，中國美學基本觀念如何融入具體的作品。我們仍然延續上一章的進路，根據各門藝術的質料與形式的比例，先探究質料成分較高且形式（精神性）成分較低的藝術種類，逐漸進入質料成分較低而形式成分較高的藝術種類。依此原則，在完成雕塑的課題後，我們接著進入繪畫與書法，詩歌、音樂與戲曲等課題。

第一節　繪畫藝術與書法藝術

一、繪畫藝術

中國繪畫的歷史發展，可以從遠古時代就開始算起，石器時代的岩壁畫，半坡遺址上的陶器的魚紋圖案和各種漁獵圖案，殷商以至周代的青銅器上的裝飾圖案，都可以算是廣義的繪畫歷史的前奏。但是以目前現存的畫蹟來看，在長沙馬王堆出土漢代時期利夫人墓中的帛畫可謂最早時期的畫作了。這幅帛畫外形是一幅長條的 T 形畫幅，上、中、下三段分別表現天、人、地三界的世界觀，它的內容和漢朝充滿神祕色彩的思想可以相呼應。

漢代時期的其他種類繪畫作品則是畫像石和畫像磚藝術，這類畫像藝術以東漢時期最為興盛，出現地域以山東和四川最有地方特色。山東畫像石的題材、內容的分類，以及運用技法，可以如下表所列：[1]

1　參閱高木森著《中國繪畫思想史》，臺北：東大出版社，1992，頁 90-91。

表一：山東畫像石題材、內容分類、運用技法

題材	第一類 反映社會現實生活	第二類 歷史人物故事	第三類 祥瑞之物與神話故事	第四類 自然景物
內容	農業勞動、手工業勞動、狩獵、捕魚、車騎行列、人物聚會、戰爭、庖廚收租、樂舞百戲、建築物、禽、獸、魚、蟲等等。	帝王將相、聖賢人物、高士賢達、烈女孝子等等。	伏羲、女媧、東王公、西王母、九尾狐、奇禽異獸、瑞獸、瑞禽、瑞物等等。	日、月、星、雲、山川、草木等等。
技法	陰線刻、凹像刻、陽線刻、平凸刻、隱起刻、起突刻、透突刻			

　　畫像石雖以山東出土者最有名，但是還有河南、四川等地出土的作品，各自表現出不同的風格，山東地區作品表現出北方的古拙、河南地區則表現出南方楚文化帶有流暢線條的神祕之美，而四川地區的作品則最能表現日常生活的寫實。各地區出土作品風格類型及特色，如下表列：[2]

表二：各地畫像石風格、特色分類

風格類型	古拙型	靈動型	寫實型	樸素自然型
代表	山東武梁祠	河南南陽	山東沂南古墓	四川畫像磚
特色	景物和人像以側影方式呈現，不考慮三度空間，主要人物體積加大，全體安置於一條基線上。人物體大頭小，馬匹身軀粗大笨拙，四肢細小。保留春秋戰國裝飾藝術特徵，具有北方風格。	布置疏朗，畫像與畫像之間保留相當距離，使人像、物像的流線力感向四面八方伸展。遠承戰國的漆器畫。人像多胸圓腰細，動作靈活，動物奔騰飛躍，充滿動感。具有南方楚文化特色。	陰線刻樂舞百戲畫像。構圖上使眾多人物有秩序地在地平線上展開，重視細部刻畫，更有寫實感。	題材以一般平民的日常生活為主，企圖用簡樸的表現技法捕捉最實際的景物。

　　漢畫象石常常以拓片的形式出現。它既是圖畫，也是圖案，又是浮雕，再加上拓片的形式，可謂兼具四種風貌於一體。漢畫象石的題材按其類別有

2　參閱高木森著《中國繪畫思想史》，臺北：東大出版社，1992，頁93-97。

根據史書記載的史實，也有採自神話故事的內容，還有日常生活的種種情況的描繪。根據史實作圖的有一類專以刺客傳為題材的，例如〈荊軻刺秦王圖〉、〈專諸刺王僚圖〉、〈要離刺慶忌圖〉等等。另一類根據史實作圖的專以孝子傳為題材的，例如〈閔子騫孝子圖〉、〈董永孝子圖〉、〈老萊子彩衣娛親圖〉等等。

根據神話故事的題材大多以《山海經》上的傳說以及羽人、同命鳥、連理枝等圖案出現。如武梁祠的〈靈界圖〉等等。也有史實摻雜神話的題材如〈泗水撈鼎圖〉、〈神農黃帝圖〉等等。關於日常生活的題材也有〈宴樂圖〉、〈庖廚圖〉等等。

在漢畫象石上所表現的構圖大多都是填滿整個畫面的，還沒有出現後世構圖上所謂「虛」的境界，可謂尚在「見與兒童鄰」的階段。在許多作品中它同時出現上下區分成三、四格的分割畫面，用來說明一個故事的連續進行的狀況，或同時表現不同的時空情景於同一畫面上。猶如現代的分格漫畫一般。在日常生活題材上也表現各地的地方特色，例如在四川的題材當中有〈汲滷圖〉、〈弋獵收穫圖〉等等。[3]

早期的中國畫以人物畫為主，流傳至今以東晉顧愷之的〈女史箴圖〉最為人所稱道。這件圖卷是以張華所著的《女史箴》為題材，為其作插畫。他在構圖上首創「三角形法」，比起漢畫象石的構圖大大的進步。他的線條號稱「春蠶吐絲描」或「琴弦描」或「高古游絲描」，表現出線條的綿密均勻。[4]魏晉時期，顧愷之和謝赫，在人物畫上的成就，我們已在本書第十一章說明過。至於山水、花鳥畫，最初都是作為人物畫的背景出現，只是聊備一格，妝點畫面的效果而已，還談不上各種技法的講究。在各種物象與空間的關係很不協調，沒有嚴謹的比例。所有山水木石比例都不正確，所以張彥遠形容魏晉山水「或水不容泛，或人大於山」而樹石「列植之狀，則若伸臂布指」，尚未脫離概念化的意象。

梁朝之張僧繇於縑帛上開創用沒骨法施以青綠重色，繪出峰巒泉石，開青綠山水之先河。後隋代之展子虔結合顧愷之、張僧繇之法和思想，為唐代繪畫開創出一條嶄新的途徑，遂被稱為唐畫之祖。

3　參閱李霖燦《中國美術史稿》，臺北：雄獅圖書公司，1989 年，頁 14-20。
4　參閱李霖燦《中國美術史稿》，臺北：雄獅圖書公司，1989 年，頁 23。

　　到了唐代，山水畫出現兩大特色，一是李思訓父子所創的「金碧山水」（亦稱青綠山水）；另一則是王維所創的「水墨山水」。王維純水墨之繪畫風格，為後世帶來巨大的影響，使水墨山水畫成為中國繪畫之主流，遂被後世推崇為「水墨山水畫之鼻祖」。[5]

　　在張彥遠的《歷代名畫記》裡，記載著當時兩位有名的畫家畢宏（唐代代宗時畫家）與張璪的一段對話，畢宏問張璪的畫藝師承自誰，張璪回答曰：「外師造化，中得心源。」畢宏聽了以後就擱筆不再作畫。[6]從這個回答可以發現，繪畫所要表現的必須是對於客體世界的再現，因此張璪要強調「外師造化」，也就是以自然為師，和自然界作直接的接觸、溝通。如此，可以避免把繪畫變成概念性的語言，而斷了和經驗的直接接觸。另一方面，作畫並不是一種單純的模仿自然的工作，一件作品之能感動人心，必然有其特殊的審美角度或審美的境界，這個體認必須是能夠得到眾人都可以認同的普遍性精神境界，因此作者的主體性審美境界必須能得到觀者的普遍共鳴，所以就藉「中得心源」來表達。

　　中國山水畫以五代以降最為突出，五代至宋代幾位代表性人物：荊（浩）、關（仝）、董（源）、巨（然）。荊浩是五代後梁畫家。據傳他通經史，能詩文，書法學柳公權，工畫佛像，尤妙山水，隱居太行山洪谷，號洪谷子，常攜畫具於山中寫生，可見古代畫家極為重視現場寫生的功力。他的畫作以中峰鼎立的布局，幾乎占滿全幅，這正是初期山水畫家把山形主體置於畫幅正中央的慣用手法。臺北故宮藏有〈匡盧圖〉，是其傳世巨作。他所著的〈筆法記〉，提出畫作的六要：氣、韻、思、景、筆、墨。他可說是一位技藝與理論兼顧的藝術家。

　　荊浩在〈筆法記〉中提出：「畫者畫也，度物象而取其真。物之華，取其華；物之實，取其實。不可執華為實。若不知術，苟似可也，圖真不可及也。」的說明性定義。它指出繪畫是一種創造（畫者畫也），同時又是對於客觀物象的真實反映（度物象而取其真）。[7]在這個論述的脈絡中，我們可以看出來繪畫所欲反映的境界絕對不是表面的形似而已，它要求追求一種自

5　參閱鄭明編著《中國山水畫技法》，臺北：藝風堂出版社，1991 年，頁 8。

6　參閱《中國美學思想彙編》，上冊，臺北：成均出版社，1983 年，頁 325。

7　參閱葉朗著《中國美學史大綱》，臺北：滄浪出版社，1986 年，頁 245。

然的本體，或本質性的存有，荊浩把這個本然稱之為真。在這樣的一種認識自然的模式之下，荊浩隱然預設著一種主客聯繫的途徑。在現象界所呈現的「物象」，其中實際隱含著自然本體的支持。透過我們的審美的能力可以把握物體的形象（度物象），並且還可以發現這物象背後的本體之真（取其真）。而真正的藝術表現的境界也就在於超越了感覺經驗而整體的與自然本體相契合。

荊浩在〈筆法記〉中提到「六要」：「夫畫有六要：一曰氣，二曰韻，三曰思，四曰景，五曰筆，六曰墨。……思者，刪撥大要，凝想形物。」[8]荊浩的「刪撥大要，凝想形物」這一命題可以說是對於張璪的「外師造化，中得心源」的命題的補充。「思」就是藝術想像活動。這種藝術想像活動，圍繞著審美意象的創造這個中心（凝想形物），是一個集中、提煉、概括的過程（刪撥大要）。[9]大凡從事藝術創作，都不能僅止於將所描繪的對象毫無遺漏的保留一切細節，如此一來將使得作品毫無吸引人的焦點。因此，首要的工作就是必須去蕪存菁，只保留核心的要素，此即「刪撥大要」的工作。但是從作者的角度來看，必須能夠把留存的要素和某種心靈境界中的形象相結合，或投射這個意象於審美鑑賞的對象之上，此即「凝想形物」的工作。

關仝也是五代後梁畫家，工畫山水，拜荊浩為師，晚年有青出於藍的美譽。他的畫風也兼採王維筆法。臺北故宮藏有他的〈山谿待渡圖〉，也是以主峰安置在畫幅中央的布局。

董源是五代南唐畫家，曾任宮廷畫家，號稱「董北苑」。最擅長畫山水，作峰巒出沒，雲霧顯晦，溪橋漁補，洲渚掩映的江南一帶山水景色。北京故宮所藏〈瀟湘圖卷〉為其傳世名作，董其昌曾經以「洞庭張樂地，瀟湘帝子遊」之詩句譽此畫。

巨然也是南唐的大畫家，他是開元寺的一位僧人，南唐亡後，曾移居北宋的汴梁。他的作品最值得注意的是山巒上的「礬頭」和「披麻皴」。礬頭指山頭多卵石狀的結組，而披麻皴指表現山石的披拂交錯長線條結組。現藏臺北故宮的〈秋山問道圖〉是一幅一語雙關的作品，「道」有「道理」之意，所以圖中央有二人盤膝論道；「道」也是「道路」，所以圖中路徑縈迴，

8　參閱《中國美學思想彙編》，上冊，臺北：成均出版社，1983 年，頁 370。
9　參閱葉朗著《中國美學史大綱》，臺北：滄浪出版社，1986 年，頁 251。

所以此畫令人玩味再三。此外〈層巖叢樹圖〉（臺北故宮藏），和〈萬壑松風圖〉（北京故宮藏）也是傳世名作。

五代畫家尚須增列一人，即是趙幹。他是五代南唐畫家，在李後主朝廷內，任職畫院學生。他擅長表現「煙波浩渺，風光明媚」的山光水色，〈江行初雪圖〉（臺北故宮藏）就是他的傳世名作。他採用彈粉的技法來表現天空降下紛飛的小雪，有其開創性。這幅圖描寫深秋之美、行旅之苦、初雪風霜之厲，處處表現令人激賞。[10]

北宋山水畫家以李（成）、范（寬）、郭（熙）、米（芾）為代表。李成是五代宋初畫家。他的山水畫最初師法荊浩、關仝，後隱居山林，師法自然。他的墨法精緻，好用淡墨，時稱「惜墨如金」。畫山石如雲動，世稱「卷雲皴」。李成擅長畫寒林圖，寒林是中國河朔平原的特殊景色，寒冬的林木只剩枝幹，待春天一到，便滿枝萌芽生葉。李成對這種景色別有心得，和《易經》中「剝盡必復」，「否極泰來」的道理相通。臺北故宮藏有〈李成寒林平野圖〉，寫「歲寒而後知松柏之後凋也」景色。

范寬是北宋畫家，本名中立，因性情寬緩，人呼「范寬」。臺北故宮藏有范寬所繪製的〈谿山行旅圖〉。許多鑑賞家都認為這幅畫是三段透視法，看山頂蒙茸草樹之時（即遠景所現），立足點是在高空；看松杉琳宇之時（即中景所現），立足點在山巔；看路下巨石（即近景時），立足點是人在廟中。這三種觀點能融會貫通於一幅畫作之中，說明作者並不拘泥於物像的視覺統一，而是以審美的心象來統一全局，也就是作者能把所有對山川形勢的審美觀照，以創造的心能加以融會，讓三段不同的景觀（遠景、中景、近景）以其最佳姿態呈顯出來。本幅畫作在技法上採用「雨點皴」來表現黃土高原上的特殊地理景觀，是其一大特色。

郭熙是宋神宗時代的重要畫家與藝術理論家。他的最有名的傳世之作是現藏於臺北故宮的〈早春圖〉。這幅作品雖然也是主峰立於畫幅正中央，但是完全不同於范寬的〈谿山行旅圖〉那般清朗剛直。因為范寬的作品表現的是北方的地理環境，山石挺立，空氣乾燥而透明，所以物像清晰乾朗。但是郭熙的〈早春圖〉表現的是南方的山水與早春的季節景觀。整體構圖以一個大 S 形來鋪陳主峰形勢，用以表現南方山水的秀媚。而早春的時節，地氣上

10　參閱李霖燦著《中國美術史稿》，臺北：雄獅圖書公司，1989 年，頁 79-84。

升，空氣中春靄朦朧，呈現沉睡大地方才甦醒的慵懶態勢。在技法上，郭熙採用「雲頭皴」，用旋轉的筆觸來象徵天空的風起雲湧，並運用到山石紋理的表現。郭熙父子所作《林泉高致》，其重要內容已於第十一章介紹過，不再重述。

　　米芾為北宋書畫家，宋徽宗時代召為書畫學博士，官至禮部員外郎，人稱「米南宮」。在書法成就上與蔡襄、蘇軾、黃庭堅合稱「宋四家」。在畫藝上，他的兒子米友仁繼承其父的畫法號稱「墨戲」，畫史上有「米家山」、「米氏雲山」和「米派」之稱，元代高克恭、方從義受其影響。〈春山瑞松圖〉是米芾的傳世名蹟，透露應用書法的功夫於繪畫之上。其子米友仁把一向重線條之中國畫法，變成注重墨色之表現，使「筆墨」二字獲得新詮，是米氏有功於畫史。[11]

　　南宋時期的代表性畫家有李唐、劉松年、馬遠、夏珪等四人最為著名。李唐是跨越兩宋的畫家，他的畫風早年表現北方地理景觀的豪邁氣概，晚年則是受江南景色的陶冶，筆潤、皴長，畫法去繁就簡。現藏於臺北故宮的〈萬壑松風圖〉是李唐在北宋時期的作品，畫面上充滿陽剛之美。

　　劉松年以工人物畫見長，至於山水畫則多以茂林修竹為寫景對象，多半是江南景色。馬遠則是出自繪畫世家。他的山水畫，不僅把小斧劈皴發展成大斧劈皴，成了南宋的標準皴法，而且在構圖上也有重大的貢獻。他把構圖的重心從中軸線轉向中分線，再推向對角線。當構圖重心在中軸線上，畫面元素只有一個佇立於畫面中央；當構圖重心加上中分線後，就有了二分法的依據，畫面元素可以向畫面的邊緣發展；當對角線構圖再加進來，畫面元素就可以向四個角落發展。馬遠和夏珪對這個構圖上的發展都有推波助瀾之功，因此有「馬一角」、「夏半邊」的稱號。好事之徒把它稱之為南宋國勢衰頹之徵兆，其實從構圖演變的辯證歷程來看，毋寧是《易經》思想之「太極生兩儀，兩儀生四象」的發揮。[12]

　　元代由外族統治，畫家多潛藏山野，藉繪畫抒寫心中之抑鬱和個人情感，於是畫風轉為疏放簡練，遂成「文人山水畫」之風格。其中以黃公望、倪雲林、吳鎮、王蒙四大家風格獨到，並為後代之山水畫帶來極深遠的影

11　參閱李霖燦著《中國美術史稿》，臺北：雄獅圖書公司，1989 年，頁 85-92。
12　參閱李霖燦著《中國美術史稿》，臺北：雄獅圖書公司，1989 年，頁 95-97。

響。此外，還有趙孟頫、錢選等力倡復古之論，遂帶來不事寫生，專事臨摹之風氣。

　　明代之山水畫乃繼承宋元之畫風，臨摹者眾，創作者少，使明代成為臨摹時期。明代畫派很多，其中最受矚目者有吳、浙兩派：吳派風格細膩，浙派則粗頑豪放。明代重要畫家有吳派的文徵明、沈周、唐寅、仇英，合稱明四大家。另浙派之戴進、吳偉、藍瑛，則被稱為三大家。此外，董其昌提出山水畫分南北宗之說，並大肆貶北（金碧山水）尊南，對於晚明至清代的山水畫，在思想與美學觀點上，均產生極大的影響。

　　清代可說是山水畫的衰弱期，其衰弱之因乃在於因襲之風籠罩著整個藝壇。初期有四王（王時敏、王鑑、王翬、王原祁）、吳歷、惲南田以領袖姿態出現，畫風只重師古而忽略寫生，故作品徒具功力而無創意。然而，另有四僧（石濤、石谿、八大山人、漸江）均為明遺民，他們不甘囿於傳統，敢於突破，故能獨樹一幟，其作品至今仍為人們所推崇，而且深深地影響著後世。另外還有梅清、龔賢、樊圻等，亦能別具一格。[13]

　　在繪畫藝術的表現上，民國初年，中西方接觸頻繁，留學日、法、俄者漸多，如徐悲鴻、劉海粟、林風眠、傅抱石、丁衍庸、高劍父等，俱能融會中西，開創新貌。此外，秉承傳統而能改革者，則有黃賓虹、陳師曾、賀天健等人，為山水畫帶來新景象。

　　近代繪畫風氣更盛，百家爭鳴，人才濟濟，海內外皆出現有創見之士，如張大千、黃君璧、李可染、錢松嵒、石魯、陸儼少、江兆申、劉國松、王無邪等，為中國山水畫打開新的局面，並開拓許多新路向，使中國山水畫呈現更燦爛的遠景。[14]

二、書法藝術

　　中國文化與世界其他古文明一般，都是在文化發展史上很早便有了文字記載史實的紀錄。各大文明在初期便各自發明文字，似乎並不稀奇。但是各大文明中，卻獨有中國文化發展出書法藝術。中國人酷愛寫字，其喜好之程度發展到了極致，便形成了書法藝術，這是其他文化所無的現象。中國文字

13　參閱鄭明編著《中國山水畫技法》，臺北：藝風堂出版社，1991 年，頁 8-10。
14　參閱鄭明編著《中國山水畫技法》，臺北：藝風堂出版社，1991 年，頁 10。

的發明，除了作為意義之傳達工具之外，一開始便很講究字體的整體美感。遠在毛筆發明之前，便有了文字的出現。最早的文字甲骨文，是殷商時代以刀刻在獸骨上的占卜之辭，其後的書寫多是以刀刻在竹簡上。其間也出現「鐘鼎文」，即古代青銅器上的文字。因為都是刻在金屬器皿上，如：鐘、鼎之類，所以得此名。它的書體由甲骨文演變而成，圓渾古樸，富有變化。殷商金文和甲骨文相近，但是銘辭字數較少。周代金文多數為有關祭祀、錫命、征伐、契約等紀錄，文字較多，毛公鼎上的字數將近五百字。

我們知道了商周的金文已經富於藝術性，其後的秦篆、漢隸、魏碑、唐楷、宋行、明小楷都是歷代演變出來的具有代表性的書體。書法藝術在技法上講究執筆、用墨、點畫、結構、分布（行次、章法）、風格等。[15]毛筆這種書寫工具出現後，賦予了書法藝術極大的揮灑空間，以及豐富的可能性。書法藝術除了書寫技巧的表現之外，每個字體的筆畫之美、整體字型之美、通行的大小比例，通篇的行間關係都有審美的特色值得講究。對於書法藝術的崇尚以魏晉南北朝之後，開創了許多令人驚豔的成就。

晉室南渡之後的另一個文藝上的奇葩，就是號稱書聖的王羲之。他是把中國文字從應用提升到藝術欣賞的第一人。史書上說他「臨池學書，池水盡墨」，又說他在睡覺中還在作夢寫字，一寫寫到夫人的身上；王夫人曰：人各有「體」，他便因之而大悟，書法益進。又說他最喜歡觀鵝，有以寫《黃庭經》而換鵝的故事，錢舜舉還把這段故事畫成了〈觀鵝圖〉。如今口語中的「初寫《黃庭》，恰到好處」，就是說他心中喜悅一寫便臻佳境的得意之情。

他留下的書法名蹟，首推〈快雪時晴帖〉，它和王珣的〈伯遠帖〉、王獻之的〈中秋帖〉合稱「三希」。清乾隆皇帝特在養心殿闢一耳室供奉之，名曰「三希堂」。王羲之的字被稱之為鐵劃銀鉤，形容它的形神兼備、剛柔相濟的特色。王羲之的作品最膾炙人口的是〈蘭亭序帖〉，這是在他興致最好的時候，用最好的筆墨工具，寫下生平最得意的法書篇章。可惜後來被唐太宗收藏，並當作他的殉葬品。如今僅存拓片傳世。[16]

在隋唐五代最重要的書法美學著作是孫過庭的《書譜》，張懷瓘的《書斷》、《書議》、《文字論》。在這些著作中，包含著有關審美意象、審美

15　參閱沈柔堅主編《中國美術辭典》，臺北：雄獅美術出版社，1989 年，頁 304。
16　參閱李霖燦著《中國美術史稿》，臺北：雄獅圖書公司，1989 年，頁 31。

創造、審美欣賞的很多寶貴思想。孫過庭在《書譜》一書中提到「同自然之妙有，非力運之能成」一語，在這句話之前他把書法藝術的意象比作奔雷、墜石、鴻飛、獸駭鸞舞、蛇驚、泉注、山安等等。這並不是為了說明書法意象在形態上要和自然物相似，而是為了說明書法意象應該表現自然物的本體和生命。[17]

　　書法到了唐代，有很大的發展。唐太宗偏愛王羲之這一派的婉約之美，但是顏真卿卻另樹一幟，表達了書法中的雄健陽剛之美的面貌，他的〈祭姪文稿〉、〈爭座位帖〉與〈祭伯父文稿〉合稱三表；〈裴將軍詩帖〉則集全不同字體而成一帖，氣勢益見雄傑。[18]這一時期的書法典型之美也表現在馮（承素）、虞（世南）、褚（遂良）、陸（柬之）等人的書法作品，以及多種〈蘭亭〉摹本之上。此外，懷素和尚的草書使人驚絕，他的〈自敘帖〉把書法上的龍飛鳳舞和迅疾駭人的韻律感發揮到了極致。

　　宋代書家以蘇（軾）、黃（庭堅）、米（芾）、蔡（襄）為代表，再加上宋徽宗趙佶的「瘦金體」亦不遑多讓。蘇軾以〈寒食帖〉最為有名，這是他被謫貶黃州時自己作詩文並書寫的作品，從個人的感懷，到對於時節的感受，以至書法藝術的表現，令人感受到這是一篇至情至性的作品，觀者能跟隨著字體的變化而感受到作者情緒的起伏。黃庭堅在此作品之後又作跋一篇，除了恭維蘇東坡的書法之外，也展現了他個人的書法藝術。米芾又號米顛，以〈珊瑚帖〉最能表現他的奇特書法藝術。他信筆寫來，一時興起，就畫珊瑚一枝於卷上，然後又歌詠之，表現出一片天真之情。

　　元代的書法大家首推趙孟頫，他的書法秀潤，很得大眾喜愛，元代各家大半受到他的影響。元代其他大家還有虞集、康里巎、柯九思、鮮于樞等都各具特色。明代的書家有：吳寬、宋克、沈粲、陳度、沈周、文徵明、祝允明、張瑞圖及徐渭等人都很有名。清代則以沈荃、王鐸、劉墉及張照等人最為知名。民國以來則以吳昌碩、康有為、吳稚暉、于右任等人別擅勝場。[19]

　　當代書法藝術的演變，已經到了另一個新的境界，那就是書法不必是「寫字」。過去書法藝術是附庸在寫字傳意的功能之上，需要形、意並茂，

---

17 參閱葉朗著《中國美學史大綱》，臺北：滄浪出版社，1986 年，頁 243。
18 參閱李霖燦著《中國美術史稿》，臺北：雄獅圖書公司，1989 年，頁 32。
19 參閱李霖燦著《中國美術史稿》，臺北：雄獅圖書公司，1989 年，頁 37-40。

才能使書法藝術相得益彰。但是當代書法藝術的演變就如同前衛藝術，或者純粹藝術的演變，要掙脫文以載道的負擔，追求純粹形式之美。所以當代的書法藝術，特別是在日本所發展出來的書法藝術，開始嘗試不從事書寫文字的書法藝術，這種藝術只講究筆墨之美，所呈現的墨蹟不是任何有意義的符號，就如同一幅抽象畫沒有任何實質相對應的物體。由於中國文字本身的特性，就是象形文字，所以文字與表意的對象之間有某種符應的關係，也就是這些象形文字本身就是對於具象事物的形體已經有了抽象的把握。因此，這種抽象文字的再進一步的抽象畫式的發展，很自然地就會發展到這種只有墨趣而沒有文字意義的藝術種類。如果從繪畫的觀點來看書法藝術，過去的書法藝術是以墨蹟的形式來表現實質意義的內容。而現代的或前衛的書法藝術，已經截斷形式與內容的關係，只講究形式的部分，就如同現代繪畫只管色彩、造形與構圖等基本元素，而不管內容是什麼東西。這是重表現，輕再現的結果。現代藝術強調藝術家本身的藝術觀念的表達，而不是要再現、重現或記錄任何真實世界的東西。

第二節　詩歌、音樂與戲曲

一、詩歌

詩歌和音樂、戲曲有極為密切的相關性，自古以來詩歌的演唱脫離不了音樂的裝飾、伴奏。中國最早的詩歌集就是《詩經》，它是西周到春秋時期的詩歌總集，全書有三百零五篇，分〈風〉、〈大雅〉、〈小雅〉、〈頌〉。〈風〉是北方各地的民歌，所謂「十五國風」。〈大雅〉、〈小雅〉、〈頌〉是貴族和士大夫的作品。《史記・孔子世家》：「（詩）三百五篇，孔子皆弦歌之。」可見這些詩歌，在春秋末年都是用琴、瑟之類的樂器伴奏著歌唱的。《詩經》代表周代的官方認可的一種文學表現，它的精神就凝聚於「思無邪」這一斷言。《詩經》的傳播地域主要在於華北地區，相對於此流傳於華南地區的詩歌則以《楚辭》為代表。《楚辭》始自戰國時期楚國的屈原，是以騷體類作品的總集，經漢代劉向編輯而成。《楚辭》是文人的創作，但是發源於南方的民歌。這是在中國南方特定的歷史條件和自然環境中所產生出來的抒情詩。劉勰讚之曰：「驚采絕豔，難與並能。」北有周代的《詩

經》，南有楚地的《楚辭》，共同構成了中國古代文學兩大互相輝映的潮流，不斷給予中國古代美學的發展以深刻的啟示和影響。後代的詩詞也都繼承這個傳統，都是可以演唱的歌詞。

唐代詩人白居易曾說過：「大凡人之感於事，則必動於情，然後興於嗟嘆，發於吟詠，而形於歌詩矣。……故國風之盛衰，由斯而見也；王政之得失，由斯而聞也；人情之哀樂，由斯而知也。然後君臣覽而斟酌焉；政之廢者修之，闕者補之；人之憂者樂之，勞者逸之。所謂善防川者，決之使導；善理人者，宣之使言。」（《白香山集》，卷四十八，〈策林六十九〉）本引文之第一句即是在說明，「詩言志」的道理，以及說明情感作用於人心的表現，和外在的詩歌活動的興發過程。接著白居易根據儒家的思想認為詩歌活動在社會中，能發揮「補察時政」和「泄導人情」的作用。這也是順應自古以來認為《詩經》可以「興」、「觀」、「群」、「怨」的道理。人民可以經由詩歌的發洩情感，來諷刺王政的得失。而為政者就必須能經由詩歌的傳唱，來體察民間疾苦，修改不符合人民需要的政策。

此外，王昌齡也提倡詩的「境」界說，他提出三種境界：「詩有三境：一曰物境。欲為山水詩，則張泉石雲峰之境，……。二曰情境。娛樂愁怨，皆張於意而處於身，然後用思，深得其情。三曰意境。亦張之於意而思之於心，則得其真矣。」（《詩格》）「物境」指自然山水的境界，「情境」指人生經歷的境界，「意境」指內心意識的境界。

到了宋代，詩論強調「情」與「景」的關係，即所謂「情在景中，景在情中」，如南宋范晞文說：「老杜詩：『天高雲去盡，江迴月來遲。衰謝多扶病，招邀屢有期。』上聯景，下聯情。……一句情一句景也。固知景無情不發，情無景不生。」（《對床夜語》，卷二）這裡強調了在詩的創作上情景交融的重要性。

詩論的另一個值得探討的問題即是「詩」與「畫」之關係的問題。蘇軾曾說：「味摩詰之詩，詩中有畫；觀摩詰之畫，畫中有詩。」（《東坡題跋》，下卷，〈書摩詰藍田煙雨圖〉）葉燮後來又說：「昔人評王維之畫，曰『畫中有詩』，又評之詩，曰『詩中有畫』。由是言之，則畫與詩初無二道也。然吾以為何不云：摩詰之詩即畫，摩詰之畫即詩，又何必論其中之有無哉？故畫者，天地無聲之詩；詩者，天地無色之畫。」（《已畦文集》，卷八，〈赤霞樓詩集序〉）在這個問題裡，我們發現了詩與畫的同與不同。這

兩者在意境上可以相通，但是一個是以聲來傳達，一個是以形來表現。所以葉燮又說：「畫者形也，形依情則深；詩者情也，情附形則顯。」（同前引）

二、音樂

在中國古代，音樂是最被看重的一門藝術，它和宗教的祭祀、王族的慶典、政治的教化都有著極為密切的關係。當時使用的樂器除金屬製造的編鐘之外，還包括絲、竹、木等材料製造的樂器。此外，也還有陶製樂器、石器樂器、獸皮製作的鼓等等。

中國音樂思想可以系統地從《禮記・樂記》中發現：「聲成文，謂之音」意思是把聲音組織起來就成為音樂；「比音而樂之，及干戚羽旄，謂之樂」意思是演奏、演唱音樂，結合舞蹈，才成其為音樂。在古代，音樂作為一種藝術形態，就如同其他藝術形態一般，必須與人倫教化結合，才能展現出它的存在意義，所以「樂者，通倫理者也」（《禮記・樂記》），意思是音樂能夠與道德規範相通，另一方面也認為它與政事相通，所以說：「聲音之道，與政通矣。」（《禮記・樂記》）《荀子・樂論》也指出：「夫聲樂之入人也深，其化人也速。」這些言論都指向音樂與人倫教化的深厚關係，同時也肯定音樂或藝術對於人性行為的影響效果。

中國古代音樂技術理論概稱為「樂律學」，它實際包含「樂學」和「律學」兩部分。樂學主要是從音樂藝術實踐中所用樂音的有關組合形式或技術規律出發，運用邏輯方法來研究樂音相互之間的關係。律學主要從發音的體震動的自然規律出發，運用數學方法來研究樂音相互之間的關係，決定樂音的音高標準者，稱之為「律」，而音高的標準與尺度密切相關。《國語・周語下》伶州鳩論律：「律所以立均出度也。」「立均」，亦即確定音階首音的律高；「出度」，亦即提出律的長度標準。所謂長度標準，是根據笛子的孔距來計算出來的。傳統音律有所謂「十二律」，又稱律呂，即六律、六呂。六律又稱「陽律」，指單數的六個律；六呂又稱「六同」，指雙數的六律，在六個陽律之間，稱之為「六間」，又稱「陰呂」。（如頁340「表三」所示）十二律，依次成半音的關係，古書中的「高一律」，「低一律」也就是「高半音」，「低半音」的意思。[20]

---

20 參閱《中國音樂詞典》，臺北：丹青圖書公司，1986年，頁9-10。

表三：六律、六呂對照

自古以來，儒家的教化即是以禮樂並稱傳於世人，禮教與樂教是要同時並進。而樂教特別注重人之情緒的宣導，此即後來《中庸》所強調的「致中和」。但是在春秋戰國時代，儒教也僅是諸子百家之一，墨家即是從實用主義的立場來排斥儒家的樂教。因而墨子提出「非樂」的主張，都是從實用觀點來考察演奏音樂對於人力、物力、工作效率等方面的影響。墨子並不否認音樂的藝術性價值，也同意音樂對於人之感覺方面的享樂與影響。但是在墨子的這種主張之下，他僅看見音樂的有形方面的影響，而看不見音樂在人文精神方面的影響，也就是他還看不到文化層面的意義與價值。為此，後來荀子在其所著的〈樂論〉特別加以反駁，並強調儒家的立場。此二家思想的對比，我們在前章已經說明過了。漢代出現的《禮記‧樂記》其中有許多段落和荀子〈樂論〉相似，都是繼續發揚儒家樂教精神。自漢代以來，歷代的史書皆有〈樂書〉或相關的論述，說明該朝代的音樂制度，也特別對律呂的制定，及其損益加以說明。

　　音樂和情感之間的關聯性在古代是一個十分被重視與探討的問題，東漢初年的思想家桓譚在《新論‧琴道》篇中講了一個雍門周為孟嘗君鼓琴的故事。雍門周是戰國時期的音樂家，孟嘗君曾問他：「你彈琴也能使我感到悲哀嗎？」雍門周答覆：「我彈琴只能使那些不幸的、倒楣的人感到悲傷。有的人『先貴後賤』、『逢讒罹譖』、生離死別、孤苦無依，這些人只要聽到鳥的哀鳴和秋風的呼號都會感傷，我再給他們彈琴，他們就會禁不住悲傷哭泣。至於您現在『居則廣廈高堂……；水戲則舫龍舟……；野遊則登平原……』，得意極了，這時候無論琴彈得再好，也不可能使您感動」。孟嘗君也同意，但是雍門周卻說我為你感到悲哀：「『天道不常盛，寒暑更進退』，一旦有一天死了，就什麼都沒了。『高臺既已傾，曲池又已平，墳墓生荊

棘，狐狸穴其中。遊兒牧豎，躑躅其足而歌其上曰：孟嘗君尊貴，亦猶若是乎！』」聽了這一席話，孟嘗君嘆息起來，眼睛湧出淚水，接著雍門周彈起琴來，孟嘗君就掉下眼淚，並說道：「先生鼓琴，令文立若亡國之人也。」[21]這篇故事的意義在於，它強調音樂或藝術品的本質上沒有包含引起哀樂的感情因素，完全是因為作為審美的主體，他的人生體驗以及生活上的變化，在音樂的催化之下，很容易就宣洩出來。

這種觀點就成了魏晉嵇康提出〈聲無哀樂論〉的啟發。在〈聲無哀樂論〉中，嵇康藉著「秦客」和「東野主人」兩人之間的反覆辯駁，論證聲無哀樂的主張。在這一主張當中，嵇康提出兩個論點：

（一）音樂是自然產生的聲音，它並不包含哀樂的情感。

（二）音樂不能使聽者產生哀樂的情感。

嵇康的結論認為：「聲音自當以善惡為主，則無關於哀樂。哀樂自當以情感，則無繫於聲音。」也就是說音樂只有好不好聽，和哀樂的情感無關。哀樂的情感是由於人世變遷而導致的結果，和音樂本身的元素無關。所以按照嵇康的說法，音樂的本質就只有形式美的部分，而沒有內容美的部分。

我們認為嵇康的理論有其時代上的意義，特別是對於過度強調禮樂教化的主張來講，暫時紓解了附加在音樂上面的道德教化的沉重負擔。但是對於嵇康完全棄絕音樂與情感因素的關聯，則是直得再斟酌的。每一種藝術都有其表現形式美與內容美的部分，這兩種因素彼此有互相影響的關係。我們可以說音樂能產生一種催化作用，使潛藏於內心的情緒發洩出來，而不是說音樂在本質上就有哀樂的元素。但是音樂和情感之間的因果關係是不能隨意加以否認的。嵇康的理論中也把音樂和自然的聲音簡單地等同起來，如此將使音樂與人類情感的關係更加疏離。嵇康的理論試圖從過度僵化的倫理思維中，把音樂與社會教化的關係解放出來，方向是正確的。但是極端地否認音樂與社會之間的任何關係則是值得商榷的。

在音樂與舞蹈方面，盛唐就是一個高潮。當時傳入的各種異國曲調和樂器，如龜茲樂、天竺樂、西涼樂、高昌樂等等，融合了傳統的「雅樂」、「古樂」，出現了許多新的創作。從宮廷到市井，從中原到邊疆，從太宗的「秦

---

21 參閱葉朗著《中國美學史大綱》，臺北：滄浪出版社，1986 年，頁 195-196。

王破陣」到玄宗的「霓裳羽衣」，從急驟強烈的跳動到徐歌慢舞的輕盈，正是那個時代的社會氛圍和文化心理的寫照。[22]

三、戲曲

戲曲是一種中國傳統的戲劇形式，是以演員表演為中心，文學、音樂、舞蹈、武術、雜技、美術等眾體兼備的綜合藝術。它發源於古代歌舞說唱，經秦、漢的「樂舞」、「俳優」、「百戲」，唐代「參軍戲」，北宋「宋雜劇」，金代「院本」，至南宋「南戲」，逐步成了成熟的戲劇形式。金末元初在北方出現「元雜劇」，明、清時又集「南戲」和「元雜劇」之長，南北合套，產生「傳奇劇」。各地方戲曲種類相繼出現。[23]

一般認為第一齣歌舞戲是北齊時出現的《蹋謠娘》。參軍戲經由唐玄宗對李仙鶴受銜「韶州同正參軍」，而發展起來。它結合演員的戲劇舞臺動作和音樂藝術兩種要素，構成參軍戲。它是唐代的樂舞百戲、歌舞戲轉變成宋代南戲的過渡藝術類型。宋代則是南戲興起，但是南戲還是著重在戲曲的表現，還沒有完全從劇本內容、表演和導演等方面來詮釋。[24]

戲曲劇本一般兼用散文和韻文，敘事抒情並重。其演員分為「生、旦、淨、丑」四個基本角色行當。每一行當各有色調大體固定的化妝（包括臉譜、盔頭、口面等）式樣和規格大體固定的服裝（蟒、靠、褶、帔、官衣等），以區分各類人物的性別、年齡、身分、性格、品質以及形象美醜等一般特徵。[25]

由於傳統戲曲劇目多取材於民間流傳的人物野史、宗教傳說、傳奇公案、神話故事等，因此，觀眾通常並不簡單地追求劇情故事，更主要地在於欣賞演員表演，特別是聲腔流派和身段表演。戲曲觀眾必須一般地懂得傳統戲曲程式，才能理解和把握戲曲審美的主要特徵，從而做出審美評價。[26]

對中國傳統戲曲做出理論研究的諸多戲劇評論家當中，李漁是其中相當突出的代表人物。李漁著有《閒情偶寄》，這部著作包含兩個重要的特色：

---

22 參閱李澤厚著《美的歷程》，臺北：蒲公英出版社，1984 年，頁 137。
23 參閱王世德主編《美學辭典》，臺北：木鐸出版社，1987 年，頁 519。
24 參閱林同華著《中國美學史論集》，臺北：丹青圖書公司，1986 年，頁 297-301。
25 參閱王世德主編《美學辭典》，臺北：木鐸出版社，1987 年，頁 519。
26 參閱王世德主編《美學辭典》，臺北：木鐸出版社，1987 年，頁 520。

（一）他不僅重視研究詞采和音律，而且更重視研究人物、故事、結構以及舞臺表演的各種問題，並且根據實踐經驗做了理論的論述。其理論因此不再屬於詩學的範疇，而是真正進入戲劇美學的範疇。

（二）他不僅研究劇本創作，也研究舞臺導演的實務。其《詞曲部》包含結構、詞采、音律、賓白、科諢、格局等部分，針對劇本創作的理論與技巧而發。其《演習部》包括選劇、變調、授曲、教白、脫套等部分，以及《聲容部》中的取材（配角色）、正音、習態等部分，是針對舞臺導演的理論和技巧而論。[27]

在明清時期的戲劇理論當中，還注重兩個特殊的問題，那就是戲劇的真實性，與戲劇的通俗化這兩個論題。關於真實性的問題，李漁主要有三個方面的意見：

（一）戲劇必須依靠真實性，才能觀眾，感動觀眾。

傳奇無冷、熱，只怕不合人情。如其離、合、悲、歡，皆為人情所必至，能使人哭，能使人笑，能使人怒髮衝冠，能使人驚魂欲絕，即使鼓板不動，場上寂然，而觀者叫絕之聲，反能震天動地。（《閒情偶寄·演習部》）

（二）戲劇的傳奇性不能脫離戲劇的真實性。

（三）戲劇的真實性雖然重要，但是並不排斥藝術的虛構，更應追求典型化的思想。

第三節　小結

本章延續前章的內容，繼續對各種傳統藝術加以介紹。我們的討論對象越來越抽象，繪畫作品比起雕刻作品更抽象，書法作品又比繪畫作品更進一步抽象。至於文學作品本身，其抽象程度又比前述各項藝術抽象程度高，因為前述各項藝術都還有一些物質性的材料作為作品本身的質料因素。但是文學作品完全不需要這些物質材料。一幅畫作或書法作品，總是要考究一下筆、墨、紙張、絹素、顏料等等材料，這些材料對於作品的完成有一定成分的影響力。但是對於文學作品是用哪一種筆、墨、紙張書寫或印刷，都與其

---

27 參閱葉朗著《中國美學史大綱》，臺北：滄浪出版社，1986 年，頁 411。

成為文學作品的成就無干。因此,我們在最後討論最有特色的文學作品,即詩歌、音樂、戲曲。

　　從以上所述,我們可以了解中國繪畫的出現,最初以人物畫為始,其次山川、木石、花草等最初只是在人物畫發揮陪襯裝飾作用。直到晉代才開始有以山水作為創作題材的作品出現。我們可以說山水畫這個主題是中國畫所獨有的特色之一,因為山水畫不同於西洋畫的風景畫。這兩者看似題材相似,都是以戶外風光為表現對象,但是西洋人所見之戶外林野,是大自然的一部分,所代表的是尚未被人類文明所征服之地,也是野外之地,因此畫家應極力保持野外與人文世界的強烈對比。但是對於中國的山水畫,特別是水墨山水,它所要表現的是一個人文世界的延伸。這個延伸的基礎在於萬物與我為一,個人的小我與天地萬物都是同質構成的,是在「太極生兩儀,兩儀生四象,四象生八卦,八卦生吉凶,吉凶生大業……」或「道生一,一生二,二生三,三生萬物,萬物負陰而抱陽,沖氣以為和……」的序列中天、人、地三者相連一氣。所以成功的山水畫是「可行」、「可望」、「可遊」、「可居」之地,是一個人文薈萃之地。透過山水畫的創作與鑑賞,讓文人與天地萬物達成精神性的溝通與融合。

　　中國的詩歌、音樂原本是結合在一起的藝術活動,最古老的《詩經》作品,都是可以吟唱的詩歌,也就是歌詞與歌曲相結合。中國的歌謠創作,歷經各朝代的演變,都能獨樹一幟,發展出新的形式與內容。而音樂藝術,除了傳統的樂器演奏,後代隨著西域樂器的輸入,更豐富了音樂藝術的內容與表現形式。

　　至於戲曲藝術,它是一門綜合藝術,包括文學、音樂、美術、表演、武術、服飾等等。過去的戲曲研究作品多集中在文學方面,直到清代開始有更多的注意力集中在表演、情節安排等元素,這些是對於戲劇而言更專有的特色上加以發揮。而且也注意到表演者與觀眾之間的互動關係,這些演進都是戲曲表演藝術歷經時代演變,所淬煉出來的成果。

自我評量

1. 請利用機會實際鑑賞中國傳統繪畫作品，對照本章的內容，說出你的意見。

2. 請利用機會實際鑑賞中國傳統書法作品（或現代書法），對照本章的內容，說出你的意見。

3. 請利用機會實際鑑賞中國傳統詩歌作品，對照本章的內容，說出你的意見。

4. 請利用機會實際鑑賞中國傳統音樂作品，對照本章的內容，說出你的意見。

5. 請利用機會實際鑑賞中國傳統戲曲作品，對照本章的內容，說出你的意見。

6. 請說明經過本章的學習之後，你對中國傳統藝術的體會是否有所改變，請寫成短文發表，或利用課程討論的機會發表你的論點。

第五篇參考書目

Tatarkiewicz 著，劉文潭譯《西洋六大美學理念史》，臺北：丹青圖書公司，1987 年。

《中國美學思想彙編》，上冊，臺北：成均出版社，1983 年。

《中國音樂詞典》，臺北：丹青圖書公司，1986 年。

王世德主編《美學辭典》，臺北：木鐸出版社，1987 年。

王志俊編輯《半坡遺址畫冊》，西安：陝西人民美術出版社，1987。

余秋雨著〈東方美學的現代生命〉，《東方美學與現代美術研討會論文集》，1992 年。

宋龍飛著《精雅絕倫的中國瓷器》，臺北：行政院文化建設委員會，1988 年。

李澤厚、劉綱紀合著《中國美學史》第一卷，上冊，臺北：谷風出版社，1986 年。

李澤厚著《美的歷程》，臺北：蒲公英出版社，1984 年。

李澤厚著《華夏美學》，桂林：廣西師範大學出版社，2001 年。

李霖燦著《中國美術史稿》，臺北：雄獅圖書公司，1989 年。

沈柔堅主編《中國美術辭典》，臺北：雄獅圖書公司，1989 年。

林同華著《中國美學史論集》，臺北：丹青圖書公司，1986 年。

俞崑編著《中國畫論類編》，臺北：華正書局，1977 年。

徐復觀著《中國藝術精神》，臺北：臺灣學生書局，1984 年。

高木森著《中國繪畫思想史》，臺北：東大圖書公司，1992 年。

梁思成著《中國雕塑史》，臺北：明文書局，1987 年。

曾堉著《中國雕塑史綱》，臺北：南天書局，1986 年。

曾祖蔭著《中國古代美學範疇》，臺北：丹青圖書公司，1987 年。

黃桂云著《中國玉器雕飾藝術》，長沙：湖南美術出版社，1998 年。

葉朗著《中國美學史大綱》，臺北：滄浪出版社，1986 年。

劉義慶撰，劉孝標注《世說新語》，下冊，臺北：世界書局，1974 年。

蔣勳著《美的沉思》，臺北：雄獅圖書公司，1987 年。

鄭明編著《中國山水畫技法》，臺北：藝風堂出版社，1991 年。

第六篇（葉海煙）

中國政治哲學

第十五章
先秦的政治哲學

　　一般而言，中國歷史是在夏、商、周三代之後，才出現比較穩定的社會組織，而大約在公元前十六世紀到公元前十一世紀的商代，就已出現所謂「中原」一統的政治局面，雖然在這六百年左右的時間之中，中國社會依然是氏族社會，依然以血緣關係來決定社群內在的人際脈絡。到了公元前1027年，商紂被周武王消滅之後，周人改朝換代，乃第一次運用封建制度，建立了一套比較嚴密的統治體系，並且同時在宗法制度之上，以較為集中的權力機制進行對人民的控制與統理。如此一來，周文化所醞釀的政治思維便孕育了中國人對權力的基本觀念，而其中的神權思想與王權思想更直接透過早期的典籍資料表述出來，如《禮記‧表記》云：「殷人尊神，率民以事神。」這分明是神權和王權的結合，而其中的宗教成分占了甚高的比例，特別是上天（上帝）崇拜與祖先崇拜更屬先民宗教的大宗。原來人間帝王的主要職責便在領導人民從事敬天、祭祖與尊神的工作，而這樣的神權政治就在無可質疑的權威主宰之下一統了庶民階層，也同時一統了庶民意識——以神為尊，以王為大，而將神的權威和王的權威合而為一。

　　統治者稱「王」的歷史確實始於商代，而到商代末期，死去的「王」有時候又被稱為「帝」，如此，人間之王與天上之帝相互混合，王乃具有「人神合一」的屬性。[1]然而，自周公為周代制定典章制度之後，王的屬性就在「人神分立」的思維中，逐漸有了與神對立，甚至獨立於神明之前的尊嚴與德性：一方面，敬天以保民，將「天德」轉為人之德，而以王者之尊來號召萬民，來團結人民之心志與情意；另一方面，周公則運用商代與周代的更替，建立了「天命靡常」（《詩經‧文王》）的觀念，將周滅商的權力轉移

1　劉澤華主編《中國古代政治思想史》，上冊，天津：南開大學出版社，1991年，頁4。

視為合乎天意（天命）的人間行動，而其間的主軸便是「人德合天德」的合法性已然找到具有超越性與終極性的保證。文王所以崇德慎罰，所以敬德保民，其中之道理顯然已經把中國古代的政治思維向前推了一大步。

在周文化由盛而衰的過程中，人文思想的發展與人文精神的茁壯，基本上與「人」、「民」的身分從人神關係中脫穎而出的觀念變革相互呼應：

> 夫民，神之主也，是以聖王先成民而後致力於神。（《左傳・桓公六年》）
> 鬼神非人實親，惟德是依。（《左傳・僖公五年》）

如此，諸神退位，人民現身，而這當然和「以德配天」的王道思想有著直接之關聯。也就是說，在以人民為主體的政治思維興起之際，天道天德便逐漸脫卸其附著於祭祀與崇拜之行為的宗教色彩，而神權作為王權之所依歸，也在國家組織由夏商二代之部落型國家進化為周代之封建國家的歷史更迭之中，出現了根本的轉變。於是君王與人民的關係便成為權力場域裡的主軸，而此一縱向性的權力交集到了周代後半期的春秋戰國時代，更受到經濟形態、人民生活與社會分工等橫向性的權力多元化現象的衝擊，而引發了鬆弛與斷裂的情事，終衍生出自由之思考，以及諸多對權力結構的反思與批判，這自是中國早期政治思想與政治哲學所以應運而生的契機：

> 在這經濟轉變期間，封建國家的基礎也動搖起來了。封建國家乃以宗法觀念為基礎，而數傳之後，親者疏，疏者離，降至春秋，就發生強滅弱，大吞小的現象，天下紊亂垂五百餘年，至秦方見統一。當此之時，井田制度快破壞了，宗法觀念快消滅了，封建國家快瓦解了，貴族政治快沒落了。這在歷史學上稱之為「文化轉變期」。一方舊觀念、舊習慣、舊制度失去權威，他方新觀念、新習慣、新制度尚未確立。人們解放於傳統之外，個性就有自由發展的機會，而得自由思考、自由立論。而社會之紊亂又使人們不能不設法應付，其所應付的不是自然現象，而是社會現象。其結果，學者遂變更研究的方向，由自然現象的研究變為社會現象的研究，尤其政治的研究。因為有心之人均欲解決社會問題，而解決之法只有利用國家的權力，於是諸侯的權力鬥爭又引起學者的思想鬥爭。先秦諸子學說，無不直接的或間接的討論政治，理由實在於此。換言之，先秦思想雖然主張不同，而均是政治思想。[2]

2　薩孟武著《中國政治思想史》，臺北：三民書局，1987 年，頁 12。

　　若斷言「先秦思想都是政治思想」[3]，似乎也言之成理，因為先秦諸子幾乎都親身感受到「周文疲弊」的苦楚，也都親眼目睹春秋戰國封建制度之瓦解，以及列國逞強爭勝的亂局，而因此對吾人之處於政治性與社會性之場域，有了更進一層的反思。如此一來，他們便在「淑世」理想的熱切盼望中，不斷訴諸於政治之理念與政治之實踐，並對平治天下以至於世界大同之願景，構作了具有理想性、實踐性與策略性的系統思維。

第一節　孔子的政治哲學——德治理想與正名主義

　　中國古代政治哲學的出現，一方面自有其來自客觀環境的外緣條件，諸如封建制度與宗法社會的推波助瀾，讓「士」階層挺身而出，並使得天子之權威無以號令萬民，而列國諸君以及家臣乃得以重新建構其作為權力夥伴所必須的政經資源與人文資源（這自然包括與政治倫理相牽涉的道德哲學）；另一方面，中國古代政治哲學最重要的思想滋養乃來自人民作為社會主體與政治主體的初步的覺醒，雖古中國思想家並無人主張「民主」，頂多是所謂的「民本主義」。然而在民智初開，民心已不再沉睡的主觀機緣助長之下，以人性為訴求、以人文為基石、以人道為理想，而以倫理與道德為中心的政治思想乃應運而生，並在主客觀條件的湊合與加持之下，為中國政治哲學開啟了最早的一頁，而最重要的先行者就是孔子。

　　孔門四科，「政事」居其一，而其他三科也都與「政事」有關，並為政治事務提供必要的協助。基本上，孔子對政治的基本觀點是建立在他的「人觀」之上；也就是說，由孔子對人的了解（其中，包括對人性、人道與人文的探討），我們才能夠為孔子的政治思想與政治理想畫出一個基本的藍圖，而其中有一個充滿倫理與道德意義的主軸——那就是在「人觀」的前提之下，人作為一個真實的道德人，也就同時可以成就一個實際的政治人，而政治作為倫理與道德的延伸以及擴展，對孔子的思想而言，實乃始終相應，前後交接的一貫之道。

　　基本上，孔子並不直接提倡「性善論」，他只是很實際地說：「性相近

3　薩孟武著《中國政治思想史》，臺北：三民書局，1987 年，頁 19。

也，習相遠也。」（《論語‧陽貨》）肯定人性在每個人身上所發揮的效應其實大同小異，而後天的環境與教養則對人性的特殊面向，起相當大的作用。因此，我們可以斷言：孔子所以注重道德修養、教育（教化）歷程及政治活動，並將三者予以融通，其主要的理由便是此一人人共屬的人性本就具有成德成教以建構一合理秩序之社會的潛能，而道德修養就旨在開發此一潛能，教育歷程即旨在引導此一潛能，政治活動則旨在造就此一潛能以實現「善」的理想，以完成「人能弘道」，並依「仁」由「義」以修德，而終歸於「禮」的政治理念：

> 導之以政，齊之以刑，民免而無恥。道之以德，齊之以禮，有恥且格。（《論語‧為政》）

顯然，孔子是在人性自覺的主體意涵中，為政治活動之為人性自發之表現，找到了合乎道德要求與倫理規範的正當的詮釋；也就是說，「有恥且格」的人性自覺意識一方面是「德治」與「禮治」的結果，一方面也就是「德治」與「禮治」合而為一的前提。而若吾人將孔子的政治理念放入「德治」與「禮治」的實際內容之中，則對孔子深諳人性，通曉人文，並堅守人道的基本立場，便不能不先予以肯定。

當然，人性自有其多元而分殊之面向。因此，孔子並不是政治的空想主義者，或是所謂的「烏托邦主義」者。他並不期待人人皆為「安而行之」的仁者，倒是對吾人之為「利而行之」或「勉強而行之」者的道德實踐與倫理作為充滿寄望。在此，也就同時凸顯了孔子對政事的必要性與重要性的理解；對孔子而言，政治絕非「必要之惡」，權力之運用也絕不是全然消極之舉措。故論者云：「安而行之，乃仁人志士之事。利而行之，就要用賞。勉強而行之，就要用刑。刑賞的基礎在於人類之有好惡，也只因人類之有好惡，而後政府才得利用人性的弱者，令其就善避惡。」[4]可以說，要人人「就善避惡」並不能單憑道德的途徑與教育的手段，而必須全面透過政治的合理化，將人間之秩序不斷提升到美善的層次，才可能達成此一理想。在此，我們可以發現教育與政治的相互為用、彼此結合，並且在存其異的同時又能求

4　薩孟武著《中國政治思想史》，臺北：三民書局，1987 年，頁 22。

其同，實乃孔子的人性觀與政治論所以可以相互呼應的具體的管道：

> 為政之道，必須利用人情，而不可忘及刑賞，這是政治與教育不同之點。教育使民就善避惡，而能「安而行之」。大學所謂「誠意正心」，論語各書所載仁義之言，是對門人言之，出於教育之意。教育是用勸誡之法，勸人為善，戒人為惡。政治則用刑賞之法，賞人為善，罰人為惡。人性步步由教育而改善，政治也步步隨人性之向善而變更，政治能夠進步，端賴於此。[5]

此外，孔子寄其理想政治於聖君與賢相，並強調聖君修身之後才能治人，而這也為後來儒家展開「格物、致知、正心、誠意、修身、齊家、治國、平天下」的一貫之道，鋪了十分穩固的意義基石。同時，在孔子眼裡，不僅堯舜是可望不可即的聖君，而且如伊尹、周公之為一代之賢相，其為政治理想之人才——即「君子」之人格典範，都對後世政治之發展，有著甚大的啟迪與影響。「為政在於得人」、「昔堯舜聽天下，務求賢以自輔。」（《孔子家語》）由此可見，孔子並不耽溺於古聖之政治理想而一去不返，他最關心的仍然是在自己所處的時代與自己所置身的社會，而汲汲於將古聖之政治理想實現於「禮崩樂壞」的亂世，因此它十分在意政治的實踐以及其實際之策略。聖君與賢相之合作，不正是落實此一政治理想的「理想政治」？其中，政治之在於人間，政治之在於人倫與人道的實際境況，又怎能徒托空言？

因此，除了提倡「聖賢之治」之外，孔子始終將其政治關懷之焦點放在人民身上，而提出「庶、富、教」的三階段論。[6]而順人民之心，以滿足人民之需求，便是所有為政者的首要之務，也自是一切政治活動的首要目標。如此一來，在「利民」之餘，「仁義」作為施政之方針與原則，其實是政治領導人以及所有被領導的臣民都必須依循的基本的道德規範。所謂「節用而愛人，使民以時」（《論語・學而》），正是仁君賢相所以能得民心的先決條件。因此，「仁政」之理想對孔子而言，乃是切實可行的政治理念，而也唯有在君、臣、民三者都能浸潤於仁義的道德氛圍之中，以道德心相互之感

5　薩孟武著《中國政治思想史》，臺北：三民書局，1987年，頁22-23。

6　《論語・為政》云：「子適衛，冉有僕。子曰庶矣哉！冉有曰既庶矣，又何加焉。曰富之。既富矣，又何加焉。曰教之。」如此，由庶而後富，再由富而後教，基本上合乎國家發展之自然過程。先求人眾，再求民富，最後則透過人文教化與人格養成之道，讓人民的教育水準、文化水準與道德之水準能夠全面提升，以有助於政治之安定與社會之進步。

通與感化為政治活動中「互為主體」的基礎所在，儒者作為一政治領袖人物，才有其正面而嚴肅之意義。

而若再從孔子之救「周文疲弊」的用心看來，「禮」之為仁義原則的實際表顯，其中所寓含的政治哲學意涵，便幾乎全落在「正名主義」的思考之中：

> 子路曰：衛公待子以為政，子將奚先？
> 子曰：必也正名乎？
> （《論語・子路》）

而「正名」之「正」，即在體現「子帥以正，孰敢不正」（《論語・顏淵》）以及「君子之德風，小人之德草，草上之風必偃」（《論語・顏淵》）的「為政以德」的精神，其主要之意義乃在於孔子相信「上行下效」的人格感化之力，極有助於政治之體現人間之善，而「政治」之為管理眾人之事，其主要內容也同時落在「管理」其實是以德行倫理為管理與治理之基本場域；在此一人人互為主體的來往過程中，治人與治於人並非截然不同之二事，而是治人者與治於人者都認同道德的先在性與倫理的共在性，而彼此相對應地進行倫理身分的認同與道德責任的承諾。因此，「正名」之「名」便是吾人所具有的名分與身分——它來自我們所置身的社會，也同時是倫理與道德對我們最直接的召喚；透過此一名分與身分的中介，我們才可能意識到我們該履行的理分與職分，而成就吾人之為一「道德人」的本分。如此，與政治活動直接交涉的人倫秩序才可能建立，而也唯有人倫秩序不斷趨向於和諧與安定，政治最終之目的（國治、天下平）才可能逐步實現。

當然，孔子提倡「正名」仍然以宗法制度為現實之基準。因此，「正名」指的便是「君君、臣臣、父父、子子」（《論語・顏淵》），有君之名必須有君之實，有臣之名必須有臣之實；父子之間亦然，而孔子最厭惡的便是「名不正」，便是名實不相符的「君不君，臣不臣，父不父，子不子」——這已然是社會之亂、道德之惡與政治之失序失格。因此，我們是可以如此肯定：與其說孔子在意的是「名」，不如說孔子所關切的是能夠使「名」得其正的「實」——此「實」指的是任何一個人都不能任意推卸的身分、權分、職分與理分，而在這些由內而外不斷推擴的道德意識之中，包含的便是一種應然的思考、一種「理所當為」的道德覺醒。

因此，孔子作《春秋》以「一字褒貶」的方式，所以能使得「亂臣賊子懼」的理由便是因為孔子堅持的歷史正義其實便是此一「君君、臣臣、父父、子子」的政治正義，而此一政治正義背後便是孔子基本的政治思考——以重建政治秩序為實現政治理想唯一之途徑，而政治秩序之重建又以名實相符、名位各得其正的權力安頓為主要之手段。可以說，正名主義是孔子政治哲學的中心思想，它來自道德意識的深層結構，而實際地表現在對客觀的政治形態與政治組織的全面的省察及檢視。其中，如何忠於政治之責任，並善盡政治之職務，乃任何掌握權力之人不能不面對的主要課題，而這也是正名主義之思考在權力運作過程中所直接產生的效應；其間，君臣民三者各安其位，各守其本分，一方面是「己身正，孰敢不正」的道德感化與教化之道，一方面則是責任政治的一種體現。因此，我們可以如此斷言：正名主義實乃孔子的政治哲學與道德哲學相互交接的結果，它為實際之政治活動提供合理化與合法化的根據，它也同時為道德與倫理的應然思考安排了可以和實然的生活世界進行相互之來往與切磋的平臺。而孔子的政治哲學其實旨在凸顯政治為一種人文活動，亦是一種以人為本的倫理實踐，其核心所在正不外乎道德人與政治人之結合，乃將道德的精神應用於政治之場域，也同時把政治視為吾人成就道德與倫理的必要途徑，而這將可避免道德與倫理的過度內化或弱化，並且可以使人間政治不必然因權力、名位與利益之爭逐而日益沉淪，反倒可以在政治與道德互為助力的情況下，透過德治與禮治，透過聖君與賢相，透過仁政的愛民與利民，更透過正名主義，以鋪排宗法社會的基本秩序。如此，孔子政治思維的根本原理乃在於治人治國之道——此自是人之所以為人之道，亦是家之所以成家之道，國之所以成國之道；至於現實政治之技術面與策略面的思考，就不是孔子所關注的了。

第二節　孟子的民本主義政治觀

孟子的道德思考基本上與孔子同一系脈，但他對政治的主張和觀點，卻比孔子進了一大步。當然，孟子仍然從人出發，從人性出發，而為儒家的人文思想與人文精神建立了具有高度理想性的里程碑，其主要之精神實不外乎對人性的了解與堅持；可以說，比起孔子，孟子更凸顯人性論的重要，而其政治觀點，以及為政治思維所開發出的哲學進路——即是以哲學意義為其主

要關注的宏觀思考，以及其所建構的政治理論思維，在具結構性、脈絡性與縝密性的講究過程中，顯然又比孔子走得更遠。

　　當然，孟子是在承繼孔子以「仁」為核心的道德哲學之後，繼續發展他的政治思想，而且更具體地提出「仁政」、「養民」、「教民」，以至於「民為貴」的政治理念，而終以「仁義」為本，並從推擴「四端」的性善之論，為其仁政與王道之理想，安置了人性論的基礎。換句話說，孟子是直接地建立了儒家的心性論，進而在心性的意義範疇之中，為其政治理想尋找所以能夠實現的真實的理由：

> 孔子論政，以仁為主。孟子承其教而發為「仁心」、「仁政」之論，其說遂愈臻詳備。仁心之起，原於性善。孟子以為仁、義、禮、智之四德，皆由人類天賦惻隱、羞惡、恭敬（或辭讓）、是非之心，引申發展而成。故「人皆可以為堯舜」，而仁心乃人類之所共有。聖賢之所以異於凡人者在能培養擴充其本性之善。君子之所以異於小人者在其能擴充「不忍」之範圍。仁心發展，見於行事，則為「推恩」。仁政者以不忍之心，行推恩之政。小則一國，大則天下。始於親親，極於愛物。凡此所言，實本諸孔子。立論較詳而大旨無殊。[7]

　　「仁政」自是一理想的政治，而這必須寄託於聖君賢相。因此，「仁政」當然主張賢人政治。[8]在賢人政治的理想之下，聖君與賢相顯然是道德實踐極高之成就。聖而為君，賢而為臣，一方面是道德理想與政治現實二者相互呼應的結果，其中自有其倫理的必然性；另一方面，在實際的政治環境裡，聖君與賢相卻往往可遇不可求，而這分明是因為人性自有其限度所致。此外，就人文發展的過程所呈顯的實然性趨勢而言，道德應然之思考也難以對聖君與賢相做出「言必信，行必果」的保證，也就是說，在政治作為一種社會活動與文化活動的實際境況中，要求人間之有聖君與賢相，實乃富有道德自覺意識的自主性表現，而聖賢政治的理想性，則更充分反映出由孔子以至於孟子的儒者的政治情懷。

　　因此，仁政的理想及其實踐之道，便必須經由「以德服人」的王道，才能真正實現：

7　蕭公權著《中國政治思想史》，上冊，臺北：中國文化學院出版部，1980 年，頁 87-88。
8　薩孟武著《中國政治思想史》，臺北：三民書局，1987 年，頁 45。

以力假仁者霸，霸必有大國。以德行仁者王，王不待大。湯以七十里，文王以百里。以力服人者非心服也，力不贍也。以德服人者，中心悅而誠服也，如七十子之服孔子也。詩云：自西自東，自南自北，無思不服，此之謂也。（《孟子·公孫丑上》）

由此可見，孟子崇尚王道而摒棄霸道，基本上是在仁政的理想下推擴而來，而孟子之反對武力，反對戰爭，也便順理成章地成為孟子重要之政治信念。當然，以仁義為本的政治思想絕非高調，因為孟子一方面相信人性自有其動力——此即所謂「不忍人之心」：「人皆有不忍人之心，先王有不忍人之心，斯有不忍人之政矣。以不忍人之心，行不忍人之政，治天下可運之掌上。」（《孟子·公孫丑上》）又云：「人皆有所不忍，達之於其所忍，仁也。人皆有所不為，達之於其所為，義也。人能充無欲害人之心，而仁不可勝用也。人能充無穿窬之心，而義不可勝用也。」（《孟子·盡心下》）如此以人性本有向善之端，來肯定仁政與王道的真實意涵，亦即是以性善論為其理想政治之體現，提供了基礎性與根源性的原理；而這也同時為孟子所關懷所投注的政治實踐，展開了可以普及於人我之間的基本向度。可以說，本善之人性乃儼然成為可以讓我們順利進行合理的政治活動與道德活動的人性動力——由此，人間乃在道德與倫理相加相乘的生活場域中，透過人格之培養與文化的陶成，不斷地為現實政治注入人性的活水，並因而展現燦然無比的智性之光。

另一方面，孟子則在仁義之外，仍然強調法的重要，他說：「徒善不足以為政，徒法不能以自行。」（《孟子·離婁上》）而孟子心目中的法並非指刑賞之具，而是以先王之道為準則的施政之法度。「今有仁心仁聞，而民不被其澤，不可法於後世者，不行先王之道也。」（《孟子·離婁上》）顯然，先王之道先於施政之法，而這仍然是充滿理想主義氣息的政治觀，孟子之為原始儒家中最能突出道德效力於政治活動中者，實在其來有自。

而孟子在實行仁政與王道的宏願之下，他最為人所津津樂道者，就是「民為貴」的思想，而其養民與教民的實際的政治策略，也就由此一民本之說，做了具有實質效應的證成。

不違農時，穀不可勝食也。數罟不入洿池，魚鼈不可勝食也。斧斤以時入山林。林木不可勝用也。穀與魚鼈不可勝食，材木不可勝用，是使民養生喪死無憾也。養

生喪死無憾，王道之始也。五畝之宅，樹之以桑，五十者可以衣帛矣。雞豚狗彘
之畜，無失其時，七十者可以食肉矣。百畝之田，勿奪其時，數口之家可以無飢
矣。（《孟子‧梁惠王上》）

　　顯然，養民是「民為貴」思想的具體實踐，而養民的實際策略除了重視
農、漁、牧等生產事業外，還包括「薄稅斂」的減稅措施：「關市譏而不
征，澤梁無禁。」（《孟子‧梁惠王下》）如此將土地與自然之資源開放給
人民運用、開發，是已在「家天下」的君主政治之中，注入了「公天下」的
精神。此外，孟子也深諳私有財產制度甚有利於人民之生活，「無恆產而有
恆心者，惟士能為。若民則無恆產，因無恆心。苟無恆心，放辟邪侈，無不
為已。」（《孟子‧梁惠王上》），而私有制度之有助於人民之營生：更是
符合民心之實際推論：「是故明君制民之產，必使仰足以事父母，俯足以畜
妻子，樂歲終身飽，凶年免於死亡。」（《孟子‧梁惠王上》）這一方面是
為了家庭倫理之保全與圓滿，一方面則突出「民生」乃政府施政之重點所
在，只因為凡人皆需求基本之生存，並在衣食自給自足的前提下，再求生活
之更新與進步。而孟子還提及「井田制度」：「方里而井，井九百畝，其中
為公田，八家皆私畝，同養公田，公事畢，然後敢治私事。」（《孟子‧滕
文公上》）顯然，孟子「公天下」的理想是在復古的思維之下實際地形塑出
來，而如此的「分配正義」縱然欠缺足夠的社會條件，也一直無法在征伐盛
行的戰國時代獲得實現的機會，但孟子此一公私兩利的經濟觀，其實在「不
合時宜」之外，卻仍自有其符合政治正義、社會公義的精神與理想。

　　而在養民的同時，孟子還強調教民的重要。普設學校以教育人民乃施政
要務，自古已然，而教育的功能即旨在倡明人倫，以安頓社會之秩序。「夏
曰校，殷曰序，周曰庠，學則三代共之，所以明人倫也。」（《孟子‧滕
文公上》）由此看來，孟子仁政理想所以能不流於空談，是因為他主張先
制民之產，然後才謹庠序之教，運用教育之手段來提升人民之知識與文化
之水準，以安定社會，並有助於政事之推行。如此先「富之」，再「教
之」，不正完全符合人性之要求？不也正順應時代環境之需求？

　　歸根究底，孟子政治哲學的最高原則就是「民為貴，社稷次之，君為
輕」（《孟子‧盡心下》）的民本主義，而這當然不同於「民主」和「民
治」的思想，因為孟子所要求的是君主一定要心向人民，凡事以謀人民之利
益為優先之考量，但孟子是仍未思及政治事務應該可以由人民自己作主，自

已決定。因此，孟子的政治思想接近於「開明專制」，而所以「開明」者，是由於「民為貴」與「民本」的思想可以形成為政者之共識，而所以依然「專制」的緣故，則是因為孟子仍沿襲古王權思想，而王權由「天」授予，其中仍有古宗教之餘緒。「使之主祭，而百神享之，是天受之。」又云：「使之主事，而事治，百姓安之，是民受之也。」（《孟子・萬章上》）由「主祭」到「主事」，亦即由具宗教意義的王權神授，到「百姓安之」的民本主義落實，將王權在相當程度上普世化、在世化，是可看出孟子政治思想在保守主義的基調上，其實已有濃厚的開明進步觀念。

至於孟子的「革命」之說，也仍建立在「順乎天，應乎人」的理想原則上，而民心之向背則是君主能否「得天下」的關鍵所在：

> 孟子曰：「桀紂之失天下，失其民也。失其民者失其心也。得天下有道，得其
> 民，斯得天下矣。得其民有道，得其心，斯得民矣。得其心有道，所欲與之聚
> 之，所惡勿施爾也。」（《孟子・離婁上》）

原來民心之向背，取決於施政是否能以人民之好惡為取捨之準則。凡事依循人民之好惡，則得民心，反之則失民心。而得民心者即可得人民之擁護（即所謂「得民」），這是政權建立的先決條件。如此地將政治權力的合法性歸諸於人民，雖仍非「民治、民有、民享」的現代民主政治（因為人民對政治事務的決定權仍未能自主地擁有，也仍未能自由地行使），但孟子其實已了然於政權的存與廢是必須以天下能否「定於一」為原則，亦即由新王的出現，來取得人民的支持；也同時由人民的支持（人民有權利改變自己的支持），來決定到底由哪一個新王現身。因此，所謂「定於一」是指把人民對政治的願望（即對新王新政權的期待），歸諸於權力的更迭，以及權力的集中與統一。

因此，桀、紂之失天下（即失去政權），和商湯、文王、武王之得天下（即成為新王），其實就是「順乎天，應乎人」的革命過程。天命之棄舊迎新，即人心之棄惡迎善，這就是「革」的真諦。而桀、紂之為一夫、獨夫，即因其殘賊仁義而終失去民心，這又證實孟子是以君王之德的合乎人性與人心來保證政治權力的合法性與合理性。此外，孟子一直要求君王與人民同享家國之利，甚至「飲食男女」人之大欲，都可以用來檢證君主的施政，也正是民本政治必須切合人民需求的基本道理。總而言之，孟子的政治哲學自是

一種民本思想，而其所以力倡養民與教民的基本主張（其中，人格之修養以及民生相關之事務其實同等重要），則至少是間接地體現人民為政治主體的開明思想。因此，從孔子「為政以德」，到孟子「不忍人之政」，儒家的政治哲學顯然越來越凸顯人作為道德主體與政治主體的身分。而將倫理秩序與政治秩序整合為一，並從而試圖將以倫理為中心的社會轉為人人得而互惠互利的生活場域，以實現初步的福利理想與正義原則，乃孟子政治思維能夠向前一大步的緣由，雖然在民本主義的政治觀中，政治權力仍掌握在君主之中，但對孟子而言，權力與權利顯然已經可以相依並存，而權力之運用則必須不斷轉入於人人得而共享的良善、公正與幸福的理想光環之內，而逐漸形成一種道德化、倫理化的政治體制。如此，孟子的政治觀乃在以道德力支持政治力的權力轉化過程中，兼顧了吾人之為道德主體，以及所有人可以共成一理想的政治集合體——這自是一主客共融、人我互動的思考，一方面不落入褊狹的主觀主義，一方面也不為空泛的客觀主義所牽絆。因此，說孟子立基於人性意識與社會意識，來起造中國政治哲學理想的典範，是一點也不為過。

第三節　荀子的禮治主義

　　荀子作為先秦儒家的後起者，他其實已有前人可以為借鑑，並且有了他所謂的「後王」已經締造的文明傳統可供參照——這特別指文王、武王與周公所已建立的文化體制與社會結構，而這也已足夠讓他對人與政治之間的相關問題，做更進一步的思考。

　　荀子力倡性惡之論，這對他的政治理念有著根本的影響：

> 人之性惡，其善者偽也。今人之性，生而有好利焉，順是；故爭奪生而辭讓亡焉；生而有疾惡焉，順是，故殘賊生而忠信亡焉；生而有耳目之欲，有好聲色焉，順是，故淫亂生而禮義文理亡焉。然則從人之性，順人之情，必出於爭奪。合於犯分亂理而歸於暴。故必將有師法之化、禮義之道，然後出於辭讓，合於文理而歸於治。用此觀之，然則人之性惡明矣，其善者偽也。（《荀子・性惡》）

　　這不僅是在證明人性本惡，而且也在說明政治之必要，就是因為放縱吾人與生俱來的情欲，必然會造成人人爭奪有限的生活資源，出現違反等級、名分以至於破壞社會秩序的情事，而導致社會的動盪與暴亂。暴亂即是指社

會失序、人倫失序。由此可見，荀子關心的根本的政治問題，就是到底該如何讓社會由「亂」返「治」，由失序的狀態，回歸到尊重社會的等級、制度與規範的狀態，而這就是政治的真諦、政治的目的，其內容正不外乎「師法之化」與「禮義之道」：

> 今人之性惡，必將待師法然後正，得禮義然後治。今人無師法，則偏險而不正，
> 無禮義，則悖亂而不治。古者聖王以人之性惡，以為偏險而不正，悖亂而不治，
> 是以為之起禮義，制法度，以矯飾人之情性而正之，以擾化人之情性而導之也。
> 使皆出於治，合於道者也。（《荀子‧性惡》）

　　顯然，荀子仍然同意孔子「政者，正也」的看法，並且認為唯有透過君師和法制的教化，人性才得而正，人世也才得而活，而這也就「合於道」。「道」指的是以倫理道德法則為準繩的社會規範，而「政治」就在「道」的引領下，由「政」而後「治」，由統治者（即「君師」）運用矯正人性的工具——禮義和制度，才使得人民馴服此一具有高度政治意味的教化。如此，君主的統治秩序才得以建立，而由倫理、社會以至於政治場域一以貫之的行為準則也才可能為人人所依循所遵守。因此，荀子所謂的「治」，意即人人依循規範，遵守秩序，所呈現的合乎道、合乎理的狀態；而「政」之為「正」，荀子似乎比較側重「正人」（即使人由「不正」歸於「正」）的意義，而也唯有先由「不正」歸於「正」，天下之「不治」也才能因此轉向「治」（指的是人人遵守秩序）。在此，荀子如同孔子與孟子，都期待「聖王」的出現，只是荀子心目中的「聖王」不僅要有自身之德，他更重要的特質是要能認清人性本惡的事實，而且認定這是天下政治敗壞（也就是「不治」）的根本原因，乃因此對症下藥，藥就是禮義與法度。因此，說「聖王」是以「政治」為其本分，是以引導人民由惡向善，同時使社會由亂歸於治，為其本務，實在一點也不為過。

　　如此，由性善論導出禮義與禮法的必要性，並以禮義與禮法為政治實際之內容，荀子政治觀乃是「禮治主義」的政治觀，即在於唯有禮義與禮法能落實於人倫秩序之中，使禮義與禮法成為政治與教化之工具，使人人得而遵循之，並奉為圭臬，社會才能合乎秩序而趨於安定。因此，秩序的建構，乃是政治之第一要務，而禮的內容即是秩序的內容——包括等級、制度、名分、規範、禮節、儀式、風俗、習慣與律法。由此，荀子乃提倡「隆禮」，

認為「禮」是衡量一切的標準，是治國的根本所在，甚至是人文與人道最高的理想：

> 禮者，謹於治生死者也。生，人之始也；死，人之終也；始終俱善，人道畢矣。故君子敬始而慎終，終始如一，是君子之道，禮義之文也。（《荀子・禮論》）

「禮」可以處理好人的生死問題，讓人人善始也善終。而這就是人道的完成。至於此一「敬始慎終」之道，乃君子的職責，也同時是禮義的效力所在。因此，荀子心目中的「聖王」必須有「厚、大、高、明」的品德：「故厚者，禮之積也；大者，禮之廣也；高者，禮之隆也；明者，禮之盡也。」（《荀子・禮論》）原來聖王之為聖王，君子之為君子，全然是因為他們極力從事合乎禮的作為，普遍推擴禮的原則，並全心推崇禮的理想，凡事依照禮而履行之的成效。而荀子認為禮有「三本」：

> 禮有三本，天地者，生之本也；先祖者，類之本也；君師者，治之本也。無天地，惡生？無先祖，惡出？無君師，惡治？，三者偏亡。焉無安人。故禮，上事天，下事地，尊先祖而隆君師，是禮之三本也。（《荀子・禮論》）

在此，荀子擴大了禮的範圍，讓禮具有使人人可以生存、繁衍與發展的力量。而禮以天地為本，即在肯定禮讓人人得而生存；禮以先祖為本，即在肯定禮讓人人得而繁衍；而禮以君師為本，則在肯定君師乃政治之本，即以君師來引領政治的發展，讓人人在生存的基礎上，能夠繼續繁衍，終而同歸於禮法禮義之教化（此意即「同歸於治」），這就是政治原初之意，也是政治最終之理。

既然荀子如此自信：「由禮則治通，不由禮則勃亂提慢」（《荀子・修身》）禮乃成為政治最高原則，而荀子還進一步把禮的意義與效力推到最高點。「故人無禮則不生，事無禮則不成，國家無禮則不寧。」（《荀子・修身》）禮決定了人之生、事之成與國家之治理。有禮則國家治，無禮則國家亂，禮成為決定政治能夠順利進行的關鍵。而由禮而義，由禮而法，其實都是在禮治主義的思想指引之下，荀子為其政治理想之實現，所安排的政治實踐與政治運作之途徑──「義」是行為當然之理，而「法」是行為實然之序，由「理」而至於「序」，政治乃能在君主權力的引導與統御之下，逐步邁向兼具有道德性、倫理性、社會性、文化性與政治性的理想境地。

　　至於荀子對政治的實際規劃，以及對政治制度、權力結構與國家組織的實際構想，則提出「王制」的主張——他從「王者之制」、「王者之論」到「王者之法」，系統地建立了一套將政治與經濟合流的體系，並從治國大法、賢人政治到賞善罰惡的律則，依序地把「禮治」和以王者之法為基準的「法治」，二者合而為一，是謂「禮法並用」，而形成了禮法、財政與社會分工制度相輔相成的政治觀，其所寓含的實踐精神，以及其所具有的實效性、功利性思考，實已然不同於孔子與孟子：

> 王者之制，道不過三代，法不貳後王。道過三代謂之蕩，法貳後王謂之不雅。衣服有制，宮室有度，人徒有數，喪祭械用，皆有等宜。聲，則凡非雅聲者舉廢；色，則凡非舊文者舉息；械用，則凡非舊器者舉毀。夫是之謂復古，是王者之制也。
>
> 王者之論，無德不貴，無能不官，無功不賞，無罪不罰。朝無幸位，民無幸生。尚賢使能，而等位不遺；折愿禁悍，而刑罰不過。百姓曉然皆知夫為善於家而取賞於朝也，為不善於幽而蒙刑於顯也。夫是之謂定論，是王者之論也。
>
> 王者之法，等賦，政事，財萬物，所以養萬民也。田野什一，關市幾而不征，山林澤梁，以時禁發而不稅。相地而衰政，理道之遠近而致貢，通流財物粟米，無有滯留，使相歸移也。四海之內若一家，故近者不隱其能，遠者不疾其勞，無幽閑隱僻之國，莫不趨使而安樂之。夫是之謂人師，是王者之法也。（《荀子・王制》）

　　由此可見，所謂「王者」治國的基本原則和具體的法度絕不能違背夏、商、周三代的「後王」所留下的典範，而所謂「王者之論」（即「王者之倫」），則是指君王用人的原則是「無德不貴」——沒有道德的人不能給他尊貴的地位，這顯然就是賢人政治的精神。至於「王者之法」側重的是經濟政策，強調按等級來規定賦稅，以符合公平原則，並使貨暢其流，人盡其才，而達到安和樂利的目標。

　　基本上，荀子深富時代精神，故以適應社會之需求為施政之衡準，由此他構築了一幅統一王國的藍圖，認為治國必須遵循後王之道，並以等級名分來確立統治的秩序。此外，荀子也同時提出富國強兵之道，以及王霸並用的原則。而這基本是在君主政體之上，所發展出來的政經體制；其中，人人有分，人人有責，亦人人各司其職，各守其位，乃形成一「尊君」的政治一統

局面:「人之生,不能無群,群而無分則爭,爭則亂,亂則窮矣。故無分者,人之大害也;有分,天下之本利也;而人君者,所以管分之樞要也。」(《荀子‧富國》)如此,以君主為權力之中心,並展開以「禮」為基本網絡的社會組織,才能形成一個足以讓人人安居樂業的社會分工體系,而終於實現富國均利的理想:

> 禮者,貴賤有等,長幼有差,貧富輕重皆有稱者也。故天子袾裷衣冕,諸侯玄裷衣冕,大夫裨冕,士皮弁服。德必稱位,位必稱祿,祿必稱用,由士以上則必以禮樂節之,眾庶百姓則必以法數制之。量地而立國,計利而畜民,度人力而授事;使民必勝事,事必出利,利足以生民,皆使衣食百用出入相揜,必時臧餘,謂之稱數。故自天子通於庶人,事無大小多少,由是推之。故曰:朝無幸位,民無幸生。此之謂也。(《荀子‧富國》)

而荀子同時主張「君子以德,小人以力」(《荀子‧富國》)的社會分工原則,也是為了「富國」考量。「力者,德之役也。百姓之力,待之而後功;百姓之群,待之而後和;百姓之財,待之而後聚;百姓之勢,待之而後安;百姓之壽,待之而後長。父子不得不親,兄弟不得不順,男女不得不歡。少者以長,老者以養,故曰:「『天地生之,聖人成之。』此之謂也。」(《荀子‧富國》)這顯然也同時肯定倫理乃政經之礎石,是唯有在倫理道德所安頓的社會秩序之上,才可能使國家獲致富強所需之資源。

因此,荀子如同孔孟一般,在聖君賢相的政治理想指引下,形塑了他心目中理想的政治家——大儒,以有別於「俗儒」:

> 法後王,一制度,隆禮義而殺詩書;其言行已有大法矣,然而明不能齊法教之所不及,聞見之所未至,則知不能類也;知之曰知之;不知曰不知,內不自以誣,外不自以欺,以是尊賢畏法而不敢怠傲:是雅儒者也。法後王,統禮義,一制度,以淺持博,以今持古,以一持萬,苟仁義之類也,雖在鳥獸之中,若別白黑,倚物怪變,所未嘗聞也,所未嘗見也。卒然起一方,則舉統類而應之;無所儗㑸,張法而度之;則晻然若合符節:是大儒者也。故人主用俗人,則萬乘之國亡;用俗儒,則萬乘之國存;用雅儒,則千乘之國安;用大儒,則百里之地久而後三年,天下為一,諸侯為臣;用萬乘之國,則舉錯而定,一朝而伯。(《荀子‧儒效》)

　　由此，荀子肯定「大儒」對國家的重要性，並且相信「大儒」足以有效治理國家，而終達到「天下為一，諸侯為臣」的統一局面。因此，在相當的程度上，荀子主張「任人唯賢」，而反對「任人唯親」，這似乎有了一些「依法行政」的意味，但基本上，荀子主要的關切是「治國」這件大事，而以安定社會秩序為要務——禮法並用，王霸並言，其終極目標正不外乎此。

第四節　道家的政治哲學

　　相對於儒家的德治主義與禮治主義，道家面對先秦周文化與政治之變局，則提出具有「釜底抽薪」意義的解決之道——可稱之為「道治主義」，亦即「無為政治」：

> 聖人處無為之事，行不言之教。萬物作焉而不辭，生而不有，為而不恃，功成而不居。夫唯弗居，是以不去。（《老子‧二章》）
> 愛國治民，能無為乎？（《老子‧十章》）

　　「無為」之為老子政治思想之指導原則，殆無疑義。而「無為」之意義源自於「道」——「道」不僅是天地間物自然之道，而且理當被援引為人我來往之道，以及君主治國之道。一方面，老子是以「聖人之治」來履行「無為之治」；另一方面，無為之精神使人人回歸於自然均平之境，終體現「道法自然」的真諦：

> 不尚賢，使民不爭；不貴難得之貨，使民不為盜；不見可欲，使民心不亂。是以聖人之治，虛其心，實其腹，弱其志，強其骨。常使民無知無欲。使夫智者不敢為也。為無為，則無不治。（《老子‧三章》）
> 道常無名，樸，雖小，天下莫能臣也。侯王若能守之，萬物將自賓。天地相合，以降甘露，民莫之令而自均。始制有名，名亦既有，夫亦將知止，知止所以不殆。譬道之在天下，猶川谷之與江海。（《老子‧三十二章》）

　　而在聖人「無為」之精神原則引領之下，政治作為社會人群之要務，便可逐漸化除人為宰制的權力效應，並將政治權力作澈底的轉化而使社會趨向於純樸、清靜安寧的境界，而對人民的生命與生活，做最大的保全與保護。「治大國，若烹小鮮。以道蒞天下，其鬼不神；非其鬼不神，其神不傷人；

非其神不傷人，聖人亦不傷人。夫兩不相傷，故德交歸焉。」（《老子・六十章》）所謂「聖人亦不傷人」，一語道出以無為之道治理天下的最終目的，而這也就是「道」之為天地萬物存在之基礎原理的意義所在。

　　基本上，道治主義與無為之政治是唯有在大公理想下才可能實現。也就是說，道治與無為之精神亦即大公無私、大公以容私的精神。顯然，老子的政治主張在相當程度上，確實體現了「天下為公」的理想：

> 致虛極，守靜篤。萬物並作，吾以觀復。夫物芸芸，各復歸其根。歸根曰靜，是謂復命。復命曰常。知常曰明，不知常，妄作凶。知常容，容乃公，公乃全，全乃天，天乃道，道乃久。沒身不殆。（《老子・十六章》）

　　「歸根復命」之道對聖人而言，亦即「見素抱樸，少私寡欲」的修養。因此，老子心目中的統治者（聖人）便必須是一個明道、體道而能行道之人，他自身絕不能私心自用，而且必須減損個人之欲望，化除個人造作之思考與作為，以不斷回應自然、回歸自然。故老子云：「為學日益，為道日損。損之又損，以至於無為，無為而無不為。取天下常以無事，及其有事，不足以取天下。」（《老子・四十八章》）由「無為」而「無不為」，則充分體現聖人之治的自由精神，這也證明「無為之治」並非消極、退避而無所作為。聖人之為統治者，是仍有極大之政治權利與政治責任，而為履行此一權利與責任和合為一的政治自由，聖人便不能不以「無為」為用，讓物物各得其所，人人各遂其生，如此便可以說是「無不為」——無所不為，難道這還不是積極的政治自由與政治風範嗎？

　　有人以為老子的理想政治是「愚民政治」，其實不然。「常使民無知無欲，使夫智者不敢也。」（《老子・三章》）所謂「無知無欲」，其實意思是使民「復歸於樸」（《老子・二十八章》），復歸於自然渾厚之境地，故是「心愚」而非「智愚」。何況老子本意乃旨在希望人民無知無欲以使社會無爭無亂。[9]唯有在人民無知無欲的素樸心境（這自可形成人人可以溝通交流的公共論域）之中，政治與社會的大環境才可能因此免於爭亂，免於戰亂。因此，以道為尊，以德為貴，老子最核心的政治理念即源自於「道」，進而由道之無為、道之自然，轉生出「生而不有，為而不恃，功成而不居」

9　薩孟武著《中國政治思想史》，臺北：三民書局，1987 年，頁 65。

的為政的態度與心胸，如此一來，社會與政治之秩序才能在「自然」之狀態中和合為一，而不斷地去除因私心私欲所滋生的禍亂。「道常無為而無不為，侯王若能守之，萬物將自化。化而欲作，吾將鎮之以無名之樸。夫亦將無欲，不欲以靜，天下將自定。」（《老子・三十七章》）原來老子念茲在茲的是「天下將自定」，一切人文之秩序得以安頓，即是老子「道治」的宗旨所在。

此外，老子的政治觀點還有三點值得關注：

一、老子反對政治活動牽引人民不當之欲望，以至於妄為亂作。因為老子認為人民之生活乃政治之總體，若人民生活在「樸」散而為「器」的思考之下，而日趨於奢侈浮華，終將是政治之亂源。

二、老子認為主政者的用心必須公正無私，必須以「慈、儉、不敢為天下先」的態度來照顧人民全體之生活，而這就必須主政者跳出個人主觀之意識窠臼，深切體會「自見者不明，自是者不彰，自伐者無功，自誇者不長」（《老子・二十四章》）的心理困境，而擺脫自我中心主義，乃可以積極地有所作為，終於「不自見，故明；不自是，故彰；不自伐，故有功；不自矜，故長。」（《老子・二十二章》）如此將可全面地展開愛國治民之道，而終可讓國家與人民都獲得保全與成全的機會。

三、既然道家的主要觀念乃在於全生保生之道，因此老子的政治思想中有一項十分突出的主張——反戰。「以道佐人主者，不以兵強天下。」（《老子・三十章》），又云：「夫佳兵者不祥之器，物或惡之，故有道者不處。」（《老子・三十一章》），老子如此反戰，即旨在保人民之生，全人民之生，而他認為「柔弱勝剛強」（《老子・三十六章》），反戰的主張即在呼應此一自然之道，雖然老子仍自有其用兵之道，所謂「以正治國，以奇用兵。以無事取天下」（《老子・五十七章》）用兵只是為了實現「以正治國」（意即以正道治理國家）的必要手段，而絕非窮兵黷武。因此，老子在「道法自然」的大纛之下，奉行的是「天之道，利而不害；聖人之道，為而不爭。」（《老子・八十一章》）而戰爭乃天下最大之爭，其結果則是政治最惡之果，吾人豈能不慎乎？又豈能不全力避免之？

至於莊子的政治理念，基本上仍在老子「道治」的意義弧度之內，建構其近乎老子「小國寡民」、與世無爭的「無何有之鄉」，而在此一「不夭斤斧，物無害者，無所可用，安所困苦哉！」（《莊子・逍遙遊》）的境界

中，莊子的政治理想乃得以在人人復歸於自然無為的心境之中逐漸成形。基本上，莊子是以「天地」作為人為活動之場域，因此政治作為一種人為活動，也就必須以天地自然為依歸，許由所以不承擔治理天下之重任，即是因為他認為天下本乎自然，而人為必然招來一定程度的「惡」，因此他一方面肯定堯之治天下已足以讓「天下治」，一方面卻自言「予無所用天下為」，將無為之精神澈底體現於個人之生活與人格。

此外，莊子以〈逍遙遊〉發揮生命之大自由，以〈齊物論〉體現生活之真平等，其實都可以透過「自由與倫理」以及「平等與倫理」的對比，轉為政治之基本原理，而在政治場域中注入「溝通行動」與「對話倫理」的成分；以便吾人將政治事務視同為公共事務，而不落入專斷獨行的意識形態之爭。因此，莊子主張「心齋」——以無比之「虛心」對待一切之人事物，又強調「坐忘」，將個人之自我意識擴大為「無我」之精神，其實都是在「道治」的原理之上，致力於政治的人格典範的培養。莊子所以強調「至人無己，神人無功，聖人無名」（《莊子‧逍遙遊》），又言：「至人之用心若鏡，不將不迎，應而不藏，故能勝物而不傷。」（《莊子‧應常王》）其實都是在描繪理想的政治領袖所應具有精神與人格。

當然，莊子也為亂世之道德異化情況而憂心，甚至出現「所謂至聖者，有不為大盜守者乎」（《莊子‧胠篋》）的過激之辭，但大體上，他仍一心嚮往「無為而治」的理想境界，而以「道」與「德」為政治的最高指導原則：

> 天地雖大，其化均也；萬物雖多，其治一也；人卒雖眾，其主君也。君原於德而成於天，故曰，玄古之君天下，无為也，天德而已矣。以道觀言而天下之君正，以道觀分而君臣之義明，以道觀能而天下之官治，以道汎觀而萬物之應備。故通於天地者，德也；行於萬物者，道也；上治人者，事也；能有所藝者，技也。技兼於事，事兼於義，義兼於德，德兼於道，道兼於天，故曰：古之畜天下者，无欲而天下足，无為而萬物化，淵靜而百姓定。記曰：「通於一而萬事畢，无心得而鬼神服。」（《莊子‧天地》）

由此可見，莊子仍然一心期待聖君與賢相，他絕非無政府主義者，雖然他最終的盼望乃在期待一個全然不干預人民生活的政府，一個能全心照料人民生活的權力結構，以及一個人人自由自在，如同孩子般純真質樸的生活情境。老子云：「為天下，渾其心。百姓皆注其耳目，聖人皆孩之。」（《老

子·四十九章》）統治者以赤子之心，如保赤子般地愛護人民，意即「聖人無常心，以百姓心為心」（《老子·四十九章》），「是以聖人常善救人，故無棄人；常善救物，故無棄物」（《老子·二十七章》）。在在是以「道心」超越人心，以「道心」包容人心，這也就是「挫銳解紛，和光同塵」的寫照，而這和莊子「天無私覆，地無私載，天地豈私貧我哉？」（《莊子·大宗師》）的大公理想，不也相得益彰？

第五節　墨子的政治哲學

墨子以「兼愛」為其基本的人文關懷，因此他的政治關懷也就以「兼愛主義」為主軸展開：

> 然而天何欲何惡者也。天必欲人之相愛相利，而不欲人之相惡相賊也。奚以知天之欲人之相愛相利，而不欲人之相惡相賊也，以其兼而愛之，兼而利之也。奚以知天兼而愛之，兼而利之也。以其兼而有之，兼而食之也。今天下無大小國，皆天之邑也。人無幼長貴賤，皆天之臣也。（《墨子·法儀》）

又云：

> 故曰：愛人利人者，天必福之，惡人賊人者，天必禍之。曰殺不辜者，得不祥焉。夫奚說人為其相殺而天與禍乎，是以知天欲人相愛相利，而不欲人相惡相賊也。昔之聖王禹湯文武，兼愛天下之百姓，率以尊天事鬼，其利人多，故天福之，使立為天子，天下諸侯，皆賓事之。暴王桀紂幽厲，兼惡天下之百姓，率以詬天侮鬼，其賊人多，故天禍之，使遂失其國家，身死為僇於天下，後世子孫毀之，至今不息。故為不善以得禍者，桀紂幽厲是也。愛人利人以得福者，禹湯文武是也。愛人利人以得福者有矣，惡人賊人以得禍者亦有矣。（《墨子·法儀》）

由此，墨子乃主張「非攻」，因為各國之間的攻伐交戰，已完全違背「兼相愛，交相利」的原則。顯然，墨子對政治的看法，也是以功利與效益為準則——一切有利於民，有益於民者，皆是政治之實務與要務。由此，君主必須棄絕自私自愛自利的想法與作法，以免國家與人民皆落入於相爭相害，百無一利的境況。

同時，墨子尚儉、節用，則旨在使人民能獲致最起碼的生存，因為過度

的生活享受與繁文縟節，都將使人民之欲望得不到基本的滿足，而這就已然是政治之惡。當然，墨子仍寄望於聖君，而一國之人，皆須尚同於君，一切以君意行之。「天子之所是，皆是之，天子之所非，皆非之。」（《墨子‧尚同上》）墨子強調的是上下一統、君民一心，他因此相信權力集中、意志集中實有助於政治權力之行使，並有利於國家安定之局面。

此外，墨子主張「天志」與「明鬼」，也都是為了實現其政治理想所建立的必要前提。他認為天佑善者，鬼亦助善者，天與鬼乃人間賞善罰惡的最後的裁判者，因此他又主張「非命」，說「命」是「暴王所作」，而非「仁者之言」（《墨子‧非命下》）原來墨子致力於為庶民階層發言，並構畫出一幅人人以生產勞動為本分的社會圖像，其理由正不外乎「政治即以人力之集合為總體」的思考：

> 今也王公大人之所以蚤朝晏退，聽獄治政，終朝均分，而不敢怠倦者，何也。曰，彼以為強必治，不強不亂，強必寧，不強必危，故不敢怠倦。今也卿大夫之所以竭股肱之力，殫其思慮之知，內治官府，外斂關市山林澤梁之利，以實官府而不敢怠倦者，何也。曰彼以為強必貴，不強必賤；強必榮，不強必辱，故不敢怠倦。今也農夫之所以蚤出暮入，強乎耕稼樹藝，多聚叔粟，而不敢怠倦者，何也。曰彼以前強必富，不強必貧；強必飽，不強必饑，故不敢怠倦。今也婦人之所以夙興夜寐，強乎紡績織紝，多治麻統葛緒，捆布縿，而不敢怠倦者，何也。曰彼以為強必富，不強必貧；強必煖，不強必寒，故不敢怠倦。今雖無在乎王公大人，黃若信有命而致行之，則必怠乎聽獄治政矣，卿大夫必怠乎治官府矣，農夫必怠乎耕稼樹藝矣，婦人必怠乎紡績織紝矣。王公大人怠乎聽獄治政，卿大夫怠乎治官府，則我以為天下必亂矣。農夫怠乎耕稼樹藝，婦人怠乎紡績織紝，則我以為天下衣食之財將必不足矣。（《墨子‧非命下》）

因此，論者以為墨子的政治觀立基於四大主義：實利主義、力行主義、救世主義與擇務主義。[10] 當是公允之論。而墨子尊君崇賢，主張「賢人政治」，一方面一同天下之義，以使天下不流於紛擾散亂；一方面又能使整體社會在分工的基礎上，達到互助合作的境地，其中之思想主軸乃始終落在「兼愛主義」之上，故論者底下之歸納，實有其參考的價值：

10　陳顧遠著《墨子政治哲學》，臺北：新文豐出版社，1974 年，頁 25-36。

墨子底兼愛主義是他各種主張底根據，所以在他的政治哲學裡頭，也是很重要的。這是怎麼說呢？墨子因兼愛底原故，便主張非攻；因非攻底原故，便主張尚同；因尚同底原故，便主張尚賢；因尚賢底原故，便有社會底仁政國家底理想；因想使這理想實現，便利用天鬼使得政治進行；因利用天鬼，便主張非命；因非命意在力行，就和他的實利主義相近了；因講實利，就有節用底論調；因講節用，就有節葬非樂底言辭了。這裡頭雖然也有別底原因加在內邊，但歸根結局，總離不了兼愛底觀念。所以我說墨子若沒有兼愛主義，全部政治學說可以無從發出；即能發出，也是零三斷四，無系統可言的。那麼，兼愛主義是他的政治學說底根本，他的政治學說底對象，也就是兼愛主義，不是很有價值的嗎？[11]

第六節　法家的政治哲學

若說道家「無為之治」，是一具有高度想像力的政治理想，那麼以荀子性惡論為其人性論述的法家思想，便是切合社會現實與人性現實的政治思考。從中國古代政治發展的歷史背景看來，與實際的歷史發展最能合拍合轍的政治思維就屬法家了。而在三代作為「理想政治」的摹本之餘，理想主義的政治制度顯然難以應運而生，無論是孔子的正名主義、孟子的民本主義以及荀子的禮治主義，都在依違於道德與政治之間，從人間教化的角度入手，而企圖建構政治與教化的合一之論。如此一來，代表南方文化的道家思想以「無為而治」相號召，試圖讓人文場域回歸自然的懷抱，其人文與自然的和合之論，卻只能是可望而不可即的政治願景。無論是老子的小國寡民，或者是莊子的無何有之鄉，似乎都在迴避那些對政治現實做技術性操作的意圖。因此，為了直接呼應政治權力運作之需要，也同時為了滿足對一安定而穩固的政治結構的渴求，法家以韓非為首的政治理念便儼然順理成章地出現在戰國的中晚期。

韓非的政治哲學運用「法」、「術」、「勢」三個基本觀念，形成了一個符合經驗法則的理論架構。因此，說韓非的政治哲學是重法主義、重術主義與重勢主義三者兼而有之，應不為過。在其論述政治心理與政治行為的脈

---

11 陳顧遠著《墨子政治哲學》，臺北：新文豐出版社，1974 年，頁 101-102。

絡中，韓非首先將荀子的「禮」變之而為「法」，並直接針對人類共同之欲
望，以及利己之心理，將刑罰作為治道之工具以及禁令作為施法之途徑，其
理由似乎都可在吾人天性本有之好惡傾向得到印證：

> 凡治天下必因人情。人情者有好惡，故賞罰可用；賞罰可用，則禁令可立，而治
> 道具矣。（《韓非·八經》）

當然，韓非的政治關懷仍旨在追求社會之安定與人群之和樂，其所以信
賞必罰，並且厚賞重刑，目的即在利用人類趨利避害的心理，使人畏刑而不
敢犯，求賞而盡其力：

> 賞厚則所欲之得也疾，罰重則所惡之禁也急。夫欲利者必惡害，害者利之反也，
> 反於所欲，焉得無惡。欲治者必惡亂，亂者治之反也，是故欲治甚者，其賞必厚
> 矣，其惡亂甚者，其罰必重矣。（《韓非子·六反》）

如此一來，韓非乃變本加厲，反對儒家仁義之政與道家無為之治，而要
求人主善用「二柄」（即刑與賞），來控管人民之行為，來整飭社會之秩
序。因此，他認為「仁義」與「惠愛」皆非事道之所需：

> 世主美仁義之名，而不察其實，是以大者國亡身死，小者地削主卑。何以明之，
> 夫施與貧困者，此世之所謂仁義；哀憐百姓，不忍誅罰者，此世之所謂惠愛也。
> 夫有施與貧困，則無功者得賞；不忍誅罰，則暴亂者不止。國有無功得賞者，則
> 民不外務當敵斬首，內不急力田疾作，皆欲行貨財，事富貴，為私善，立名譽，
> 以取尊官厚俸，故姦私之臣愈眾，而暴亂之徒愈勝，不亡何待。夫嚴刑者，民之
> 所畏也；重罰者，民之所惡也。（《韓非子·姦劫弒臣》）

由此，韓非乃以「法」為中心，組構了一綜貫性的系統。「法」自有其
強制性與普遍性，它作為君臣民共遵共守的規範，乃無可取代。而「勢」為
君主統治之權；非有勢，不足以施法，亦不足以用術，故有學者以為「勢」
是韓非政治哲學最優位之概念。[12]不過，既以韓非政治思想為一綜貫系統，

---

12 高柏園認為法、術、勢三者之間並非一平列的關係，而是一具有優先性的關係；此中，乃是以勢
  為優先，而法與術只是助成君勢充分伸張的方法與條件。見高柏園著《韓非哲學研究》，臺北：
  文津出版社，1994 年，頁 97。

我們便不必在這三個概念之間做過多的分疏，而應強調三者之間互相為用的
關係，因為單單仗恃君主之勢，並不足以讓天下治；天下治亂之關鍵乃在賢
明之主之能否用勢，而「勢」又能否在賢明之主善任之下，取得行法施令的
實際效果：

> 今桀紂南面而王天下，以天子之威為之雲霧，而天下不免乎大亂者，桀紂之材薄
> 也。且其人以堯之勢以治天下也，其勢何以異桀之勢也，亂天下者也。夫勢者，
> 非能必使賢者用已，而不肖者不用已也。賢者用之則天下治，不肖者用之則天下
> 亂。人之情性賢者寡而不肖者眾，而以威勢之利濟亂世之不肖人，則是以勢亂天
> 下者多矣，以勢治天下者寡矣。夫勢者，便治而利亂者也。（《韓非・難勢》）

　　因此，唯遵法，才足以仗勢用術；也唯有善於運用「勢」之權威，法與
術才能相互為用。當然，法由君主制定之，此乃君主之有權勢之明證，而法
又必須深著於人心，並公布於天下，以為全民言行之依準：「法者憲令著於
官府，刑罰必乎民心，賞存乎慎法，而罰加乎姦令者也。」（《韓非子・定
法》）這說明「法」須有實質之內容、形式與效力；不然，徒法不足以自
行，而術與勢又全由君主量度而行，為人臣者亦必須依法治民，並在人主行
術與法之際，遵照人主之意以擔負治道之責，以盡政事之職：「術者藏之於
胸中，以偶眾端，而潛御群臣者也。」（《韓非子・難三》）又云：「術者
因能而授官，循名而責實，操生殺之柄，課群臣之能者也。此人主之所執
也。」（《韓非子・定法》）由此可見，韓非以君主為最高統治者的政治思
維，其實又似乎以「術」為政治算計的樞紐，因為我們實無法想像一個無智
無術的君主如何能制定法律，又如何能善用權勢以統御臣民：在勢、法、
術，三者之中，韓非最重視的大約是術。蓋君臣利害本來不同。他說：「主
利在有能而任官，臣利在無能而得事。主利在有勞而爵祿，臣利在無功而富
貴。主利在豪傑使能，臣利在朋黨用私」。（《韓非子・孤憤》）又說：
「君以計畜臣，臣以計事君，君臣之交計也。害身而利國，臣弗為也。害國
而利臣，君不為也。臣之情害身無利，君之情害國無親，君臣也者，以計合
者也。」（《韓非子・飾邪》）這樣，人君對於群臣，何能不用術。所以韓
非的結論為「人主者不操術，則威勢輕，而臣擅名」。（《韓非子・外儲說
右下》）

　　總而言之，韓非的政治哲學富有現實主義精神，又同時強調社會之革新

進化，以及人民之自力更生。他主張「以吏為師」（《韓非子・五蠹》），並強調思想言論之統一，這對後來中國歷史政治之影響，實在深遠，而其直接引來專制之政體與獨斷之政治思維，更對中國文化產生負面之效應，則已無可諱言。

第七節　小結

在政治哲學為中國哲學家的共同關懷的前提下，由孔子、孟子、荀子、道家、墨家迄法家，都不約而同地以意義相當豐富的「社群」觀念（所謂「社群」即是以中國人所住居、所生活的世界為一整體），展開具有高度共通性的政治關懷。孔子以「德治」為理想，孟子在「民本」思想的基礎上提出了「仁政」、「養民」與「王道」的核心理念，荀子則從其「禮治主義」，推出更具系統的「王制」思想；此外，道家主張「無為而治」，其接近「烏托邦主義」的「道治」，則可以和當代政治所突出的個人自由、公共論域與平等精神相互呼應。至於墨家與法家則又在各自的倫理觀與人性論的基礎上，提出相對應的政治主張，實足以啟迪中國社會在儒家與道家之外進行更具有「社群主義」（communitarianism）意義的論點，雖墨家思想被認為難以在「親親為大」的現實人間具體落實，法家則往往為中國歷代專制政治之弊害揹起黑鍋，但他們洞察人性實然之限制，以及其可能實現之理想向度，並且同時以更具功利性與實效性的價值思考，來開創一個富有「政治秩序」（這自有其理想性與現實性兩個面向）的社會，其用心實不該輕易地被後人所辱沒。

因此，中國政治哲學如同其他的哲學思考，都在人文化成與實踐脈絡中，依吾人理性發展的進程，成就了富有人文精神的學術成果。當然，我們是不必在西方政治家已然走向社會科學，特別是量化研究全面介入政治思維之際，對傳統的中國政治哲學投以輕蔑之眼光，因為在政治思維依然不能脫卸人文色彩、哲學關懷與歷史向度的前提下，回顧兩千多年來中國政治思想之發展，顯然還是很有意義的事情。

自我評量

1. 為何「先秦思想都是政治思想」？試述其中緣由。
2. 請簡述孔子的正名主義與德治之思想。
3. 孟子如何建構仁政與王道之政治理想？請就孟子之人性論闡析之。
4. 孟子的民本主義，其真實之意涵為何？其與當代民主又有何異同？試論述之。
5. 請說明荀子究如何由其人性觀，論證政治之必要。
6. 荀子「禮」之觀念與其政治哲學，有何直接之關聯？試闡發之。
7. 道家的政治哲學有何基本之觀點？請以老子的思考為進路予以分析。
8. 墨子的政治哲學，為何始終落在兼愛主義之上？試探析之。
9. 請為韓非基本的政治關懷，做一具體的描繪與詮釋。

第十六章
漢代以迄近代的政治哲學

　　自秦漢一統天下以來，黃老、法家與儒家的思想交會與觀念合流，促成了政治哲學的全面轉變。在管子以「輕重」觀念作為基本的治國理論中，凸顯了社會財富集中的必要性，並強調經濟和政治同等重要，而以「強本節用」（《管子·輕重乙》）作為兼顧生產與理財的基本原則。如此以理清國家政事與法律制度之「輕重」，來確定治國之方針、方法，顯然是法家商農並重的基本觀念所衍生的政治思考。此外，黃老道家「道生法」的基本原理，更為道家、法家與陰陽家思想的會通，安置了具有政治哲學意義的平臺。

　　在漢代「綱常」（三綱五常）的倫理觀中，政治哲學也同時因而強調秩序性、條理性與結構性，以至於衍生「大一統」之論；再加漢武帝之罷黜百家，獨尊儒術，並以一統天下之權力與理想自命自期，董仲舒於是適時而起，乃將儒家政治哲學與陰陽五行之思想融貫為一，從而建立了「天人感應」說，將君主之權威溯源自上天：「天者，百神之大君也。」（《春秋繁露·郊語》）又云：「王者之所最尊也。」（《春秋繁露·郊議》）乃結合了上天與君王的權威。這自是一種兼具權威主義與神祕主義之形上觀念。董仲舒同時引進「陰陽」之自然哲學觀念：「天道之常，一陰一陽。陽者天之德也，陰者天之刑也。」（《春秋繁露·陰陽義》）他又強調天與人相副，天與人相類，所謂「以類合之，天人一也。」（《春秋繁露·陰陽義》）如此一來，自然規律、倫理規範、神祕主宰與君主之政治權威乃相應為一，漢代儒家之政治哲學因此有了混合宗教、政治與倫理的折衷主義屬性，似乎已成定論。

　　至於董仲舒「德刑兼備」之論，則是在君權至上與天譴災異之說相結合的前提下才能成立。基本上，董仲舒也自有其德制與教化並行之觀念，而其行「聖人之政」，以教化百姓，又在其「性三品」的人性論基礎上，得到合

理的支持。因此，董仲舒顯然是把統治權威融入於階層等秩分明的倫理結構中，並將兩者做了十分緊密的整合，這未始不是政治哲學附和政權、政體的理論性產物。

自董仲舒之後，中國政治哲學歷經王莽政權的復古改制、王充批判讖緯之術、王符「德主刑輔」的政治反思，以及後來在漢末興起的道教《太平經》所主張的「興善止惡」論、「尊道重德」的治國理念與「太平」之理想，其實多少有了多元思考的傾向，但大體上仍與歷史發生之軌轍不相違背。到了魏晉南北朝，玄學家的政治思想則在「名教出於自然」與「越名教而任自然」的辯證思維之間，將政治現象之於人文場域的根本意義，歸之於「玄之又玄」的存在之理，其中或「崇有」，或「以無為本」，其實都旨在為人間的政治活動尋找根本的合理性與終極的合法性。

魏晉之後以迄隋唐兩代，中國政治哲學出現了一座高峰──《貞觀政要》，對應於盛唐治世，更是別有意趣，特別是在這本政治名典中，凸顯了「重民舉賢」的觀念，以及君臣相處之道，其間更強調統治階層必須有明辨善惡的道德思考，以進賢退不賢，進善退不善，「用得善人，為善者皆勸；誤用惡人，不善者竟進。」（《貞觀政要·擇官》）這也就是「政在得人」之道。顯然，《貞觀政要》已然將中國政治思維主脈中的「人治」思維，做了十分正向的發揚，而其以水喻民，以舟喻君：「荀卿子曰：君，舟也；民，水也，水所以載舟，水所以覆舟。故孔子曰：魚失水則死，水失魚猶為水也。」（《貞觀政要·君臣鑑戒》）這又為孟子「民為貴」與「民本」的思想，從政治實踐的角度，做了一番具有十足啟程性的闡揚。

第一節　王安石變法的理想及其實踐

關於歷代變法的政治革新，則可以從北宋王安石的「改易更革」論，獲致一個極為顯著的實例，雖其功敗垂成，但其所主張的「大明法度，眾建賢才」，以及生財、理財的觀念，皆仍有其一定之道理可供思索。

本來，王安石所以致力於變法新政，乃是儒者本懷，而他認為聖人理當有所為，甚至理當大有為，以救時代之弊與人文之患，其實是一本他的政治史觀，所推得的定論：

太古之人不與禽獸同也幾何。聖人惡之也，制作焉以別之。下而戾於後世，侈裳衣、壯宮室、隆耳目之觀，以囂天下。君臣、父子、兄弟、夫婦，皆不得其所當然。仁義不足澤其性，禮樂不足錮其情，刑政不足網其惡，蕩然復與禽獸明矣。聖人不作，昧者不識所以化之之術，顧引而歸之太古。太古之道果可行之萬世，聖人惡用制作於其間。為太古之不可行也。顧欲引而歸之，是去禽獸而之禽獸，奚補於化哉。吾以為識治亂者當言所以化之之術。曰歸之太古，非愚則誣。（**王安石《臨川集》**）

所謂「所以化之之術」，指的便是政治與教化之道。由此可見，王安石以有為、進取與務實為原則，並強調治道與治術兼而有之的政治實踐的重要性；因此，王安石並不贊同老子自然之道，以及由此自然之道所推衍的無為之道。因此，他進一步在儒家的政治理想之下，提出「禮樂刑政」之四術，作為政治實踐的指導原則：

道有本末。本者萬物之所以生也，末者萬物之所以成也。本者出之自然，故不假乎人力，而萬物以生也。末者涉乎形器，故待人力而後萬物以成也，夫其不假人之力而萬物以生，則是聖人可以無言也，無為也。至乎有待於人力而萬物以成，則是聖人之所以不能無言也，無為也。故昔聖人之在上而以萬物為己任者，必制四術焉。四術禮樂刑政是也。所以成萬物者也。故聖人唯務修其成萬物者，不言其生萬物者。（**《王文公文集・老子注》**）

因此，精研中國政治史的學者蕭公權斷言王安石實異於一般俗儒，而以其具「有為」之精神，講究「有為之方法」，並得以實行有為之政策。[1] 蕭公權又認為王安石所以「超邁俗儒」，乃因其政治理念有兩個值得稱道的特點：

一、其堅定積極之態度。

二、其切實詳盡之計畫。[2]

顯然，我們實不可只以成敗論英雄，而忽略了政治理想的「理想性」實自有其無可抹滅的價值。故王安石變法之原理及其實際之舉措，除注重制度

1　蕭公權著《中國政治思想史》，下冊，臺北：中國文化學院出版部，1980 年，頁 465。
2　蕭公權著《中國政治思想史》，下冊，臺北：中國文化學院出版部，1980 年，頁 466。

之建立與人才之培育之外，其勇於變革之精神，在中國政治思想的歷史發展進程中，已然值得大書特書，而其所以功敗垂成，則反映出中國傳統社會之因循、保守以及不利於進步思想生根茁壯的現實因素，卻頗可教所有志在改革者慎思明辨，以避免重蹈覆轍，而可以讓所有理想主義者對中國文化的內在結構（各種主客觀條件所構作的傳統勢力），在提高警覺之餘，可以仔細予以評估，並且投注以超乎試驗階段的審慎態度與實踐功夫。

　　當然，政治實踐必須以人性為本；王安石將人性分為性與情二層，且人性含或善或惡之因子；唯善惡之所趨乃以禮儀法規為尚，故王安石以順應人性、人情之需求，作為施政之基準。故就王安石此一政治實驗而言，即是以人性與人情為調整政治策略的根據，而其政治策略又歸本於禮和樂，故云：「體天下之性而為之禮，和天下之性而為之樂。」（《王文公文集・禮樂論》）如此，由禮樂而刑政，一切政治之手段乃終以「善」為目的，故云：「政以善之也。」（《王文公文集・洪範傳》）而王安石同時認為單憑教化不足以使人為善，乃強調政治策略的調整以求實踐（或實驗）歷程之合理性與有效性，不啻為變化革新之充足理由所在。至於王安石為對抗反對變法之徒的聲浪，提出了「天變不足畏，祖宗不足法，人言不足恤」（《宋史・王安石傳》）則已充分表露其推行新政之決心，其志已堅，其情可感，而其過激之辭也就不是一般之政治邏輯與政治理性可以窺其全豹了。

　　此外，明代的張居正所提出的「尊主庇民」說，以及核名實、課吏治的實踐思維，更為鞏固國本（邦本）提供了強而有力的思想資源。至於宋明理學的思想家中，則以朱熹與黃宗羲的政治思想最值得注意。朱熹以理欲之辨，強調君主德行的重要性，並同時以格物致知、日新又新的進步思考，主張德治、仁政與政治之變革可以與時俱進，而終於政治理想之實現。

第二節　朱熹的政治哲學

　　朱熹的政治觀自是建構在其倫理觀之上。而如果我們界定儒家對政治的基本主張乃是以政治為價值實現之活動，而價值活動又必以人性為礎石；因此，自格物、致知、正心、誠意、修身的自我修養，以迄齊家、治國、平天下的社群活動，就儒者的道德觀點看來，這不僅是一以貫之的實踐歷程，而且更在「仁心為公心」的理念指引下，將人間政治之作為全納入倫理之範

疇，並且還把天理與人欲對立的現實境況放在「天理流行，人欲淨盡」的應然理想之下來加以檢視，加以轉化，而如此具有高度理想主義氣息的政治觀，其實並未使朱熹放棄他對現實政治的關注。因此，在朱熹並不得志於現實的權力場域之際，他仍然堅持政治之大是大非，而以「善惡必有分」的道德觀念，堅持孔孟以來的仁政與德治的理想。如此，既然孔子明言「仁者愛人」，故仁君亦必以愛民為本務，朱熹乃云：「為政以寬為本。」又進一步詮釋其為政之道：「但其意則以愛人為本爾，及其施之於政事，便須有綱紀文章，關防禁約，截然而不可犯。」（《宋元學案》，卷四十九，〈晦翁學案〉）由此可見，朱熹不只為政治建構了理想性的原則，而且還提供了現實性與制度性的施政策略。

因此，朱熹在其「天理終勝人欲」的基本命題之上，一方面，以「天理」之形上理序為本；另一方面，則努力從事人文與人倫秩序之建立。如此，乃能透過人文精神之發揚，豐富天地實存之意涵，而此即人性尊榮之所在。因此，既以政治為人間秩序之樞紐，則為政之道之必須不斷回歸於人倫、人文與人性之所本，便是順理成章之事了。

而朱熹對儒家道德體系的闡釋，以及對儒家倫理規範的運用，則為其政治觀安放了十分穩妥的理性原則，他所以「德禮並用」——以德為禮之本，以禮為德之用，其中道理已不辯自明，而朱熹一方面「尊君」，以為君主權力來自天授，但另一方面則在道德理性的平臺上，採取限制君權的政治策略，而限制君權之要求自是一理性之要求，這顯然和朱熹之為理學大家，一心旨在闡明「理」之普遍原則及其有效之運用，有著直接之關係。至於限制君權的實際作為，又非透過「修德」的道德手段不可：

> 問：或言今日之告君者，皆能言修德二字。不知教人君從何處修起，必有其要。
> 曰：安得如此說，只看合下心不是私，即轉為天下之大公，將一切私底意盡摒去，所用之人非賢，即別搜求正人用之。（《朱子語類》，卷一〇八）

由此可見，雖朱熹仍然信賴吾人道德意識之主觀效應，及其對人間政治之直接助力，但他似乎已覺察公共意識以及公共領域的重要性，而因此對客觀性的公共事務（搜求正人、舉用賢明，即其中要項），抱持相當熱烈的願望。

在此，關於朱熹的政治主張，是有兩個基本課題值得吾人關注：

一、內聖外王之道究竟是道德意義下的人性論命題，還是必須借道於禮

教與政教二合一的權力機制以實現政治理想的實踐論（或行動論）命題？特別是在認定朱熹「以地主階級的人性論和道德倫理迷霧模糊了這個政權的階級性，而且顛倒了社會意識是社會存在的反映的原則」的前提下，究應如何為朱熹念念在「修德感人」以至於無為而治，並汲汲於正名之身分倫理以維持社會理序的用心辯護，似乎是朱熹學研究者不能不謹慎以對的課題。

　　二、至於攸關國家起源與君主權力的問題，更是朱熹所以不滯留於形上世界，而全心全力向吾人之此生此世，投注其價值關懷以期落實「天理」或「天命」於人間的關鍵所在。也就是說，在「理」或「天理」的高明境界中，究能如何把「天」、「理」或「天理」的主宰性轉入於「尊君即尊天」、「明理以崇天」二者相洽為一的「天理君權」論，並且同時照料君臣或君民關係的合理性，顯然是朱熹的政治理論無可迴避的課題。[3]

　　此外，對朱熹一生與中國傳統政治（這自是所謂的「朝廷政治」）周旋的過程看來，他作為一儒者（而且是真正的儒者）的處境實有其艱難之處，而朱熹一心寄託於道德與政治的合一之論，其自修自勵以培成德行與慧識，原只是為了出仕為民以救時政之弊，以濟生民之苦，其間亦自有其究應如何進退的理性思考。因此，說朱熹為儒家的政治理想在現實人間引出了一股清流，實一點也不為過，而儒者在政治現實中堅持抗議之精神，並且不同流不合汙，不輕易妥協於權力肆威之場，朱熹所示範的儒者典型，論者有底下的精闢見解，實值得吾人參照，也值得吾人深省：

> 朱子所代表的是一種中國傳統知識分子的典型。他們以內聖之學為本，但卻有強烈的政治意識，隨時準備投入為朝廷、百姓服務。然而在實際上則崇高的理想與惡濁的現實格格不入，於是每每自覺地在野形成一股清流的輿論的力量，與當權的既得利益集團相對立，表現一種拒絕同流合汙的態度，（用現在的術語來說，可謂是表現一種不妥協的「attitude of civil disobedience」）。奇怪的是，歷來人們都看到儒者對現實政治的關懷，準備積極參與的態度，卻不能夠看到，其實這些人自己也很明白，在現實政治上根本沒有機會，於是在學術教育文化的陣地形成了一個不與現實力量妥協的壓力團體。這在孔孟以開其端，到了宋明儒乃形成了一種架勢。這不僅在程朱輩大儒為然，即在朱子的父親、師執一班人也是如此。

3　葉海煙著《中國哲學的倫理觀》，臺北：五南圖書出版股份有限公司，2002 年，頁 76。

但人們每為一些外在的煙霧所迷惑，甚至為道學者本人的主觀願望所誤導，乃每扼腕嘆息真正儒者的不能行時，卻不了解這些儒者在深心實在很清楚自己在現實上的處境，所以每次受召時必固辭，這卻不只是一種姿態，而是有著一種自覺，要在現實政治之外另外建立一個壁壘，來衛護他們所堅持的理想。而在事實上，他們在野所發揮的力量，實在遠大於他們在朝所可能發揮的力量。[4]

第三節　功利主義的政治哲學

相對於朱熹，宋明理學家之中另有所謂「永嘉功利之說」，為中國傳統的政治哲學別開生面。其中，最突出的代表人物為葉適與陳亮。葉適認為六經皆致用之學，皆旨在安民治國，而其政治哲學基本上與孟子「仁政」理想相符合。[5]他說：「仁人視民如子。」（《水心文集》，十卷）又云：「先王之政不止為不忍人而發。蓋以聖人之道言之，既為之君，則有君職。舜禹未嘗不勤心苦力以奉其民。非為民賜也，懼失職耳。」（《習學記言》，卷十四）由此可見，葉適並不耽溺於理想之中，他十分明白政治之為一種活動的實際的側面，因此他強調為君者必善盡為君之職，此一「職分」之思維是已多少接近當代「責任政治」的思維，故葉適不僅延續了孟子民本之說，還進一步提出他對政治權力機構的實際看法，如其以君主之「勢」為治天下之關鍵：

> 蓋天下之勢有在於外戚者矣。呂霍上官非不可以鑒也，而王氏卒以亡漢。有在於權臣者矣。漢之曹氏，魏之司馬氏，至於江南之齊梁，皆親見其篡奪之禍，習以其天下與人而不怪。而其甚也，宦官之微，匹夫之奮呼，士卒之擅命，而天下之勢無不在焉。若夫五湖之亂，西晉之傾覆，此其患特起於公卿子弟、里巷書生、游談聚論、沉湎淫佚而已，而天地為之分裂者數十世。（《水心文集‧治勢》）

所謂「勢」者，意即權勢、權力，而由此重君主權力的觀念，又引出「立制」的重要性，葉適乃強調政治必須體用相應，有本有末，有古有今，而本末合一，古今相續，君主絕不能私心自用，更不能無客觀之思維。如此

4　劉述先著《朱子哲學思想的發展與完成》，臺北：臺灣學生書局，1984 年，頁 368。
5　蕭公權著《中國政治思想史》，下冊，臺北：中國文化學院出版部，1980 年，頁 474。

一來，葉適基本上認為「歷史事實雖古今不同，而政治之基本原理則大體無異。」[6]而其政治哲學之重實效、重法制、重一切客觀之舉措，又可以歸納為兩個重要原理：

一、制度必為體用相應之系統。

二、立制當遍考古人之成法。[7]

至於永嘉學派另一名大將——陳亮，則對當時理學家高談「道德性命」之說，十分不以為然：

> 二十年之間，道德性命之說一興，迭相唱和，不知其所從來。後生小子，讀書未成句讀，執筆未免手顫者，已能拾其遺說，高自譽道，非議前輩，以為不足學矣。世之為高者，得其機而乘之，以聖人之道為盡在我，以天下之事，無所不能。麾其後生以自為高，而本無有者，使惟己之向，而後欲盡天下之說，一取而教之，頑然以人師自命。雖聖天子建極於上，天下之士猶知所守，吾深惑夫治世之安有此事乎，而終懼其流之未易禁也。（《龍川文集》，卷十五，〈送王仲德序〉）

因此，陳亮在求治心切之下，一方面對一般人摘取四書五經之義以圖科舉為晉身之階的風氣不予苟同，一方面則強調治道與政道必須合一，即政治之道德理想與政治之實踐途徑必須能夠相互配合，人間政治才可能日趨於善。陳亮乃在科舉制度（此為最主要的政治人才產生的管道）之外，提出薦舉「非常之才」的其他管道，如「制舉」與「貢舉」，都可用來解決缺乏政治人才的嚴重困境。基本上，陳亮積極地在常規已成陋規的政治制度中，提出補偏救弊的「非常性」思考，實為一種特殊的「實踐主義」。[8]而他反對「樂內而忘外」的俗儒之說，更是言之鑿鑿：

> 萬物皆備於我，而一人之身，百工之所謂具，天下豈有身外之事，而性外之物哉。百骸九竅具而為人，然而不可以赤立也，必有衣焉以衣之，則衣非外物也；必有食焉以食之，則食非外物也。衣食足矣，然而不可以露處也，必有室廬以居之，則室廬非外物也；必有門戶藩籬以衛之，則門戶藩籬非外物也。至是宜可已矣，然而非高明爽塏之地，則不可以久也；非弓矢刀刃之防，則不可以安也，若

6　蕭公權著《中國政治思想史》，下冊，臺北：中國文化學院出版部，1980 年，頁 476。

7　蕭公權著《中國政治思想史》，下冊，臺北：中國文化學院出版部，1980 年，頁 477。

8　薩孟武著《中國政治思想史》，臺北：三民書局，1987 年，頁 440。

是者皆非外物也。有一不具，則人道為有闕，是舉吾身而棄之也。然而高卑小大則各有分也，可否難易則各有辨也。（《龍川文集》，卷四，〈問答九〉）

如此強調內外兼顧、心物並舉，而「高卑小大則各有分」，更分明是側重政治實踐的具體性思考，其中所蘊涵的實效性意義，以及其對政治名分的重視，則已在「天下為公」的大纛之下，有了相當程度的普遍性與合理性之意涵。

此外，陳亮反對孟子「以力假仁者霸，以德行仁者王」（《孟子‧公孫丑上》），則是他在審慎衡量「政治亦自有其講究功利之內容」之後，一項十分突出的主張：

自孟荀論義利王霸，漢唐諸儒未深明其說，本朝伊洛諸公辯析天理人欲，而王霸義利之說於是大明。然謂三代以道治天下，漢唐以智力把持天下，其說固已不能使人心服。而近世諸儒，遂謂三代專以天理行，漢唐專以人欲行，其間有與天理暗合者，是以亦能久長。信斯言也，千五百年之間，天地亦是架漏過時，而人心亦是牽補度日，萬物何以阜蕃，而道何以常存乎。（《龍川文集》，卷二十，〈甲辰答朱元晦書〉）

在此，我們是不必以單向的道德主義來責備陳亮之王霸有別，因為人欲是自有其合乎天理的實際的可能性，而政治活動之足以牽引人欲（而且是「民之所欲」）入於人間理序之中，以建構具有功利性內容的社會體制，也當是一項基本政治共識。如此，以德服人的王道理想便可以在「以力假仁」的過渡之間，獲致現實性之資源，而逐漸減除「假仁」之工具性，以上達於「行仁」的目的性，這未始不是政治進化與社會發展必經的漸進歷程。

此外，陳亮則在「天地之間何物非道」（《龍川文集》，卷二十，〈答朱元晦乙巳秋書〉）、「天下固無道外之事也」的形而上的普遍原則之上，繼續地為其政治觀做出下述具有高度合理性的推論：「夫心之用有不盡而無常泯，法之文有不備而無常廢。人之所以與天地並立而為三者，非天地常獨運而人為有息也。人不立則天地不能以獨運，捨天地則無以為道矣。」（《龍川文集》，卷二十，〈與朱元晦書〉）這顯然是以人道配天道，強調天道乃人道之根源，並且認為人道之極的王道理想終可將一切之政治活動收攝於以道德為目的的意識弧度之內，而這也就是以人道配天道的實際作為。

第四節　黃宗羲的批判精神

到了明清之際，中國政治思想出現了一座高峰——黃宗羲，他致力於對君主專制的批判，強調人民為國家之主，所謂「古者以天下為主，君為客，凡君所畢世而經營者，為天下也。」（《明夷待訪錄・原君》）在此，所謂「天下」即指「天下之人」，亦即今日「人民」之意。而黃宗羲又提出「有治法而後有治人」（《明夷待訪錄・原法》），這更是曠古未有的革命性主張，其所具有的客觀性思考，以及尊重法律與法制的觀念，更為中國政治哲學中關於公共領域的論述，向前推進了一大步，同時也多少廓清了「人治主義」的疑慮。

基本上，黃宗羲反對專制的用心十分明顯；也由於明代政治可以說是中國歷史上最專制最腐化的政治，因此黃宗羲深知專制之害，亦深切了解君主之權力不能不被節制的道理，否則，帝王名位的爭奪與濫用，必將成為臣民身家性命之大患。黃宗羲所以主張「天下為主，君為客」的觀點，實其來有自：

> 古者以天下為主，君為客。凡君之所畢世而經營者為天下也。今也以君為主，天下為客。凡天下之無地而得安寧者為君也。是以其未得之也，屠毒天下之肝腦，離散天下之子女，以博我一人之產業，曾不慘然，曰，我固為子孫創業也。其既得之也，敲剝天下之骨髓，離散天下之子女，以奉我一人之淫樂，視為當然，曰，此我產業之花息也。然則為天下之大害者君而已矣。向使無君，人各得自私也，人各得自利也。嗚呼，豈設君之道固如是乎。（《明夷待訪錄・原君》）

對此一「公天下」之理念，政治學者薩孟武認為黃宗羲若能貫徹此一思想，結論應為「共和民主」。[9]惜中國古代並未出現實施「共和民主」的客觀環境，因此黃宗羲依然只贊成湯武革命，而仍無法理解「全民革命」與「全民民主」的可行性。對於政治之為一權力機構，黃宗羲的開明思想乃從其深諳閹宦弄權之因果，而強調天子擇相之權的關鍵性，便可以了解黃宗羲警覺權力可能為惡的用心：

9　薩孟武著《中國政治思想史》，臺北：三民書局，1987 年，頁 491。

蓋大權不能無所寄，彼宮奴者見宰相之政事墜地不收，從而設為科條，增其職掌，生殺予奪，出自宰相者次第而盡歸焉。（《明夷待訪錄‧置相》）

由此可見，黃宗羲是企圖以相權節制君權，以近乎內閣制的施政取向來避免君權之趨於專制，並期待能因此發揮政治合理性的開明精神。

當然，黃宗羲之言仍「不脫君主政體之範圍」。[10]然其本貴民之原理，對專制的明朝政治提出嚴厲之針砭，則已發前人之所未發：

有人焉視於無形，聽於無聲，以事其君，可謂之臣乎。曰，否。殺其身以事其君，可謂之臣乎。曰，否。夫視於無形，聽於無聲，資於事父也。殺其身者無私之極則也。而猶不足以當之，則臣道如何而可。曰，緣夫天下之大，非一人之所能治而分治之以群工。故我之出而仕也，為天下，非為君也。為萬民，非為一姓也，吾以天下萬民起見，非其道，即君以形聲強我，未之敢從也，況於無形無聲乎。非其道，即立身於其朝，未之敢許也，況於殺其身乎。不然而以君之一身一姓起見，君有無形無聲之嗜慾，吾從而視之聽之，此宦官宮妾之心也。君為己死而為己亡，吾從而死之亡之，此其私暱者之事也。是乃臣不臣之辨也。（《明夷待訪錄‧原臣》）

原來「為臣之道」與「為君之道」是可能並立並行的。而君道與臣道之間能否相輔為用，實乃黃宗羲開明的治道思想能否真正落實於專制體制中的關鍵所在。此外，黃宗羲對中國傳統政治最具洞察力的觀點即在於他深察「三代以下亂多治少之故」，而認定君職不明，天下為私，乃其最後之癥結。而公天下與私天下之判，幾乎等同於政治制度之古今之判，黃宗羲所以關注古今立制精神之差異，道理即在此：

三代以上有法，三代以下無法。何以言之，二帝三王知天下之不可無養也，為之授田以耕之。知天下之不可無衣也，為之授地以桑麻之。知天下之不可無教也，為之學校以興之。為之婚姻之禮以防其淫，為之卒乘之賦以防其亂。此三代以上之法也，固未嘗為一己而立也。後之人主，既得天下，唯恐其祚命之不長也，子孫之不能保有也，思患於未然以為之法。然則其所謂法者一家之法，而非天下之

10　蕭公權著《中國政治思想史》，下冊，臺北：中國文化學院出版部，1980 年，頁 610。

法也。是故秦變封建而為郡縣，以郡縣得私於我也。漢建庶孽，以其可以屏藩於
我也。宋解方鎮之兵，以方鎮之不利於我也。此其法何曾有一毫天下之心哉。而
亦可謂之法乎。（《明夷待訪錄・原法》）

　　因此，黃宗羲以為三代之法乃「藏天下於天下」，亦即以公天下之法保
公天下之利，以為天下人所共享。而他反對後世之法，即因後世之法「藏天
下於筐篋」，並且「用一人焉，則疑其私，而又用一人以制其私。行一事
焉，則慮其可欺，而又設一事以防其欺。」（《明夷待訪錄・原法》）這分
明指出社會信任之崩潰與社會倫理之敗壞必然導致「法愈密而天下之亂即生
於法之中，所謂非法之法也。」（《明夷待訪錄・原法》）黃宗羲顯然一方
面強調客觀制度之建立自有其必要性與有效性，而公共精神作為政治制度之
意義礎石，又不能不在眾人之事之中予以建構，故就政治而論，所有相關之
人與相關之事，都必須依公共之理與公共之法，才可能擺脫個人好惡與利害
之糾纏，而得以撥亂返正，以不斷回應公天下之理想。因此，黃宗羲強調
「有治法而後有治人」，將「治法」擺在「治人」之前，雖然仍然無法全然
排除「人治」之色彩，卻已在專制的傳統中出現了可喜的「法治」精神，雖
其「法」仍非民主之法，而其「法治」也大體仍在「治人」的君主掌控之
中。由此亦可見，黃宗羲之貴古賤今，並以古代理想政治為後代現實政治之
借鏡，其用心之深以及其論證之所在，乃莫不是其理想主義的政治觀在考察
現實政治之惡的過程中，所展開的一種具有理性意味的政治批判，而其所謂
「天下之心」，也正可以和當代政治哲學所揭櫫的「公共理性」有所對比，
有所參照。

第五節　中國政治哲學的現代化進程

　　此外，在清末民初政權遞嬗之際，標榜民族大義以論時政者，總把個人
對社會的關懷，表露於具有實效性與實踐性的思維裡，如顧炎武之探討典章
制度、世風民俗、地理環境、歷史盛衰以及封建制度之利弊得失，而其構想
之縝密，似乎已在承認人之有利己之心的前提下，出現了政治學的多面向思

考，而顧炎武之客觀精神又有甚於黃宗羲者，以至於其政治主張明顯透露出「寓封建之意於郡縣之中」的特殊思考：[11]

> 封建之失，其專在下，郡縣之失，其專在上。古之聖人以公心待天下之人，胙之土而分之國。今之君人者盡四海之內為我郡縣，猶不足也。人人而疑之，事事而制之。科條文簿日多一日，而又設之監司，設之督撫。以為如此，守令不得以殘害其民矣。不知有司之官凜凜焉救過之不給，以得代為宰，而無肯為其民興一日之利者。民烏得而不窮，國烏得而不弱，率此不變，雖千百年而吾知其與亂同事，日甚一日者矣。（《亭林文集》，卷一，〈郡縣論一〉）

所謂「古之聖人以公心待天下之人」，則儼然與黃宗羲強調「天下之法」聲氣相求，然顧炎武之所以對郡縣制度有相當之疑慮，而認為封建乃公天下之制度，一方面和他以為「天下之人各懷其家，各私其子，其常情也。為天子為百姓之心，必不如其自為，此在三代以上已然矣。聖人者因而用之，用天下之私，以成一人之公，而天下治。」（《亭林文集》，卷一，〈郡縣論五〉）此一「聖王」理想有關；另一方面，則肇因於他對明清政局之腐敗有刻骨銘心之親身經驗，乃寄望於天下之人能夠善用其私，善盡其愛，如此，將可使地方之分權分治，與中央之集權制度達到一定程度的穩定的平衡，這又分明是古代理想政治的一種思考，它其實並未有歷史事實可以佐證，也同時無法與現代政治學與政治哲學之理論相互參驗。

至於另一思想大家——王夫之則有其更為突出的社會意識以及所謂的「社會進化論」[12]，他不同於一般人之貴古賤今，故不同意「一代不如一代」的看法。因此，他在治亂循環與朝代興替的觀察之外，另行發現中國人之社會其實是在一具有「進化」意味的歷史進程之中，不斷地有所發展，有所進步，乃認為漢唐之治並不遜於三代，特別是越到後世，政治的制度與社會的倫常是越來越完備，越來越妥善，故云：「唐初略定，夙習未除，又豈民之固然哉。倫已明，禮已定，法已正之餘，民且願得一日之平康以復其性情之便。固非唐虞以前茹毛飲血，茫然於人道者比也……孰謂後世之天下難與言仁義哉。邵子分古今為道德功力之四會，帝王何促，而霸術何長。霸之後，

11　薩孟武著《中國政治思想史》，臺北：三民書局，1987 年，頁 498。
12　薩孟武著《中國政治思想史》，臺北：三民書局，1987 年，頁 503。

又將奚若耶。泥古過高，而菲薄方今，以蔑生人之性……君子奚取焉。」
（《讀通鑑論》，卷二十）此外，王夫之並且注意到古今制度之興革與更
迭，乃因法制必須因時、因地、因人而有所不同，他說：「一代之治，各因
其時，建一代之規模，以相扶而成治。故三王相襲，小有損益，而大略皆
同。未有慕古人一事之當，獨舉一事，雜古於今之中，足以成章者也。王安
石惟不知此，故偏舉周禮一節，雜之宋法之中，而天下大亂。」（《讀通鑑
論》，卷二十一）因此歷代自有歷代之法，漢之天下不能不以漢之法治之，
而漢以後之天下，又不能不以漢以後之法治之，實乃當然之理，至於王夫之
如此認定之法，則與歷史的發展、社會的進化互為表裡，而他以為世上雖無
定法，卻自有定理，而此一定理，乃在「知人」，乃在「安民」（《讀通鑑
論》，卷六），則是以「理」為該當由天下之人共同予以履踐的「實踐之理」
（並非玄虛不實的形上之理）。由此，吾人自可理解王夫之的社會進化觀實
與其哲學之強調「實踐」之意義直接關聯，而其強調「道」乃「器之道」，
而不能說「道之器」，故云：「古之聖人之能治器，而不能治道。」（《周
易外傳》，卷五），這又是分明以為世間乃一實存世界的哲學觀點，其哲學
思維乃更進一步彰顯出「歷史進化觀」的意涵，而以其歷史哲學作為其政治
哲學的後盾。他反對「五德終始」說的歷史循環論，並且反對「泥古不化」
的思考模式，因此指摘邵雍的歷史復古論「菲薄方今以蔑生人之性」。論者
還進一步指出王夫之反對中國史學思想中的「正統」之說：

> 王夫之強調歷史是向其前進化的，沒有什麼永恆不變的「統」。他說：「統之為
> 言，合而並之之謂也，因而續之之謂也。而天下之不合與不續也多矣。」（《讀
> 通鑑論‧敘論》）如商之代夏，特別是周初實行封邦建國，受封的諸侯國共尊周
> 天子為天下共主，這和三代以前有所不同。經春秋戰國，至秦而中國統一，情況
> 又和三代有異。漢以後至三國兩晉南北朝，中國陷於分裂局面，隋唐時期又復統
> 一。唐後為五代十國，至宋又統一。宋至明清，歷史又有所變化。依據這些情
> 況，王夫之評論說：「天下之生，一治一亂。當其治，無不正以相干，而何有於
> 正？當其亂，既不正矣，而又孰為正？有離、有絕、固無統也，而又何正不正
> 耶？」（《讀通鑑論‧敘論》）可見，在王夫之看來，史學思想中的「正統」之
> 說是站不住腳的。[13]

---

13 張豈之著《中國思想史》，下冊，臺北：水牛出版社，1992 年，頁 852。

　　因此，我們是不必把現代西方關於進化主義或進步主義之觀念強加於王夫之的政治觀與歷史觀，但對於他勇於在理學與心學的思想氛圍裡跳脫出一股具有高度生命哲學意趣的客觀性思維，且以世界為一實實在在之世界，以社會為一具有自發性進步動力之社會，並將個人之身家性命寄託於歷史法則與社會規律之客觀秩序之中，實不能不給予高度之肯定，雖其以為歷史自有「不易之理」，又云：「順必然之勢者，理也；理之自然者，天也。君子順乎理而善因乎天，人固不可與天爭，久矣！」（《詩廣傳》，卷五），仍有待進一步的解釋與釐清，但在人間倫理與天地秩序相互對應的意義架構之中，王夫之則以其個人高度之哲學思考與歷史思考，將其政治想像轉入於合情合理，更合乎人性需求的理想藍圖裡，這顯然已為中國政治思想向前推進了一大步。

　　由明末清初，以至於清末，公羊家的三世（據亂世、昇平世與太平世）之論則與變法維新的思潮相互湧動、融通，其間有龔自珍對當世所展開的社會批判，直接強化了革新自強的主觀意願，他並運用《易經》變易之哲學——「窮則變，變則通，通則久」來警示當世之人，並以人才與家國興亡之間的直接關聯，為其思想最緊要之處。他在〈上大學士書〉中說：「自古至今，法無不改，勢無不積，事例無不變遷，風氣無不移易。所恃者，人材必不絕於世而已。」又有《己亥雜詩》，第二二〇首云：「九州生氣恃風雷，萬馬齊喑究可哀，我勸天公重抖擻，不拘一格降人才。」如此之豪氣，儼然已為中國政治哲學添加了一般源自人性深處的意義活水。此外。康有為則立孔教以宣揚大同之理想，譚嗣同卻另以「仁通之學」，大力闡揚仁道之為宇宙與人事共通之理，並將之轉化為變法維新的生命沛然之力，其兼智德與勇德，並以仁民愛物為懷抱，乃終至於以個人生命做政治改革之獻禮，實已為中國政治哲學在觀念、思維、理論、精神與實踐的向度之中，寫下了具有生命典範意義的輝煌篇章。

　　當然，在康有為以春秋三世說為本的政治理想之中，他認為社會由亂而治，由小康而大同，乃進化之必然，但其所以主張君主立憲，認為當時之中國只是小康時代，故最好「擁清帝以進行立憲之制」。如此富有保守主義氣息的觀點，似乎和他力倡「孔教」有關。而康有為變法維新，所以能使得「六君子」為其捐軀，又似乎是時代風氣與當時有志之士的生命精神彼此湧動激盪的結果——譚嗣同為其中特出之例，亦自理所當然。

　　基本上，譚嗣同的思想是在古今與中西相互融攝綜合的情況下出現的，他受康有為大同理想與維新理論的啟發，已不待言，而他之所以大異於康有為保守以至於保皇之論，則是其「仁學」思想直接表現。首先，譚嗣同指出歷代政治之患乃在名教之患與綱常之害，他明言「君以名桎臣，官以名軛民，父以名壓子，夫以名困妻，兄弟朋友各挾一名以相抗拒」（《仁學‧仁學一》），而「君為臣綱，父為子綱，夫為妻綱」的綱常思想則直接傷害了人倫平等之道，對人性與人文發展更形成一大阻礙。因此，譚嗣同以其追求自由與平等之生命力，意圖大破此一世界之重重「網羅」：「初當衝決利祿之網羅，次衝決俗學若考據、若詞章之網羅，次衝決全球群學之網羅，次衝決君主之網羅，次衝決倫常之網羅，次衝決天之網羅，次衝決全球群教之網羅，終將衝決佛法之網羅。」（《仁學‧自敘》）顯然，譚嗣同深知一切社會、文化、倫理、宗教、法律以及各種思想理論之表述，都可能衍生出對吾人之追求真自由與真平等有所阻障的絆腳之石——這特別是指對吾人之心靈與精神，肇致作繭自縛的主觀之患（是所謂「意念的災難」），對此，吾人勢必時時提高警覺，以便及時予以根除。

　　因此，譚嗣同的政治革新之論，已然超出康有為及清末諸家，而其為國家民族所設想的圖存自救之道，則又大體採納西方文化之長處，特別是西方政治已然達致的成就（特別是制度面的成就），更值得中國人吸取借鏡。譚嗣同作為一「沛然莫之能禦」的生命哲學的實踐家，他所著之《仁學》一書，正好為其政治哲學構作了具有文化意義與社會意義的義理基礎，而其將「學」、「政」與「教」三者合而為一，凸顯了「人」乃社會之主體，而因此得以在此一生活世界及其歷史發展的進程之中，開拓出「仁而後通，通而後仁」的人文理想，這在在是其「仁學」思想全副地參入於其政治實踐的具體論證：

　　一方面，譚嗣同肯定文化與社會的客觀存在，另一方面，卻同時以個人之自由意志試圖作自我實現、自我超越的工作，因此，他並不是一個單向思維的客觀論者，在衝決網羅之際，譚嗣同與追求「超人」（overman）的尼采確實有幾分神似，但譚嗣同終究生活在中國文化及其中的倫理體系中，他最大的關切乃在倫理的重建與社會的改造——而此一艱巨的工作又非從吾人思維、意識與心靈的變革做起不可。故譚氏十分重視學術、教育及一切知識所可能產生的人學效應，他甚至把屬於行動哲學範疇的政治工程都一併地放在其深具人學意涵的仁學之內來思

考。譚氏所以強調「教」能化民成俗，甚至高舉孔教，以至於將「學」、「政」、「教」三者合一，其理由其實皆在其仁學與人學的統一性中。「方孔之初立教也，黜古學，改今制，廢君統，倡民主，變不平等為平等，亦汲汲然動矣。」（《譚嗣同全集》）而教一亡，學與政的傳統也將隨之斷絕，「君統盛而唐虞後無可觀之政矣，孔教亡而三代下無可讀之書矣！」（《譚嗣同全集》）又云：「故言政言學，苟不言教，則等於無用，其政術學術，抑或反為殺人之具。」（《譚嗣同全集》）[14]

由此看來，譚嗣同顯然已在其政治哲學與其「仁學的社會倫理觀」之間，做了相當緊密的結合，而他重視知識、學術與教育，並一心追求自由、平等與民主，正可以為中國政治哲學的發展，在當代世界向中國人全面開啟之際，引領出一嶄新的思考模式與思考方向。

第六節　小結

如今，政治已被界定為「管理眾人之事」，然所謂「管理」，卻有諸多歧義，如勉強以「權力」（power）介入於人民之生活，或者容許眾人憑各自之好惡來對公共事務進行切磋商量，都可以為「管理」下一定義，但也因此可能出現難以溝通、難以對話的情況。至於「眾人之事」更是多元多樣，且必須從各個專業的角度來加以解析，並同時在人我交往之際，來進行具有整合性、發展性與未來性的觀察以及深入的探索。

而中國政治哲學在歷代各家的不同思考進路之間，確實體現了超然於專制局面（其中，自有所謂的「一言堂」現象）之外的學術自由，特別在漢代以後以迄近代的兩千年之中，我們看到了一些所謂的「儒者」並不畏懼於當道，也絲毫不為政治現實之利益所誘惑，而卻勇往直前地深入自身所嚮往的政治理想之殿堂，在觀念世界裡造就了一些古典的政治思維。因此，我們可以為這兩千年來中國政治思想的發展，做出下述三點歸納：

一、中國政治哲學並不是為現實政治服務的工具性思維，它之富有理想性，更與專制政治之權力運作，沒有太多的「非自主性」的連結。

---

14 葉海煙著《人文與哲學的對話》，臺北：文津出版社，1999 年，頁 237。

　　二、在儒家政治思想為主導原則的情況下，對政治制度的關切與設計，雖不必然直接引來實際的政治革新，但中國歷代政治思想之求新求變，實所在多有。而在儒家之外，法家與黃老道家的政治理念也同時對中國歷代政治，起了相當大的作用，特別是對施政的方向、策略與技巧，法家的思維更有十分直接的參與及交涉。

　　三、一方面，中國歷史確實出現「治亂相循」的軌跡；但另一方面，中國政治思想的發展，卻仍有思想家個別而獨特的自主性與能動性，不斷地參與於政治哲學的理論建構（其中，大多是理想性與理念性的思考），其足以邁向未來，邁入現代的前瞻性意涵，實值得吾人進一步的研討、進一步的商酌。

自我評量

1. 漢代政治哲學的特色為何？請以董仲舒的思想為例做一簡單之說明。

2. 《貞觀政要》如何對傳統「人治」思維，做正向的闡揚？請引相關文本予以論析。

3. 王安石變法的政治哲學意涵為何？試申論之。

4. 朱熹的政治觀與其倫理觀有何密切之關係？請就朱熹的理學思想闡釋之。

5. 黃宗羲「有治法而後有治人」，其中有何特殊意義？試簡析之。

6. 清末政治哲學之發展，出現何種共通性之思維？請以龔自珍與譚嗣同為例詮解之。

7. 試論王夫之政治哲學的基本論點。

8. 為何譚嗣同提倡「衝決網羅」？其決心對抗「名教」的用意又為何？請就其政治理想論析之。

9. 譚嗣同將「學」、「政」、「教」三者合而為一的理由為何？試闡釋之。

第六篇參考書目

小野川秀美著，林明德、黃福慶合譯《晚清政治思想研究》，臺北：時報文化出版公司，1982年。

高柏園著《韓非哲學研究》，臺北：文津出版社，1994年。

張明貴著《比較中西政治思想》，臺北：五南圖書出版股份有限公司，2003年。

張豈之著《中國思想史》，下冊，臺北：水牛出版社，1992年。

陳來著《朱熹哲學研究》，臺北：文津出版社，1990年。

陳顧遠著《墨子政治哲學》，臺北：新文豐出版社，1974 年。

楊幼烱著《中國政治思想史》，臺北：臺灣商務印書館，1989 年。

葉海煙著《人文與哲學的對話》，臺北：文津出版社，1999 年。

葉海煙著《中國哲學的倫理觀》，臺北：五南圖書出版股份有限公司，2002 年。

劉述先著《朱子哲學思想的發展與完成》，臺北：臺灣學生書局，1984 年。

劉澤華著《中國傳統政治思想反思》，北京：三聯書店，1987 年。

劉澤華主編《中國古代政治思想史》，上、下冊，天津：南開大學出版社，1991 年。

蕭公權著《中國政治思想史》，上、下冊，臺北：中國文化學院出版部，1980 年。

薩孟武著《中國政治思想史》，臺北：三民書局，1987 年。

國家圖書館出版品預行編目資料

中國哲學概論／曾春海，李賢中，葉海煙，尤
煌傑著 ；曾春海主編. -- 二版. -- 臺北
市：五南圖書出版股份有限公司，2023.01
　面； 　公分
ISBN 978-626-343-513-1（平裝）

1.CST: 中國哲學

120　　　　　　　　　111018057

1BX6

中國哲學概論

主　　編：曾春海（279.2）

作　　者：曾春海、李賢中、葉海煙、尤煌傑

發 行 人：楊榮川

總 經 理：楊士清

總 編 輯：楊秀麗

主　　編：蔡宗沂

責任編輯：陳姿穎、唐坤慧

封面設計：王麗娟

出 版 者：五南圖書出版股份有限公司

地　　址：106臺北市大安區和平東路二段339號4樓

電　　話：(02)2705-5066

傳　　真：(02)2706-6100

網　　址：https://www.wunan.com.tw

電子郵件：wunan@wunan.com.tw

劃撥帳號：01068953

戶　　名：五南圖書出版股份有限公司

法律顧問：林勝安律師事務所　林勝安律師

出版日期：2005年9月初版一刷
　　　　　2010年10月初版二刷
　　　　　2012年1月初版三刷
　　　　　2023年1月二版一刷

定　　價：新臺幣500元

經典永恆・名著常在

五十週年的獻禮——經典名著文庫

五南，五十年了，半個世紀，人生旅程的一大半，走過來了。

思索著，邁向百年的未來歷程，能為知識界、文化學術界作些什麼？

在速食文化的生態下，有什麼值得讓人雋永品味的？

歷代經典・當今名著，經過時間的洗禮，千錘百鍊，流傳至今，光芒耀人；

不僅使我們能領悟前人的智慧，同時也增深加廣我們思考的深度與視野。

我們決心投入巨資，有計畫的系統梳選，成立「經典名著文庫」，

希望收入古今中外思想性的、充滿睿智與獨見的經典、名著。

這是一項理想性的、永續性的巨大出版工程。

不在意讀者的眾寡，只考慮它的學術價值，力求完整展現先哲思想的軌跡；

為知識界開啟一片智慧之窗，營造一座百花綻放的世界文明公園，

任君遨遊、取菁吸蜜、嘉惠學子！